2017 年度省级“酒店文秘”精品开放课程（资源共享课）项目（2017kfk090）阶段性成果
2018 年度校级《酒店文秘》校本教材项目（ch18xbjc04）阶段性成果

酒店文秘

主　编　吕君丽
副主编　吴　萍　李晓萌
　　　　朱学同

合肥工業大學出版社

图书在版编目(CIP)数据

酒店文秘/吕君丽主编．—合肥：合肥工业大学出版社，2019．3
ISBN 978－7－5650－4443－4

Ⅰ．①酒…　Ⅱ．①吕…　Ⅲ．①饭店—秘书学　Ⅳ．①F719．2

中国版本图书馆 CIP 数据核字(2019)第 046322 号

酒 店 文 秘

吕君丽　主编　　　　责任编辑　李娇娇

出　版	合肥工业大学出版社	版　次	2019 年 3 月第 1 版
地　址	合肥市屯溪路 193 号	印　次	2019 年 9 月第 1 次印刷
邮　编	230009	开　本	710 毫米×1010 毫米　1/16
电　话	艺术编辑部：0551－62903120	印　张	20．75
	市场营销部：0551－62903198	字　数	330 千字
网　址	www．hfutpress．com．cn	印　刷	安徽昶颉包装印务有限责任公司
E-mail	hfutpress@163．com	发　行	全国新华书店

ISBN 978－7－5650－4443－4　　　　定价：48．00 元

前　言

近年来，随着旅游业的繁荣发展，酒店业蓬勃发展，急需大量的酒店管理专业人才，这也催生了酒店管理专业教育的繁荣，众多高校纷纷设立了酒店管理专业。这就要求我们酒店专业的教育工作者与时俱进，不断地提高和完善，以适应现实的需求。

文秘工作是覆盖行业门类最广的岗位之一，文秘所涉及的知识和技能不只是文秘岗位的必备技能，也是其他岗位从业人员必备的基本素质。诸如文书处理能力、使用先进办公设备的能力、沟通协调能力、团队精神、职业道德、良好的合作关系等。员工素质的高低直接影响着企业运营的效果和服务质量的高低，具有较高的酒店文秘技能对提高员工的行政管理能力和综合素质非常有价值，也成为酒店企业对员工选择的重要参考条件。

写作能力和现代办公能力都是酒店管理专业学生应该具备的能力。国外把酒店文秘所涉及的办文、办事、办会分散到诸如行政管理、人力资源管理、行业管理和服务项目管理的研究、商业文书写作等课程之中，没有专门的课程讲授以上内容。在国内，酒店文秘在酒店管理专业的课程体系设置中，属于专业核心课范畴，学界和旅游行业普遍认为这门课是构建酒店服务管理的重要课程，具有特别重要的地位。酒店文秘具备一般文秘的特征和要求，但也有自身的突出特点，这门课程在各高校酒店专业中虽都开设，但目前通用教材只有诸如《秘书实务》《秘书学》等文秘类课程和相关培训类资料，酒店文秘还未形成独立的课程体系，一些高校引入的《秘书实务》等教材对酒店管理的特征、方法、技巧掌握不够，使用的案例与酒店管理岗位结合得也不够紧密。

本教材旨在使文秘技巧与旅游行业（包括酒店行业）高度融合，以长三角地区酒店行业发展为背景，传递酒店行业最新发展动态。教材内容涵盖酒店文秘岗位职责、酒店文书写作、酒店档案管理、现代办公技术、酒店办公日常事务、会务服务等内容，旨在提高应用类院校旅游类学生及饭店从业人员的办文、办会、办事能力，使其掌握一定的酒店经营部门的业务知识和服务技巧，为从事相关酒店文秘和行政工作奠定良好的基础。

本教材注重理论与实践相结合、文秘理论与酒店行业乃至旅游行业相结合。不仅有理论介绍和知识讲解，而且还配以大量的案例，力求文字浅显易懂、活泼生动，力求在传达出完整、系统的理论知识的同时，突出酒店文秘的职业性、实用性和可操作性。

编 者

2019 年 9 月

目　录

第一章　酒店文秘职业概述

教学目标：

使学生正确认识秘书职业的基本特性，掌握酒店文秘工作的本质和规律，树立正确的职业观念以指导今后的秘书工作实践。

知识点：

理解秘书、秘书机构、秘书工作、秘书学四个基本概念。

理解秘书工作的环境领导和领导活动的含义、“领导意图”的含义。

认识秘书职业的基本特性和酒店文秘工作的特点。

掌握酒店文秘与领导者相处的基本原则和基本工作方法。

能力点：

掌握酒店文秘的基本工作方法并能在操作中按流程规范完成。

通过对秘书工作环境——领导活动的全面了解，准确把握秘书工作的环境是领导活动。让学生了解怎样围绕领导意图开展一系列的秘书工作，并在工作中真正起到参谋助手的作用。

素质点：

培养学生自尊自爱的良好品质，学会与他人和睦相处。

培养学生忠于职守、乐于奉献的职业道德素养，让学生认识到秘书在领导活动中必须正确地认识自我，始终保持清醒的头脑，摆正自己的位置，甘当配角，甘当无名英雄。

逐步培养管理者应有的宏观视野和全局意识。

第一节　秘书的历史由来

【导入新课】李明从某大学酒店管理专业毕业后，应聘到了国内一家大型酒店做了部门经理的秘书，对于他的选择，大家纷纷给出评价，有人说“秘书，就是给老板打杂的人，没有很好的发展前景”；有人说“秘书，是年轻人的职业，上了年纪还要提前想好别的出路”；有人说“秘书是领导身边的红人，权力可大了，管着很多人，是一份美差”；有人说“秘书工作很琐碎，女人做似乎更适合”

……听到大家对秘书职业的不同评价，李明心里也很困惑，“秘书”到底是一份什么样的工作呢？

一、秘书一词的由来

“秘书”一词在我国有悠久的历史渊源，但在不同的历史时期，其称谓和职责范围有所不同（表 1－1）。“秘书”一词最早出现于汉代，最初不是指人或职务，而是指物，是指具有秘密性质或神秘色彩的图书。这些图书主要有两类：一类是指皇家秘密的藏书。《汉书・刘向传》记载：“诏向领校中五经秘书。”刘向的儿子刘韵也曾“受诏与刘向领校中五经秘书”。据《晋书・荀勖传》记载：“及得汲冢中古文竹书，诏荀勖撰次之，以为中经，列在秘书。”这里的“中经”，就是指宫禁中的经典，均为“秘书”之列。另一类是指用隐语预卜吉凶或为未来做出预言的谶纬、图箓之书。这类图书以隐语、咒语预决吉凶、占卦未来、推算气数，带来浓厚的迷信色彩。如《后汉书・郑玄传》记载郑玄给儿子的信，信中说他青年时代“遂博稽六艺，粗览传记，时睹秘书纬术之奥”。《说文》记载：“秘书说曰：日月为易。”段玉裁注：“秘书谓纬书。”这里的“秘书”即指谶纬图箓一类文图资料。

到公元 2 世纪，东汉桓帝时开始设“秘书监”这个官职，掌管皇宫里的图书，官职待遇相当于国家图书馆馆长。由此可见，我国古代以“秘书”一词命名的官职和官署，并不是真正从事现代意义上的秘书工作，故不能同现代秘书人员和秘书机构相提并论。但有一个例外：东汉末年，魏王曹操“挟天子以令诸侯”，为巩固和发展个人权力，抑制当时重权在握的皇帝的秘书机构——尚书台，曹操将原先的秘书监一职改称为“秘书令”，扩大其职责范围，令其“典尚书奏事，亦兼掌图书秘记之事”（载《初学记》）。秘书令，不仅掌管国家的图书典籍，延续了原来秘书监的职能，同时还负责收发处理奏章文书，拟制、传发帝王的命令，具有秘书长的工作职能，是我国古代历史上唯一“名副其实”的秘书官员。

从上述事例中可以看出，古今“秘书”一词的含义确实存在着明显的差别，但还应看到古今“秘书”概念之间的相互联系。“秘书”一词由“秘”和“书”二字组成。“秘”即秘密、神秘的意思。无论是指图书还是指职务或机构，古代“秘书”一词总是同秘密、机密的性质密切相关。我国古代“书”一字的外延相当宽。从秘书监、秘书郎、秘书令、秘书丞所掌典的图书来看，包括了国家的版图、律令、户籍、族谱等文书和档案。秘书寺、秘书省的职责，除了校点一般的图书外，还负责收集、整理、编修、保管文书和档案。这同现代意义上的秘书活动职能具有一定的相通之处。

辛亥革命前后，近代意义的“秘书”出现。1911 年，清政府颁布《内阁属官官制》，设立了以“秘书”命名的机构和官职，如陆军部承政厅下设秘书科；

资政院设秘书厅，配秘书长等。1912 年孙中山的南京临时政府内，总统府下设秘书处，有秘书长一人，秘书若干；各部局也设秘书室、秘书科和秘书官；各省都督府也设秘书。

20 世纪后期，随着我国经济的发展，秘书开始作为一种职业存在，许多秘书领域的研究者根据其辅助、服务的工作特性，将秘书划归到第三产业。1997 年 12 月，国家劳动和社会保障部颁布《秘书职业技能标准》《秘书技能鉴定规范》，开始推行国家秘书职业资格证书制度，标志着我国秘书职业化的起步。

表 1-1 中国古代秘书的历史演变

朝代	机构	官职名称	主要职责及制度建立情况
黄帝时代，一说起源于夏代	—	—	《汉书·古今人表》记载了仓颉是黄帝的史官，帮助黄帝记载国家大事
商朝	太史寮	史官	已有了不同名目、不同职掌、不同层次的史官，商朝末年更是建立了我国最早的中央秘书机构——太史寮，有了甲古文书，文书档案工作已经进步。所以秘书制度在这时正式形成
西周	太史寮	太史、内史	中央秘书机构太史寮已然成形，而地方政府、王公贵族以及周边众多诸侯国中也成立了相应的秘书机构或者配备了相应的秘书人员，设立起了我国最早的中央档案机关天府，形成了初步的公文拟制制度、用印制度、制作制度，秘书人员本身的素质提高，形成了职业道德和行为规范
东周 战国	太史寮 太史寮	太史、内史、御史、主书、御书、尚书、掌书等随从	产生御史等一批新的秘书官职，更新并扩大了我国古代秘书队伍 参与决策，草拟机要，甚至能代替国君接受外国的重要文件
秦代	太史寮	御史大夫、尚书、尚书令	执掌群臣奏章，下达皇帝召令，兼理国家监察事务
汉代	尚书台	尚书令、仆射、地方郡县设主簿	对秦朝的秘书工作制度进行合理的增减，充实秘书制度，使之逐渐趋于稳定，最终确立下来，其基本内容为以后历代王朝所仿照和沿袭，被视作基本模式。此外，尚书台出现并发展壮大起来，东汉时期更是成为直接对君主负责一切政令的首脑。魏晋后，事实上就是宰相

（续表）

朝代	机构	官职名称	主要职责及制度建立情况
魏	中书省	中书监、中书令	“秘书”这个词作为一种官职名称最早始于东汉桓帝初设的秘书监，到曹操为魏王时，把秘书监改为秘书令，“典尚书奏事”，实际上是魏王的秘书长……到曹丕称帝后，改为中书监、中书令，公署通称中书省
晋	中书省、门下省	中书监、中书令、中书舍人	公文写作开始和其他问题分流，成为一种独立的应用文体，一项专业性很强的技能，因而涌现出许多专事公文写作的“手笔”；开始了对公文进行理论总结和研究，而纸张也成为公文拟写的唯一材料，形成了许多新的公文制作制度
南北朝	门下省	中书监、中书令、中书舍人	起用门下省近臣侍中参与朝政，分掌机要，因此中央秘书机构初步发展为中书、门下、尚书三个互相监督、互相制约的部门
隋朝	内史省	内史监、内史令、纳言	中书省改为内史省，中书监、中书令改为内史监、内史令，门下省侍中改为纳言
唐朝	中书省、门下省、尚书省	中书令、中书侍郎、侍中、门下侍郎、尚书令、尚书左仆射、右仆射、翰林学士	中书出令，门下审议，尚书执行。此外一度设置政事堂为朝廷中枢的秘书机构，唐玄宗起用翰林院学士院作为皇宫秘书机构，武则天执政时设置匦使院作为信访机构，而地方各级秘书机构更加健全。此外，秘书人员来源多样，素质颇高，职责分明，作用明显，对秘书管理的考核制度化；并以律令的形式制定了全面而详细的秘书工作制度，文书工作和档案工作开始分流，公文文体整齐、划一
宋朝	中书省、门下省、尚书省	中书令、中书侍郎、侍中、门下侍郎、尚书令、尚书左仆射、右仆射、翰林学士	1. 实行军政分立的办法。2. 秘书机构比唐朝庞杂，职务分工更加细密。其中，朝廷三省中的秘书机构逐渐专业化，成为一个较为完整的系列；皇宫秘书机构翰林学士院继续发展；信访机构演进为鼓院、检院两个系统；秘书人员的选拔制度更趋专业化；文书、档案工作全面分离，秘书工作制度较唐朝又有发展

（续表）

朝代	机构	官职名称	主要职责及制度建立情况
元朝	中书省、中书科、诰敕房、制敕房、通政使司、军机处	中书令、中书舍人、大学士、协办大学士	长官中书令则由太子兼任，防止权力外泄。元朝统治者对秘书人员的选拔很严格；文书制度也日趋完善；中央还建立了通政院管理各地驿站，并设立了急传铺，负责传递紧急文书，大大提高了文书的传递速度
明朝	中书省、中书科、诰敕房、制敕房、通政使司、军机处	中书令、中书舍人、大学士、协办大学士	开始设立阵容庞大、数量众多的秘书机构，强化秘书工作，依靠专职秘书机构直接指挥国事，处理政务，从而推动了秘书工作的发展。由于实际上代替了丞相的职位，中央秘书机构和秘书官吏的实际地位也随之提高，在国家管理活动中起到了重要作用。各项业务工作制度进一步健全，趋于完备。秘书人员主要是科举出身者，文化水平高，从而提高了秘书工作的质量
清朝	中书省、中书科、诰敕房、制敕房、通政使司、军机处	中书令、中书舍人、大学士、协办大学士	秘书机构和人员仍具有较宽的职掌，且功能更全；文书档案等各项工作也发展完善。尤其是被皇帝紧紧控制的军机处，制度周密，人员精干，办事迅速，效率甚高，是协助皇帝处理国务的得力辅助机构，其工作制度和军机处人员的选拔制度已高度完善

二、秘书的定义

历史上，“秘书”这个词虽出现很早，但由于各国的国情不同、秘书服务对象不同以及人们对现代秘书职能的理解不同，因而有关秘书的定义的阐述，不同的国家、不同的组织又各有差异。

秘书一词的英语即 secretary，俄语是 cekpetapb，德语是 sekrtar，都源于拉丁语 secretarius，字源相近，有着共同之处，其原义都含有“秘密”的意思，跟我国古代“秘书”一词一样。

但随着时代的发展，在西方国家，秘书一般是指政府工作报告、各社会组织和个人聘用的从事公务服务、处理文字及办公事务的工作人员，亦可指一种官职或职务。从官职角度看，秘书一词既可指高官，又可指一般职务，如英国、印度、巴基斯坦等国的内阁部长亦可称为秘书，即外交秘书、国防秘书等。其拥有法定的专门职权，属国家高级官员，对政府首脑而言，带有一定的辅助性质。

在欧洲的瑞士、奥地利，拉丁美洲的阿根廷等国政府，各部设有部长的同时，还设有国务秘书、副国务秘书，其地位相当于或仅次于部长、副部长，具有一定的管理职权和责任，也属于政府高级官员。其工作内容是辅助部长负责一些具体性、协调性的事务。

一般写字楼及商业机构内的文员职位，专长是速记、打字、安排日程、会议、订机票、订酒店等。从职务和社会职业的角度看，秘书主要是指一种具体的职务或职业的名称。各国秘书组织和秘书研究学者所做的阐释也不同。

（一）国外的定义

1. 国际职业秘书组织定义

国际职业秘书组织是以欧美等发达国家为主的国际性秘书组织，它给秘书下的定义是："具有熟练的办公室工作能力，不需上级敦促即能主动负责、积极进取、干练果断，能在授权范围做出正确决定的经理助手。"

2. 国际秘书联合会

国际秘书联合会对秘书下的定义是："秘书应是主管人员的一位特殊助手，他们掌握了办公室工作的技巧，能在没有上级过问的情况下表现出自己的责任感，以实际行动显示出主动性和正确的判断能力，并且在所给予的权力范围内做出决定。"（光积昌等编译《现代社会・秘书》）

3. 美国全国秘书协会

美国全国秘书协会对秘书下的定义是："高级官员的助手，掌握机关职责并具有不在上司直接监督下承担任务的才干，发扬积极主动性，运用判断力，在其职权范围内对机关工作做出决定。"（詹银才《涉外秘书学》）

4. 日本的定义

日本学者认为秘书是："帮助（领导）与处理各种事务的工作人员。"这突出表明了秘书工作范围是随着领导人的工作范围而变化的，具有相当的伸缩性，另外，也突出强调了秘书为领导人服务的直接性。日本社会对秘书的忠诚度要求尤其严格。

综合以上各国的秘书定义，有其明显的共性：秘书是一种社会职业，而不仅是一种官职名称。秘书是为领导服务的人员，不管对秘书的要求与秘书的权限如何，也不管定义如何表述，为领导服务是古今中外秘书的共性所在，即一切秘书都是为其领导服务的助手，正是领导的需求导致了秘书的出现。

（二）我国秘书机构组织和学术界对秘书定义的说法

有关秘书的定义，我国有超过 9 种以上的表述，2003 年劳动和社会保障部在修订的《秘书职业技能标准》中做了明确界定，即"从事办公室程序性工作，协调上司处理政务及日常事务，为决策及实施提供服务的人员"。该定义应视为目前国内唯一的秘书职业定义。

第二节　秘书的分类

【导入新课】在现代社会，秘书这一职业的覆盖面很广，随着行业的不同，秘书的具体岗位职责区分很大，了解秘书的分类，可以使我们更好地认识这一职业在现代社会中的价值和作用。

一、秘书的常规分类

关于秘书的分类，按不同的标准划分，可以分为不同的种类：

（一）按两大部类分类法分

可将秘书分为公务秘书与非公务秘书（含民间、私人秘书）两大类。

1. 公务秘书

公务秘书（包括专职秘书）是指为国家机关、社会团体、事业单位、公有制企业或股份制公司的领导工作服务，由组织人事部门考察选用，由国家或单位支付薪酬的秘书。

2. 非公务秘书（私人秘书）

非公务秘书是指为个体企业或其他雇主服务，由个人聘用，并由雇主本人支付薪酬的秘书。

（二）按从事行业和职能划分

1. 业务秘书

中小企业最普遍需要的，就是业务秘书，他们是老板最得力的助手。在公司里负责商业书信往返、档案、电报、报关、押汇、验货等业务，以及接待客户、了解报价、推销等实际作业，通常独立工作。

2. 一般秘书

一般秘书是指公务机关或私人机构中，主职为秘书的一般助理人员，负责打字、记录、整理、收发、档案及文书管理工作。这类秘书职务内的决定权不高。

3. 法律秘书

法律秘书是指协助公司或主管处理法律问题的秘书，必须掌握一般商业法律，如劳动法、公司法等法律和规章，尤须应具有准确及谨慎的处事能力。

4. 医学秘书

医学秘书是指在各医院或医学研究单位所任职的秘书。必须具备一些医学知识，了解专用医学名词，能协助医生照顾病人，了解病人心理，特别需要耐心、爱心和细心。

5. 教学秘书

教学秘书是指在学校中，协助处理有关教学、教务等行政工作的秘书，必须了解教学的原则及法令规章。

6. 广告秘书

广告与媒体单位常雇佣这类负责宣传与公关工作的秘书。其本质虽为内勤，但需经常接待客户，或做与业务性质有关的外勤工作。

7. 工程秘书

工程秘书是协助工程师、设计师、建筑师等专业人士，从事技术研究或技术执行的秘书，需要具备一般工程的知识及专业用语。

8. 演艺秘书

演艺秘书是须具备戏剧、舞台方面学识与经验的助理人员，甚至须具备表演的天分和能力，专门为著名演员、电视电影公司、传播界、演艺团体工作。

(三) 按工作内容划分

按照秘书人员所从事的工作内容划分，可分为文字秘书、机要秘书、信访秘书、通信秘书、事务秘书、生活秘书。

1. 文字秘书

文字秘书是指以撰拟、处理文稿为主要工作的人员，即人们通常所说的一个机关或单位的"笔杆子""秀才"。

2. 机要秘书

机要秘书是指在党、政、军机关从事机密文电的翻译、处理及保管的人员。机要秘书通常包括译电员、机要保密员等。

3. 信访秘书

信访秘书是指办理人民群众来信工作的秘书人员。信访秘书的职责是通过办信、接待，沟通领导与人民群众的联系，加速政策的贯彻落实。

4. 通信秘书

通信秘书是指负责管理通信事务以及各种通信设备（如电话总机、电传、传真等）的人员。

5. 事务秘书

事务秘书是指负责总务、后勤以及机关日常行政事务工作的人员。

6. 生活秘书

生活秘书是指在生活方面给领导提供服务和帮助的人员。生活秘书通常是专为较高级的领导配备的。

此外，按照秘书人员所从事的工作性质来划分，可分为党务秘书、行政秘书、军事秘书、司法秘书、外交秘书、新闻秘书、文化秘书、教学秘书、科技秘书等。

二、现代企业商务秘书分类

现代企业商务秘书一般被称为助理、秘书、文员等，他们都承担了秘书的职能，但工作性质和岗位职责有明显的区分。日本著名的秘书学家田中笃子对此做了详细的分析（图1-1）。

助理、秘书与文员在本质上都是秘书，只不过是它们从事的秘书工作侧重点有所不同。一般来说，秘书工作大致可分为a、b、c、d四个层次，最上层a部分工作是指参与企业经营决策、协调与各方面的关系、陪同上司出席各种商务活动和负责秘书部门的管理等工作；b部分工作包括上司办公室的管理、负责文件起草、信息收集、日程管理、上司出差准备等工作；c部分工作包括为上司接打电话、接待客人、收发邮件等工作；d部分工作主要是负责办公用品管理、安检、卫生等行政后勤工作。在大多数公司，负责a部分工作的一般是办公室主任这类的人，a类工作实际上属于企业管理的范畴，不是严格意义上的“秘书工作”；同样，d部分的工作也不是严格意义的“秘书工作”，它属于行政后勤工作的范围。因此，秘书工作的核心是b和c这两部分。我国目前对“助理”“秘书”和“文员”这几种职位没有进行严格的区分，不过，从分类可以看出，所谓“助理”就是负责a和b两部分工作的人；所谓“秘书”就是负责b和c两部分工作的人；而“前台”或“文员”就是负责c和d两部分工作的人。

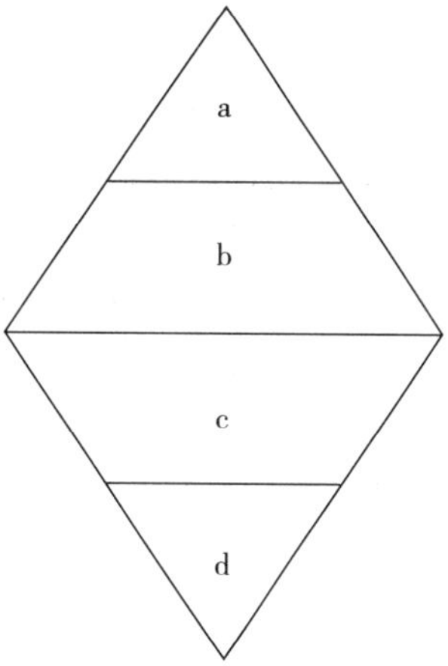

图1-1　田中笃子的秘书工作“钻石图”

助理＝a＋b

秘书＝b＋c

文员＝c＋d

第三节　酒店文秘工作的作用和特点

【导入新课】在日常生活中，人们常说秘书是领导的耳目、助手和参谋，也有称秘书为领导的“智囊”和“管家”的，这说明秘书与领导有着非同寻常的密切关系。酒店文秘是直接为领导服务的，这就好比领导是一个圆心，秘书则是环绕圆心在圆周轨道上运行的各个点；领导工作好比是一条主线，秘书工作则是围绕主线上下、左右、前后同步行进的曲线。酒店文秘不能脱离领导而单独存在，同样秘书工作也不能脱离领导工作而单独存在。随着我国旅游业的发展，酒店业发展壮大很快，在这些行业中也滋生出很多的腐败现象。

一、贯彻领导意图是酒店文秘工作的核心

（一）领导的含义

教师启发学生思考并分析：“领导”这一词语，《现代汉语词典》的释义是，“率领并引导朝一定方向前进，如‘集体领导’‘领导人民由一个胜利走向另一个胜利’.”这就是说，领导这个词有两个基本含义。

作为名词，它是指担任领导职务的个人或群体，可以是领导人，可以是领导班子，也可以是领导机关；作为动词，它是指率领、引导、指挥人们实现某一特定目标的行为过程。没有领导活动，就没有秘书工作。而秘书要紧紧追随领导，服务领导，就必须时时领会领导的意图，尽可能按领导意图办事，这样才能使服务对象满意。那么领导意图指的是什么呢?

（二）领导意图是酒店文秘工作的核心

领导意图指酒店领导者（领导人、领导班子、领导机关）领导酒店这一社会组织实现其目标所提出的确定意见。

领导意图的实质：领导意图是适应酒店生存和发展的需要，为达到某一目标，完成某一任务，由领导者提出的确定意见，而不是正在思考、酝酿过程中的不成熟的想法；是在管理活动中需要实施的工作意见，而不是做参考的备忘录；是领导者工作意见总体表达的实质、目的、核心，而不只是具体的、某一部分的要求，或是细枝末节问题的规定。命令、指示、决定、交办意见、口头要求等，都是领导意图的表达形式。

酒店文秘是领导的助手和参谋，秘书职能实际上是领导人脑力和体能的补充和延伸，这就决定了秘书的职能活动要以领导意图为转移，其基点在于随时正确地领会掌握领导的工作意图，严格遵循、围绕领导工作意图，通过自己的调查研究、提供信息、参谋建议、撰写公文、协调处事、接待交往等职能活动，辅助领导工作，体现、贯彻领导意图。由此可见，贯彻领导意图是秘书工作的核心。

【案例一】

看下面的案例，并思考这个案例给了你什么样的启示?

你这秘书不够格

凯文毕业后到某知名酒店做总经理秘书，他上班最早、手脚最勤、嘴巴最甜。本以为这就可以让领导满意了，谁知有一天总经理带他到一家下属酒店去考察工作，回来的路上，总经理让他谈谈对这家酒店的看法，凯文回答：“我对这

家酒店还不了解，没有什么意见。”

总经理批评他：“仅仅靠手脚勤快是不行的，当一名合格的秘书，你还要努力啊!”

讨论并归纳总结：上面案例中的凯文之所以被总经理批评，是因为他只满足于工作中当“搬运工”“二传手”，满足于勤奋工作，而不能起到参谋助手的作用。秘书要真正起到参谋助手的作用，必须善于领会领导意图，工作上才能积极主动，才能更好地替领导服务，也才能成为一个真正合格的秘书。秘书和秘书部门在辅佐领导决策的过程中，应怎样准确领会领导意图?

酒店文秘要善于领会领导意图，除正确理解领导的明确意见和指示外，主要靠秘书平时的积极思考，如“假若我是领导该怎样处理这个问题”“领导平时处理这类问题主要采用什么方法”等，同时留心观察领导者的一言一行、一举一动，仔细聆听领导者在会议上和非正式场合讲话中对某些问题的态度和看法，以领会领导的意图。秘书和秘书部门在辅助决策时要领会领导意图，绝不是无原则地、盲目地去揣摩领导的心理，察言观色，见风使舵，按照领导的“口味”去出主意、提建议，这样的“参谋”有百害而无一利。秘书和秘书部门不应该迎合领导者片面的或错误的决断，为维护小集体利益而损害国家和人民的利益；更不能为了个人的私利而为领导出“馊主意”，应该成为领导的诤友，坚持党性原则，大公无私，这样才能正常、有效地发挥参谋作用。

秘书人员必须正确理解“领导意图”的含义，围绕领导意图开展一系列的秘书工作，才能真正起到参谋、助手的作用。仅有理论知识远远不够，还必须时刻领会领导意图，工作上才能积极主动。

秘书参谋方向必须服从和体现领导的决策意图，有利于决策目标的实现。秘书参谋方向，是指秘书在参谋活动中思考问题的方向。以及参谋成果对领导决策产生影响力的方向。参谋方向对参谋效果影响极大，正确的参谋方向可对决策目标的实现产生正效应，反之，错误的参谋方向对决策目标的实现产生负效应。因此，确定参谋方向至关重要。领导决策意图，是指领导者在采取某一决策行动之前已经确立的指导思想和决策目标，它反映着领导决策的总体意向和基本思路。领导决策意图规定和制约着秘书参谋方向，因此，秘书在确定参谋方向时，必须以领导决策意图为导向，在此前提下充分发挥自己的主观能动性，积极为领导出谋献策，当好领导的参谋。秘书参谋方向服从领导决策意图，是秘书工作性质和地位的客观要求。秘书工作的根本性质是辅助性，是对领导工作进行直接的、综合的、执行性的辅助活动，这种非凡的辅助性，要求秘书在任何时候都必须把领会、贯彻和执行领导意图作为基本准则。秘书工作地位的从属性，也决定了秘书的一切活动包括参谋活动，必然受到领导意图的影响和制约。

例如，酒店秘书部门和秘书人员经常搞“奉命调研”，写“奉命文章”，既然是“奉命”，就不可能背离领导意图，另搞一套。因此，酒店文秘参谋方向必须符合领导的决策意图，否则，秘书的参谋可能会对领导决策产生负面影响，给领导帮倒忙。秘书参谋方向服从领导决策意图，是区别于一般咨询机构、专家、顾问参谋活动的重要特征。咨询机构、专家和顾问所从事的参谋活动是完全独立自主的，他们的工作性质，使他们能客观公正地进行研究和论证，他们尊重的是客观事实而不是领导意图，因而他们的参谋咨询活动显得十分超脱和自由。相比之下，秘书部门发挥参谋作用则不然。秘书工作的性质、地位以及与本组织领导的非凡关系，决定了秘书部门和秘书人员发挥参谋作用是有一定限度的，这个“度”就是领导的决策意图，在领导决策意图范围之内，秘书尽可以施展自己的参谋才能；超出领导决策意图的范围，就会产生相反的参谋效果。由此可见，在酒店，秘书的参谋活动是非独立性的，必须服从于领导决策意图，秘书参谋方向必须与领导决策意图保持一致，这与秘书坚持实事求是原则，敢于向领导谏诤并不矛盾。第一，在一般情况下，领导总是站得高些，看得远些，因此决策意图大多是正确的，秘书参谋方向与领导决策意图保持一致，就能够取得较为理想的参谋效果。第二，在有些情况下，由于各种主客观因素的影响，领导决策意图与客观实际情况可能不相符合。这时秘书人员应当从实际出发，以认真负责的态度向领导提意见和建议，使其决策意图更加符合客观实际。

秘书人员在参谋活动中应当处理好贯彻领导意图与坚持实事求是的关系。在确定参谋方向时要服从领导总体意图；在研究论证过程中，要坚持求实原则；在提出参谋建议时，要把领导意图和实际情况有机统一起来，既要防止逢迎领导，按领导口径进行研究论证的倾向，又要反对离开领导决策意图、我行我素、固执己见的倾向。

秘书部门参谋的内容必须与领导决策活动的需求相一致，围绕领导工作的主旋律发挥参谋作用。秘书工作的性质和特点，决定了秘书部门参谋的内容十分广泛，涉及秘书职责范围内与领导活动事务相关的一切领域。从大的方面分，主要有两个方面：与领导决策活动有关的参谋内容；与领导日常事务有关的参谋内容，秘书在这两个方面都应当发挥参谋作用。然而，同任何工作都必须有中心和重点一样，秘书参谋活动在内容上也不能漫无中心，必须有一个主旋律。秘书部门参谋的内容应侧重于满足领导决策的需要，围绕领导决策发挥参谋作用。辅助领导正确决策是秘书部门和秘书人员的最高职责，也是秘书部门参谋内容的根本出发点。改革开放的新形势，要求领导决策必须由经验决策转变为科学决策；由个人决策转变为民主决策。领导决策的科学化、民主化，直接导致了秘书参谋职能的强化和参谋内容的扩展，使辅助决策成为规定秘书部门参谋内容的根本出发点，例如，领导决策需要及时、全面、准确的信息做依据，秘书部门便开展了信息工作；领导决策需要发现问题和建议、方案，秘书部门便加强了调研工作；领导决策需要对决策前后的矛盾进行协调，秘书部门便加强了协调工作；领导决策后需要贯彻落实，秘书部门便开展督察工作。研究我国党、政、军机关和各行业秘书工作内容的发展，虽然秘书部门参谋的内容不尽相同，但均把辅助领导正确决策和落实决策作为秘书部门发挥参谋作用的中心任务。秘书参谋的质量会影响领导决策的效果。一方面，随着改革开放和现代化建设的发展，领导决策的科学性提高了，决策难度增大了，假如秘书参谋活动的内容不发展，参谋质量不提高，就不能满足领导决策的需要；另一方面，现代领导决策实行科学化，需要科学的决策体制，包括科学的参谋体制。秘书部门在辅助领导决策中具有非凡的地位和作用，它的整体参谋功能能否得到充分发挥，直接影响领导决策的效果。

二、秘书工作在领导活动中的作用和特点

【导入新课】

古语云："一个篱笆三个桩，一个好汉三个帮。"只有团结协作、齐心协力才能最终成功。刘邦用张良、韩信、萧何，得以创建帝业；刘备用孔明、关羽、张飞、赵云，得以三足鼎立；唐三藏西天取经，没有孙悟空一路的降妖伏魔，猪八戒、沙和尚的鞍前马后，岂能取得真经，普渡众生？新时期信息量猛增，工作节奏加快，许多领导人虽然博学多才、见多识广、精明能干，但个人的知识、能力、精力总是有限的。因此，一个睿智的领导人必然十分重视发挥秘书人员的作用。

酒店包括很多部门，各部门的工作都要求从整体利益出发，为酒店经营决策和管理当好参谋和助手，这是新形势下酒店业参与市场竞争对酒店行政职能部门所提出的新要求。酒店业发展日新月异，酒店的行政职能部门是一个特殊的部门群体，每一个部门都掌握着大量的内外信息，对本部门所承担的管理内容比较熟悉，还要及时了解行业内的发展动态，因而要求各部门在分析问题时，能够从较新的角度和较高的起点进行可行性研究，要善于总结经验，把握规律，特别是随着酒店业逐渐与世界接轨，现代化酒店的行政职能部门为了适应酒店的发展，必须摒弃陈旧的观念，勇于研究新情况，探索新问题，这些都为酒店文秘当好酒店负责人的参谋和助手提供了良好的前提条件。酒店文秘是参谋员、智囊团，是领导的重大决策和工作思路的参谋者，因为我们尽管强调酒店高层领导班子成员要懂业务、会管理，但管理是很具体的工作，管理中所涉及的业务知识和相关问题是非常详细和专业的，酒店领导可能在某一方面比较精通，但不一定是全面的"业务通"，我们强调领导要全才，但是全才人物毕竟是少数，而且"全"只是对一般业务范围的要求，在具体的管理及决策时，光全面地掌握专业知识还不一定能行，有时在"全"的基础上还要求"精"，这就需要酒店文秘为领导当好参谋，协助决策，辅助参考，为领导决策和规划设计的正确保驾护航。从某种意义上

讲，酒店文秘工作服从并服务于领导工作，因而可将它看成领导工作的组成部分；同时它也是机关、单位能正常和有效运转的基本保障，可见秘书工作的作用是很大的。秘书工作在领导活动中的作用有哪些呢？这节课我们重点来了解它们。

（一）秘书工作在领导活动中的作用

1. 枢纽作用

酒店秘书岗位作为酒店和各部门的办事机构，处于承上启下、沟通联络、协调各方面的重要位置，对酒店各项经营决策的贯彻落实起着至关重要的作用，关系着行政职能部门工作能否得到高效运转，管理是否有序。秘书工作应围绕着酒店经营决策，突出重点、以点带面、提供参谋、转变观念、重在服务，以此提高工作的实效性，现代化酒店的秘书工作与以往相比，在角色上发生了很大的变化，所起的角色作用具有时代特征，起着重要的枢纽作用，是事物相互联系的中心环节（图 1 - 2）。

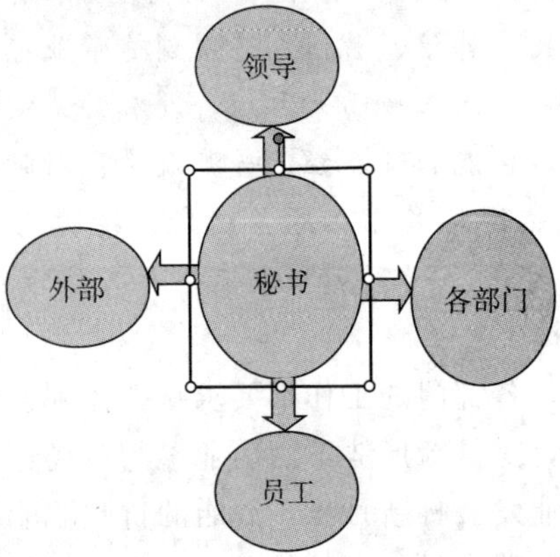

图 1 - 2　现代化酒店秘书的枢纽作用

从图 1 - 2 中可以看出，秘书机构处在组织的中心位置，因此是上情下达、下情上报、沟通左右、联系内外的咽喉：一是领导的决策指令要通过秘书部门传达下去；二是下面的问题、要求，包括下级的请示、报告，以及群众重要的来信来访，都要通过秘书部门递送上去；三是下面的情况、动态以及经验教训要经过秘书部门反映到领导手中；四是内部的计划、部署，要经过秘书部门传达到执行部门去。

酒店文秘（行政文秘）充当了及时的联络员的作用。职能部门面临着双重任务：一方面充当领导的参谋助手；另一方面又需为员工和一线部门服务。这就决定了酒店职能部门在工作中还应该充当领导与员工之间感情联系的纽带，充当联络员的身份。在日常工作中，各职能部门的工作作风、精神面貌、办事效率，直接代表了饭店管理层的整体形象，影响着酒店的凝聚力，决定着管理工作的效果和员工的接受认可程度。从某种程度上讲，也代表了领导的形象和威信，与此同时，职能部门在与员工的近距离接触，增进了酒店部门之间，员工与部门、员工与领导之间的相互理解和信任，职能部门这种双向沟通联络员的角色，使领导与员工走得更近，也更亲，从而也会使酒店在上下合力、融洽配合中，共同为完成既定的目标而努力和拼搏。

秘书工作的枢纽作用在领导活动中能否得到充分发挥，关键是看秘书和秘书部门对上下、左右、内外等方面的关系协调得如何。

2. 助手作用

酒店文秘担任助手作用，在文书处理、文件筛选、文字把关、事务处理、督促等方面都要发挥一定的作用。具体包括以下几个方面：

（1）接待事务：来访接待、安排服务等。

（2）会议管理：会议安排、会场布置、会议服务、会议文件的处理等。

（3）行政事务管理：信访事务（群众的来信来访或顾客的投诉处理等）；调查研究事务（搜集信息，提供可行性的方案供领导选择）。

（4）文件管理：文书档案事务（文书撰写、制作、处理和档案管理）；写作事务（各种文体的写作）。

（5）公关管理：协调工作（政策、工作、地区、部门、人际关系等）；督察工作（督促、检查领导交办批办工作的落实情况）。

（6）其他日常事务管理。

秘书工作的参谋作用贯穿于领导中枢和领导者的指挥、管理、协调、监控等各个方面，贯穿于领导活动的整个过程。

3. 参谋作用

随着酒店业的迅速发展壮大，一般而言，大的酒店集团决策的集体化与科学化逐步健全，参谋作用逐渐引起重视。近十几年来，酒店文秘参谋作用的实践，也大大提高了秘书部门的地位，推动了秘书工作的发展。在如何熟悉与对待酒店秘书参谋作用的问题上，始终还存在着一些问题，需进一步解决，主要有两种：一是否定秘书的参谋作用；二是夸大秘书参谋作用，把秘书部门的参谋作用等同于“智囊团”“思想库”。这两种态度都不正确，其根源是把助手与参谋对立了起来。其实，参谋和助手并不矛盾，酒店文秘可以寓参谋作用于日常工作之中，也能够广泛联系各种专家，充分发挥智谋性的参谋作用。

（1）为什么说酒店文秘在领导活动中具有参谋作用？

（2）酒店文秘工作的“智囊”作用主要表现在哪些方面？

（3）在发挥参谋作用时，酒店文秘如何处理好“参与”和“参谋”的关系？

首先，给领导当参谋，是领导对酒店文秘的高度信任，也是对秘书工作本身的高度要求。一个好的参谋往往被称为“智囊”。酒店领导者应当深入实际，深入群众，调查研究，自己动手解决问题。但是，一个人的精力和时间毕竟有限。领导者要把自己的工作做好，必定需要助手来帮助他们了解情况、收集材料、分析问题，提供解决问题的方案以及处理日常事务，使他们能够集中精力和时间，去对重大的问题进行研究、决策、组织和指挥，以保证领导作用的充分发挥。由此可见，酒店文秘在领导活动中具有参谋作用。

其次，酒店文秘工作的“智囊”作用主要表现在三个方面：一是提供依据，即向领导提供真实的情况、可靠的材料、有关政策和法律的规定，作为决策和指导工作的依据；二是综合意见，即在领导做出重要决策和工作部署之前，将有关部门的意见、设想汇总起来，尽可能列成方案，陈述利弊，供领导酌定；三是出谋献策，即在调查研究的基础上，提出解决问题的意见或建议。

最后，在发挥参谋作用时，酒店文秘要处理好“参与”与“参谋”的关系。领导在进行决策时，秘书人员起一定的参谋作用，但不是参与领导决策。参与决策是其他领导成员的权力。一般而言，为领导出主意，想办法，提供多种决策方案供领导选择，不论是口头表达还是文字表达，都是参谋作用。

【案例二】

某酒店总经理助理的职位已空缺有一段时间了，王总想尽快找到李某的替代者来分担自己的工作任务和压力。但是，这个岗位十分重要，是酒店有效运营管理的关键，也是自己了解酒店发展状况的最重要渠道，必须由那些具有丰富工作经验且适合自己脾气秉性的人来担任，绝不能草率定夺。而且，为了稳定“军心”，王总初步打算，改变过去总是采用外部招聘的方式，决定在酒店内部选拔经理助理的合适人选，而选拔的重点就是财务部钱经理和餐饮部的张经理。财务部的钱经理，是公司的元老之一，为人踏实认真，财务管理水平很高。自上任以来，钱经理利用自己的专业知识，为酒店节约了不少成本，有效提高了酒店收益。餐饮部的张经理，虽然来酒店才几年时间，但工作能力较为突出。王经理左右为难，难以抉择。一次例行会议上，综合行政办公室的小赵出席会议做记录，两位候选人都不在，王总简单把想招聘助理的想法介绍了一下，想听听大家的看法，一时大家都默不作声，这时小赵说：“钱经理各方面的优势都较强，资历高，工作能力强，人脉广。”你怎么看？

参谋职能是提高秘书工作效能的根本保证，办事职能主要是通过参谋职能的有效发挥来实现的。离开参谋职能，酒店文秘就会变成一架简单的“办事机器”，秘书工作不可能有大的作为，即使是完成领导交办的具体事务，仍然需要秘书发挥参谋职能。酒店文秘的参谋作用是秘书工作与生俱来的，这是由秘书工作的性质、特点和任务决定的，不是有没有的问题，而是强或弱的问题。参谋职能贯彻和渗透于秘书工作过程的始终。办事与参谋是秘书工作有机整体的两大部件，办事就如酒店文秘工作的“硬件”，具有客观实在性的特点；参谋就如酒店文秘工作的“软件”，具有智力劳动的特点。纵观历史，我国几千年来秘书工作经历发展变化，办事职能从未减弱，参谋职能却时强时弱。其根源概出于领导对参谋职能的需求程度，现在我们要强化酒店文秘工作的参谋职能，重视开发“软件”，这是酒店业时代发展的需要。然而，如同电脑软件的研制和应用离不开硬件一样，酒店文秘参谋职能的强化与发挥，也不能离开办事职能这个“硬件”。由此可见，酒店文秘发挥参谋作用必须与完成秘书工作任务紧密结合，这是一条客观规律，事实上，当两者结合得好时，参谋作用就能有效发挥；当结合得不好，甚至企图把两者分离开，对立起来，秘书工作就有陷入误区的危险，酒店文秘的职业发展前景也会受到限制。

4．辅助协调作用

由于所处地位和职责各不相同，上下级领导无论在看问题的立场、观点和方法上，还是在解决问题的战略、策略和举措上，都会存在一些差异。例如上级领导者考虑问题习惯于运用宏观思维，而下级领导者考虑问题习惯于运用微观思维；上级领导者致力于巩固和维护整体利益，而下级领导者则致力于巩固和维护本部门的局部利益；上级领导者对下级的要求和希望是服从，而下级领导者对上级的要求和希望是支持等。这些差异的存在是客观的，完全可以理解。秘书的协调工作就是要缩小这种差异，找出这种差异的结合点，及时加以疏通，化解上下级的矛盾，以求得认识上的一致。这是秘书的协调作用在处理好上下级机关领导者之间关系上的体现，事实上秘书工作的辅助协调作用远不止如此。

任何组织系统都有自己的运行目的和目标。要使组织系统沿着正确的轨道运行，使众多的局部成为完整和谐的有机体系，相互配合运转，就必须不断地对运行过程进行调节。各级各类机关一方面要在管理过程中不断调整自己的行动；另一方面又要用各种手段来协调与其他机关的行动，以及处理好各种矛盾与关系。这种调节或者协调，是领导者在管理工作中的职责，而秘书部门则是辅助领导者进行行政协调的主要部门。

作为领导中枢和领导者的综合办事机构，秘书部门承担着调整和改善上下级组织之间，同事与同事之间以及本单位与兄弟单位之间，单位与员工家属之间关系的任务，发挥着辅助协调的作用。

5．“不管部”作用

【案例三】

“不管部”

小李每天面对送到酒店综合办公室来的大批文件和函电，总要感慨一番，这办公室真是“不管部”啊！行政办公室李主任笑着说：“你这话算说对了。行政办是酒店实施行政管理的主要机构，发挥着上传下达、统筹、协调、检查、督促的参谋和助手的作用，办公室工作头绪最多，工作最忙，用‘不管部’来形容，是最恰当的。不仅负责酒店对内对外的各种计划、报告、总结、请求、通知、会议记录等各种文件的起草、审核、打印、收发、存档工作，接待当地政府的各种来访及上级领导检查工作，协调酒店与地方的关系，办理酒店所需经营资格证书年检、更换的工作，负责酒店日常车辆调度工作，酒店商铺出租和管理工作，还要做好人力资源部、保安部和工程部的服务管理工作，建立健全和提供完善的后勤保障系统。不说年终大忙了，还有各式各样的学雷锋活动、三八节纪念活动、植树节活动、“3·15”消费者权益日活动、五四青年表彰的前期准备等，这些工作都是办公室来承担的。另外，办公室还要承担许多临时的突击性任务，还有许多领导交办的事务。小李，你对此要有充分的思想准备啊！”小李说：“我不怕，忙才有奔头，不忙就意味着要下岗了，对吧?”办公室所有的人都笑了。

从上面的案例中，我们可以知道，秘书部门向来有“不管部”之称。凡是其他职能部门不管的事，领导都可以安排给秘书部门去做，内容大致有以下四个方面：

（1）围绕中心工作产生的任务，如文明礼貌月活动、植树节活动等，这些工作酒店无专门业务科室管理，需要秘书部门与其他部门配合去做。

（2）临时发生的突击性任务，如对外纠纷的处理，上级下达的临时紧急任务等。

（3）具有全面性的任务或活动，如店庆、单位召开的全系统会议等。

（4）为领导服务的其他事项，如陪同领导调研，看望患病职工，慰问员工，代表领导参加某些活动等。

作为领导的助手，秘书和秘书部门要办理既不能由其他职能部门办理，又是领导个人承担不了的各种事务性工作，还有一些涉及多个职能部门或各职能部门都难以承办的事情，以及领导临时交办的任务，所以秘书部门向来有“不管部”之称。

6.“窗口”作用

所谓“窗口”，是指上下沟通、内外联系、各方来人洽谈工作等，大都由酒店的秘书部门出面。秘书和秘书部门的礼仪如何、态度如何、谈吐如何、形象如何，不仅表现了酒店文秘个人的修养、素质、办事能力和精神风貌，也反映了秘书部门的工作态度、工作质量和工作效率，并从一个侧面反映了酒店的整体素质、工作作风、精神面貌和总体形象。总之，秘书部门是酒店的另一扇“窗口”。

秘书部门是酒店领导机关的“窗口”，秘书与秘书部门的面貌、作风与效率如何，也反映着机关、单位的整体素质、工作作风、精神面貌和总体形象。

（二）秘书工作在领导活动中的特点

1. 依附性

秘书工作是依附于领导活动而存在的。机关、企事业单位和各类公司的党委、行政领导以及私人秘书的雇主，他们拥有决策、组织和指挥的职责和权力，而秘书和秘书部门不承担任何权力职责，他们只是对领导负责，协助领导工作，为领导服务。

依附性是秘书工作的一个本质特征，在工作中必须注意两点：只能为领导提供材料、政策依据、建议、情况汇总及分析等，决不能越俎代庖、自作主张，将自己的主张强加于领导；不能反客为主，随意插手、干扰和影响职能部门的工作。

2. 综合性

（1）从秘书工作的职能范围来看：秘书并不承担某一部门的具体工作，而是承担着全面了解、联系、沟通各职能部门的任务，起着联络全局、协调整体的作用。

（2）从秘书工作本身的内容来看：秘书工作既有政务，又有事务，具有明显的综合性。

政务类工作主要有：① 文件的拟办、承办；②文件的起草、核稿；③信息的收集、整理；④调查研究、情况汇总；⑤对领导的批办事项进行催办、查办；⑥处理来信来访。

事务类工作主要有：① 文件的收发、传递与管理；②文书的缮印和校对；③文书的立卷和归档；④文件的清缴和销毁；⑤机要通信；⑥承办会务；⑦印信管理；⑧公务接洽。

（3）从秘书人员的素质要求来看也具有明显的综合性特征。

从我国古代的“巫”到明清时期的“翰林”，无不要求担任秘书工作的人要具有丰富的学识、敏锐的判断力和快速应变的能力。现代社会的秘书人员，不仅需要具有马克思主义哲学、政治经济学、科学社会主义、行政管理学和秘书业务等方面的知识，而且需要了解与掌握其他方面的知识，即凡是领导工作所涉及的知识，秘书都要有所了解和掌握。除了知识能力外，秘书还要具备文字表达与口头表达的语言能力，具备运用办公现代化手段的实际能力，以及具备处理人际关系的公关能力等。

3. 服务性

秘书工作的服务性主要体现在新时期秘书工作的基本指导思想，即“三服务”上：为领导服务、为各部门服务、为顾客员工服务。

4. 机密性

秘书和秘书部门处于机关的枢纽位置，每天直接与领导来往，会接触大量的机密，这就决定了秘书工作具有机密性的特点。

秘书接触的机密主要有以下几个方面：

（1）文书管理和公文办理中接触到的机密；

（2）领导的谈话、指示以及会议记录中的机密；

（3）领导交办的工作中的机密事项，如人事变动、机构调整、政策修订等；

（4）承理领导机关和领导者电话中的机密；

（5）重要领导人的活动、领导机关重要的内部情况，也往往属于机密内容。

酒店文秘要具备严谨自制的职业素养，言谈举止时刻要符合工作职责的要求，养成保守机密的良好工作作风。韩国最高龄的秘书、秘书界的“教母”金圣姬对秘书提出如下忠告。

【案例四】

秘书的基本素质中，最重要的莫过于“嘴紧”了。我能把饭碗保到今天，全靠“哑三年，聋三年，瞎三年”，这个口诀本来是古代韩国女性出嫁当儿媳的训诫的信条。作为秘书，即使是对一句话、一封邮件、一页文件也不能大意，不能说的决不说，不能透露的决不透露，做到守口如瓶，滴水不漏。秘书应该将“秘密”看得和自己的命一样重要。

——金圣姬《沈夫人致后辈书》

5. 政策性

秘书和秘书部门是领导的助手，是辅助性工作部门。秘书人员在辅助领导办理的各项事务中，如处理各种文书、撰写文稿、接待来访中，都会涉及如何依照党和国家的政策、法律、法令贯彻执行的问题。

秘书人员必须熟悉并正确掌握有关方针、政策、法律、法令，提高自己的政策水平。

凡是有关政策的问题决不能粗心大意，更不能不懂装懂，随心所欲地解释有关政策规定，而必须兢兢业业、一丝不苟地处理好涉及政策性的一切政务、事务工作。

秘书工作在领导活动中的五个特点是相互联系又相互区别的，其中最主要的反映秘书工作本质特点的是依附性，其他四个特性则是由此派生出的属性。

三、酒店文秘的职业能力要求

【案例五】

邢台万峰酒店管理有限公司招聘通知

万峰大酒店是河北万峰房地产有限公司投资 4.8 亿元人民币，按照国际五星级标准兴建的大型酒店。酒店位于邢台市未来政治、经济、文化中心——龙岗新区（钢铁北路与郭守敬大道交汇处）。距火车站、汽车站、京深高速、107 国道仅 15 分钟车程，交通极为便利。酒店占地 80 余亩，建筑面积 5.5 万平方米，主楼高 24 层，是一家集客房、餐饮、会议、康乐、休闲商务为一体，具有浓厚文化特色和高档品位的五星级酒店。酒店融国内先进设计理念和智能化管理系统为一体，功能布局先进，配套设施完善，建筑风格尊贵，文化氛围浓厚，管理品位高端，形成了万峰五星级大酒店的独特魅力。现因工作需要，招聘文秘2名。

岗位职责：

1. 负责行政公文、会议纪要、工作报告等起草及日常文秘、信息报送工作。

2. 协助部门做好其他辅助服务工作。

3. 做好部门和其他部门的协调工作。

任职要求：

1. 专科及以上学历，有行政管理或相关工作经验者优先考虑。

2. 有较好的沟通表达能力及服务意识，具有3年及以上行政助理的工作经验者优先考虑。

3. 形象气质良好，身高160cm以上；工作有条理，细致、认真、有责任心，办事严谨。

4. 熟练电脑操作及Office办公软件。

5. 熟悉办公室行政管理知识及工作流程，熟悉公文写作格式，具备基本商务信函写作能力。

6. 具备较强的文字能力和较强的沟通协调以及语言表达能力。

联系人：万峰人力资源部

联系方式：0319－256××××

企业地址：河北省邢台市邢州大道3188号

邢台万峰酒店管理有限公司

2017年9月14日

（资料来源：最佳东方 http：//job. veryeast. cn/917047/930502）

【案例六】

青岛城市建设集团海景花园酒店管理有限公司金沙滩希尔顿酒店

人力资源部文员招聘通知

青岛金沙滩希尔顿酒店是由青岛城市建设集团投资兴建并由著名的希尔顿全球酒店管理集团进行管理。毗邻有“亚洲第一滩”美誉的金沙滩。酒店拥有431间客房以及完备的餐饮会议设施，是商务洽谈及社交休闲的良好场所。

岗位职责：

1. 负责本部门文件的打印、传递等工作；

2. 负责员工入职、离职手续的办理等；

3. 负责考勤及采购系统；

4. 协助完成相关培训课程。

要求：大专及以上学历。

青岛经济技术开发区嘉陵江东路1号金沙滩希尔顿酒店人力资源部

2017年3月20日

（资料来源：智联招聘 http：//jobs. zhaopin. com/590402520250036. htm）

【案例七】

杭州滨江银泰喜来登大酒店在官网上发布的招聘信息

职位：部门秘书 Coordinator

职位性质：全职

工作地区：浙江省杭州市

招聘人数：5人

学历：本科

工作经验：不限

所在地：不限

户籍地：不限

提供食宿：提供食宿

年龄要求：不限

计算机能力：熟练

语言要求：英语（流利）

性别要求：不限

婚姻状况：不限

国际联号工作经历：优先

薪资待遇：面议

职位有效期：2017年6月30日至2017年9月28日

岗位职责/职位描述

OUR HIRING PHILOSOTHY

我们的招聘理念：

HIRE FOR ATTITUDE 态度优先

Good and positive hospitality attitude，always do the right thing.

具有良好、积极的工作态度和高度的工作责任感，正确决策。

TRAIN FORSKILLS 培养技能

Strong will to learn and fast learner，can adapt to the age of great change and take challenge.

热衷学习新事物，灵活和适应变化，敢于挑战。

TAP FOR POTENTIAL 发挥潜能

You should have career development，desire to grow up yourself with Starwood.

拥有向上发展的欲望，发挥个人最大潜能，与喜达屋共同成长。

（资料来源：杭州滨江银泰喜来登大酒店官网 http：//job.veryeast.cn/1809335/756435）

【案例八】

（北京）万达集团招聘集团文秘

一、职位介绍

1. 职位名称：高级文秘

2. 工作地点：北京集团总部（CBD万达广场B座）

3. 招聘人数：若干

4. 薪酬福利：税前年薪8万～10万元人民币，五险一金、公司免费提供三餐等

二、职位描述

1. 负责相关领导的文件管理工作及管理指令的传达和跟踪落实。

2. 安排梳理领导的行程，组织相关会议等。

2. 完成领导交付的临时性工作。

三、任职资格

1. 全日制统招本科学历，专业不限（只限2014年应届生或2015年毕业生）。

2. 女性，21～22周岁，身高163～170cm。

3. 稳重大方、反应机敏、形象气质佳。

4. 熟练操作办公软件，普通话标准，表述清晰。

5. 有敬业精神，有大局观，无不良嗜好。

联系人：刘先生 办公电话：010－8585×××× 手机：1530003××××

简历请直接投递邮箱：liu××××××@wanda.cn

简历中应注明联系方式、身高、籍贯、目前所在城市，并附上近期免冠近照一张。

大连万达集团股份有限公司

2015年1月14日

（资料来源：应届生 http：//www.yingjiesheng.com/job-001-991-048.html）

秘书的职业能力总结：

（一）写作能力

熟练掌握中、英文文字处理技能；掌握各类酒店常用文书的写作技巧和方法。

（二）听知能力

酒店文秘要善于耐心倾听和正确理解别人的发言，要能从别人的冗长、反复

的发言中拎出要领，或是从众口交夹、激烈争论中抓住重点，并且能转化为自己清晰简明的语言加以复述。听知能力还意味着秘书应努力掌握方言、外语和少数民族语言。

（三）社交活动能力

现代社会中的秘书已不再是整天坐在办公室里整理文件或是伏案写作，而是经常要参加各种社会活动，外出联系工作，调查情况，收集信息，进行协调，参加各种会议、会谈或宴会，甚至有参加外事活动的机会。秘书人员必须具有一定的社会活动能力，懂得各种场合的礼仪、礼节，善于待人接物，善于处理复杂的人际关系。

（四）沟通协调能力

酒店文秘要善于发现酒店内部工作上的矛盾或不平衡；要善于发现文件与文件之间政策、提法上的抵触或不一致；要善于发现领导与领导之间的误解或不和，并及时加以沟通、协调。只有具备较强的对内、对外的沟通能力，才能使酒店上层的各项指示、计划、意愿得以贯彻和执行。另外，还要求酒店文秘能严守机密、恪尽职守、吃苦耐劳，具有团队精神，忠实于自己所服务的组织，与各部门的管理人员以及酒店相关的企业、团体和政府职能部门保持良好的合作关系。

（五）观察分析能力

秘书在工作中要时时、事事、处处做有心人，善于观察，善于发现“死角”，及时提请领导注意，要善于做拾遗补阙工作。不仅要善于发现问题，而且要善于分析问题，提出解决问题的办法供领导择用、实施。观察分析能力是秘书工作由被动服务转为主动服务的前提条件。

（六）应变能力

应具备较高的文化程度，因为良好的教育背景使人在看待问题、处理问题时会更加理性和全面，同时具有较强的学习新知识的能力。秘书的大部分工作都有章可循，应严格按照政策和规章制度办事。但有些工作，尤其是事务性工作，在特殊的时间、地点、条件下，也常会出现意想不到的情况。秘书人员要有遇急不慌、临危不惧、处事冷静的应变能力，处理问题既要符合原则，又要有一定的机动性和灵活性。

（七）使用先进办公器械的能力

熟练操作各种办公室自动化设备，如计算机、打印机、传真机、复印机、电话机、录音机、扩音机、照相机、录像机、网络通信设备等。凡是办公室拥有的器械、设备，秘书人员都应尽可能学会使用。尽管部门内可能有专门的操作人员，但秘书人员如具有使用能力，可以备工作上的不时之需。

（八）预测能力

预测是在大量事实和信息的基础上，对可能发生或即将发生的情况做出科学的预计。有经验并富有创造精神的秘书人员应培养和锻炼自己的预测能力，这有助于进行主动服务和预防工作差错，也有助于秘书人员获得晋升为管理者、决策者的机会。

（九）记忆力

记忆力主要是指准确记忆事物的能力。酒店文秘要熟悉酒店各部门及其运作程序，掌握酒店的各项规章制度，对酒店的经营（如客房数量、房价、餐厅营业时间和电脑信息系统等）及软件（酒店的目标、经营思想、服务理念等）情况要了如指掌，以便更好地协助总经理完成各部门的协调管理以及对外联络沟通的工作，使工作更有效率。如果连续忘记相同的事物，那么不仅会降低工作的效率，而且还可能会令上司感到不满。因此，为了促使上司对自己更加信任，应努力做到一次性地记牢上司说过的话。此外，还有一个重要的问题，就是必须做笔记。

（十）执行力

执行力主要是指以适当的方式迅速处理业务的能力。虽然在进行工作时擅自做出决定可能会产生问题，但是没有上司的指示就不行动则问题更大。秘书应具备在必要的时候判断状况并迅速做出处理的能力。

【案例九】

目前酒店文秘部门和相关岗位工作职责范围

酒店文秘主要负责公司的会议、文书、印信、档案、接待、宣传栏以及文件报纸收发。公司规模大小不同，具体的工作内容略不相同。

一、酒店企业总经理秘书的工作职责

1. 协助总经理起草酒店综合性的业务报告、工作计划、备忘录、规章制度等。

2. 参加由总经理组织召开的行政例会（有的酒店也称之为早会或例会）、财务会议以及其他会议，做好会议记录，了解各项决定的执行情况并及时反馈信息。

3. 协助总经理做好日常来访接待、来函等情况处理。

4. 负责总经理的日常电话转接，尽可能地减少外界对总经理工作不必要的打扰。

5. 负责各种会议纪要、备忘录及其他文件的整理、打印、分发、归档、保管等工作；负责酒店内其他部门或者外界报送总经理的各种会议纪要、备忘录及其他文件和信函的呈送、处理、归档等工作。

6. 负责酒店介绍信、印章的保管和监督使用，负责与外单位联系，办理各类许可证件和归档保管工作。

7. 负责搞好总经理的日常工作安排，如会议、工作约会、宴请等。

8. 负责总经理办公室设备保管、维护正常运行等。

9. 负责总经理出差前以及出差后的工作处理（借款、日程安排、酒店预定、车辆接送、礼品准备、电话联系、车旅费报销等）。

10. 完成总经理临时交给的其他工作。

二、酒店普通办公文员工作职责

1. 根据总经理或总经理办公室主任的要求，起草相关文书，打印、复印、传阅（含QQ上传）、收发/签收对内发文、对外发文、外来文件（收文、集团工作联系函等），及时编号，定期归档。

2. 协助总经理办公室主任组织和安排各种会议，做好会议记录，完成会议纪要。

3. 代表总经理或总经理办公室主任会见非重要客人，接待和处理一般来信来访。处理总经理办公室的日常事务。

4. 接听电话，接收传真，处理日常函电、对重要电话做好记录，将有关信息及时通报总经理办公室主任。

5. 做好每天报纸收发工作，及时收集酒店业资讯（含报纸、网络），做好剪贴报，及时收集各部门的经营、管理动态。

6. 及时办理酒店相关证照的年检手续。

7. 落实总经理办公室办公设备的维修、保养与办公用品的领用，做好总经理的每天备忘与总经理交办的其他工作。

第四节　酒店文秘与领导者相处的基本原则

【导入新课】

如何正确处理秘书人员与领导班子或领导者个人的关系，是秘书人员应十分关心的实际问题，它渗透于秘书工作的各个方面，在很大程度上影响着秘书功能的充分发挥，影响着秘书工作的质量与效益，也影响着秘书自身的心理健康。因此，必须认真处理好这个关系。要处理好这个关系，首要的问题就是弄清秘书与领导者之间究竟是什么关系。

一、酒店文秘该如何正确处理好与领导者的关系

【案例一】

三国祢衡

三国时祢衡，此人很有才能，很会写文章，但是性格怪僻、傲慢无羁。他见

曹操，嫌礼遇不厚就把曹大骂一顿；转到刘表那里，又多次冒犯刘表；再到江夏太守黄祖处当秘书，黄重用他，很佩服他的文采，但终究在下棋时又把黄祖骂了，导致了不可收拾的后果。

【案例二】

周恩来

在正确处理领导者与秘书的关系中，周恩来总理给我们树立了光辉的榜样。傅西路在一篇纪念周恩来的文章中谈道："周恩来同志不仅明确提出了我党秘书工作的职责，严格要求并善于促使秘书人员尽职尽责，而且最难能可贵的是他对秘书人员的平等态度和热忱关心人的崇高品格。他身为总理，但他从不摆领导者的架子，不以教训人的口吻说话，与秘书的关系十分融洽；他关心秘书疾苦，常到秘书们的家中串门，问寒问暖，与秘书亲如一家。他尊重秘书的意见和人格，决不轻易伤害同志；他信任秘书，从不把人分成三六九等。秘书们既把他当领导，又把他当成兄长。周恩来同志与秘书们的这种亲密关系，充分体现了我们党的领导同志与秘书之间在政治上的平等关系。"

我国社会主义市场经济体制下，多种经济成分并存，秘书与领导者关系的类型归纳起来有以下几种。

（1）在党政机关、国家企事业单位中，领导与秘书的关系可归纳为以下三点：

① 在组织上是上下级关系，秘书要遵守组织纪律，严格维护领导的权威，为领导提供各方面良好的服务。

② 在工作上是同志关系，不是主仆关系，无贵贱之分，只有分工不同，都是为人民服务。因此，秘书与领导人在人格上是平等的，不必卑躬屈膝，唯命是从。

③ 在职能上是主辅关系，秘书协助领导工作，不能越俎代庖，但"寸有所长，尺有所短"，领导与秘书应当相互信任、相互支持、相互关心、相互补偿。

（2）在民营企业或个人性雇佣中，秘书与雇主之间是雇佣关系。在不违法违纪的前提下，秘书要绝对按经理、雇主的意图办事。

二、酒店文秘与领导班子相处的主要原则

秘书与领导班子相处的主要原则有四点：

（1）"职权划分，单向请示"的原则；

（2）"按规章制度办事"的原则；

（3）"不分亲疏，一视同仁"的原则；

（4）"通报情况，维护团结"的原则。

（一）“职权划分，单向请示”的原则

秘书在实际工作中，应怎样坚持做到“职权划分，单向请示”的原则？

酒店领导班子成员一般有较为明确的分工，在其职责范围内有着相应的职权。每位领导人按其分工开展职责范围内的工作，如重大问题由集体研究决定，分头去办；一般问题由酒店分管领导人直接处理。因此秘书要尊重领导人的职权分工，实行单向请示，注意避免多头请示。在实际工作中，以下几种情况特别要引起注意：

（1）遇到综合性的、涉及多方面工作的事项，应请示主持全面工作的领导并向有关领导通报情况。如通报情况后有关领导有不同意见，秘书则应建议几位领导当面研究，不要往返传话，以免引起误会。

（2）如果某领导对不属于他分管的工作下达指示，秘书应建议其向分管此项工作的领导打个招呼，或者先求得主持全面工作的领导同意，并请他向分管的领导通气。

（3）在事情紧迫时，可先办完事再报告给分管此项工作的领导，并说明原因。

（二）“按规章制度办事”的原则

“按规章制度办事”的原则是指：秘书人员应以酒店各种规章制度、各组织机构的职责分工、各项工作任务完成的程序方法等，作为处理与领导层成员关系的原则和依据，力求做到说话办事都有依据。

（三）“不分亲疏，一视同仁”的原则

秘书人员应该在工作、生活、感情联络各方面对所有领导成员都真正做到不分亲疏，一视同仁。这是秘书人员应具备的美德，也是处理好与领导关系的较为关键的一条原则。

具体来讲，在工作上要做到同等协助，对每位领导交办的事项都愉快地接受，以同等努力去完成；在生活上同等照顾，如一时办不到让所有的领导成员都得到应有的待遇，那么宁可缓办，等条件具备了再办。

【案例三】

酒店搬迁办公室，有4位部门经理需要添置新的办公家具，总经办派小王前去选购，小王看中一套办公家具，但库存只有3套，小王该怎么办？

参考答案：如果能调货，等4套到了一起送；也可以再换一套，一定要4套一模一样的，一起送过去。总之，最忌讳家具不一样，或者是先送3套，而有一位领导没有办公家具。在感情上同等尊重，切忌从个人好恶出发，亲近与自己关系深的领导，疏远与自己交往浅的领导。特别是对自己认为“能力强”或自己认为“水平差”的领导，要同等尊重，不因自己的主观印象而分亲疏。在职责分工上同样对待，对一把手和其他成员一视同仁。值得注意的是，有些秘书自恃资深而冷落新进领导班子的年轻领导，这对工作有害无益。

（四）“通报情况，维护团结”原则

秘书在具体工作中应怎样做到“通报情况，维护团结”?

“通报情况，维护团结”原则的具体内容是：秘书人员要自觉维护和增进领导人之间的团结。工作中领导之间有不同意见，出现矛盾，均属正常。秘书人员一定要从大局出发，注意维护团结。秘书在具体工作中应做到：

（1）领导人彼此间的议论，秘书人员要心中有数，慎重处理，一般应保持沉默，不附和。

（2）如果领导之间有误会，秘书人员可在可能的情况下做出必要的解释，以消除隔阂。对领导之间的分歧，绝不外传，更不能添油加醋，搬弄是非，应尽力予以缓和调解。

（3）当向甲领导汇报乙领导对某工作、某问题的处理时，可在客观陈述中，不露痕迹地强调其为工作着想的用心，对双方矛盾的焦点方面尽量不讲；非讲不可时，也应客观、谨慎，言词缓和，一带而过。

（4）如领导之间就某一个问题发生争论时，秘书要实事求是地反映情况，既不含糊其词，也不添枝加叶。

（5）如两位领导对某文件的起草观点不一致，若此文可写可不写，则可求大同，存小异，从更高的层次上使两者统一起来。

（6）领导班子成员如因出差、外出开会，未能参加例会，秘书应主动把会议情况和决议向缺席者汇报。

秘书与领导班子相处的主要原则，即“职权划分，单向请示”的原则、“按规章制度办事”的原则、“不分亲疏，一视同仁”的原则、“通报情况，维护团结”的原则。这四项原则是秘书替领导班子服务应该遵循的原则，在具体执行时，作为秘书，一定要防止多头请示、汇报和凡事都找“一把手”的做法；秘书人员在协调与领导班子的关系时一定要按规章制度办事；秘书在处理和协调与领导成员的关系时，一定要一视同仁，对领导班子成员要同等看待、同等协助，不论是哪位领导班子成员安排的工作，都要努力做好，不能有的去做，有的不去做，有的三心二意地去做；秘书一定要坚持有利于领导班子团结的原则，以事业为重，从工作出发，尽可能地维护领导班子的团结和威信。

三、酒店文秘与具体领导人相处的原则

秘书与具体领导人相处的原则有四点：一是思想体系一致的原则；二是知识互补的原则；三是相互信任的原则；四是相互适应的原则。

（一）思想体系一致的原则

秘书人员是领导的助手和参谋，秘书职能实际上是领导者脑力和体能的补充

和延伸，这就决定了秘书的职能活动要以领导意图为转移，其基点在于随时正确地领会掌握领导的工作意图，严格遵循、围绕领导工作意图，通过自己的调查研究、提供信息、参谋建议、撰写公文、协调处事、接待交往等职能活动，辅助领导工作，体现、贯彻领导意图。所以秘书人员要加强自身修养，提高自身水平，使自己能与领导人保持思想、行动上的一致，彼此配合默契。这要求秘书人员能站在领导的角度考虑问题，处理问题。特别是在管理工作的各个环节上，秘书要力争能和领导者保持思想体系的一致，如有分歧、争论，也应在坚持原则的前提下，努力与领导者取得一致的看法。

（二）知识互补的原则

一方面，“金无足赤，人无完人”，领导者的业务知识及其他相关或不相关的知识的掌握程度和涉猎广度，会受多种因素的限制，因而有时觉得知识不够用。此时，秘书人员应巧妙地在不影响领导者威信的前提下，给以适当的提醒或弥补。这样，领导者与秘书的知识结合起来，将对工作顺利开展形成极为有利的局面。另一方面，领导者的政治素养好、思想水平高、组织能力强，知识较渊博，作为这样的领导者身边的工作人员，应该不失时机地向领导者学习，在长期潜移默化的工作过程中努力提高自身的素养。总之，秘书和领导者应该相互取长补短。

（三）相互信任的原则

酒店文秘与相应的上级，虽然分工不同，但在人格上是平等的。所以，领导者与秘书应共同努力建立互相信任的关系，彼此成为互相关心、互相帮助的良师益友。秘书在工作中的不足或差错，领导者应主动承担责任；领导者工作安排有误或批评不恰当时，秘书应主动出谋献策，释疑补缺，维护领导者的威信。秘书要努力工作，不辜负领导的信任；领导者则既要做到“疑人不用，用人不疑”，又要经常检查指导秘书的工作，不能把信任当成放任。

（四）相互适应的原则

相互适应的原则可以分别从秘书和领导者的角度来理解：一方面从秘书的角度来看，秘书对领导者的性格、思维方式、工作方法、生活爱好、工作经历以及家庭情况等，都要有所了解，这样才能尽力做好服务工作。秘书应主动适应领导者的工作特点和生活习惯，比如，有的领导逻辑性较强，凡事爱问个前因后果，对这样的领导就要在谈工作时要讲事实、摆观点、有分析、有推理；而有的领导喜欢单刀直入、开门见山，对其就要言简意赅，直中问题的要害；而有的领导幽默风趣，不妨与他（她）开开玩笑。这是在秘书方面贯彻相互适应原则的具体表现，是矛盾的主要方面。另一方面，从领导者的角度来看，作为一个好的领导者，要注意充分调动身边工作人员，尤其是秘书人员的积极性，关心爱护他们，帮助他们解除后顾之忧，让他们一心一意投身于工作之中，这是矛盾的次要方面。总之，双方共同贯彻相互适应的原则，将对领导工作的顺利开展起到积极作用。

为了让学生更好地理解“相互适应”的原则，向学生介绍下面这篇文章。

【案例四】

李助理辞职事件

某个周一的早上，酒店总经理王某就接到已跟随他多年的总经理助理李某的辞职信。当王总看到李助理的辞职信时，十分愤怒。李助理是清华大学旅游管理专业的高才生，拥有较强的酒店管理能力和经验。在酒店刚成立不久，李某就来到酒店工作，凭着他吃苦耐劳的精神和十足的干劲，很快受到王总经理的赏识，并提拔李某为自己的助理。在李某担任总经理助理的这段时间内，王总当起了“甩手掌柜”，酒店业务的发展工作实际上是由李某一个人负责，工作任务重，工作压力大。但看着酒店一步步发展壮大，李助理认为自己的辛苦是值得的，他认为对酒店的付出不仅仅是岗位所赋予他的责任，更是其自身价值的体现。可以说，酒店事业的发展离不开李助理的付出与努力。因此，李助理在酒店的地位很高，并获得全酒店上下的一致认可。李助理突然提出辞职，势必给酒店带来巨大的损失。

但是，李助理的离开也是迫于无奈。在李某担任经理助理之初，王总承诺给李助理 7000 元/月的基本岗位工资，并根据其工作表现确定年终奖金数额。起初，李助理对自己的薪酬很满意。但是，随着酒店业务的发展壮大，去年王总经理通过猎头公司，从其他的酒店挖张某担任餐饮部经理。考虑到该岗位的重要性，张经理上任之初，王总就承诺给其基本工资为每月 8000 元。对此，李助理感觉很不公平，他认为，自己辛辛苦苦这些年，基本工资都没有提高，凭什么一个新人工资却比他高。

这些年来，王总在年终奖发放问题上，也始终未实现其承诺，没有根据李助理的工作表现发放年终奖金，而是将年终奖数额始终保持在万元左右，这让李助理很生气。李助理认为，年终奖数额和他为酒店的贡献应该是正相关的。他每天监督和管理各职能部门的工作情况，并通过自己的人脉为酒店开发了大量客户，理应获得更为丰富的年终奖。但是王总经理总是以酒店还在发展的困难期，资金周转困难和成本费用过高为借口，不为其增加年终奖。2012 年，李助理通过在外企工作的同学，使某家外企承诺今后该企业所有大中型会议都将在酒店举行，这将为酒店带来 300 万收益，使酒店的发展更上一个台阶，王总经理才终于答应给李助理加薪。然而，到了年底，李助理的基本工资却没有变化，而年终奖也只是刚过 5 万元，这让李助理又是愤怒又是绝望。这次，李助理再也忍不了了，他气愤地冲到了王总的办公室，质问王总：“王总，您明明说按照工作表现发放年终奖，可我的怎么才5万啊，而且，为什么这些年，我的基本工资都没有变啊，为什么张经理的基本工资比我高？”王总不耐烦地回答道：“虽然酒店今年营业总额不错，但是打算新建一栋餐饮大厦，所以资金紧张，你作为总经理助理，应该多为酒店考虑！”听完这句话，李助理顿时火气增大，这么多年来他为公司做出多大的努力和牺牲，整个酒店能够有效运营和管理都离不开他的功劳，还要怎样才算为酒店考虑。想到这，李助理彻底被激怒了：“什么叫为酒店考虑，这些年要不是我，酒店能发展到今天？要不是我，你这个总经理能干得这样舒心？酒店什么时候考虑过我？”而王总也不甘示弱，强硬地回应道：“爱干不干，酒店没有你照样发展，别以为自己了不起，人才到处都有。”听到这样的回应，李助理愤怒地摔门而出。

下班后，李助理约他的老校友，某酒店集团的总经理高某喝酒。高某见李助理十分沮丧，就关心地询问李助理，于是李助理就将事情的原委告诉了高某。而高某最近想扩展酒店业务，急需像李助理这样的人才，于是邀请李助理到自己的酒店工作。高某还承诺李助理，月薪1万且年终奖与工作绩效挂钩，此外，酒店还将为他配备一台奥迪车，年报销油费1万元。为减少李某的顾虑，高某还提出，上任前签订合同，并将薪酬分配方案详细地写入合同内。李助理晚上回家后一夜未眠，在经过仔细考虑后，最终决定答应高某的邀请。

到了周一，当王总看到李助理的辞职信时，十分气愤，竟也没有任何挽留。这件事震惊了公司上下所有员工。不久之后，酒店很多常客都离开了，酒店效益出现下滑趋势，很多员工也跟随李助理跳槽。自从李助理辞职后，负责统筹酒店各部门工作的总经理助理岗位暂时由王总本人亲自担任，但由于以前很多烦琐的工作长时间都由李助理负责，而王总对此并不熟悉，加上他时间和精力有限，所以近期感到十分疲惫，酒店业绩一再下滑。

秘书人员与具体领导人相处的原则，即思想体系一致的原则、知识互补的原则、相互信任的原则、相互适应的原则。秘书与领导者在思想体系上应当保持一致，不允许南辕北辙，这是最基本的要求，但秘书与领导者在知识构成和知识面上却可能是不一致的，有的甚至存在较大的差距，这就需要将秘书和领导的知识结合在一起，构成领导者决策和处理工作所需要的较为全面的知识结构，这对领导工作大为有利。同时，秘书是领导者的左右手，他们是工作中合作的伙伴，只有相互理解和信任，才能达到思想一致、步调一致、情感和谐，形成工作上同心协力、默契配合的关系。要做到这一点，秘书应主动适应领导者的个性特点、思维方式、生活习惯和工作方法，而领导者也应该了解秘书的不同特点，在工作上善于扬长避短，充分发挥秘书的聪明才智。总之，秘书人员在处理与具体领导人之间的关系时，既要坚持原则性，又要注意灵活性，原则性是灵活性的灵魂，灵活性为原则性服务，以达到促进团结、促进工作的目的。

【课后练习】

1. 论述题：秘书人员与具体的领导人应怎样相处？

要明确秘书如何处理好同具体领导人的关系，首先要明确秘书与领导者（指直接服务对象）之间是一种工作关系。这种工作关系，在职能上秘书要为领导者服务，即做领导者工作上的助手和参谋，具体任务就是办文、办会和办其他的事；在组织上，秘书与领导者是上下级关系，领导者领导秘书，秘书执行领导者的指令。基于此，秘书与具体的领导者在相处时，应遵循以下四条原则：（1）思想体系一致的原则；（2）知识互补的原则；（3）相互信任的原则；（4）相互适应的原则。

2. 讨论分析如下案例："史上最牛女秘书"。

女秘书 PK 老板"邮件门"传遍全国外企圈

如果你今天还不知道"史上最牛女秘书"是谁，或者你还没收到那封在网络上引起轩然大波的邮件，只能说明你不是那些著名外企中的一员。最近一周，从北京、上海到成都、广州、南京……全国所有知名外企都在疯狂转发一封来自EMC（全球最大的网络信息存储商，总部在美国）北京总部的电子邮件：EMC大中华区总裁陆纯初和他的高级女秘书因工作琐事发生激烈争吵，导致后者被迫离职。这起本该在企业内部消化的事件，却因牵起"老外和中国员工的文化障碍"的敏感话题，数天之内成为各大外企员工和网络舆论谈论的热点。

昨天上午，当事人瑞贝卡（秘书的英文名）无奈地告诉记者，"这件事传得太广，我都找不到工作了。"而面对记者的质询，EMC 公司从美国发来的邮件却认为"该员工离职只是个人事件"。目前，该邮件仍在毫不停歇地转发中。

下班锁门引起总裁不满

4 月 7 日晚，EMC 大中华区总裁陆纯初回办公室取东西，到门口才发现自己没带钥匙。此时他的私人秘书瑞贝卡已经下班。陆试图联系后者未果。数小时后，陆纯初还是难抑怒火，于是在凌晨 1 时 13 分通过内部电子邮件系统给瑞贝卡发了一封措辞严厉且语气生硬的"谴责信"。

陆纯初在这封用英文写的邮件中说："我曾告诉过你，想东西、做事情不要想当然！结果今天晚上你就把我锁在门外，我要取的东西都还在办公室里。问题在于你自以为是地认为我随身带了钥匙。从现在起，无论是午餐时段还是晚上下班后，你要跟你服务的每一名经理都确认无事后才能离开办公室，明白了吗?"（事实上，英文原信的口气比上述译文要激烈得多）。陆在发送这封邮件的时候，同时传给了公司几位高管。

秘书回了咄咄逼人的邮件

面对大中华区总裁的责备，一个小秘书应该怎样应对呢？一位曾在 GE 和甲骨文服务多年的资深人士告诉记者，正确的做法应该是，同样用英文写一封回信，解释当天的原委并接受总裁的要求，语气注意要温婉有礼。同时给自己的顶头上司和人力资源部的高管另外去信说明，坦承自己的错误并道歉。

但是瑞贝卡的做法大相径庭，并最终为她在网络上赢得了“史上最牛女秘书”的称号。两天后，她在邮件中回复说：“首先，我做这件事是完全正确的，我锁门是从安全角度上考虑的，如果一旦丢了东西，我无法承担这个责任。其次，你有钥匙，你自己忘了带，还要说别人不对。造成这件事的主要原因都是你自己，不要把自己的错误转移到别人的身上。第三，你无权干涉和控制我的私人时间，我一天就 8 小时工作时间，请你记住中午和晚上下班的时间都是我的私人时间。第四，从到 EMC 的第一天到现在为止，我工作尽职尽责，也加过很多次的班，我也没有任何怨言，但是如果你们要求我加班是为了工作以外的事情，我无法做到。第五，虽然咱们是上下级的关系，也请你注意一下你说话的语气，这是做人最基本的礼貌问题。第六，我要在这强调一下，我并没有猜想或者假定什么，因为我没有这个时间也没有这个必要。”

本来，这封咄咄逼人的回信已经够令人吃惊了，但是瑞贝卡选择了更加过火的做法。她回信的对象选择了“EMC（北京）、EMC（成都）、EMC（广州）、EMC（上海)”。这样一来，EMC 中国公司的所有人都收到了这封邮件。

邮件被数千人转发

昨天上午，记者打通瑞贝卡的电话，她已不愿回忆那两天的经历，“这只是我和 EMC 之间的事，跟别人没关系”。可就在瑞贝卡回邮件后不久，这封“女秘书 PK 老板”的火爆邮件就被她的同事在全国外企中广泛转发。近一周内，该邮件被数千外企白领接收和转发，几乎每个人都不止一次收到过邮件，很多人还在邮件上留下诸如“真牛”“解气”“骂得好”之类的点评。其中流传最广的版本居然署名达 1000 多个，而这只是无数转发邮件中的一个而已。记者在邮件上找到了两位留有私人邮件的人士。黄小姐供职于 IBM 中国研究院。据她回忆，该邮件最早从公司同事的大学同学处转来，后来的来路也多为业务关系、大学同学等。张先生就职于 GE 北京总部，“我收到邮件比较早，当时就转给了成都和上海的大学同学，结果后来又从南京同学那里收回来了”。从邮件的转发过程中，可以发现这样一个顺序：EMC→Microsft→MIC→HP→SAMSUNG→Honeywell→Thomson→Motorola→Nokia→GE……这些大名鼎鼎的外企大多为 IT 或电子类相关企业。

女秘书已离开公司

邮件被转发出 EMC 后不久，陆纯初就更换了秘书，瑞贝卡也离开了公司。目前，EMC 内部对此事噤若寒蝉，一些参与转发邮件的员工挨个儿被人事部门找去谈话。尽管无论是邮件附加的个人点评还是 BBS 上的讨论，力挺瑞贝卡的声音都超过了八成，但外企人力资源部的管理层却并不买账。昨天早上，记者刚在电话中表明身份，瑞贝卡就明白了，“这事儿闹得太厉害，我已经找不到工作了”。她没有料到邮件会被转发出去，也没有料到目前的局面。

最后消息：EMC 回应“邮件门”

“邮件门”对陆纯初有何影响？昨天晚上，陆纯初授意远在美国的 EMC 公司大中国区市场部经理吴薇给记者发来声明。这份用外交措辞写成的声明表示：“最近这位北京员工的离职完全是一个个人行为和独立的事件，EMC 中国区的员工都充满了信心与 EMC 一起取得更大的发展。”有 IT 业资深人士分析，像对大中华区总裁这种高管的评价，一般只有美国总部的总裁和总部人力资源部的主管才有发言权。

（备注：案例来自天涯社区 http：//bbs. tianya. cn/post-free-677649-1. shtml）

问题：你怎么看这件事情？瑞贝卡有没有错？最好的解决办法是什么？

附录一　秘书职业契合程度《测试量表》

你适合做秘书工作吗？自我分析二十条。

1. 你是不是认为，要当元帅的士兵不一定是好士兵。

2. 小时候，妈妈如果让你去打酱油，买菜，再到邮局帮她寄信，回来的时候还要帮爸爸取放在朋友处的材料，你是不是习惯先很好地计划一下，再有条不紊地完成呢？

3. 当你工作的时候，你是不是说“上帝保佑，又到了星期一了”。

4. 当你考虑一个问题没有答案的时候，能不能换个角度，甚至从逆向角度加以考虑。

5. 小时候，你能不能看一天的蚂蚁搬家。

6. 你是不是更喜欢让别人拿主意，你照着完成即可呢？

7. 你无意中知道了别人的一个秘密，你总是能很好地保密。

8. 你从小就很喜欢和人打交道，并且深得叔叔阿姨和朋友的喜欢。

9. 你是否在做好一件事情之前，就开始很好地考虑后面的事情。

10. 上学时，是否尝试过骑自行车长途旅行？

11. 小时候你的朋友如果比你出色很多，但是你并不嫉妒，相反，你会帮助他做得更好。

12. 当你成功地完成一件事情后，功劳却记在了别人头上，而你从不会很在意。

13. 你从小就是个热心肠的人，喜欢到处张罗。

14. 说真的，你觉得自己虽然不是个作家，但是文笔还真的不错呢。

15. 你从小就很细致，做事情一丝不苟。

16. 你喜欢和比你强的人在一起，并不觉得有压力。

17. 你有一项了不起的本事，那就是很善于弥补别人或者事情的不足。

18. 你从小就很能揣摩爸爸妈妈的心思，因此他们也总是夸你是个很懂事的孩子。

19. 你的口才不错。

20. 你是不是总在看有什么事情需要做，不等人说，就主动完成。

如果你具备其中的10条，恭喜你，你是块当秘书的好材料，可以当秘书了。

如果情况不是这样，你又非常想当秘书，不要紧，你可以从中获得启发，并在工作中不断地锻炼自己。

附录二　秘书职业资格考证条件

秘书资格证考试共设四个等级，分别为五级秘书（国家职业资格五级）、四级秘书（国家职业资格四级）、三级秘书（国家职业资格三级）和二级秘书（国家职业资格二级）。全国秘书证书考试内容：文书写作、公关礼仪、档案管理、办公室自动化、办公室工作、法律与经济管理概论、外语（英、日、俄等）。我国于2015年11月13日取消秘书资格的就业准入制度，自此秘书职业资格考试变成水平类职业资格。全国职业技能鉴定中心（OSAC）作为政府审批的专业职业技能鉴定中心，自2016年其继续开展秘书资格考试，证书等级调整为三个级别，即初级、中级和高级，分别对应三级、二级和一级。

本职业共设四个等级，分别为五级秘书（国家职业资格五级）、四级秘书（国家职业资格四级）、三级秘书（国家职业资格三级）和二级秘书（国家职业资格二级）。

全国秘书证书考试内容：文书写作、公关礼仪、档案管理、办公自动化、办公室工作、法律与经济管理概论、外语（英、日、俄等）。

五级秘书（具备以下条件之一者）：

(1) 经五级秘书正规培训达规定标准时数，并取得结业证书；

(2) 在本职业连续见习工作2年以上。

四级秘书（具备以下条件之一者）：

(1) 取得五级秘书职业资格证书，连续从事本职业工作2年以上，经四级秘书正规培训达规定标准学时数，并取得结业证书；

(2) 取得五级秘书职业资格证书，连续从事本职业工作3年以上；

（3）连续从事本职业工作 4 年以上；

（4）取得经劳动和社会保障行政部门审核认定，以四级秘书技能为培养目标的中等以上职业学校本职业（专业）毕业证书。

三级秘书（具备以下条件之一者）：

（1）取得四级秘书职业资格证书，连续从事本职业工作 4 年以上，经三级秘书正规培训达规定标准学时数，并取得结业证书；

（2）取得四级秘书职业资格证书，连续从事本职业工作 5 年以上；

（3）取得大学本科毕业证书，并连续从事本职业工作 2 年以上。

二级秘书（具备以下条件之一者）：

（1）取得三级秘书职业资格证书，连续从事本职业工作 4 年以上，经二级秘书正规培训达规定标准学时数，并取得结业证书；

（2）取得三级秘书职业资格证书，连续从事本职业工作 6 年以上；取得大学本科毕业证书，并连续从事本职业工作 4 年以上。

【实训提高】

实训目的：在实训中深刻理解和掌握秘书职业特点及角色定位，为下一步学习打下基础。

实训形式：讨论、发言。

根据案例拟定公司招聘秘书人员的招聘书。材料如下：

某酒店集团为了广泛吸纳优秀人才、加快集团公司发展，适应市场改革需求，根据实际情况拟招聘秘书类岗位人员共 3 人，其中总经理秘书、综合秘书及前台接待秘书各一名。

如果你是人力资源部经理，为了招聘到优秀的秘书人员：

1. 请你根据对秘书职业的了解，撰写一份招聘书，重点要写出对不同秘书岗位人员的从业资格、职业素养及技能的要求。

2. 拟定面试流程及题目（包括招聘岗位描述、主要职责、资格要求）。

3. 在你所在的班级或团队中，你认为谁最适合从事秘书工作？列出至少 6 个特点并进行评价说明。

4. 谈谈你所知道的人们对于秘书工作的常见误解，并给予评价。

5. 讨论“男性更适合做秘书还是女性更适合做秘书”，并进行原因归纳。

【课后拓展】

1. 技能训练：采访一名酒店秘书人员，找出秘书实务工作中的三个常见的难题，并找出解决的方法。

2. 讨论思考：“秘书”究竟是什么样的工作？优秀的酒店文秘应有的职业素养是什么？

第二章　酒店文书的结构格式和办理流程

教学目标：

在了解酒店文秘的基本性质、特点和酒店办公实务的基本内容及其在酒店运行管理中的地位和作用的基础上，让学生了解和掌握酒店文书的结构格式和办理流程，为其毕业后从事有关工作奠定良好的基础。

知识点：

应用文的概念和种类；

公文的基本格式；

酒店文书的特点、行文规则和行文方式；

酒店文书的撰制程序、形成和制发的过程；

酒店文书的性质、特点、作用；

酒店档案管理工作的主要内容与基本要求。

能力点：

掌握酒店文书的结构格式和办理流程；

掌握酒店档案管理的主要内容和一般方法。

素质点：

养成严谨、规范的办公室工作习惯。

【章前导论】再次明确秘书实务的具体内容

1. “参与政务”“掌管事务”（分清楚主次）；

2. 办文、办会、办事。

办文包括办发文、办收文以及文件管理。所谓秘书办文工作，主要是指秘书工作中围绕文书、文件、文字材料开展的工作。这些工作又可以概括为三项工作内容：一是文稿撰制，主要是指文书、文件、信函和新闻稿件的撰写工作；二是文书处理，主要是指文书文件办理工作；三是文书的整理与归档工作，主要是指归档文书按照档案法和有关规定定期转为档案后的妥善保管以及为查找利用提供服务的工作。

办会是管理工作和领导活动的方式之一，会议是民主精神的体现。如何组织好会议，如何做好会议中的会务服务工作，如何提高开会的效率都是秘书工作者需要认真考虑和研究的问题。

办事包括值班、电话事务、接待、为领导安排日程、调查研究、为领导决策提供参考性方案、信息服务、查办工作、信访工作、保密工作等。

第一节　公关应用文书及其分类

一、应用文的概念

应用文是各类企事业单位、机关团体和个人在工作、学习和日常生活等社会活动中，用以处理各种公私事务、传递交流信息、解决实际问题所使用的具有直接实用价值、格式规范、语言简约的多种文体的统称。（参见韦志国主编《实践技能训练应用写作》）

公务文书是法定机关与组织在公务活动中，按照特定的体例，经过一定的处理程序形成和使用的书面材料，又称公务文件。

应用文概念的最早使用是在宋代。欧阳修《免进五代史状》（1060 年）说："自忝窃于科名，不忍忘其素习，时有妄作，皆应用文字。"他的《辞副枢密与两府书》（1064 年）又说：修"少本无于远志，早迫逮亲之禄，学为应用之文"。苏轼《答刘巨济书》说："仆老拙百无堪，向在科场时，不得已作应用文。"这里"应用文字"是指科举应试文章，可获取功名，含有"应用"之意。清代刘熙载的《艺概·文概》，其中说："辞命体，推之可为一切应用之文。应用文有上行，有平行，有下行，重其辞乃所以重其实也。"这里的"应用文"很显然是指公务文书。其后的徐望之在《尺牍通论》中说："有用于周应人事者，若书札、公牍、杂记、序跋、箴铭、颂赞、哀祭等类，我名之曰：'应用之文'。"而这里所说的"应用文"则主要是指私人事务文书。

当今应用文概念的使用，已有了质的突破，有广狭义之分。如郭志林先生在《还应用写作应有的学科地位》中说："纵观古今文苑，写作只有两大类：一是应用写作，生产应用文章；另一是文学写作，生产文学作品……应用写作和文学写作是写作大家族里的孪生姊妹。"这一界定意味着：在整个写作领域，除文学写作以外，全为应用写作，而且将应用写作提升到了首位。而这一点，又与人们的统计相吻合：在人们所接触的书面文字中，百分之九十五甚至更多的是应用文章。所以狭义的应用文专指国家机关、企事业单位、社会团体以及人民群众在处理事务、沟通信息时所形成和使用的并具有一定格式的文章。而广义的应用文，就是指文学文体以外的一切文章。

公共关系文书是政府机关、企业单位、群众团体在开展公共关系活动中所使用的应用文的总称（即狭义的应用文的范畴）。

二、应用文的分类

对于应用文种类的划分，学术界有不同的观点。根据不同的标准，可以划分为不同的种类。本书从应用文使用的功能来划分，其种类有：

公务应用文，是指人们在办理公务中普遍使用的文书；法定公文，是指公文法规中明确规定的公文。《党政机关公文条例》（国务院 2012 年）规定，行政机关公文种类为 15 种：决议、决定、命令（令）、公报、公告、通告、意见、通知、通报、报告、请示、批复、议案、函、纪要。

2000 年 8 月 24 日，国务院以国发〔2000〕23 号印发《国家行政机关公文处理办法》。《办法》分总则、公文种类、公文格式、行文规则、发文办理、收文办理、公文归档、公文管理、附则，共 9 章 57 条，自 2001 年 1 月 1 日起施行。2012 年 4 月 16 日，中共中央办公厅、国务院办公厅印发《党政机关公文处理工作条例》（中办发〔2012〕14 号）。该条例第 42 条决定，停止施行 1996 年 5 月 3 日中共中央办公厅发布的《中国共产党机关公文处理条例》和 2000 年 8 月 24 日国务院发布的《国家行政机关公文处理办法》。

事务公文，是指除法定公文以外的公文。包括工作计划、工作总结、调查报告、述职报告、简报、公示、规章制度、大事记、会议材料（开幕词、闭幕词、会议报告、会议记录、领导讲话、提案）等。

（二）日常应用文

日常应用文是指人们在日常生活、事务中使用的文书，主要包括以下五类。

（1）宣传类：演讲稿、发言稿等。

（2）说明类：启事、声明、海报等。

（3）礼仪类：请柬、贺（祝）词、题词、感谢信、慰问信、讣告、悼词等。

（4）书函类：申请书、倡议书、建议书、承诺书、证明、聘书等。

（5）个人事务类：简历、自荐信、辞职信、日记、读书笔记等。

（三）行业应用文

行业应用文是指专业性较强的文书，如经济（合同、可行性报告等）、法律、新闻传播、科研、外交、军事等类别的文书。

第二节　公文概念及特点

一、公文的概念

公文是党政机关、人民团体、企事业单位在管理过程中形成的具有法定效力和规范体例的特定文书。公务文书通常被简称为公文，公文具有十分广泛的使用价值，它是各项公务活动中使用得最频繁的一种交际工具。

公文有狭义、广义之分。狭义的公文是指《党政机关公文条例》（国务院2012年）所规定的行政机关公文，共分为15种：决议、决定、命令（令）、公报、公告、通告、意见、通知、通报、报告、请示、批复、议案、函、纪要。

这些公文有国家标准和严格规范［国家标准《党政机关公文格式》最新版（GB/T 9704—2012）］，所以被称为规范公文或通用公文，广义的公文除上述15种外，还包括计划、总结、调查报告等事务文书。

二、公文的特点

（一）法定性

《党政机关公文条例》和国家标准《党政机关公文格式》最新版（GB/T 9704—2012）是国家行政法规文件，其内容具有权威的法定性。公文的法定化表现在四个方面：

一是文种的使用。公文只含《党政机关公文条例》中规定的15种，不能随意添加，格式上也不能随意改变。

二是公文的内容。公文的内容具有法定的权威性和约束力，法人及个人只能按公文内容规范自己的活动和行为，违反了就要承担相应的法律责任。

三是公文的作者。公文的作者是法定的组织或机关团体，代表着这些组织、团体的意志，是领导意志和集体意图的表现，是依法行政的产物。

四是公文的读者。公文的读者也是由法律所规定的。除了公开发布的告知性文件可供群众阅读外，公文都有明确的发送对象和范围，偷阅公文是违法的。

（二）实用性

公文是针对公务活动中的实际问题而制发的，因此有很强的实用性和针对性。为了完成各项工作，公文的内容必须具体、实用，绝不能只搞形式，泛泛而谈。针对性和实用性越强，其作用越大。

（三）程序性

公文的处理，包括行文、发文、收文、归档等，在《党政机关公文格式国家标准》中都有具体规定。如发文处理包括草拟、审核、复核、缮印、用印、登记、分发等过程。在公文处理过程中必须按规定的程序行事，不得随意精简必需的环节。

（四）规范性

《党政机关公文条例》和《党政机关公文格式国家标准》中对公文的文种、适用范围、体式、行文规则都做了严格的规定，公文的制作人员和各级领导必须严格遵守，而不能随意自定，只有这样才能保障公文的正常运行和作用的正常发挥。

（五）时效性

公文的时效性主要是指公文制发必须迅速、及时。尤其是一些企事业单位要追求经济效益、经济效益，因此企业公文特别要追求办事效率，不能拖延误时。

三、公文的分类

按照不同的标准，可以把公文分成不同的类型。

（一）按作用分

指令性公文。如命令、决定。

指导性公文。如通知、批复、意见。

周知性公文。如公告、通告、通知、通报、会议纪要。

商洽性公文。如函。

报请性公文。如请示、报告。

（二）按行文方向分

上行文。下级向上级行文，如请示、报告。

平行文。平级互相行文，如通知、函。

下行文。上级向下级行文，如命令、批复、决定。

（三）按秘密等级分

（1）绝密性。是指核心秘密，是密级最高的文件。

（2）机密件。是指重要秘密，是密级较高的文件。

（3）秘密件。是指一般秘密，是密级最低的文件。

（四）按紧急程度分

（1）特急件。是指“十万火急”的文件。

（2）急件。是指需要加急的文件。

（3）平件。是指不需要加急的普通文件。

（五）按作者性质分

（1）政府机关公文。

（2）党派机关公文。

（3）群众团体公文。

（4）企事业单位公文。

四、公文的作用

（一）法律准绳作用

各级领导机关利用公文颁布相关的法律法规，一些企事业单位利用公文建立自己的规章制度。这些法律法规和规章制度对各级组织和个人都有制约作用，任何组织和个人都必须严格遵守，不得违反。

（二）指导管理作用

一些企事业单位大量的日常行政管理，如部署工作、安排活动、布置任务、检查总结等事项，一般都需要通过公文来实现。公文是企事业单位指导管理最有效的工具和手段。

（三）宣传教育作用

各级领导机关和企事业单位都可以利用公文对外宣传，对内进行教育，如嘉奖令、批评式通报、表扬式决定等，都是宣传教育的有力武器。

（四）传递信息作用

一些企事业单位可以利用公文对外联系公务，对内交流经验，上下左右沟通信息。利用公文传递信息、联系工作，比一般书信、电话、口头交流更严肃，更郑重其事，更有效果。

（五）依据凭证作用

公文是公务活动的文字记录，各类公文使用完毕后，都要立卷归档形成档案资料。这是宝贵的信息资源，是历史的见证，可以起到依据与凭证的作用。

第三节　公文的结构格式

按照国家标准《党政机关公文格式》规定，完整格式的公文包括 16 项内容：保密期限、紧急程度、发文机关标识、发文字号、签发人、标题、主送机关、正文、附件说明、成文日期、印章、附件、主题词、抄送机关、印发机关和印发日期。这些内容分别安排在版头、主体、版记三大部分中。

一、公文排版和装订

（一）公文用纸主要技术指标

公文用纸一般使用纸张定量为 60～80g/m^2 的胶版印刷纸或复印纸。纸张白度为 80%～90%，横向耐折度不低于 15 次，不透明度不低于 85%，pH 值为 7.5～9.5。

（二）公文用纸幅面尺寸及版面要求

1. 幅面尺寸

公文用纸采用中家标准 GB/T 148 中规定的 A4 型纸，其成品幅面尺寸为：210mm×297mm（GB/T 9704—2012）。

2. 版面

（1）页边与版心尺寸：公文用纸天头（上白边）为 37mm±1mm，公文用纸订口（左白边）为 28mm±1mm，版心尺寸为 156mm×225mm。

（2）字体和字号：如无特殊说明，公文格式各要素一般用 3 号仿宋体字。特定情况可以做适当调整。

（3）行数和字数：一般每面排 22 行，每行排 28 个字，并撑满版心。特定情况可以做适当调整。

（4）文字的颜色：如无特殊说明，公文中文字的颜色均为黑色。

（三）印制装订要求

1. 制版要求

公文版面干净无底灰，字迹清楚无断划，尺寸标准，版心不斜，误差不超过 1mm。

2. 印刷要求

公文需双面印刷；页码套正，两面误差不超过 2mm。黑色油墨应当达到色谱所标 BL100%，红色油墨应当达到色谱所标 Y80%、M80%。印品着墨实、均匀；字面不花、不白、无断划。

3. 装订要求

公文应当左侧装订，不掉页，两页页码之间误差不超过 4mm，裁切后的成品尺寸允许误差±2mm，四角成 90°，无毛茬或缺损。

骑马订或平订的公文应当：

（1）订位为两钉外订眼距版面上下边缘各 70mm 处，允许误差±4mm。

（2）无坏钉、漏钉、重钉，钉脚平伏牢固。

（3）骑马订钉锯均订在折缝线上，平订钉锯与书脊间的距离为 3～5mm。

包本装订公文的封皮（封面、书脊、封底）与书芯应吻合、包紧、包平、不脱落。

二、公文格式各要素编排规则

（一）公文格式各要素的划分

本标准将版心内的公文格式各要素划分为版头、主体、版记三部分。公文首页红色分隔线以上的部分称为版头；公文首页红色分隔线（不含）以下、公文末页首条分隔线（不含）以上的部分称为主体；公文末页首条分隔线以下、末条分隔线以上的部分称为版记，页码位于版心外。（GB/T 9704—2012）

（二）版头

1. 份号

如需标注份号，一般用 6 位 3 号阿拉伯数字，顶格编排在版心左上角第一行。

2. 密级和保密期限

如需标注密级和保密期限，一般用 3 号黑体字，顶格编排在版心左上角第二行；保密期限中的数字用阿拉伯数字标注。

3. 紧急程度

如需标注紧急程度，一般用3号黑体字，顶格编排在版心左上角；如需同时标注份号、密级和保密期限、紧急程度，按照份号、密级和保密期限、紧急程度的顺序自上而下分行排列。

4. 发文机关标志

由发文机关全称或者规范化简称加“文件”二字组成，也可以使用发文机关全称或者规范化简称。

发文机关标志居中排布，上边缘至版心上边缘为35mm，推荐使用小标宋体字，颜色为红色，以醒目、美观、庄重为原则。

联合行文时，如需同时标注联署发文机关名称，一般应当将主办机关名称排列在前；如有“文件”二字，应当置于发文机关名称右侧，以联署发文机关名称为准上下居中排布。

5. 发文字号

编排在发文机关标志下空二行位置，居中排布。年份、发文顺序号用阿拉伯数字标注；年份应标全称，用六角括号“〔〕”括入；发文顺序号不加“第”字，不编虚位（即1不编为01），在阿拉伯数字后加“号”字。

上行文的发文字号居左空一字编排，与最后一个签发人姓名处在同一行。

6. 签发人

由“签发人”三字加全角冒号和签发人姓名组成，居右空一字，编排在发文机关标志下空二行位置。“签发人”三字用3号仿宋体字，签发人姓名用3号楷体字。

如有多个签发人，签发人姓名按照发文机关的排列顺序从左到右、自上而下依次均匀编排，一般每行排两个姓名，回行时与上一行第一个签发人姓名对齐。

7. 版头中的分隔线

发文字号之下4mm处居中印一条与版心等宽的红色分隔线。

（三）主体

1. 标题

一般用二号小标宋体字，编排于红色分隔线下空二行位置，分一行或多行居中排布；回行时，要做到词意完整，排列对称，长短适宜，间距恰当，标题排列应当使用梯形或菱形。（GB/T 9704—2012）

2. 主送机关

编排于标题下空一行位置，居左顶格，回行时仍顶格，最后一个机关名称后标全角冒号。如主送机关名称过多导致公文首页不能显示正文时，应当将主送机关名称移至版记。

3. 正文

公文首页必须显示正文。一般用三号仿宋体字，编排于主送机关名称下一行，每个自然段左空二字，回行顶格。文中结构层次序数依次可以用“一、”“(一)”“1.”“(1)”标注；一般第一层用黑体字、第二层用楷体字、第三层和第四层用仿宋体字标注。

4. 附件说明

如有附件，在正文下空一行左空二字编排“附件”二字，后标全角冒号和附件名称。如有多个附件，使用阿拉伯数字标注附件顺序号（如“附件：1. ××××××”）；附件名称后不加标点符号。附件名称较长需回行时，应当与上一行附件名称的首字对齐。

5. 发文机关署名、成文日期和印章

(1) 加盖印章的公文：成文日期一般右空四字编排，印章用红色，不得出现空白印章。

单一机关行文时，一般在成文日期之上，以成文日期为准居中编排发文机关署名，印章端正、居中下压发文机关署名和成文日期，使发文机关署名和成文日期居印章中心偏下位置，印章顶端应当上距正文（或附件说明）一行之内。

联合行文时，一般将各发文机关署名按照发文机关顺序整齐排列在相应位置，并将印章一一对应、端正、居中下压发文机关署名，最后一个印章端正、居中下压发文机关署名和成文日期，印章之间排列整齐、互不相交或相切，每排印章两端不得超出版心，首排印章顶端应当上距正文（或附件说明）一行之内。

(2) 不加盖印章的公文：单一机关行文时，在正文（或附件说明）下空一行右空二字编排发文机关署名，在发文机关署名下一行编排成文日期，首字比发文机关署名首字右移二字，如成文日期长于发文机关署名，应当使成文日期右空二字编排，并相应增加发文机关署名右空字数。

联合行文时，应当先编排主办机关署名，其余发文机关署名依次向下编排。

(3) 加盖签发人签名章的公文：单一机关制发的公文加盖签发人签名章时，在正文（或附件说明）下空二行，右空四字加盖签发人签名章，签名章左空两字标注签发人职务，以签名章为准上下居中排布。在签发人签名章下空一行右空四字编排成文日期。

联合行文时，应当先编排主办机关签发人职务、签名章，其余机关签发人职务、签名章依次向下编排，与主办机关签发人职务、签名章上下对齐；每行只编排一个机关的签发人职务、签名章；签发人职务应当标注全称。

签名章一般用红色。(GB/T 9704—2012)

(4) 成文日期中的数字：用阿拉伯数字将年、月、日标全，年份应标全称，月、日不编虚位（即1不编为01）。

(5) 特殊情况说明：当公文排版后所剩空白处不能容下印章或签发人签名章、成文日期时，可以采取调整行距、字距的措施解决。

(6) 附注：居左空二字加圆括号编排在成文日期下一行。

(7) 附件：应当另面编排，并在版记之前，与公文正文一起装订。“附件”二字及附件顺序号用三号黑体字顶格编排在版心左上角第一行。附件标题居中编排在版心第三行。附件顺序号和附件标题应当与附件说明的表述一致。附件格式要求同正文。

如附件与正文不能一起装订，应当在附件左上角第一行顶格编排公文的发文字号并在其后标注“附件”二字及附件顺序号。

(四) 版记

1. 版记中的分隔线

版记中的分隔线与版心等宽，首条分隔线和末条分隔线用粗线（推荐高度为0.35mm），中间的分隔线用细线（推荐高度为0.25mm）。首条分隔线位于版记中第一个要素之上，末条分隔线与公文最后一面的版心下边缘重合。

2. 抄送机关

如有抄送机关，一般用四号仿宋体字，在印发机关和印发日期之上一行、左右各空一字编排。“抄送”二字后加全角冒号和抄送机关名称，回行时与冒号后的首字对齐，最后一个抄送机关名称后标句号。

如需把主送机关移至版记，除将“抄送”二字改为“主送”外，编排方法同抄送机关。既有主送机关又有抄送机关时，应当将主送机关置于抄送机关之上一行，之间不加分隔线。

3. 印发机关和印发日期

印发机关和印发日期一般用四号仿宋体字，编排在末条分隔线之上，印发机关左空一字，印发日期右空一字，用阿拉伯数字将年、月、日标全，年份应标全称，月、日不编虚位（即1不编为01），后加“印发”二字。

版记中如有其他要素，应当将其与印发机关和印发日期用一条细分隔线隔开。

(五) 页码

一般用四号半角宋体阿拉伯数字，编排在公文版心下边缘之下，数字左右各放一条一字线；一字线上距版心下边缘7mm。单页码居右空一字，双页码居左空一字。公文的版记页前有空白页的，空白页和版记页均不编排页码。公文的附件与正文一起装订时，页码应当连续编排。(GB/T 9704—2012)

三、公文中的横排表格

A4纸型的表格横排时，页码位置与公文其他页码保持一致，单页码表头在订口一边，双页码表头在切口一边。

四、公文中计量单位、标点符号和数字的用法

公文中计量单位的用法应当符合国家标准 GB 3100、GB 3101 和 GB 3102（所有部分）规定，标点符号的用法应当符合 GB/T 15834 规定，数字用法应当符合 GB/T 15835 规定。

五、公文的特定格式

（一）信函格式

发文机关标志使用发文机关全称或者规范化简称，居中排布，上边缘至上页边为 30mm，推荐使用红色小标宋体字。联合行文时，使用主办机关标志。

发文机关标志下 4mm 处印一条红色双线（上粗下细），距下页边 20mm 处印一条红色双线（上细下粗），线长均为 170mm，居中排布。

如需标注份号、密级和保密期限、紧急程度，应当顶格居版心左边缘编排在第一条红色双线下，按照份号、密级和保密期限、紧急程度的顺序自上而下分行排列，第一个要素与该线的距离为 3 号汉字高度的 7/8。

发文字号顶格居版心右边缘编排在第一条红色双线下，与该线的距离为 3 号汉字高度的 7/8。

标题居中编排，与其上最后一个要素相距二行。

第二条红色双线上一行如有文字，与该线的距离为 3 号汉字高度的 7/8。

首页不显示页码。

版记不加印发机关和印发日期、分隔线，位于公文最后一面版心内最下方。

（二）命令（令）格式

发文机关标志由发文机关全称加“命令”或“令”字组成，居中排布，上边缘至版心上边缘为 20mm，推荐使用红色小标宋体字。

发文机关标志下空二行居中编排令号，令号下空二行编排正文。

（三）纪要格式

纪要标志由“×××××纪要”组成，居中排布，上边缘至版心上边缘为 35mm，推荐使用红色小标宋体字。

标注出席人员名单，一般用 3 号黑体字，在正文或附件说明下空一行左空二字编排“出席”二字，后标全角冒号，冒号后用 3 号仿宋体字标注出席人单位、姓名，回行时与冒号后的首字对齐。

标注请假和列席人员名单，除依次另起一行并将“出席”二字改为“请假”或“列席”外，编排方法同出席人员名单。

纪要格式可以根据实际制定。（GB/T 9704—2012）

具体要求如图 2-1 至图 2-10 所示。

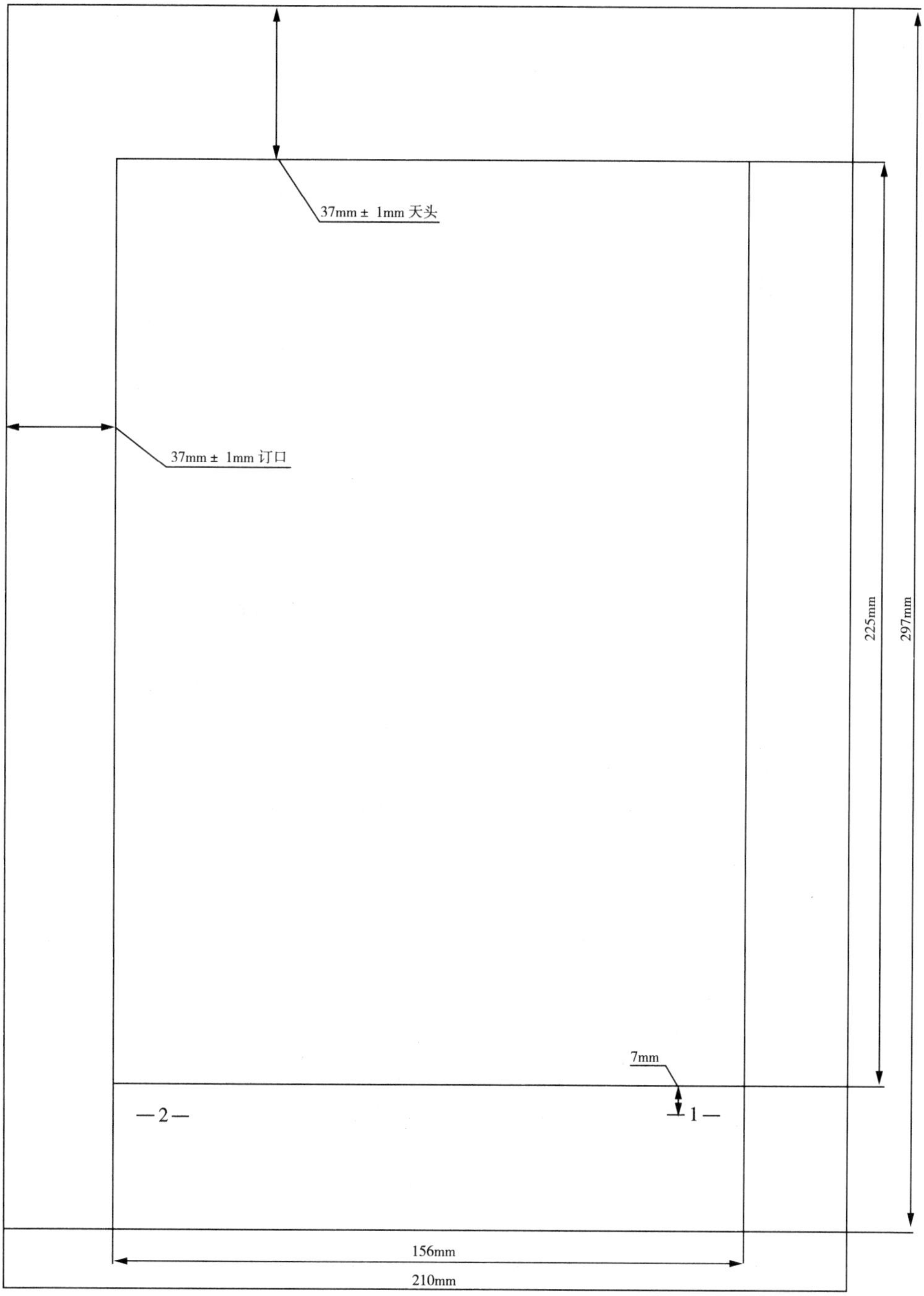

图 2－1　A4 型公文用纸页边及版心尺寸

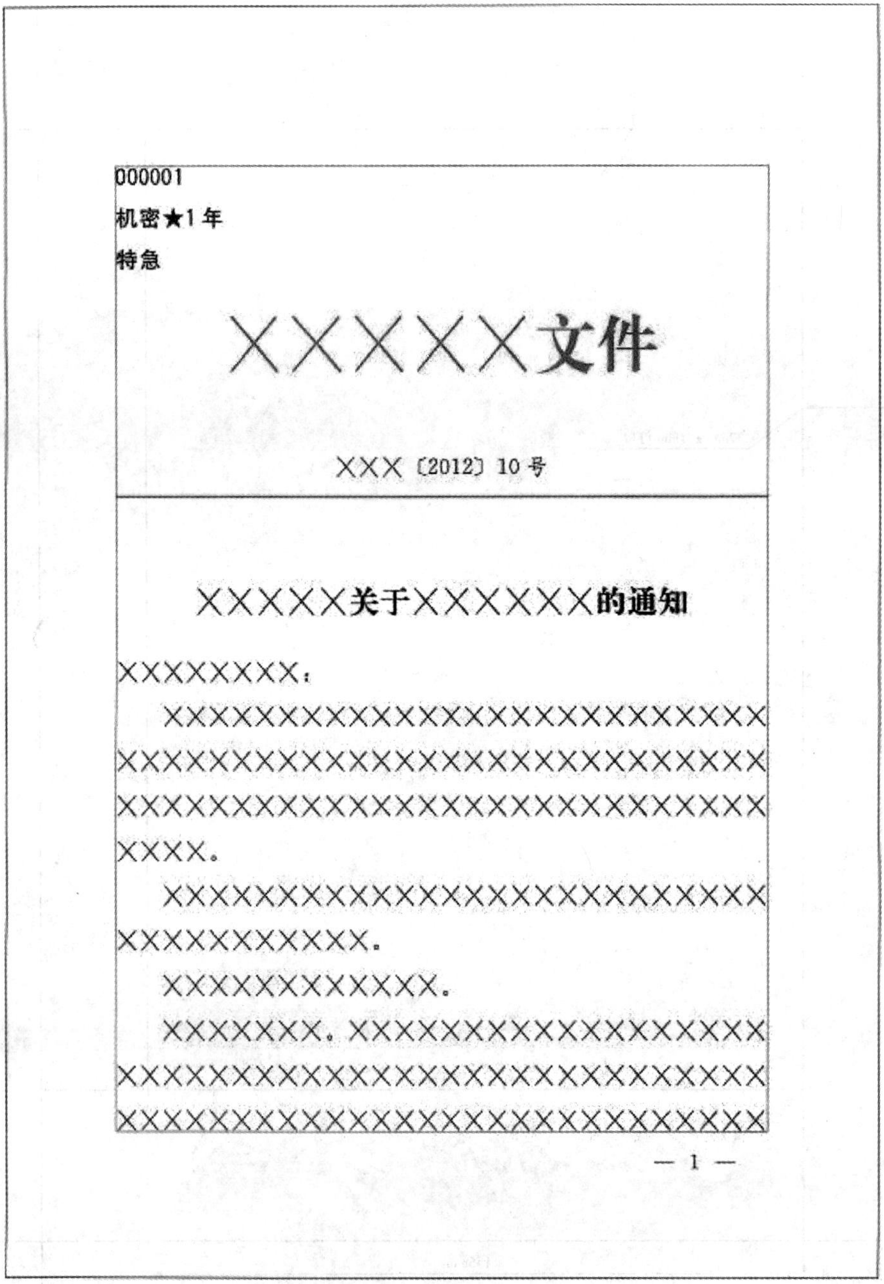

000001

机密★1年

特急

×××××文件

×××〔2012〕10号

×××××关于××××××的通知

××××××××：

××××××××××××××××××××××××××
××××××××××××××××××××××××××××
××××××××××××××××××××××××××××
××××。

××××××××××××××××××××××××××
×××××××××××。

××××××××××××。

×××××××。×××××××××××××××××
××××××××××××××××××××××××××××
××××××××××××××××××××××××××××

— 1 —

图2-2　公文首页版式

注：版心实线仅为示意，在印制公文时并不印出。

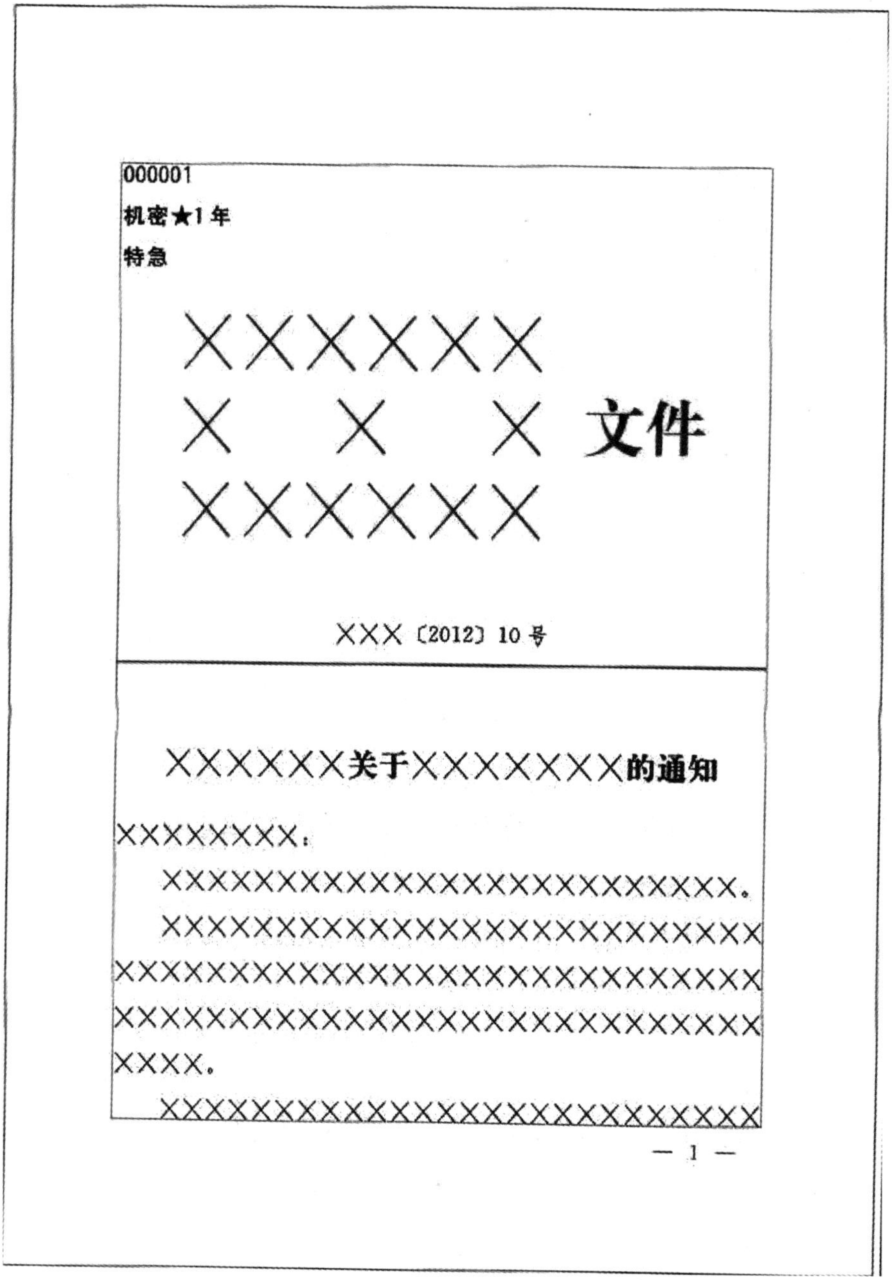

000001

机密★1年

特急

XXXXXX
X　X　X **文件**
XXXXXX

XXX〔2012〕10号

XXXXXX关于XXXXXXX的通知

XXXXXXXX：

　　XXXXXXXXXXXXXXXXXXXXXXXXXX。

　　XXXXXXXXXXXXXXXXXXXXXXXXXX
XXXXXXXXXXXXXXXXXXXXXXXXXXXX
XXXXXXXXXXXXXXXXXXXXXXXXXXXX
XXXX。

　　XXXXXXXXXXXXXXXXXXXXXXXXXX

— 1 —

图 2-3　联合行文公文首页版式 1

注：版心实线仅为示意，在印制公文时并不印出。

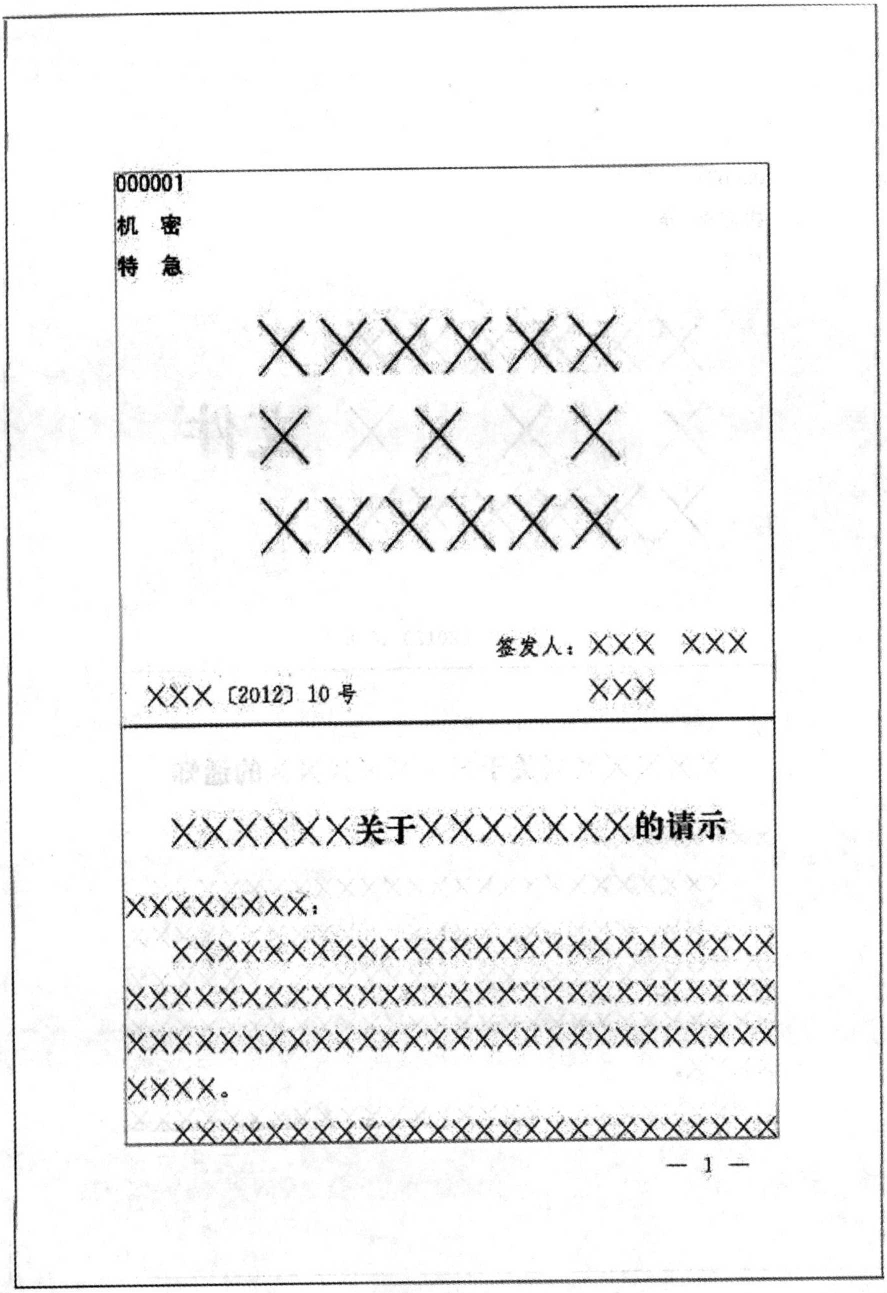

图2-4 联合行文公文首页版式2

注：版心实线仅为示意，在印制公文时并不印出。

XXXXXXXXXXXXXXX。

XXXXXXXXXXXXXXXXXXXXXXXXXXXXXXXXXXXXXXXXXXXXXXXXXXXXXXXXXXXXXXXXX。

中华人民共和国××××部

2012年7月1日

（XXXXX）

抄送：XXXXXXXX，XXXXXX，XXXXX，XXXXX，XXXXX。

XXXXXXXXX　2012年7月1日印发

— 2 —

图2-5　公文末页版式1

注：版心实线仅为示意，在印制公文时并不印出。

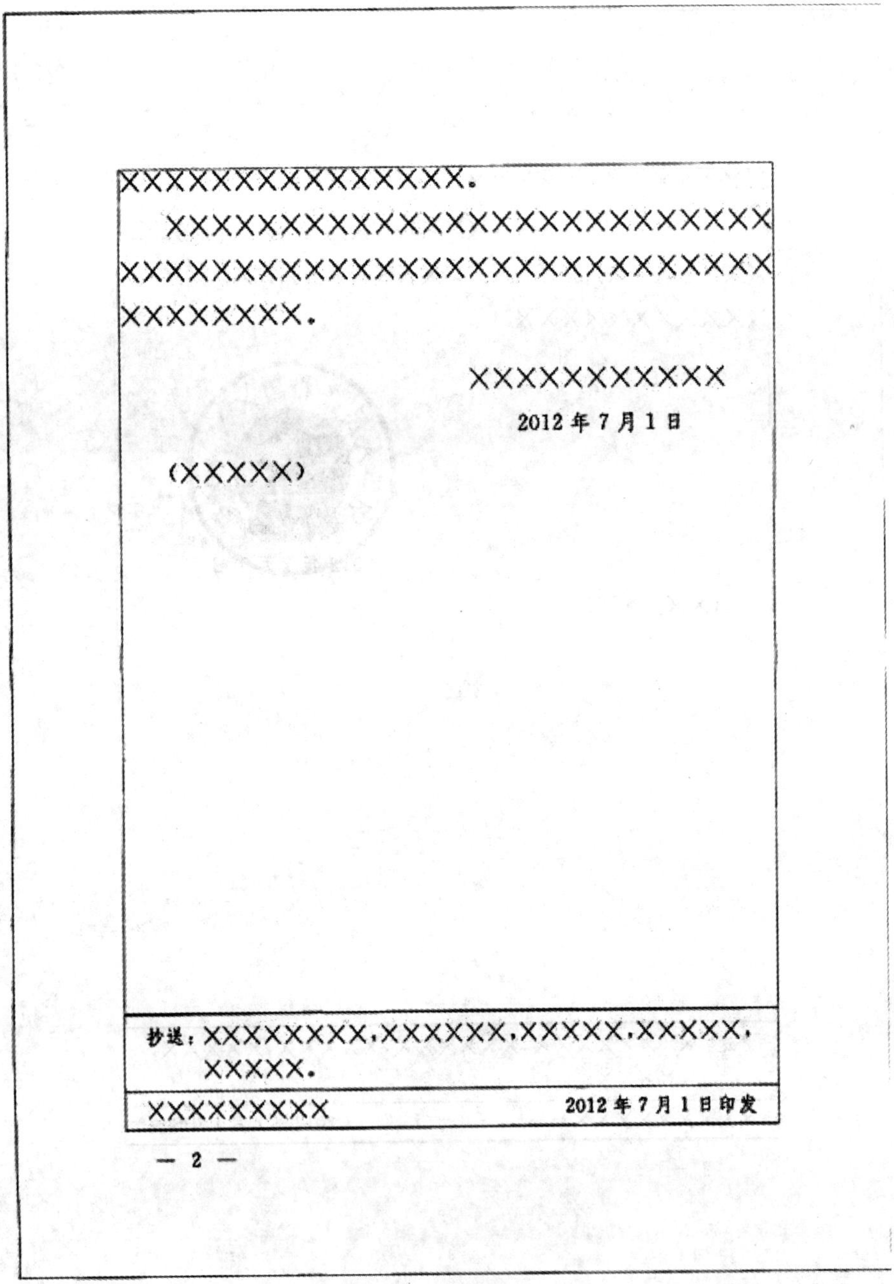

XXXXXXXXXXXXXXX。

XXXXXXXXXXXXXXXXXXXXXXXXXXXXXXXXXXXXXXXXXXXXXXXXXXXXXXXXXX.

XXXXXXXXXXXX

2012年7月1日

(XXXXX)

抄送：XXXXXXXX，XXXXXX，XXXXX，XXXXX，XXXXX.

XXXXXXXXXX 2012年7月1日印发

— 2 —

图2-6 公文末页版式2

注：版心实线仅为示意，在印制公文时并不印出。

XXXXXXXXXXXXXXX。

XXXXXXXXXXXXXXXXXXXXXXXXXXXXXXXXXXXXXXXXXXXXXXXXXXXXXXXXXXXXXXXXXX。

2012年7月1日

（XXXXX）

抄送：XXXXXXXX，XXXXXX，XXXXX，XXXXX，XXXXX。

XXXXXXXXX　2012年7月1日印发

— 2 —

图 2-7　联合行文公文末页版式 1

注：版心实线仅为示意，在印制公文时并不印出。

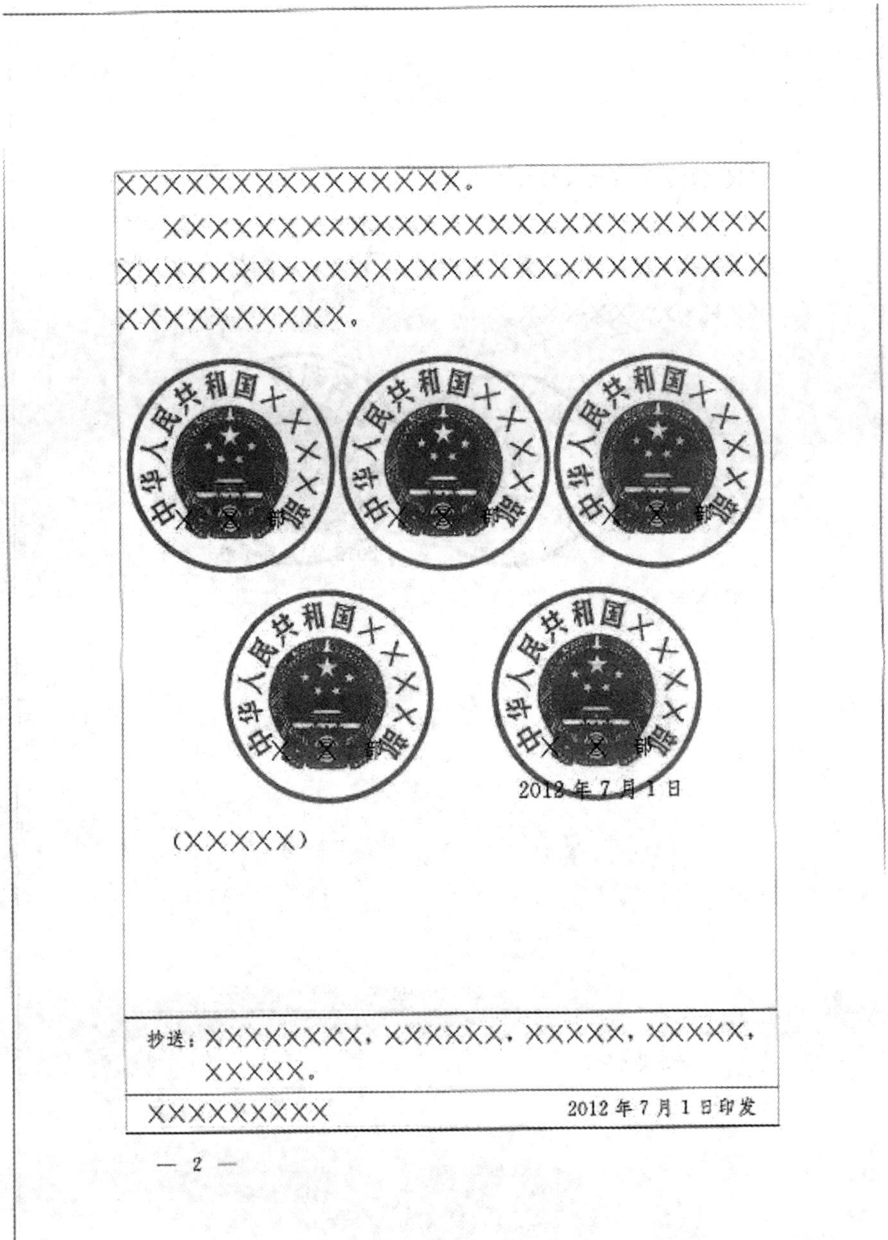
XXXXXXXXXXXXXXX。

XXXXXXXXXXXXXXXXXXXXXXXXXXXXXXXXXXXXXXXXXXXXXXXXXXXXXXXXXXXXXXXXX。

2012年7月1日

（XXXXX）

抄送：XXXXXXXX，XXXXXX，XXXXX，XXXXX，XXXXX。

XXXXXXXXX　　2012年7月1日印发

— 2 —

图2-8　联合行文公文末页版式2

注：版心实线仅为示意，在印制公文时并不印出。

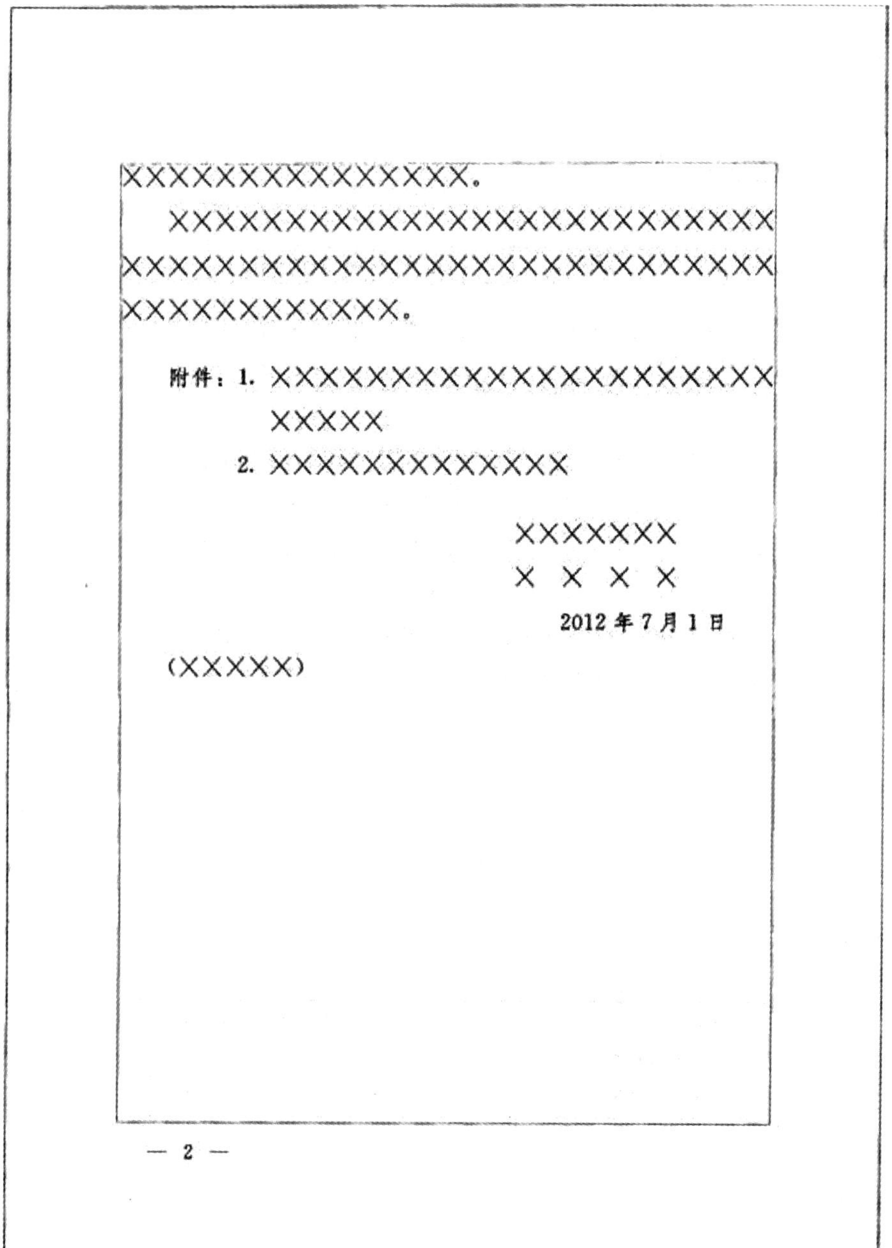

XXXXXXXXXXXXXXX。

XXXXXXXXXXXXXXXXXXXXXXXXX
XXXXXXXXXXXXXXXXXXXXXXXXXXX
XXXXXXXXXXXX。

附件：1. XXXXXXXXXXXXXXXXXXXX
XXXXX
2. XXXXXXXXXXXXX

XXXXXXX
X X X X
2012年7月1日

（XXXXX）

— 2 —

图2-9　附件说明页版式

注：版心实线仅为示意，在印制公文时并不印出。

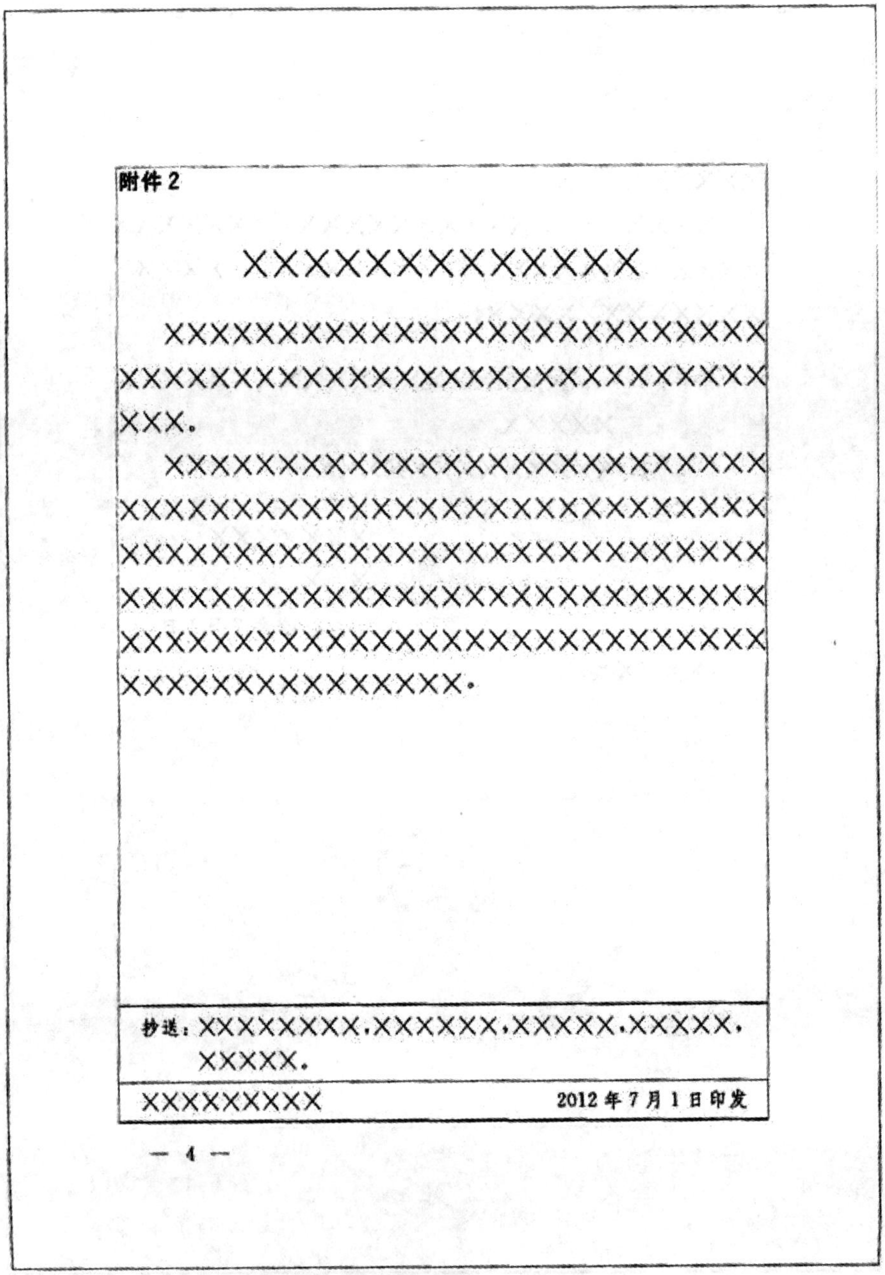

附件 2

XXXXXXXXXXXXXX

XXXXXXXXXXXXXXXXXXXXXXXXXX
XXXXXXXXXXXXXXXXXXXXXXXXXXXX
XXX。

XXXXXXXXXXXXXXXXXXXXXXXXXX
XXXXXXXXXXXXXXXXXXXXXXXXXXXX
XXXXXXXXXXXXXXXXXXXXXXXXXXXX
XXXXXXXXXXXXXXXXXXXXXXXXXXXX
XXXXXXXXXXXXXXXXXXXXXXXXXXXX
XXXXXXXXXXXXXXX。

抄送：XXXXXXXX，XXXXXX，XXXXX，XXXXX，
XXXXX。

XXXXXXXXX　2012 年 7 月 1 日印发

— 4 —

图 2－10　带附件公文末页版式

注：版心实线仅为示意，在印制公文时并不印出。

附件　富丽假日酒店公文格式

报　　To：邹总
抄送　Co：杨总
由　　Fr：酒店管理部
日期　Date：2014 年 1 月 1 日
事宜　Sub：关于酒店公文格式的相关事宜　编号　NO：　GMO－[2014]－001

关于富丽假日酒店公文格式的相关事宜

为使富丽假日酒店文件管理更具专业、规范、合理及方便操作，酒店对外、对内各类文件的类型、流通、格式、编号等统一规范，从 2014 年 1 月 1 日起，酒店实行新的公文格式，新的公文格式说明如下：

一、总则

为规范酒店各类文件的管理，保证酒店各类文件流转及管理规范化，结合实际情况，制定本规定。适用于酒店所有部门及人员。

二、行文规则

1. 各部门严格按照文件种类性质行文，所有文件必须严格按照写作格式和要求行文，各类报告、请示、函、通知、通报、决定等上行、平行及下行类文件，不得混用或乱用。

2. 公文及应用文字体要规范，文字表述要简明、清晰、精练，涉及数据统计要准确。

3. 公文及应用文写作及排版要规范，使用 A4 纸型，标题使用三号宋体字加粗，正文使用四号宋体字，正文中如有小标题，使用四号宋字体加粗，排版每页排行 26 行，每行 28 字。

4. 公文及应用文装订要规范，使用左侧装订，装订要依序、平整，确保不漏页，无缺页。

酒店公文模板

篇一：酒店公文格式　致（TO）：各部门　由（FROM）：行政办　主题（SUBJECT）：关于执行酒店新公文格式的事宜　日期（DATE）：2006 年 6 月 16 日　编号（NUMBER）：EXEO [2006] 011 号　抄送（CC）：从 6 月 16 日起，酒店实行新的公文格式，新的公文格式说明如下：1. 标题：酒店 LOGO，居中；2. 题头：(1) 题头字体：小四号宋体；(2) 题头组成：致/呈（主送部门）＋由（发出部门）＋（发文）日期＋主题＋抄送（部门）＋文件流水编号；(3) 题头位置：统一在文件开头的左上角；(4) 题头格式具体要求：①致/呈(TO)：直接执行或配合的部门。若对下级或同级发文用“致”字；若向上级发文请示或申请则用“呈”字。②有文件发出的部门。③日期（DATE）：发出文件的日期，按年、月、日顺序书写。④主题（SUBJECT）：发文的主要内容概括。⑤抄送（CC）：对文件内容需要知会和配合的部门。⑥文件编号（NUMBER）：EX＋部门英文缩写 EO＋年号 [2006] ＋文件流水编号 001，如行政办发文：编号 EXEO [2006] 001 号。附各部门两位英文代码：行政办—EO；中餐部—CR；西餐部—WR；工程部—TD；人力资源部—HR；财务部—AC；保安部—SC；采购部—PC；歌舞厅—NC；洗衣部—LD；客房部—HK；前厅部—FO；微机室—CP；市场营销部—SM；新概念中心—HB3。正文：(1) 字体：小四号宋体；

(2) 行距：1.5 倍行距；(3) 页边距：上下 2 厘米，左右 2.5 厘米。4. 文件结尾处：(1) 通知：在文件正文结尾后空一行顶格写“特此通知!”字样；(2) 请示：在文件正文结尾后空一行顶格写“以上申请妥否，请总办批示!”字样；(3) 其他：在文件正文结尾后空一行顶格写“特此知会！特此通报!”字样。5. 文件签署：(1) 签署位置：以上文件所有内容结束后，空出的第四行开始编辑签署；(2) 按照文件的审批程序以横式排序预留审批位置，按照权限从低到高排序；(3) 每一个审批位置需注明部门、审批人姓名，在审批人姓名上方预留一条长度适中的横线以供签署人签名。6. 注意事项：(1) 所有发文必须严肃对待，日常可通过沟通解决的问题则可通过沟通解决，发文的目的是明确一个规范或指令或通知或通报或责任或应引起足够重视等问题而必须发文。(2) 发文必须由部门最高负责人签发，若部门最高负责人出现休假或空缺等情况则可授权由第二负责人代发文件。(3) 所有文件须指定专人收发（有签收登记），并将发文跟进内容及时传递给部门负责人（有指定收文人员除外）。(4) 打印时所有文件均采用双面打印。特此通知！负责人签名负责人姓名负责人职位。

篇二：酒店公司公文格式：1. 公文主体部分、结构层次序数、字体及行距：(1) 标题 1 用二号宋体字加粗，副标题用三号楷体字。正文第一级小标题用四号黑体字，第二级小标题用四号楷体字加粗，第三级小标题用四号仿宋字加粗，其余正文文字均用四号仿宋字。规章名称需加书名号。(2) 公文结构层次序数一般为：第一层用“一、”，第二层用“(一)”，第三层用“1.”，第四层用“(1)”。(3) 正文行距用“固定值”，“设置值”为 26～28 磅。(2) 附件：①在正文之后、发文部门署名之前（正文下空 1 行、左空 2 个字）标注“附”，后标全角冒号和附件名称，如需回行，与附件名称第 1 个字对齐排列。有两件或以上的附件时，应在附件名称前按顺序用阿拉伯数字注明序号。附件名称后不标注标点符号。②附件材料左上角用四号黑体字顶格标注“附件”，后标全角冒号；两件或以上附件按顺序标注“附件一：”“附件二：”。附件标题、小标题、正文排版同主件相同，若有图表，表内文字可灵活处理。正文标注附件与附件的名称与顺序必须一致。③批转、转发、印发的公文，不属公文附件，不加附件标注。2. 发文部门署名及成文日期：(1) 发文署名：署名标注于正文下方 2 行居右对齐。(2) 成文日期：公文成文日期用汉字写明年、月、日（如：二〇〇六年六月二十日），公文成文日期标注于署名下方右对齐。3. 公文排版部分：(1) 排版装订：公文用纸应采用国际标准 A4 型，一般每个页面排 26 行，每行 28 个字，左侧骑马装订或粘贴。(2) 页码：公文页码采用“页面底端”和“居中”方式，页码采用默认格式。如有特殊要求，另行处理。(3) 表格：公文正文中如有表格，需要将其从中抽出作为公文的附件单独表述。4. 需要注意的其他问题：一般情况下，在公文中主要使用阿拉伯数字，如表示数。

第四节　酒店公文的办理流程

《党政机关公文条例》(2012 年) 第六章“公文办理”规定：“公文办理包括收文办理、发文办理和整理归档。”

发文办理：是指以本机关名义制发公文的过程。

收文办理：是指对收到公文的办理过程。

公文归档：是指公文办理完毕后，把公文原稿和有关存档文件整理好。

文书处理是秘书“办文”工作中的又一项重要内容。它的基本任务是科学地组织和准确地处理机关的公文，有序而安全地进行公文运转，规范地完成文书的收发传递处理工作，正确地发挥公文的作用。机关内部运转处理收、发文书必经的一系列环节称为收、发文处理程序。

一、酒店发文的处理程序

发文处理是公文形成的重要阶段，是指各种社会组织为制发公文所进行的公文创制、处置与管理活动。国务院 2000 年 8 月 24 日发布的《国家行政机关公文处理办法》第二十四条规定：“发文办理指以本机关名义制发公文的进程，包括草拟、审核、签发、复核、缮印、用印、登记、分发等程序。”如图 2-11 所示。

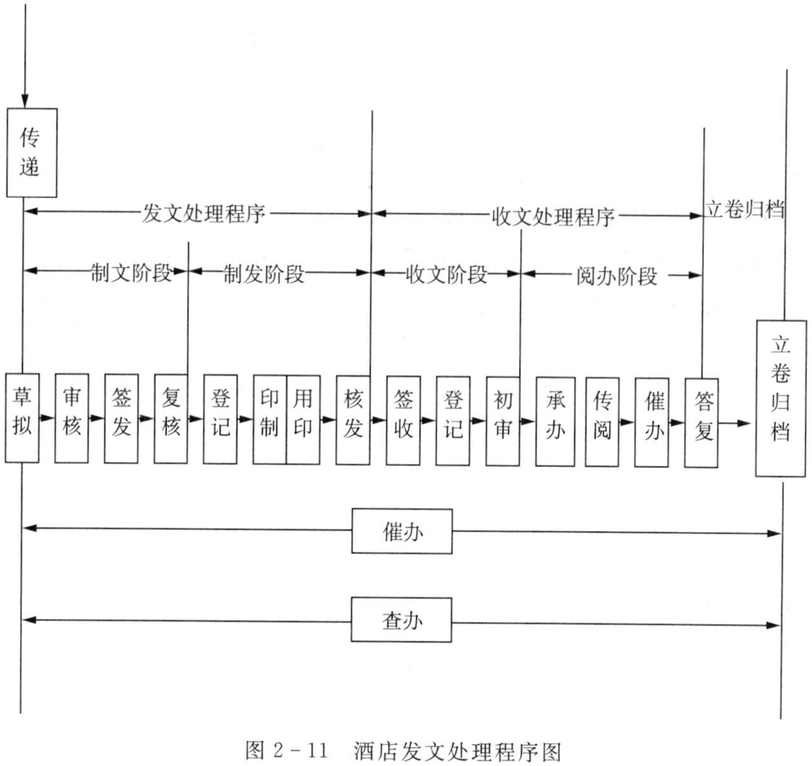

图 2-11　酒店发文处理程序图

（一）草拟（起草）

草拟即拟写文稿，是秘书接受领导的发文意图之后，严格按照领导意图进行草拟公文的过程；也是指撰文秘书接受任务后，搜集有关信息资料、了解情况、酝酿构思、拟制起草提纲以及撰拟文稿的工作。

从秘书“办文”工作来说，草拟是发文的第一个环节，也可以是收文中“承办”的继续，秘书承办的就是草拟文稿。

秘书起草公文，是体现秘书基本功的工作，文字秘书需要有过硬的写作功力。写好公文有许多标准和原则，因此拟稿是对秘书水平的检验。公文起草应当做到：

(1) 符合党的理论路线方针政策和国家法律法规，完整准确体现发文机关意图，并同现行有关公文相衔接。

(2) 一切从实际出发，分析问题实事求是，所提政策措施和办法切实可行。

(3) 内容简洁，主题突出，观点鲜明，结构严谨，表述准确，文字精练。

(4) 文种正确，格式规范。

(5) 深入调查研究，充分进行论证，广泛听取意见。

(6) 公文涉及其他地区或者部门职权范围内的事项，起草单位必须征求相关地区或者部门意见，力求达成一致。

(7) 部门负责人应当主持、指导重要公文起草工作。

(二) 审核

公文文稿签发前，应当由发文机关办公室进行审核。这是关系到文件质量的关键环节。核稿也是秘书发文的关键环节之一，一般由秘书部门指定有经验的、思想业务水平和文字水平都比较高的秘书负责，所以也叫“把关”或“把口”。核稿的目的是保证文书质量，节省领导或上级的时间和精力。所以，核稿必须认真负责、全面精致。审核的重点内容是：

(1) 行文理由是否充分，行文依据是否准确。

(2) 内容是否符合党的理论路线方针政策和国家法律法规；是否完整准确体现发文机关意图；是否同现行有关公文相衔接；所提政策措施和办法是否切实可行。

(3) 涉及有关地区或者部门职权范围内的事项是否经过充分协商并达成一致意见。

(4) 文种是否正确，格式是否规范；人名、地名、时间、数字、段落顺序、引文等是否准确；文字、数字、计量单位和标点符号等用法是否规范。

(5) 其他内容是否符合公文起草的有关要求。

需要发文机关审议的重要公文文稿，审议前由发文机关办公厅（室）进行初核。经审核不宜发文的公文文稿，应当退回起草单位并说明理由；符合发文条件但内容需做进一步研究和修改的，由起草单位修改后重新报送。

(三) 签发

公文应当经本机关负责人审批签发。签发是文书经有权签发的领导上司核准签字，准予发出。签发使公文草稿转变成定稿，标志其已批准成为代表发文机关的文书。重要公文和上行文由机关主要负责人签发。签发人签发公文，应当签署意见、姓名和完整日期；圈阅或者签名的，视为同意。联合发文由所有联署机关的负责人会签。签发也是文书形成的一个重要环节，签发人不是秘书，而是有权签发的领导。签发人对要签发的文书全面负责，所以签发之前必须认真审核。

从秘书的角度看，签发人要对秘书的文书送审稿审核什么？

第一，对文书从内容到形式，从文字、标点符号到行文、语法、逻辑、主题等要进行全面斟酌。对有问题的，可以修改，也可以做出指标、批示，然后退给拟稿的秘书修改。

第二，经审阅，文书无大问题的，签发者应在阅后签上明确的意见或批示、签发人姓名及签发日期。秘书在接受签发后的文书时，要查看批示意见是否明确具体，以求准确理解。签发的签名要完整、明确，日期要准确。

第三，对签发时领导提出意见较多的文稿，修改后可再报签发；只需稍加修改的，如果领导也已经签发，就可不再报。

（四）复核

已经过发文机关负责人签批的公文，印发前应当对公文的审批手续、内容、文种、格式等进行复核；需做实质性修改的，应当报原签批人复审。秘书部门对其进行复查审核主要包括：审核、签发手续是否完备，附件材料是否齐全，格式是否统一、规范等。这实际上给了秘书部门对文书的又一次把关的机会，也增加了秘书部门对所发文书的责任。复核的重点在于文书的形式和程序。

（五）登记

对复核后的公文，应当确定发文字号、分送范围和印制份数并详细记载。登记是指对文件主要内容进行登记检查的环节，其主要作用是便于对发文进行管理、统计和核查。登记项目一般应包括发文字号、发文日期、文件标题、保密等级、发往机关、附件、份数、承包单位、案卷号等，如果是回复对方的文书，还需注明收文编号。对发文进行认真的登记，是文书管理、查考的重要基础。

（六）印制

公文印制必须确保质量和时效。涉密公文应当在符合保密要求的场所印制。印制也是发文处理过程一个必需的环节。秘书对缮印要做到准确、清晰、整洁、规格统一，印刷及时。要对原稿负责，如发现疑误，应与核稿人员研究，不得擅自改动。每件公文从文号、标题、主送机关、抄送机关、成文日期到文件印刷份数、页码、正文、标点符号等都要认真细致地进行校对，以保证文件制作的质量。

（七）用印

用印是指在有必要加盖印章的文书正本上加盖机关或领导人印章的过程。在文书上盖印是证实公文效用的一种标志。

国家行政机关的公文，在制发中一般都要经过盖章这一环节。与签发相对而言，盖印也是一个重要标志，是正本生效的标志。用印的文件，要以原稿上领导人签发为准，无签发不得用印。领导签发的定稿，不是正式发出的正本。也有极少的、针对性很强的文书，如办理某件具体事项的回函、批复，以领导签发的定稿为正本，盖印后复制留存本，正本发出。

（八）核发

公文印制完毕，应当对公文的文字、格式和印刷质量进行检查后分发。分发是指对印制完毕、需要发出的文件按发放范围进行分装和发送的环节。

（1）“分发”的程序

① 写好文件、文书封套或函件信封。

② 填好并检查所有封套标记。

③ 检查发文登记。和收文登记一样，发文也有详细的登记表格。

④ 核对封套与封内文书一致并加封后，按相应的方式发出。

（2）封发的注意事项

① 大量的发出公文，要一一写好封套，写清楚地址和邮编及受文机关，除“亲启”件外要写单位机关名称或办公室收，不寄私人。

② 对于有密级要求，时限要求等的特殊性，要一一检查封套标记、截记是否标明。

③ 凡应收回的文书，发文时要注明收回日期，以保证按时收回；凡要回执的文书，要预先在文书封套的背面贴上回执单，注明发文编号。

④ 弥封前要查公文正文份数，查有无附件及附件的份数，查是否盖了印，查文件内的受文机关与封套上的是否一致，简称“四查”。大批向外发出的文书，常常容易出现表里不一的情况，要谨慎检查。

⑤各种文书有不同的传递办法，要一一分清，以保证准时送达。

⑥如果是会议上发的材料，可以由与会人员带走，秘书向与会单位发“会议材料通知单”，以便与会单位清点文书和为将来归档提供方便。

少量的文书封发由秘书做；量大的，由相关部门人员一齐做；大批量的，也由秘书主抓，请人帮忙做。这种情况，秘书部门要负责，避免忙中有失。

（九）注办

注办是对发出的文书的办理情况做出必要的说明，注明办理结果的环节。“注办”一般是发文登记内容的一项，是对文书已经发出情况的注明，其作用是便于今后查考，见表 2-1 所列。

表 2-1 某酒店集团发文处理单

			年 月 日
领导签发			
领导审签			
拟稿部门负责人		拟稿人	
核 稿		会 签	
文件标题			
主题词			
主 送			
抄 送			
发文编号		密 级	
紧急程度		印制份数	
备注：			

二、酒店收文的处理程序

凡是由外机关或外部门送给本机关的文件，统称为收文。《党政机关公文条例》(2012 年) 第六章“公文办理”规定：“公文办理包括收文办理、发文办理和整理归档。”其中“收文办理”包括如下程序。

（一）签收

对收到的公文应当逐件清点，核对无误后签字或者盖章，并注明签收时间。

签收就是签字表示收到来文，是收文处理工作的开端。酒店类公司和企业的文书信函常由写字楼的前台或办公楼的总收发代收，秘书从专门的信箱或前台收取。所以这里的签收一般指的是内收发工作。

秘书签收文件时要注意三点：第一，仔细查看文件封套上所注的收文机关部门或姓名，是否是本机关，如有误投，应立即退回。第二，将文件封套上的发文机关名称，发文机关的文件编发号，以及发文机关通信号、密级等项目登记在本单位的收文簿上。第三，检查无误后，收件人应认真地在送件上的投递回执清单或送文簿上签名，注明收到日期，然后将文件转送到秘书部门。

签收后就要拆封，亦称启封，是指有权拆封的秘书对来文拆剪封套，检查封套内来文的程序。对拆封工作应认真对待，除指定专人（即内收发人员）或主管文件工作的机要秘书拆封外，其他人员不得拆封。拆封范围是：封面上标明送本机关、机关办公室（秘书部门）以及机关“负责人”收的所有信件。封面标有具体领导同志名字的，或“亲启”“亲收”字样的，一般不得拆封（领导已授权或专门交代的除外）。拆封时应注意以下几点：

第一，注意保存原封套的完好，不要损坏封内文件、信件，必要时还应把原封套别在文件或信件后一并处理。

第二，文件的秘密等级一般在封套上是标明的，但如果拆封后发现是保密文件，除按规定可以阅读的或领导指定的人阅读外，不再转让他人阅读，拆封人员要负责保管到底。

第三，对请示类文件，如无发文机关领导签发或印章，或其他手续不全时，应拒收退回；对不合行文关系的文件，除急件外，一般也应予退回；在处理急件时，应回函告知其行文错处。

（二）登记

对公文的主要信息和办理情况应当详细记载。

登记是指秘书部门对收受的文件，按照一定的形式进行逐项登记的环节。登记制度便于对文书的管理和保护；便于对目标文书的查找和利用；便于统计和催办；便于文书工作中的核对和交接。

秘书对来文登记，在实际工作中有两类登记的用具：一类是收文登记簿、册的形式，主要是来文登记一览表，是将所有来文按照一定的分类标准登记在一起，起总体掌握来文及办理情况的作用。另一类是收文登记卡、单的形式，即联单式登记、卡片式登记。要为每一份来文做一份登记表，其重点表示该份来文办理的作用。有的单位两类形式的登记都做，有的只做第一类。无论何种形式，大体内容都是有关公文的来源、内容以及办理情况的。其具体内容有：顺序号、收文日期、来文单位、封套号、密级程度、发文字号、内容摘要、份数、有无附件、办理时限、拟办情况、批办意见、承办部门、办理结果。收文登记簿一般重在登记前 9 项内容；收文登记单一般重在登记后 5 项内容。还需要说明的是，“收文登记单”通常是设计印制好的；以上诸项也是根据具体的办文程序设计的。

（三）初审

对收到的公文应当进行初审。初审的重点是：是否应当由本机关办理；是否符合行文规则；文种、格式是否符合要求；涉及其他地区或者部门职权范围内的事项是否已经协商、会签；是否符合公文起草的其他要求。经初审不符合规定的公文，应当及时退回来文单位并说明理由。

审核的重点是：是否应由本机关办理；是否符合行文规则；内容是否符合国家法律、法规及其他有关规定；涉及其他部门或地区职权的事项是否已协商、会签；文种使用、公文格式是否规范。审核环节的增加，加重了秘书处理来文的权利和责任，也避免了不该办、不必办的公文流入办文环节。

（四）承办

阅知性公文应当根据公文内容、要求和工作需要确定范围后分送。批办性公文应当提出拟办意见报本机关负责人批示或者转有关部门办理；需要两个以上部门办理的，应当明确主办部门。紧急公文应当明确办理时限。承办部门对交办的公文应当及时办理，有明确办理时限要求的应当在规定时限内办理完毕。

承办就是“承接办理”，是秘书按照领导的指示，承接办理某份来文内容中要求办理的事项。

承办是文书处理工作的关键环节，是具体处理文书所涉及的事务的过程。对于一份来文，承办环节也是最重要的，是文中的要求、希望或委托的事务落实的过程，因此秘书要重视承办工作，认真负责地承担办理。

（五）传阅

根据领导批示和工作需要将公文及时送传阅对象阅知或者批示。办理公文传阅应当随时掌握公文去向，不得漏传、误传或延误传递。

（六）催办

及时了解掌握公文的办理进展情况，督促承办部门按期办结。紧急公文或者重要公文应当由专人负责催办。

催办是对文件承办工作的检查和督促的过程，防止文件处理的漏办和延误。一旦催办有结果，秘书要针对该份文件注明办理结果，并向交办的领导或有关部门回复办理情况，即“办复”。无论是向领导或交办人口头汇报，还是文字“办复”，办理结果一般要说明在何时由何人主办该事项、办理结果以及是否有遗留问题，有无结论等。

催办工作很重要，但往往被秘书部门忽视，以致有些公文转出后没有回音。秘书部门应当避免这种现象的发生，要健全催办制度和岗位责任制。应当看到，催办这个环节的产生和今天约定俗成的认识，在某种意义上反映了我们的某些机构办事不力、推诿扯皮，甚至顶着不办的恶劣作风。从原则上讲，该哪个部门承办的事，就应当责无旁贷，迅速处理，如果拖着不办，就是渎职。件件都能迅速办理了，“催办”就只是个程序了。因此秘书为了有效避免交办的工作未办，应采取如下三个措施；

第一，明确办毕时限，加强办事时效性，无论办文办事，都向承办人确认交办事项的完成时间和办理过程中重要环节的阶段性完成时间。

第二，建立回告制度，按办毕时限要求承办人主动回告交办人。

第三，催办环节伴以处罚，凡未按时回告、应当办毕时不能按时完成的，催办的同时加以处罚。

当然，秘书要落实这样的检查督促环节，一要在方式方法上委婉些，讲究工作艺术和技巧；二要领导支持，让办事练达成为单位人的优秀作风；三要秘书自己先做好榜样，以自己办事高效的工作风格影响感染和激励其他部门和人员。

（七）答复

公文的办理结果秘书部门应当及时答复来文单位，并根据需要告知相关单位，见表 2－2 所列。

表 2－2　某酒店集团来文处理单

<table>
<tr><td>来文机关</td><td></td><td>来文号</td><td>份数</td><td></td></tr>
<tr><td>收文日期</td><td>年　月　日</td><td>收文顺序号</td><td>密级</td><td></td></tr>
<tr><td>文件标题</td><td colspan="4"></td></tr>
<tr><td>拟办意见</td><td colspan="4"></td></tr>
<tr><td>领导批示</td><td colspan="4"></td></tr>
<tr><td>处理结果</td><td colspan="4"></td></tr>
<tr><td rowspan="5">送阅</td><td>阅文日期</td><td>阅者签字</td><td>阅文日期</td><td>阅者签字</td></tr>
<tr><td></td><td></td><td></td><td></td></tr>
<tr><td></td><td></td><td></td><td></td></tr>
<tr><td></td><td></td><td></td><td></td></tr>
<tr><td></td><td></td><td></td><td></td></tr>
</table>

三、酒店文书的整理归档工作

（一）公文立卷的概念

公文立卷，是指将已经办理完毕的且具有一定查考利用价值的文件材料，按照它们在形成过程中的联系和一定的规律组成案卷。案卷，也称卷宗，是指有关某一问题或某一工作活动的系统的，具有密切联系的文件材料的组合体。

（二）公文立卷的意义

（1）公文立卷能够保持文件之间的历史联系，便于文件的查找利用；

（2）公文立卷可以维护文件的完整与安全，也便于文件的保管；

（3）公文立卷为档案工作打下了基础。

（三）公文立卷的原则与要求

公文立卷的原则是：保存文件之间的历史联系，区分保存价值，便于保管和利用。秘书和文书管理人员必须对卷内文件的数量有一定的限制，卷内文件的数量是 50～200 张，国标文件规定案卷的厚度为 10 毫米、15 毫米、20 毫米三种。

（四）公文立卷的基本方法

（1）根据文件的特征组卷，如问题特征、时间特征、文种特征、作者特征等。

① 按问题特征立卷：将有关同一事件、同一人物、同一事物、同一问题或同一工作性质等所形成的文件材料，组合在一起进行立卷。按问题特征立卷，是一种自然的分门别类的方法。

② 按时间特征立卷：形成于同一时间的文件或内容针对同一时间的文件组合在一起立卷。

③ 按名称特征立卷：指公文文种的名称，如决定、报告、请示、会议记录等。

④ 按名称特征立卷：就是把相同文种名称的文件组合在一起进行立卷。

⑤ 按作者特征立卷：作者特征是指制发文件的部门、单位或个人。按作者特征立卷就是将反映同一作者制发的文件组合在一起立卷。

（2）根据文件的保存价值组卷。

根据酒店的具体情况，划分文件的保管期限，比如分为永久保存的、长期保存的（保管期限为 16～50 年）、短期保存的（15 年以下）三种形式。

四、公文立卷的准备

（一）立卷类目的编制

立卷类目是指秘书部门在一年的实际文件没有形成以前，根据本单位工作活动的规律，预测该年可能形成的文件，按照立卷的原则要求和方法，事先拟制出来的归卷条目。立卷类目主要由类名和条款两部分组成：

1. 类名

类名即类别，是综合概括归卷文件材料的类属名称。文件材料的类别划分有两种方法：一是按工作性质分类，如人事类、宣传类等；二是按组织机构分类，直接用各机关或部门的名称作类别名，如餐饮部文件、康乐部文件等。

2. 条示

条示即条目，是类名之下按照立卷要求和方法概括出来的一组文件的总标题。拟制条款应当注意两个问题：一是应该按照立卷特征来拟制相关条款；二是应当照顾到文件的不同保存价值。条款的顺序号又称文书处理号，简称条款号。

（二）平时归卷工作

平时归卷工作是指公文立卷人员依据已经编好的立卷类目，将已经处理完毕的文件，随时按类目上的有关条款归入卷内。要做到：

（1）注意做好文件材料的收集工作。

（2）对已经归卷的文件材料，要进行定期检查和调整。

（3）事先预编的立卷类目，要注意调整修改。

（4）可以确定组卷的，也可以提前进行编目装订。

（5）一些文件不便归卷，可单独设立一个卷夹，注明“待归类”文件。

五、案卷的组合

案卷的组合，简称组卷，是指年终或第二年上半年对归卷的各个条款内的文件材料进行调整立卷、卷内文件排列和编号以及拟写案卷标题等一系列工作。

（一）调整立卷

调整立卷是指在平时归卷的基础上，详细检查每一条款中所积累的文件材料，进行适当的调整，并且最后确定组合案卷的一项工作。

（二）卷内文件排列和编号

（1）卷内文件排列，是指将每个案卷内的文件按照一定的规律和顺序进行系统化排列，可以按时间、问题、重要程度、文号、作者、地区、通信者、文种名称、人名的姓氏笔画或拼音字母等顺序进行排列。

（2）卷内文件的编号。应当用阿拉伯数字给卷内文件编页号，以固定它们的排列顺序。

（三）拟写案卷标题

案卷标题是案卷的名称，也称案卷题名。一般的案卷标题不需标明时间，只有计划、报告、总结、预决算和重要文件以及跨年度文件组成的案卷才需要标明时间。标明卷内文件针对的时间要准确，不可随意简化。

六、编目成卷

编目成卷是指在组合案卷的基础上，对卷内文件进行编目、装订以及案卷的排列、编号等一系列工作。

（一）案卷的编目

案卷的编目是指在卷内文件排列编号的基础上，填写卷内文件目录、备考表和案卷封皮等工作。

（二）案卷的装订与装盒

案卷都需要进行装订，对于某些特殊珍贵的手稿、照片、图纸在不便于进行装订时，也可以采用卷盒、卷袋进行保管。案卷装订的要求是：整齐、牢固，不影响阅读。在装订之前，要去掉文件上的金属物，以防年久锈蚀文件。注意不要有倒置、脱漏的页张。

（三）案卷排列与编号

案卷排列与编号是指案卷经过编目装订以后，将一个年度、一个组织机构的案卷进行系统化排列、编号，以固定其顺序。

1. 案卷的排列

案卷先按保管期限分开，即按永久、长期、短期分别排列，也可按重要程度、作者、名称、时间、地区等体现条理化和一定的规律。

2. 案卷的编号

编号的顺序如：永久卷 1～50；长期卷 51～100；短期卷 101～150；副卷 151～200。

（四）文件检索工具的编制

文件检索工具是指用来查找、利用文件材料的目录、卡片等等。其编制内容主要有：

1. 文号索引

文号索引又叫文件作者目录。目录设置的项目一般有文件作者（加标题）、文号、文件日期、所在卷页号。

2. 文件分类目录

文件分类目录，又叫文件综合分类目录。设置的项目一般有类别、顺序号、文件作者（加标题）、文号、文件日期、卷页号，并加封面和底页。一年编制一本，编制号后付印装订成册。

（五）案卷的归档

文书部门立好的案卷，移交给档案室集中保管，称为“归档”。归档范围包括酒店在工作活动中形成和使用的文件以及其他有关的材料（包括照片、图表、印模、录音带、录像带等）。应归档的文件材料必须齐全、完整。归档的文件材料，要保持它们之间的历史联系，区分保存价值、分类整理、立卷，案卷标题应简明确切。档案室在接收案卷时，应按照以上要求对案卷检查验收。

第三章　酒店常用公务文书

教学目标：

掌握报请性公文、指令性公文、公布性公文、周知性公文、协商性公文等的性质、特点、作用、结构和写作方法。让学生了解和掌握酒店文书写作知识，并让学生学会制作常用的酒店公文，提高学生的文书写作水平，为其毕业后从事酒店或旅游业相关工作奠定良好的基础。

知识点：

报请性公文、指令性公文、公布性公文、周知性公文、协商性公文等的性质、特点、作用、结构和写作方法。

请示和报告的区别。

各类常见通知正文主体部分行文的侧重点。

公告、通告、通知、通报的区别。

发函与复函在写法上的共同点与不同点。

能力点：

提高学生的酒店常用文书写作水平，能按照需要进行各种常用酒店公文的写作。

素质点：

让学生了解和掌握酒店文书写作知识，并让学生学会制作常用的旅游公文，为其毕业后从事酒店或旅游业相关工作奠定良好的基础。

第一节　报请性公文——请示、报告

一、请示

请示，无论是在政府公关活动中，还是在企业公关、社会团体公关活动中，都是被经常使用的公务文书。在酒店行业，请示也主要是用于内部公关活动中，用来沟通公关部门和组织决策机关之间的信息。

（一）请示的适用范围和特点

请示——适用于向上级机关请求指示、批准。

请示是下级机关向上级机关请求指示和批准的公文文种。

请示主要用于以下几种情况：

（1）在实际工作中，遇到缺乏明确政策规定的情况需要处理。

（2）工作中遇到需要上级批准才能办理的事情。

（3）超出本部门职权之外，涉及别的部门和地区的事情，请求上级予以指示。

请示和报告既有相同之处，又有区别。

相同之处是两个都是写给上级的上行文，公文里都有陈述意见，反映情况的内容。

区别是：第一，诉求性不同，内容的侧重点有别。请示属于呈批性公文，报告是呈阅性公文。请示着重于请求批准，报告着重于汇报工作。第二，时间有别。请示跟报告相比，时间要求更紧迫。请示写的情况是未解决的，属于将来时；报告写的情况是已做过的，属于过去时。第三，要求有别。请示要求上级机关必须回复，报告则不必，只供上级参考。第四，单一性有别。请示要求一文一事，报告一文可写一事或数事。

在工作中，一定不要把这两个文种混淆起来。

（二）请示写作的基本格式

1. 标题

（1）标题可以由“发文机关＋主要内容＋文种”构成，如“××酒店关于整修员工宿舍要求拨款的请示”。

（2）标题可以由“主要内容＋文种”构成，如“关于宾馆更新酒店管理系统的请示”。

2. 正文

正文包括请示缘由、请示事项、请示要求三部分。

（1）请示缘由：一般是写请示问题或事项的原因、背景、理由。

（2）请示事项：将请示上级机关给予指示、批准或批转的具体问题及事情全盘托出，请求上级机关做出答复。提出请示事项要详细，阐述说明道理要充分，只有这样才能使有关领导心中有数，易下决心。

（3）请示要求：是请示的结语部分，一般是另起一行，空两格单独书写，请示结语语气要谦恭。常用的结语有“是否妥当，请批示”“以上请求，请批复”“特此请求”等。

【案例一】

关于宾馆更新酒店管理系统的请示

集团公司：

宾馆现在使用的酒店管理系统是2002年中软公司提供的，至今没有升级换代，已经不能满足机场宾馆正常经营管理的需要。该软件在使用中存在的较多问题，如：酒店管理系统不兼容智能房卡管理系统，不便于客房销售管理；客房销售收入结算经常出现错误，系统销售日报的收入和实际收银不符，房费收入只能推算产生；消费单据没有流水号、电话计费不准确；团队入住时，如需调换房间，调整后的房间费用无法计入团队账单中等。

目前系统使用的服务器、交换机、电脑、UPS电源等硬件设备都是10年前的电子产品。运行速度慢、存储空间不足、故障率高，均已超过报废年限。如：惠普SERVERLC3100型服务器2台，硬盘仅有80G，内存256MB；前台工作站电脑内存仅为256G，只能安装win98系统。这些设备早已不能满足系统正常运行的需要。

为了进一步加强机场宾馆收入结算管理，满足客房管理的不同需求，请示集团公司更换酒店管理软件，更新系统设备。目前，考察了杭州西软科技有限公司东北总代理、沈阳乾园科技有限公司、博立软件商务公司等三家软件提供商，并多次组织宾馆前台、客房中心、收银员和网络维护等系统使用岗位员工与软件供应商对接，通过现场软件功能演示和咨询，建议购买国内市场占有率排名第一的杭州西软科技有限公司的酒店管理软件的，其价格与同类软件差异不大。更换酒店管理软件及更新硬件设备约需费用160010元。妥否，请批示。

××宾馆

2017年10月19日

【案例二】

酒店大堂前增设隔离墩的请示

总经办：

自与公司毗邻的Z商城投入使用以来，酒店大堂附近路段的车辆人流急剧增加，酒店大堂前空旷地域常出现大量不受控的人流车辆，并易发生擦车碰车事件。为更好地规范酒店大堂前的车辆停放进出秩序，保障公司消费客人出行的安全，有效提升对客服务质量及酒店星级服务形象。我部拟针对酒店大堂前区域增设大型的隔离墩，切实做好人流车辆的有序控制，具体实施内容如下：

由Z路、西停车场市政路与酒店大堂交接边线开始，经酒店大堂雨篷下至酒店旗杆处，分两列摆放大型隔离墩，墩与墩间隔2.5米，相互用链条连接，保留单向车道通行空间。

大型隔离墩选用造型美观大方、材质较重的材料，以避免出现人为随意挪动而影响车辆进出停放的秩序。建议由营销部设计制作样板、选材，工程部协助制作。费用计入××部门。

妥否，请总经办批示！

【案例三】

关于丹霞山风景名胜区列为国家重点风景名胜区的请示

×××〔××××〕×号

国务院：

丹霞山风景名胜区位于我省韶关市仁华、曲江两县境内，面积180平方公里，分丹霞山、韶石山、大石山三个景区，距韶关市最近处10公里，最远处50公里，柏油公路直达主峰景区，观光旅游的交通十分方便。

据地质考证，6500年前丹霞山所在地是一个大湖泊，由于地质运动，形成红岩峭壁和嶙峋洞穴，构成奇异自然风景。在全世界同类地形中，以丹霞山为最典型，“丹霞地貌”已成为国际地质学名词。现丹霞山景区已开发接待游人的范围为12平方公里，主要景点有87处，山、港、江、湖兼备，绿化良好，兼之摩崖石刻、寺庵、亭台楼阁点缀其间，自然及人文景观丰富。丹霞山南侧的韶石山景区，傍于浈水，是历史上舜帝南巡奏乐之处，内有“三十六石”的奇景；丹霞山西侧的大石山景区，类似丹霞山的奇山异峰，有丹寨幽洞、岩柱等自然景观。

在丹霞山风景名胜区附近，有金鸡岭、九龙十八滩、古佛岩、南华寺、马坝人遗址等风景区及名胜古迹，总面积约400平方公里。目前，粤北地区以丹霞山风景名胜区为中心形成了我省一条重要的旅游线。

根据国务院《风景名胜区管理暂行条例》，我们对丹霞山风景名胜区进行了资源调查、评价，编制了总体规划。现申请把丹霞山风景名胜区列为国家重点风景名胜区，请审批。

广东省人民政府

一九八八年二月十一日

（三）请示写作的注意事项

第一，要坚持一文一事。

第二，请示事项必须明确、具体、可行。请示的事情若含糊不清，模棱两可，领导就无法下决断，请示的事情虽然十分需要，但现实各种条件达不到，不可行，请示就要被退回。

第三，一般不得越级请示。请示应根据直接的隶属关系向上级主管机关行文。个别确需越级请示的，现实中常用的有两种方式：一种是转呈式，如“市财贸部转呈市委”，这样既避免了越级，又明确了主送机关；另一种是在越级请示的同时，把请示抄报给越过的主管部门。

第四，不要把请示写成报告或请示报告。在目前的行文中，有些公务人员请示、报告不分，把请示写成报告或干脆把两者混淆在一起叫请示报告，这是不对的。因为请示和报告是不同的公文文种，两个文种的性质在《党政机关公文处理工作条例》中规定得十分明确。另外，请示是请求批复的，时间性很强，如果把请示写成了报告，上级不给以批复，那么，就会影响工作的进一步开展。

第五，请示不得抄送下级机关。

第六，语言要谦恭。

二、报告

（一）报告的定义

报告是下级向上级汇报工作，反映情况，答复上级机关询问时所使用的一种陈述性公文。

（二）报告的特点

1. 内容的汇报性

一切报告都是下级向上级机关或业务主管部门汇报工作，让上级机关掌握基本情况并及时对自己的工作进行指导，所以，汇报性是“报告”的一个大特点。

2. 语言的陈述性

因为报告具有汇报性，是向上级讲述做了什么工作，或工作是怎样做的，有什么情况、经验、体会，存在什么问题，今后有什么打算，对领导有什么意见、建议，所以行文上一般都使用叙述方法，即陈述其事，而不是像请示那样采用祈使、请求等法。

3. 行文的单向性

报告时下级机关向上级机关行文，是为上级机关进行宏观领导提供依据，一般不需要受文机关的批复，属于单项行文。

4. 成文的事后性

多数报告都是在事情做完或发生后，向上级机关做出汇报，是事后或事中行文。

5. 双向的沟通性

报告虽不需批复，却是下级机关以此取得上级机关的支持指导的桥梁；同时上级机关也能通过报告获得信息，了解下情，报告成为上级机关决策指导和协调工作的依据。

（三）报告的类别及功用

1. 例行报告

例行报告如日报、周报、旬报、月报、季报、年报等。例行报告不能变成

“例行公事”，而要随着工作的进展，反映新情况、新问题，写出新意。

2. 综合报告

全面汇报本机关工作情况，可以和总结工作、计划安排结合起来，要有分析、有综合、有新意、有重点。

3. 专题报告

专题报告是指向上级反映本机关的某项工作、某个问题，某一方面的情况，要求上级对此有所了解的报告。所写的报告要迅速、及时，一事一报。呈报、呈转要分清写明，如《某酒店薪酬情况调查报告》。

（四）报告写作的基本格式

1. 标题

（1）标题可以由“发文机关＋主要内容＋文种”构成，如“××酒店关于员工宿舍火灾事故的报告”。

（2）标题可以由“主要内容＋文种”构成，如“关于我市 2017 年度星级饭店复核工作的情况报告”。

2. 正文

（1）缘由：交代报告的起因、缘由或说明报告的目的、主旨、意义。一般用“现将有关情况报告如下”承启下文，如“根据省局《关于开展 2017 年度全省星级饭店复核工作的通知》精神，我局对全市 2015 年以前评定的 22 家星级饭店进行了复核工作。现将有关情况报告如下。”

答复报告开头要先引述来函文号及询问的问题，然后过渡到下文，如“前接×政发〔2014〕106 号函，询问我县水质污染原因及治理问题，现将有关情况报告如下。”

（2）报告事项：将工作的主要情况、措施与结果，成效与存在的问题等分段加以表述。工作报告一般以“成绩、做法、经验、体会、打算、安排”为主。要突出要点、亮点、重点。情况报告一般以“情况—原因—教训—措施”的结构来写。答复报告一般写答复的意见或处理结果。

（3）结束语：工作报告和情况报告的结束语常用“特此报告”“请审阅”“以上报告，请审查”；答复报告多用“专此报告”。

【案例四】

×××酒店消防安全自检自查情况报告

根据×××关于开展消防安全专项检查的紧急通知，迅速针对消防安全工作开展一次安全隐患大排查的要求。按照酒店总经理指示，为落实酒店消防安全工作，切实消除火险安全隐患。酒店由×××为组长带领保安部、行政部、工程部、客房部、计财部、餐饮部负责人及消防工作人员对酒店所属各部门区域进行了消防安全大检查。具体检查情况如下：

一、安全管理情况

(1) 检查消防安全责任制和岗位消防安全责任制，明确各岗位消防安全职责。

(2) 检查各部门、各岗位的消防安全责任人。

(3) 以“谁主管，谁负责”为原则，做到安全管理责任到人，安全管理制度、应急预案完备齐全。

(4) 检查消防安全档案管理，各岗位安全值班记录情况良好。

二、硬件设施

(1) 检查消防监控中心火灾自动报警系统运作情况良好。

(2) 检查各区域安全疏散指示标志、应急照明灯的配置、使用情况良好。

(3) 检查各区域消火栓、自动喷淋探头，水压正常、配件齐全，清洁保养、检查情况良好。

(4) 检查酒店各区域配置的ABC干粉灭火器，检查情况良好，无失效、过期情况。

(5) 检查消防广播、音像切换系统情况正常。

(6) 检查各区域消防楼梯、安全出口及消防通道无堵塞、围占现象，防火门、闭门器使用情况正常。

(7) 检查消防稳压泵压力情况，达到压力标准。

(8) 检查酒店湿式报警阀的信息反馈情况，一切正常。

(9) 检查酒店各分区信号阀反馈情况，一切正常。

(10) 检查酒店各区域的烟感信息反馈情况，一切正常。

三、存在的主要问题及整改措施

1. 存在的主要问题

(1) 厨房配电柜有一组线烧焦，需要工程部检查整改。

(2) 厨房调味品货架顶上有三块透明玻璃未做遮阳处理，顶上存放有纸盒和塑料用品。

(3) 空调机房里堆放了一些维修材料和圣诞用品，需要整理。

(4) 每星期的消防检查与登记还需要加强管理，强调登记时间为一周。

(5) 有部分消防栓水带还未更换完成，需要尽快换头补充。

2. 整改措施

酒店针对排查发现的问题做出如下整改措施。

(1) 各部门在每天的班前会议上都必须强调每位员工加强消防安全的预防和防治工作，牢固树立“安全第一”的观念。

(2) 对各部门检查发现的问题各部门要针对存在的隐患立即整改，杜绝安全隐患。

（3）保安部加强检查消防设施、设备的运行情况。

落款

20××年××月××日

【案例五】

××大酒店20××年度星级复核自查报告

××省星评委：

根据省、市星评委统一部署和要求（宣星评办〔20××〕7号），我们立即全面开展了星级复核自查自整工作，现汇报如下：

一、基本情况

××大酒店于20××年元月7日荣膺国家四星级旅游饭店以来，严格依照四星级标准开展经营管理和规范服务，在公司的正确领导和各部门大力支持下，经全体员工同心同德的共同努力，秉着“专注、创新、团队、高效”的企业精神，大力倡导和践行适应时代发展的经营管理理念，内抓管理服务，外树企业形象，积极推动酒店的发展。

20××年酒店一至三季度实现营业收入总额1632万元。

二、自查自整

1. 积极组织，宣传到位

为进一步做好星级复核工作，酒店加强领导，成立了“××大酒店20××年度星级复核领导小组”。由总经理×××任组长，总经理助理×××、×××为副组长，各部门负责人为成员，负责其所属部门的自查工作。通过班前会和周会向员工广泛宣传发动，员工知晓面达100%，充分调动了全体员工的积极性，掀起了“争优创佳”的高潮，组织宣传取得明显效果。

2. 对照标准，自我检查

今年以来，加强组织员工对星评标准的培训，严格按照《旅游饭店星级的划分与评定》（GB/T 14308—2010）标准开展一系列的检查活动，对自检整改项目进行分解，责任到人，并组织管理人员了解大酒店管理工作中还存在的问题和不足之处，使全体员工增强了学习意识，为进一步提高管理水平和服务质量起到一定的促进作用。

3. 加强培训，提高素质

为适应旅游业不断发展及新版星级标准实施的需要，我们将培训工作作为提升服务技能、提高服务质量的有效途径，加大了培训工作力度。一方面积极开展内部培训，聘请了酒店管理专家开展了酒店仪容仪表、酒店礼貌礼节、酒店微笑服务、酒店服务意识等培训课程。20××年酒店共举办了各类培训共计40场；另一方面有针对性地组织员工前往省内及省外优秀酒店考察学习。经过以上培训，员工们在了解了公司的运营状况、发展理念及各项管理制度同时，也增强了自身的服务意识，提升了服务技能，提高了综合素质。

4. 节能降耗，提高效益

为节能降耗，增收节支，做好控制成本工作，降低运营成本，提高经济效益，酒店根据年初制定的预算指标对各部门进行了严格的成本管理，向员工灌输成本意识、节约意识，并积极落实到具体的工作之中，如制定空调作业标准、将厕纸改用等，节约每一度电，每一滴水，将成本控制工作落实到每一个细节。

5. 员工活动，丰富多彩

组织员工开展了丰富多彩的活动，春节前举办了员工新年联欢会，充分展示了员工们多才多艺的一面；三八节期间积极组织女职工趣味活动，并为所有女员工赠送鲜花和礼物等；母亲节时酒店邀请了所有员工的母亲欢聚一堂；每年的“六一”国际儿童节员工自发捐款捐物看望××福利院的孤残儿童，使得员工在增长知识、开阔眼界的同时，增强了企业凝聚力。

××大酒店

20××年××月××日

【案例六】

宿迁市2015年度星级饭店复核情况报告

宿旅星评委〔2015〕5号

江苏省旅游星级饭店评定委员会：

为认真贯彻实施《旅游饭店星级的划分与评定标准》（GB/T 14308－2010），切实提升我市旅游星级饭店的服务水平，根据省旅游局《关于开展2015年度全省星级饭店复核工作的通知》（苏旅星评〔2015〕3号）要求，宿迁市星评委对全市2014年12月31日前评定的二、三星级旅游饭店进行了年度复核及评定性复核，现将复核情况汇报如下。

一、复核工作开展情况

我市按照苏旅星评〔2015〕3号文件要求，迅速制定下发了《关于开展2015年度旅游星级饭店复核工作的通知》（宿旅星评委〔2015〕3号），对2014年12月31日前评定的三星级以下（含三星）的20家饭店进行复核。其中，对京杭大酒店、紫水晶宾馆等8家三星级以下（含三星）旅游饭店进行评定性复核；对泗阳大酒店、宿迁市万顺大酒店等12家三星级以下（含三星）旅游饭店进行年度复核。

复核工作共分自检自查、检查复核、通报公告三个阶段。在此期间，8家三星级以下（含三星）旅游饭店的评定性复核由市星评委组织星评员进行暗访；12家三星级以下（含三星）旅游饭店年度复核分别由市、县（区）星评委组织星评员进行明察。

二、复核工作主要特点

一是复核工作重点突出。严格执行《旅游饭店星级的划分与评定标准》(GB/T 14308—2010)，对不同星级饭店的必备项目要求，实行被复核饭店必备项目不达标，一票否决；被复核饭店近三年出现重大安全事故或群体性旅游责任投诉，一票否决；饭店对外承包项目安全、卫生和服务质量达不到相应星级标准的，责令限期整改。

二是复核体现学习交流。这次星级饭店复核工作，检查员主要由我市三星级以上饭店总经理和各县（区）行管科长组成。在复核工作中，检查员坚持标准、严格复核，切实帮助饭店查找经营管理和服务质量方面存在的不足，提出了许多建设性意见，努力帮助饭店提高经营管理水平。这种工作方法得到了受检饭店的认可和赞扬，达到了县区之间、饭店之间相互交流、相互促进、共同提高的目的。

三是侧重对酒店实际运行效果检查。在检查过程中，星评员除了查阅酒店突发事件应急预案、培训记录、宾客投诉记录等台账资料外，还对饭店应对突发事件的流程、员工对应对突发事件的能力进行了现场模拟测试，对酒店的各项服务进行了实地体验，对宾客满意度进行了抽样调查。

三、复核中发现的主要问题

通过复核，发现20家星级饭店主要存在以下问题。

（一）饭店设施维护保养不到位

京杭大酒店、紫水晶宾馆、泗洪凤临阁宾馆、泗洪皇冠宾馆等酒店部分设施设备损坏，装修装饰老旧现象严重，维修保养效果有待提升。365宾馆、泗阳意杨之乡大酒店、泗洪皇冠宾馆缺少方便残疾人、老年人、儿童等特殊群体同行和使用的无障碍设施。365宾馆、泗洪皇冠宾馆客房内缺少服务指南等酒店住宿必备资料。泗阳意杨之乡大酒店、泗洪凤临阁宾馆缺少各种指示用和服务用文字规范的中英文标识。京杭大酒店部分标识破损、布草陈旧，未能及时更新。京杭大酒店、泗洪皇冠宾馆部分客房内有异味；泗阳意杨之乡大酒店缺少旅游交通地图、景点介绍、交通工具时刻表及可供客人阅读的相关报刊。

（二）员工流动性较大

全市旅游星级饭店的员工流动性偏高，尤其是餐饮部门，年平均流动率在45%以上。饭店员工的频繁流动增加了酒店对员工的培训难度，且导致酒店服务质量出现波动，员工在仪容仪表、礼节礼貌、服务规范等方面与星级标准相差较大，导致客人对我市酒店服务满意度评价不高。

（三）部分酒店经营管理出现重大调整

三星级旅游饭店浙商名人俱乐部经营转向，将前厅租赁给商业银行作为营业部，取消了餐饮服务，必备项目不达标。四星级旅游饭店中山水天大酒店因承租方解约，目前处于停业状态。

（四）饭店经营效益呈现两极分化现象

全市的7家四星级旅游饭店年营收平均下降12%左右，三星级以下（含三星级）旅游饭店的餐饮收入与去年同期相比基本持平。受全市旅游营销工作的强力带动，我市二、三星级旅游饭店的客房出租率均有不同程度的上扬，但是房价持续降低。三星级饭店接待旅游团队的标间价格在130元/间左右，二星级旅游饭店接待旅游团队的标间价格在100元/间左右。

四、复核结果

三星级旅游饭店浙商名人俱乐部被取消星级；二星级旅游饭店紫水晶宾馆、知谷快捷酒店被责令限期整改；建议取消中山水天大酒店四星级旅游饭店标识。其余17家三星级以下（含三星）旅游饭店通过年度复核或评定性复核。

附件：2015年度星级饭店复核工作处理饭店登记表

宿迁市旅游星级饭店评定委员会

2015年12月30日

附件　2015年度星级饭店复核工作处理饭店登记表

序号	所在县区	饭店名称	星级	标牌编号	处理方式	处理事由
1	宿城区	中山水天大酒店	四星	3240145	建议取消星级	业主与管理方租赁经营到期，已停业
2	宿城区	浙商名人俱乐部	三星	3230575	取消星级	酒店取消了餐饮服务，前厅租赁商业银行，必备项目不达标
3	宿城区	紫水晶商务宾馆	二星	3220494	限期整改	设施设备陈旧，维护保养不到位，必备项目缺失，存在一定安全隐患
4	市软件园	知谷快捷酒店	二星	3220457	限期整改	酒店的客房和餐饮正在改造升级
抄送：市放心消费创建领导小组办公室、市委办、市人大办、市政府办、市政协办、市文明办、市接待办、市财政局、市信用办						

（五）报告写作的注意事项

1. 要正确使用文种

报告里不得写请示事项。《党政机关公文处理条例》规定，在报告中写请示事项上级不予批复。如果在报告中写请示事项，反而会贻误工作。

2. 要重点突出

报告文字要简明。报告的用途主要是向上级汇报工作情况、存在问题以及经验教训。汇报的这些情况大都是按照上级的意图办理的，所以在报告中不要有过多的议论，只要把事实写清楚就行了。

3. 报告内容要真实

真实是报告的生命，这一点我们从报告的性质、作用就可以看出来。报告是供上级领导看的，是为领导掌握全面工作情况而写的，它是领导制定各种方针、政策的依据，是领导指挥工作、进行决策的基础。如果提供的报告内容失真，就有可能引致领导机关做出错误决断，影响组织的发展。

4. 报告工作要及时

报告，尤其是一些临时性的专题报告，时间性很强。如果错过机会，时过境迁，报告上去就成了“马后炮”，领导再据报告下指示，也成了事后诸葛亮，往往失去了指导意义。

第二节　指令性公文——批复、决定、会议纪要

一、批复

（一）批复含义

批复适用于答复下级机关的请示事项。前提是收到下级机关的请示。

批复与请示是一对矛盾，是密不可分的两个文种。有一请示，必有一批复。批复具有权威性、指导性、单一性、针对性、及时性的特点。

（二）批复的特点

权威性：批复表现的是上级领导机关的意志，对下级机关来说具有约束力，受文机关必须执行。

指导性：批复内容对下级机关工作具有指导意义，它就下级机关“请求指示、批准”的事项给予指导性意见。

单一性：一文一事。

针对性：针对请示事项而发。批复内容范围受请示制约，请示什么，就应批复什么。批复针对请示机关而发。批复不能像通知、通报那样普发给下级机关，应当针对请示机关发文，如需要其他机关知晓一般使用抄送形式。

及时性：强调时效性。

（三）批复的类型

批复针对下级机关的请示事项行文，请示根据《党政机关公文处理条例》适用于求示性请示与求批性请示，因此，批复对应地分为指示性批复与审批性批复。

1. 指示性批复

指示性批复是指针对下级机关要求给予政策、认识上指示的批复。这类批复，往往针对指示事项做出解释性、指导性答复，而不是批准性意见。

2. 审批性批复

审批性批复是指针对下级机关要求给予批准、认可事项的批复。这类批复，往往针对下级机关请求批准的事项进行审批，表明同意、原则同意或不同意。

(四) 批复的结构与内容

批复的标题、主送机关、落款与一般下行文一样。

1. 标题

批复的标题可有六种形式，但经过归纳可分为表态语标题、三要素标题、嵌入式标题三种类型。

(1) 表态语标题：发文机关＋表态用语＋请示机关＋事由＋文种。例：罗甸县发展和改革局关于同意红水河酒店内外装饰装修项目立项的批复。

(2) 表态语标题：发文机关＋表态用语＋事由＋文种。例：罗甸县发展和改革局关于同意内外装饰装修项目立项的批复。

(3) 表态语标题：表态用语＋事由＋文种。例：关于同意内外装饰装修项目立项的批复。

(4) 三要素标题：发文机关＋事由＋文种。例：罗甸县发展和改革局关于内外装饰装修项目立项的批复。

(5) 嵌入式标题：发文机关＋请示标题＋文种。例：罗甸县发展和改革局对《红水河酒店关于内外装饰装修项目立项的请示》的批复。

(6) 嵌入式标题：发文机关＋发文字号＋文种。例：罗甸县发展和改革局关于对罗寿投呈〔2017〕1号的批复。

2. 正文

(1) 引语部分，即第一自然段，引述来文的标题和字号，以示对批复缘由和根据的说明。用“现批复如下”过渡，引起主体部分，如“你局《关于设立厦门阳光风采旅行社有限公司的请示》(厦政旅［2014］116号）收悉”。

(2) 主体部分是批复的核心，对下级请示的问题表明态度，发出请示。根据不同情况，也有所不同。

求示性请示，应当针对请示内容给予政策、认识上的解答，见案例一。

【案例一】

关于风景名胜区景点经营收入征收营业税问题的批复

国税函〔2008〕254号

湖南省地方税务局：

你局《关于张家界风景名胜区景点经营收入适用税目的请示》（湘地税发〔2007〕83号）收悉。经研究，批复如下：

对单位和个人在旅游景区经营旅游游船、观光电梯、观光电车、景区环保客运车所取得的收入应按“服务业—旅游业”征收营业税。

单位和个人在旅游景区兼有不同税目应税行为并采取“一票制”收费方式的，应当分别核算不同税目的营业额；未分别核算或核算不清的，从高适用税率。

国家税务总局

二〇〇八年三月二十一日

抄送：各省、自治区、直辖市和计划单列市地方税务局。

求批性请示，应当表明“同意”“原则同意”或“不同意”的态度。主要批答形式有：

其一，同意下级请示，明确给予肯定性答复，有的进一步提出要求，见案例二、案例三。

【案例二】

关于红水河酒店内外装饰装修项目立项的批复

罗发改发〔2017〕93号

罗甸县寿乡旅游开发投资有限公司：

报来《关于对红水河酒店内外装饰装修项目立项的请示》（罗寿投呈〔2017〕1号）文件及项目建议书已收悉。经审查，同意该项目立项，现批复如下：

一、项目名称：红水河酒店内外装饰装修项目

二、建设地址：罗甸县红水河镇

三、建设性质：新建

四、建设内容及规模：总装饰装修面积17417.05平方米，包含酒店配套的餐饮、会议、娱乐、商务、康体、SPA等内容。

五、项目投资及资金来源：总投资7000万元，资金来源为企业自筹。

六、建设工期：12个月

接此批复后，请按基本建设程序开展项目前期工作，尽早开工建设。

罗甸县发展和改革局

2017年4月27日

（备注：本资料来源罗甸县发展和改革局 http：//www.gzluodian.gov.cn/doc/2017/04/27/815238.shtml 发布日期：2017－04－27）

【案例三】

国务院关于同意建立国务院旅游工作部际联席会议制度的批复

国函〔2014〕117号

旅游局：

你局关于建立国务院旅游工作部际联席会议机制的请示收悉。现批复如下：

同意建立由国务院领导同志牵头负责的国务院旅游工作部际联席会议制度。联席会议不刻制印章，不正式行文，请按照国务院有关文件精神认真组织开展工作。

撤销全国假日旅游部际协调会议，其职能并入国务院旅游工作部际联席会议。

附件：国务院旅游工作部际联席会议制度

国务院

2014 年 9 月 9 日

（此件公开发布）

附件　国务院旅游工作部际联席会议制度

为贯彻落实《中华人民共和国旅游法》，加强部门间协调配合，促进我国旅游业持续健康发展，经国务院同意，建立国务院旅游工作部际联席会议（以下简称联席会议）制度。

一、主要职能

在国务院领导下，统筹协调全国旅游工作。对全国旅游工作进行宏观指导；提出促进旅游业改革发展的方针政策；协调解决旅游业改革发展中的重大问题；研究旅游业改革发展中的其他重要工作；完成国务院交办的其他事项。

二、成员单位

联席会议由旅游局、中央宣传部、外交部、发展改革委、教育部、公安部、财政部、国土资源部、环境保护部、住房城乡建设部、交通运输部、农业部、商务部、文化部、卫生计生委、工商总局、质检总局、新闻出版广电总局、安全监管总局、食品药品监管总局、统计局、林业局、气象局、铁路局、民航局、文物局、中医药局、扶贫办共 28 个部门组成，旅游局为牵头单位。

国务院分管旅游工作的领导同志担任联席会议召集人，协助分管旅游工作的国务院副秘书长、旅游局主要负责同志和中央宣传部、发展改革委、财政部有关负责同志担任副召集人，其他成员单位有关负责同志为联席会议成员（名单附后）。联席会议可根据工作需要，邀请其他相关部门参加。联席会议成员因工作变动需要调整的，由所在单位提出，联席会议确定。

联席会议办公室设在旅游局，承担联席会议日常工作，旅游局主要负责同志兼任办公室主任。联席会议设联络员，由各成员单位有关司局负责同志担任。

三、工作规则

联席会议根据工作需要定期或不定期召开会议，由召集人或召集人委托的副召集人主持。成员单位根据工作需要可以提出召开会议的建议。在全体会议之前，召开联络员会议，研究讨论联席会议议题和需提交联席会议议定的事项及其他有关事项。联席会议以会议纪要形式明确会议议定事项，印发有关方面并抄报国务院，重大事项按程序报批。

四、工作要求

各成员单位要按照职责分工，主动研究旅游工作中的重大问题，认真落实联席会议议定事项。要互通信息，相互支持，密切配合，充分发挥联席会议作用，形成高效运行的长效工作机制。联席会议办公室要及时向各成员单位通报有关情况。

……

其二，原则同意下级请示，对同意事项给予原则肯定性答复，并进一步提出相关指示性意见。

其三，不同意下级请示，明确给予否定性答复，并进一步提出不同意的理由。

3. 结尾：对请示工作提出要求

正文后面用“特此批复”或“此复”表示结束，见案例四、案例五。

必须一请示一批复，切忌一份批复包含几个请示的内容。

【案例四】

关于同意设立南京申瑞达国际旅行社有限公司的批复

南京市旅游委员会文件

宁旅发〔2017〕195 号

关于同意设立南京申瑞达国际旅行社有限公司的批复

丁秀英：

经对你们提交申请设立“南京申瑞达国际旅行社有限公司”有关材料的审核、对拟设地的现场检查，根据《旅游法》的有关规定，经研究，同意设立“南京申瑞达国际旅行社有限公司”，许可证号：L－JS01899。业务经营范围为国内旅游业务、入境旅游业务。请接此批复后在 3 个工作日内缴纳旅行社质量保证金、办理旅行社责任险。待正式领取《旅行社业务经营许可证》后，方可经营国内旅游业务、入境旅游业务。望你们加强对该公司监督、管理，严格遵守各项旅游法规，按时上报有关材料和统计报表，不断提高服务质量，为发展南京市旅游事业做出贡献。

此复。

南京市旅游委员会

2017 年 8 月 22 日

【案例五】

关于同意瀚海国际大酒店为四星级旅游饭店的批复

皖星评〔2013〕5 号

宣城市旅游星级饭店评定委员会：

根据企业申请和你委推荐，省星评办按照中华人民共和国国家标准《旅游饭店星级的划分与评定》（GB/T 14308—2010），委派星评员对瀚海国际大酒店进行了正式评定，认为该饭店已达到四星级饭店标准。经研究，批准瀚海国际大酒店为四星级旅游饭店。

特此批复。

安徽省旅游星级饭店评定委员会

二○一三年四月九日

（资料来源：安徽省旅游局 http：//www.ahta.com.cn/gov/xxgk/html/2013/201304-00018.shtml）

二、决定

（一）含义

适用于对重要事项做出决策和部署、奖惩有关单位和人员、变更或者撤销下级机关不适当的决定事项。决定是下行文，有很强的法规性、政策性，其权威性和约束力也非常强。党政机关可以用决定指导工作，旅游企事业单位也可以通过决定对重大战略决策、投资经营、重大人事任免、重大奖惩事件做出安排。

（二）写法

决定由标题和正文两部分组成。

1. 标题

完整的标题包括发文机关、内容、文种三要素，如“甘肃省旅游局关于表彰奖励 2015 年中国旅游商品大赛获奖单位的决定”。有时可以省略发文机关，如“关于命名北京韩村河、首钢总公司等 306 个单位‘全国工农业旅游示范点’的决定”就省略了发文机关“国家旅游局”。

2. 正文

决定的正文有三个部分，即开头、中间和结尾，见案例六至案例八。开头讲明做出决定的缘由、目的或意义；中间是文章的主题，表达决定的正式内容；结尾则发出号召或提出贯彻意见。

【案例六】

甘肃省旅游局关于表彰奖励2015年中国旅游商品大赛获奖单位的决定

甘旅办发〔2015〕79号

各市（州）旅游局：

在国家旅游局举办的第七届中国国际旅游商品博览会上，我省旅游商品生产企业踊跃参加中国旅游商品大赛，有4家企业选送的旅游商品分别获得金奖、银奖和铜奖，成为本届大赛包揽全部奖项的4个省份之一。其中，由陇南白马文化艺术传播有限公司研发生产的“白马昼”系列获得2015年旅游商品大赛金奖，由兰州塞纳河文化艺术传播有限责任公司研发生产的“敦煌祝福”首饰系列获得银奖，由敦煌神韵文化科技公司研发生产的“九色鹿”系列、麦积山宗迹壁画工作室研发生产的“宗迹壁画”系列获得铜奖。

为了鼓励和表彰我省旅游商品企业研发创新，促进全省旅游商品研发、生产、营销上档次、上水平，省旅游局决定对我省在2015年中国旅游商品大赛上获奖的商品生产企业予以通报表彰，并对获得金奖的陇南白马文化艺术传播有限公司奖励20000元，对获得银奖的兰州塞纳河文化艺术传播有限责任公司奖励15000元，对获得铜奖的敦煌神韵文化科技公司和麦积山宗迹壁画工作室各奖励10000元。

希望获奖单位珍惜荣誉，再接再厉，不断增强自主创新能力，全面提升产品质量和品牌形象，在今后旅游商品研发、生产、销售等各个方面取得新的成绩。全省旅游商品生产企业要以此为榜样，创新理念，拓展思路，突出甘肃历史文化特色，加强旅游商品研发创新，不断提升旅游商品的质量和品位，打造甘肃旅游商品品牌，为扩大旅游购物消费、促进旅游业转型跨越发展做出新的贡献。

甘肃省旅游局

2015年6月9日

（备注：发布时间：2015－06－09　12：01：35　报送单位：甘肃省旅游局　来源：甘肃省旅游局官方网站 http：//www.gsta.gov.cn/jx/cxb/14505.htm）

案例六公文正文的三个自然段正好是开头、主体和结尾三部分。

【案例七】

国家旅游局关于在全国旅游行业开展向韩滨同志学习的决定

旅发〔2016〕84号

各省、自治区、直辖市旅游发展委员会、旅游局，新疆生产建设兵团旅游局：

韩滨同志是焦作市友谊旅行社有限公司的一名导游。2016年7月1日下午14时26分，韩滨同志受旅行社委派接待来自北京的47人旅游团队，在310国道河南省三门峡市境内发生严重交通事故，造成1人死亡，6人重伤。事故发生时，坐在离车门最近的韩滨同志被变形严重的汽车挤压卡住，双腿骨折，内脏出血。他在身受重伤的情况下，不忘导游职责，第一时间喊话安抚大家，组织游客有序撤离，提醒游客用安全锤砸开车窗逃生自救，在生命垂危之际及时报警，并向单位报告车祸情况。虽经当地医护人员全力救治，但韩滨终因伤势过重不幸辞世，年仅 34 岁。获救的 47 名北京游客联合签名，感激和赞扬导游韩滨在生命垂危时刻不顾个人安危、全身心为游客安全着想的感人事迹，自发制作了“最美导游”锦旗。

韩滨同志是一位从业 13 年的资深导游，他在危急时刻用生命履行了职责，树立了坚守岗位、舍己为人的光辉榜样，是新时期涌现出来的“平民英雄”，是游客眼中的“最美导游”，是践行社会主义核心价值观的楷模。为大力弘扬韩滨同志的先进事迹，国家旅游局决定，在全国旅游行业特别是导游队伍中开展向韩滨同志学习的活动。

向韩滨同志学习，就是要学习他舍身忘我、忠诚履职的高尚情操。韩滨同志忍受着巨大的伤痛，把岗位职责履行到生命的最后一刻。韩滨的感人事迹，凝聚了他对人民的热爱、对事业的忠诚和对社会的责任，体现了舍己为人、无私奉献的精神境界，彰显了旅游从业人员高贵的职业道德和操守。

向韩滨同志学习，就是要学习他临危不惧、处置果断的职业素养。韩滨同志在遭遇突发事故身负重伤的情况下，临危不惧，沉着履职，绝不是偶然的，而是他职业品德修养铸就的。韩滨在长期带团过程中养成的职业技能和极强的应变能力，才能在关键时刻展现出职业素养的强大力量。

向韩滨同志学习，就是要学习他爱岗敬业、尽职尽责的优秀品格。韩滨同志十三年如一日守职尽责，在平凡的岗位上创造了不平凡的业绩。韩滨为人忠厚质朴，对安排的工作不“挑肥拣瘦”，始终把游客满意作为第一目标，为游客提供优质服务。

向韩滨同志学习，就是要学习他热爱生活、助人为乐的可贵精神。韩滨同志始终保持乐观向上、乐于助人的生活态度，在家里是一个好儿子、好丈夫、好父亲，在单位是一个好同事、好职员、好导游，经他传帮带的新导游超过 200 人，在工作中助人为乐、热心援助的善举不胜枚举。

各级旅游主管部门要充分认识开展向韩滨同志学习活动的重要意义，精心组织，统筹安排，把学习韩滨同志先进事迹与“两学一做”学习教育结合起来，与推动旅游业发展结合起来，不断提升服务质量，提高行业整体素质，树立良好的行业形象。希望全国旅游从业人员以韩滨同志为榜样，始终保持爱岗敬业、奋发有为、干事创业的精神状态，为把我国旅游业培育成为国民经济的战略性支柱产业和人民群众更加满意的现代服务业提供强大精神动力。

国家旅游局

2016 年 7 月 8 日

（备注：2016－07－14　11：33：00　来源：国家旅游局监督管理司 http：//

www.cnta.gov.cn/zwgk/tzggnew/201607/t20160714_777585.shtml)

【案例八】

国家旅游局关于公布 2016 年度厕所革命先进市名单的决定

国家旅游局文件

旅发〔2017〕19 号

国家旅游局关于公布 2016 年度厕所革命先进市名单的决定

各省、自治区、直辖市旅游发展委员会、旅游局、新疆生产建设兵团旅游局：

随着我国旅游“515 战略”的全面实施和全域旅游的加速推进，全国厕所革命持续深入开展。2016 年以来，各地认真贯彻落实习近平总书记的重要批示精神，按照国家旅游局《全国旅游厕所建设管理三年行动计划》的工作部署，迅速行动、开拓创新，积极推进厕所革命各项工作。截至 2016 年 12 月 31 日，全国共新建、改扩建旅游厕所 28907 座，超额完成年初目标（25587 座），占全年计划的 113%，全国厕所革命取得明显成效。

为总结经验、激励先进，进一步调动各地积极性、主动性和创造性，深入推进厕所革命，经综合考核，国家旅游局决定对山东省枣庄市、浙江省金华市、广东省广州市等 100 个在厕所革命推进力度、新改建数量、新技术应用以及管理模式创新等方面成绩突出的先进市予以表扬。希望得到表扬的先进地区珍惜荣誉、发扬成绩、再接再厉，继续全面推进厕所革命各项工作。各地要积极学习先进市的典型经验，主动作为、改革创新，从旅游基础工程、文明工程、民生工程高度、提高认识、统一思想、转变观念，切实采取有效措施，有序有力深入推进厕所革命，让厕所革命深入全国城乡每一个角落、普及景区内外，全面提升我国旅游公共服务水平，促进社会文明进步。

附件：2016 年度厕所革命先进市名单

2017 年 1 月 25 日

三、会议纪要

（一）纪要的适用范围

纪要适用于记载会议主要情况和议定事项。会议纪要是记载、传达会议主要精神和议定事项，要求与会单位共同遵守、执行的陈述性公文。会议纪要是根据会议记录和会议文件以及其他有关材料加工整理而成的，它是反映会议基本情况和精神的纪实性公文。

会议纪要与会议记录不同。两者的主要区别是：第一，性质不同。会议记录是讨论发言的实录，属事务文书。会议纪要只记要点，是法定行政公文。第二，功能不同。会议记录一般不公开，无须传达或传阅，只作资料存档；会议纪要通常要在一定范围内传达或传阅，要求贯彻执行。

有些会议纪要，有时登在报刊上，通过新闻媒介告诉广大群众，对这类会议纪要人们一般称之为“公报”。

（二）纪要的特点

1. 内容的纪实性

会议纪要如实地反映会议内容，它不能离开会议实际搞再创作，不能搞人为的拔高、深化和填平补齐。否则，就会失去其内容的客观真实性，违反纪实的要求。

2. 表达的要点性

会议纪要是依据会议情况综合而成的。撰写会议纪要应围绕会议主旨及主要成果来整理、提炼和概括。重点应放在介绍会议成果，而不是叙述会议的过程，切忌记流水账。

3. 称谓的特殊性

会议纪要一般采用第三人称写法。由于会议纪要反映的是与会人员的集体意志和意向，常以“会议”作为表述主体，“会议认为”“会议指出”“会议决定”“会议要求”“会议号召”等就是称谓特殊性的表现。

（三）会议纪要的作用

1. 通报作用（向上、向下）

向上汇报会议情况：当我们向上级机关汇报情况时，不能拿杂乱的原始记录汇报，会议纪要却能把会议的主要精神、主要事项综合整理好，把情况简明扼要地报告给上级机关。

向下通报情况：因与会人员理解能力、记录进度各不相同，传达会因人而异，造成口径不一，贯彻起来易有出入。因此，用会议纪要形式向下通报情况，可以统一认识，便于传达布置。

2. 指导作用

一些会议纪要，传达了会议的主要精神和议定事项，一经传达或经上级转发，就具有指导作用，要求有关单位贯彻执行，那么这就具有了指导作用。

3. 依据作用

会议纪要是存档备查的文字依据，当上级机关将会议纪要传达给下级机关，要求下级机关贯彻执行时，既是上级检查督促工作的依据，又是下级执行贯彻工作的依据。

（四）会议纪要写作的基本格式

1. 标题

（1）由“会议名称＋文种”组成，如“开发区经济工作研讨会会议纪要”。

（2）由“主要内容＋文种”组成，如“关于企业改制问题的会议纪要”。

（3）双标题，正标题表明会议主旨，副标题交代会议名称、范围、文种，如“抓住机遇　扩大开放——沿长江五市对外开放研讨会纪要”。

2. 正文

（1）开头：开头一般介绍会议概况，包括会议名称、会议目的、会议时间、地点、届次、参加会议的人数、单位、主持人、会议议程、进展情况、主要成果以及对会议的总体评价等。

（2）主体：一般包括会议的主要精神、会议议定的事项、会议上达成的共识、对今后工作的安排、会议上各种主要观点及争鸣情况等。

主体常用的写法一般有三种：条文式、综述式、记录式。

（3）结尾：通常用来强调会议的意义、提出希望和要求、发出号召等，也可省略结尾。

记录提要式工作会议纪要。这种方式基本上与会议记录近似。根据纪要会议概况主要内容两部分的要求，分别按时间、地点、参加人、主持人、会议议程、议决事项顺序列项写出即可，清楚醒目，简洁明了。这种方法常用于会议内容比较单纯的办公会议纪要，见案例九。

【案例九】

街道旅游发展工作会议纪要

时间：2015 年 4 月

地点：

参加人员：

主持人：

会议内容：

××街道主任×××首先通报了 2014 年街道旅游安全工作概况，传达了上级关于做好2015年春节期间旅游安全工作相关文件及会议精神，并就2015年春节元宵节期间旅游安全工作进行了部署。

××就春节期间安全工作提出四点要求：一是工作责任要到位。企业是安全责任主体，各企业要增强旅游安全红线意识，明确安全生产工作职责和任务。二是排查隐患要到位。各企业加大力度进行自查，排除安全隐患。三是整改措施要到位。街道相关部门要担负起监管责任，要履行属地管理职责，督促旅游企业对安全隐患整改到位。四是应急值守要到位。街道相关部门要加强节日期间值班值守，要科学地制定应急预案，做到相关信息及时上报。

案例十是采用归纳法，把会议讨论形成的共识概括成几个问题一一写明。分成了会议强调、会议要求、会议决定等几个板块，每个板块又分条叙述，分列成几个不同的小标题来写。

【案例十】

攀枝花市省冬旅会筹备领导小组第六次全体会议纪要

2005年1月27日晚，市委副书记、代市长孙平在攀枝花会展中心议事厅主持召开了省冬旅会市筹备领导小组第六次全体会议。市领导徐孟加、邹吉祥、黄昌明、肖立军、郑钢淼、单荣、郑学炳，市长助理许健民，市政府副秘书长邓思强出席了会议。省冬旅会筹备小组全体成员和市创建优秀旅游城市指挥部部分成员单位负责人漆贵全、李章忠、刘德顺、王海波、贾德华等17人参加了会议。现就会议纪要如下：（前言部分——简要介绍会议基本情况，说明会议召开的宗旨、时间、地点、主要议程等）（以下是主体部分）

会议强调：要进一步深刻认识省冬旅会的重大意义……

会议要求：怎样抓好冬旅会各项筹备工作，市委、市政府已经明确了目标，提出了要求，按既定方针办。关键是抓落实、抓执行。

1. 带着强烈的使命感和责任感抓落实、抓执行……

2. 必须以只争朝夕的精神状态来抓落实、抓执行……

3. 要求大家以精益求精，勇于创新，好事办好的工作作风来抓落实、抓执行。……

4. 以市场化配置资源，充分发挥市场潜力的理念来抓落实、抓执行……

会议决定：

1. ……

2. ……

3. ……

…………

总分概括式的会议纪要常用于会议内容较复杂的大型会议。会议概况部分要用开头一段（或两段）总述会议基本情况，对时间、地点、与会人员、议程、简要评价等内容做具体交代。

接着主要内容部分就采用分形式、按类别、按性质或按顺序把议决事项或议决精神一一叙述出来。根据这部分内容的多寡，分别采用分条、分块、列小标题等不同手法来写，见案例十一。

【案例十一】

旅游局2016年第三次局务会会议纪要

2016年3月17日下午，局长在局会议室组织召开了第三次局务会。副局长及全体干部职工参加了会议。现将会议内容纪要如下：

一、学习《巡视个别谈话提纲》并提出贯彻落实意见

会议学习了州委、县委关于学习《巡视个别谈话提纲》的通知。会议要求：一是高度重视，所有干部职工必须高度重视此次巡视工作，始终跟随党中央和县委政府工作步伐。二是严守工作纪律，所有材料必须由局领导把关审核后方可上报。三是坚持原则，遵守各级党委、政府的规定，严格按照财务报账程序和文件规定管理财务。

二、通报州旅发委下达的2016年我县旅游产业目标任务

会议通报了州旅发委下达的2016年目标任务。会议要求，一是加强旅游产品宣传促销，全力实现旅游总收入15.73亿元，接待游客总人数207万人次；二是认真抓好旅游产业扶贫工作，认真抓好镇村、乡村的旅游扶贫；三是完成新建旅游厕所2座，改建1座目标任务，并尽快向政府报告取得批准；四是完成花湖4A创建、西部牧场3A创建等重点项目建设任务；五是积极对接联通公司，完成黄河九曲第一湾4A级景区接入全省旅游应急管理平台工作；六是依法完成旅游规划，制定牧家乐、骑马点、旅游团餐管理标准；七是按照全域旅游示范区创建要求，开展城乡旅游环境综合整治。

三、安排近期工作

一是成立政府采购项目物品验收组，任命组长，分配成员，抓紧落实摄影器材等办公用品的验收、登记工作；二是积极准备大型旅游推介会的资料，委托有诚信、有资质的公司设计、印制、刻录资料袋、宣传碟、画册等；三是按照政府安排，委托旅游网公司做好Logo和宣传语征集方案。

案例十二采用归纳法，把会议讨论形成的共识概括成几个问题一一写明。该案例分成了会议强调、会议要求、会议决定等几个版块，每个版块又分条叙述，分列成几个不同的小标题来写。

【案例十二】

关于“全域旅游”工作开展情况等工作的会议纪要

（2016 年 3 月 30 日）

3 月 22 日上午，县长毕道丽主持召开县政府 2016 年第七次常务会议，讨论研究关于“全域旅游”工作开展情况等工作。现纪要如下：

一、关于“全域旅游”工作开展情况

会议听取了县外事侨务旅游局关于 2015 年“全域旅游”工作开展情况及 2016 年工作思路的汇报，讨论了《随县“省级全域旅游示范区”创建工作实施方案》（征求意见稿）、《关于加快旅游业发展奖励办法》（征求意见稿）、《关于对旅行社招徕游客的奖励办法（暂行）》（征求意见稿）、《关于开展旅游扶贫促进农村民宿产业发展的实施意见》（征求意见稿）、《2016 年旅游工作考核办法》（征求意见稿）等五个文件。

会议认为：实施“全域旅游”是县委、县政府 2014 年做出的决策，国家旅游局在今年全国旅游工作会议上也提出了“全域旅游”的理念，全县上下必须坚定发展旅游业的信心，充分利用随县丰富的旅游资源，举全县之力抓好旅游业发展。

会议议定：

1. 原则同意县外事侨务旅游局起草的《随县“省级全域旅游示范区”创建工作实施方案》（征求意见稿）、《关于加快旅游业发展奖励办法》（征求意见稿）、《关于对旅行社招徕游客的奖励办法（暂行）》（征求意见稿）、《关于开展旅游扶贫促进农村民宿产业发展的实施意见》（征求意见稿）、《2016 年旅游工作考核办法》（征求意见稿）等五个文件，由县外事侨务旅游局根据会议讨论意见进一步修改完善，提交县委常委会研究后以“两办”文件印发。

2. 原则同意成立旅游投资有限公司，由县外事侨务旅游局、县城投公司充分借鉴外地经验，提交县委常委会研究确定。

二、关于随县城区 2016 年第一批棚户区改造项目（一期工程）申请农发行贷款有关情况

会议听取了县城投公司、县财政局关于随县城区 2016 年第一批棚户区改造项目（一期工程）申请农发行贷款有关情况的汇报。

会议议定：同意随县城区 2016 年第一批棚户区改造项目（一期工程）申请农发行贷款 50000 万元，由县城投公司与市农发行做好对接，争取延长还款期限，降低贷款利率，报县人大常委会审议通过后实施。

三、关于县政府门户网站管理办法（试行）有关情况

会议听取了县委宣传部（新闻中心）、县政府办、县绩效办关于《随县人民政府门户网站管理办法（试行）》有关情况的汇报。

会议认为：县政府门户网站是随县通过互联网对外宣传的重要平台，是政府

信息公开的主渠道、公共服务的主窗口、公众互动的主平台，抓好网站建设，很有必要。县委宣传部（新闻中心）、县政府办公室等有关单位要下大力气抓好网站建设，把政府门户网站办成一个信息公开的网站，方便群众网上办事的网站。

会议议定：

1. 同意县委宣传部（新闻中心）起草的《随县人民政府门户网站管理办法（试行）》，县政府办公室对文字进一步审核把关后按照程序印发实施。

2. 同意将县政府门户网站建设纳入“随县绩效管理考核”，由县绩效办调剂1～2分作为网站建设考核分值。

3. 县财政每年安排20万元经费作为网站运营、维护费用。

四、关于市政府三届七次全体（扩大）会议精神

会议由县政府办、县监察局传达了市政府三届七次全体（扩大）会议精神。

会议要求：

1. 迅速成立随县“行政效率不高、行政执法不公”问题专项整治工作专班，由县委常委、常务副县长徐正友同志负责，县监察局牵头，相关部门配合，切实抓好全县“两不”问题专项整治工作。

2. 迅速出台随县《关于开展行政效率不高行政执法不公问题专项整治工作方案》，明确整治时间要求，抓好工作落实，确保取得实效。

3. 迅速召开县政府二届五次全体（扩大）会议，对全县“两不”问题专项整治工作进行安排部署。

4. 工作专班要定期、专项研究“两不”问题专项整治工作，按照工作方案要求，一项一项抓好落实。不管是谁，只要触犯“两不”问题，该批评的要批评，该问责的要问责，要通过专项整治，使政府的工作机制、工作效能、决策机制得到明显提升。

五、关于2016年财政预算编制有关情况

会议听取了县财政局关于2016年财政预算编制有关情况的汇报。

会议议定：原则同意县财政局提出的2016年财政预算编制方案，县财政局根据会议讨论意见修改完善，报县委常委会议研究后提交县人大常委会审议。

……

随县人民政府办公室

2016年3月30日印发

（来源：随县政府办 编辑：余婷婷 发布时间：2016-04-03 11：56 http：//www.zgsuixian.gov.cn/a/zhengwugongkai/zhengfuhuiyi/2017/0103/26962.html）

（五）会议纪要写作的注意事项

写作会议纪要一方面要准确反映会议的真实情况和基本精神。撰写者根据会

议记录或一些简报进行概括时要注意保证内容准确，不要脱离原始材料，把个人意见掺和进去，随意变动会议基本精神，纪要一般应经与会人员讨论通过。另一方面要对会议材料做出高度概括，见案例十三、案例十四。

【案例十三】

2013 年第 5 次总经理办公会会议纪要

2013 年第 5 次总经理办公会
会 议 纪 要

(ZB) 2013 - 03

2013 年 7 月 11 日上午 9：00，在公司会议室召开了 2013 年第 5 次总经理办公会，参加会议的有全宗国、宋来荣、舒长生、黄少华、陈冬，会议首先通报了南水北调项目检查和国调办“3·11”活动实施情况，为应对“3·11”活动，对南水北调监理部工作提出具体的处理措施，并对近期主要工作明确了要求，具体纪要如下：

1. 会议首先听取了黄总对南水北调现场监理工作巡查情况的介绍，针对巡查指出监理工作存在的问题，提出了具体的奖罚措施，并委派宛英杰作为特派员进驻工地现场督查，整顿 2 个月时间，具体措施另发专题文件。

2. 会议明确了今年水利系统专业监理工程师报名考试要求，以设备制造、水保、环保专业为主，确保公司资质，鼓励公司所有已持证人员报考，所有报名信息由公司统一负责分配把关。

3. 会议明确 8 月 24 日水利监理工程师过渡考试结束后的 8 月 25 日、26 日召开半年工作会，要求各项目总监提前做好工作安排，按时参加会议。

4. 会议明确今年公司内审 9 月 10 日前结束，9 月底前完成管理评审，以迎接公司管理体系的外部审核工作。

5. 会议分析了原通信费报销管理制度，重新制定了新的报销规定，另以文件形式发布执行。

2013 年 7 月 11 日

签发：全宗国

2013.7.12.

【案例十四】

会议纪要

会议名称：4 月份餐饮·营销分析会
时　　间：2013 年 5 月 8 日（星期三）2：00 p.m.—3：40 p.m.
地　　点：
主 持 人：
参 加 人：
记 录 人：

会议流程	备　注
1. 由各个营运部门按照表格和要求汇报本部门当月的工作情况 2. 由营销部经理对当月的营销工作完成情况做工作汇报 3. 由营销部经理做下月酒店营销工作计划和策划方案的计划 4. 由各部门经理就营销部经理提交的各项计划进行讨论 5. 由酒店总经理对当月的营销工作做小结性评价 6. 由酒店总经理做下月营销工作的布置和安排	—
会议内容	—
一、总经理	—
1. 西软的数据分析功能要充分利用起来 2. 前场部门要严格控制能耗 3. 本次会议主要针对 4 月份餐饮部的销售情况，综合市场销售部的统计信息，结合财务部 4 月财务报表，组织讨论，整理思路，达成共识，提出措施	—
二、市场营销部	
四月工作总结 1. 4 月份三批会议活动的预定、接待 2. 管理公司新闻 NEWS 的培训工作 3. 部门集体学习绩效考核方案 4. 厨艺大赛的跟踪及推广 5. 小火锅的试运营及宣传推广 6. 电梯轿厢内广告的落实工作	—

第三节 周知性公文——公告、通告、通知、通报

一、公告

（一）含义

公告适用于向国内外宣布重要事项或者法定事项。

重要事项公告：是向国内外宣布重要事项的公告，主要是指国家政府机关的重要决策，需要国内外周知的重要事项。如《中共中央、全国人大常委会、国务院关于宋庆龄副委员长病情的公告》。

法定事项公告：是按照法律、法令规定向国内外发布法规政策等法务事项的公告。目的是公布法律法规文件，通过法律手段确定某些专门事项的合法性，并对其加以保护。如《中华人民共和国农业部、国家质量监督检验检疫总局公告》。

发文机关具有资格限制，一般企事业单位、社会团体未得到授权，不能使用公告发布事项。司法机关使用的应诉公告、寻找失踪人公告、认定财产无主公告等，属于司法文书；其他单位使用的招标公告、校庆公告、招考公务员公告等，都不是行政意义上的公告。如“校庆公告”“降价公告”“拍卖公告”“开业公告”都应更换为“启事”。一些部门经过授权也可以向外发布公告，新华社、司法机关以及其他一些政府部门也可以根据授权使用公告，如《宁波市旅游发展总体规划编制招标公告》。

（二）公告的特点

重大性：发布内容重大。公告所发布的内容是国家重要事项或者法定事项，非“重要”与“法定”事项，不可使用公告。

广泛性：是指发布区域（国内外）与发布对象（国内外受众，有时甚至主要是国外受众）。发布对象与发布机关不具有隶属关系。

权威性：是指发文机关具有权威性。公告的发文机关级别较高，通常是监督机关、政府机关、政府有关职能部门等，一般企事业单位、社会团体以及个人，不能使用公告发布事项。不够发布级别的单位需得到授权才能发布，例如新华社得到国务院授权后方可发布公告。

（三）写法

鉴于公告是公布性公文，面向国内外受众发布，因此公告一般不采用眉首、

版记形式，也不书写主送机关。公告包括标题、正文、落款、日期几个部分。

1. 标题

完全式标题由发文机关、内容、文种三部分组成。简约式标题可以省去发文机关，如“关于编制庆阳市旅游发展总体规划的招标公告”。有时可以同时省去发文机关和事由，如“国家旅游局公告”或“公告”。

2. 编号（发布文号）

对编号，国务院与国家质量技术监督局均无特定说明。因此，不同发布机关在实际操作中运用了不同的标示形式，具体如下。数字形式：采用阿拉伯数字，采用汉字数字，采用阿拉伯数字和汉字数字混合书写。括号形式：标示圆括号、方括号，不标示任何括号。“第”的运用：加写“第”字，没有“第”字等。在目前没有出台统一标准的情况下，上述种种写法都是允许的。

公告编号的常用形式是：

（1）流水号。依次编排号码，写法是：第1号、（第1号）、第一号或（第一号）。

（2）年份与流水号。以年为单位依次编排号码，括号标注，写法是：（2009年1号）、2009年1号或2009年第1号。

（3）行政公文发文字号。其前提条件是，该公告采用正式行政公文下发形式。如汕头市国土资源局2008年8月13日发布的《汕头市国土资源局公告》采用的发文字号是：汕国土资公〔2008〕11号。

（4）无编号。

3. 正文

公告的正文由缘由、事项和要求组成。发文缘由说明发布公告的背景、意义或根据，之后以“特此公告如下”等承启语过渡到公告事项。也可省略发文缘由。公告正文也应本着“有话则长，无话则短”的原则，层次和文字可能很多，也可能只有短短的一段，结尾常用的有“特此公告”“现予公告”，也可不写。试比较案例一和案例二，便可得知。

【案例一】

公　告

经峨眉山、五台山、普陀山、九华山四大佛教名山协商后，原定于11月在四川峨眉风景区举办的“首届中国四大佛教名山朝圣之旅暨峨眉山普贤文化节”推延至2006年3月下旬举行。特此公告。

中国四大佛教名山组委会

二〇〇五年十一月八日

【案例二】

国家旅游局公告

（2017 年 11 号）

《城市旅游服务中心规范》（LB/T 060—2017）、《自驾游目的地基础设施与公共服务指南》（LB/T 061—2017）、《旅游产品在线交易基本信息描述和要求》（LB/T 062—2017）等三项行业标准已经国家旅游局批准，现予以公布，2017 年 11 月 1 日起实施。

国家旅游局

2017 年 5 月 22 日

附件：

（1）城市旅游服务中心规范 .pdf

（2）旅游产品在线交易基本信息描述和要求 .pdf

（3）自驾游目的地基础设施与公共服务指南 .pdf

4. 落款

写明发文机关及日期。如需要则要写上联系电话、联系人、传真等，如案例三。

【案例三】

国家旅游局公告

（2016 年第 18 号）

国家旅游局关于废止部分政策性文件的公告

根据《国务院办公厅关于做好行政法规部门规章和文件清理工作有关事项的通知》（国办函〔2016〕12 号）要求，我局开展了改革开放以来政策性文件的全面清理工作。经国家旅游局党组审议通过，现决定废止 92 件国家旅游局政策性文件。

特此公告。

附件：国家旅游局废止的部分政策性文件目录

国家旅游局

2016 年 6 月 2 日

（材料来源：国家旅游局 2016 - 06 - 27　http：//www. cnta. gov. cn/zwgk/tzggnew/gztz/201606/t20160627 _ 775470. shtml）

重要事项公告也可以无落款，案例四是“512”汶川地震灾难进入第六天，由最高国家行政机关国务院向国内外受众发布的公告。

国务院决定“2008 年 5 月 19 日至 21 日为全国哀悼日”，这是中国历史上第一个为受难民众哀悼的纪念日，它表达了新一届政府的民本思想，体现了生者对死者的责任和义务。它顺乎民意，使 4 万多罹难同胞在尽得国殇的集体尊严后安然入土。公告发布后，在世界范围内引起巨大反响。

正文采用一段式结构，以“意义”作为发文缘由；在承启语“国务院决定”后，公告事项分为三个层次，内涵清晰，语气庄重。行文自然结束，无结尾。

【案例四】

国务院公告

为表达全国各族人民对四川汶川大地震遇难同胞的深切哀悼，国务院决定，2008 年 5 月 19 日至 21 日为全国哀悼日。在此期间，全国和各驻外机构下半旗志哀，停止公共娱乐活动，外交部和我国驻外使领馆设立吊唁簿。5 月 19 日 14 时 28 分起，全国人民默哀 3 分钟，届时汽车、火车、舰船鸣笛，防空警报鸣响。

案例五是法定事项公告。与案例四不同的是，本例文不是公布法律法规文件，而是按照国家法律法规向国内外发布相关政策，它通过法律手段确定了某些专门事项的合法性。

例文标题下注有编号“第 1045 号”，属于依次编排的流水号，属于常用写法。

例文正文开头是发文缘由，发文缘由由背景、根据构成，公告事项由两个层次构成，结尾为秃尾。结构严谨，贵在精当。

【案例五】

中华人民共和国农业部国家质量监督检验检疫总局公告

第 1045 号

鉴于马来西亚已向世界动物卫生组织（OIE）报告消灭家禽高致病性禽流感疫情，根据我国对马来西亚高致病性禽流感疫情状况的风险分析结果，自本公告发布之日起，许从马来西亚进口符合中国相关法律法规规定并在本公告发布之日后生产和加工的禽类及其产品。

农业部与国家质量监督检验检疫总局联合公告第 405 号相关规定同时废止。

中华人民共和国农业部

国家质量监督检验检疫总局

二〇〇八年六月五日

二、通告

（一）通告适用范围和特点

《党政机关公文条例》（2012）：通告，“适用于公布各有关方面应当遵守或者周知的事项”。

公告和通告都属于公开性文件，无须保密（公告适用于向国内外宣布重要事项或者法定事项），这两个文种的区别也是比较明显的：

第一，内容属性不同。公告用于“向国内外宣布重要事项或者法定事项”，兼有消息性和知照性的特点；与公告相比，通告的内容是“在一定范围内应当遵守或周知的事项”，具有鲜明的执行性、知照性。

第二，告启的范围不同。公告面向国内外的广大读者、听众，告启面广；通告的告启面则相对较窄，只是面向“一定范围内的”的有关单位和人员。

第三，使用权限不同。公告通常是党和国家高级领导机关宣布某些重大事项时才用，新华社、司法机关以及其他一些政府部门也可以根据授权使用公告，而通告则适用于各级行政机关和企事业单位。

目前，公告和通告这两个文种在实际运用中存在着比较严重的混乱现象。例如《××市关于云泉山庙会期间交通管制的公告》，一个市级单位一段时期交通管制的事，用不着向国内外宣布，不能用“公告”。

（二）通告写作的基本格式

通告包括标题、正文、落款三部分（与公告同）。

1. 标题

(1) 完全式标题由“发文机关＋主要内容＋文种”构成，如：卫计委关于认定化妆品人体安全性与功效检验机构的通告，如《本溪市人民政府关于整顿旅游市场的通告》。

(2) 由“发文机关＋文种”构成，如：北京市公安局通告。

(3) 由“主要内容＋文种”构成，如：关于快速处理交通事故的通告只写文种“通告”两字。

2. 编号

(1) 流水号。依次编排号码，写法是：第1号、(第1号)、第一号或（第一号）。

(2) 年份与流水号。以年为单位依次编排号码，可加括号标注，写法是：(2009年1号)、2009年1号或2009年第1号。

(3) 行政公文发文字号。其前提条件是，该通告采用正式行政公文下发形式。如国家邮政局在2008年3月10日发布的《国家邮政局关于加强第29届奥林匹克运动会寄递物品安全工作的通告》，采用的发文字号是：国邮发〔2008〕33号。

(4) 无编号。

3. 正文

内容包括缘由、事项和要求。

（1）缘由：说明为什么发此通告，如：为保障市区道路交通的安全与畅通，根据《北京市道路交通管理规定》的有关规定，决定自 2004 年 2 月 16 日起，对本市市区部分道路交通管理措施进行调整。具体内容通告如下……

（2）事项，即为通告须知和遵守的内容，如：①四环路（含）以内道路，6 时至 23 时，禁止货运机动车通行。②五环路（不含）以内道路，6 时至 24 时，禁止外省市货运机动车通行。

（3）结尾：一般采用“本通告自发布之日起实施”或“特此通告”作结，有的可提出要求、希望，有的指明执行范围和时间，有时也可不写结尾，如特此通告。

（4）署名和日期：正文右下方签署发布通告的机关名称和日期。根据《办法》的适用规定，通告可以分为制约性通告与周知性通告。

制约性通告：是公布带有强制性行政措施的通告。有些制约性通告甚至具有法规性效力，常用来公布政策法令性事项与受众应当遵守的事项，如案例六所示。

周知性通告：是公布社会各有关方面应当周知事项的通告。这些事项虽然不具行政约束力，但对社会各方面具有普遍意义，如案例七所示。

【案例六】

北京市公安局公安交通管理局关于崇文区松林街禁止通行的通告

经有关部门批准，崇文区松林街将予以撤销。为保证道路交通安全与畅通，根据《中华人民共和国道路交通安全法》的有关规定，决定自 2008 年 6 月 27 日起，崇文区松林街禁止通行。途经此路段的车辆和行人可绕行西侧新建松林路。

特此通告。

附件：示意图（略）

二〇〇八年六月十九日

这是制约性通告，用于公布受众应遵守的事项。例文标题采用了三要素标题结构，是由表述准确。在正文中，发文缘由充分，有发文背景、意义与根据；通告事项明确、简捷；结尾以尾语“特此通告”收束。全文内容明晰，表述周密，言语间具有不容更动的钳制力，利于受众理解与遵守。

【案例七】

四川省人民政府关于我省普通高考延考区考试时间的通告

经省政府认真研究并报教育部批准，我省延期举行 2008 年普通高考地区的考试定于 7 月 3 日、4 日、5 日进行，考试科目的顺序不变。

教育部门将组织力量为重灾区考生无偿提供复习和生活条件，保证考生顺利参加高考。对考上大学的孤残考生将免收学费，提供生活费补助；对没能考上大学的孤残学生，将实行免费就读中等职业学校，提供职业技能培训。当前要做好考生心理调适辅导，帮助他们增强战胜灾害的勇气和信心。

特此通告。

四川省人民政府

2008 年 6 月 9 日

案例七是一篇令人感动的周知性通告。发文机关四川省人民政府就本省普通高考延考区考生的考试时间一事，向与高考有关的各方人士发布延考信息，以便人们知晓。例文发布于汶川地震与 2008 年高考两大事件之间，它充分表现了对考生及相关人士的关怀与理解，值得思考的是，例文结尾没有在通告事项结束时终结，而是利用长于事项部分的篇幅，先进行“其他说明”，再提出“要求”，最后运用了尾语“特此通告”。

尽管例文发布的事项很严肃，但它使所有阅读过此文，与延考信息有关或无关的读者，都感受到了其以人为本的温情与关爱。除此之外，这篇具有历史投影意义的公文，应当因它的史料价值而被载入中国高考历史。

（三）通告写作的注意事项

（1）通告事项要符合政策规定。

（2）语言要简明易懂。

三、通知

【导入】杭州两家公司都组织过游玩常州恐龙园的活动，而且这两次游玩活动不但主题相同，活动的原则也出奇地一致：时间为同一天，公司只提供门票和往返用车。但同样的活动通知，写法不同，给人的感受也不同。试比较其中的差别，如下：

通 知

研究决定，拟于“三八”妇女节组织全体员工去常州恐龙园游玩，时间为一天。全体员工务必带好身份证，于当日早上 8 点前赶到公司门口集合，否则后果自负。另外，公司只负责门票和往返车费，游玩期间伙食自理。如无特殊情况，不得请假。

另一家公司则是这样在告示牌上通加大家的：

诚恳邀请

如果你想尖叫而办公室里又不允许，如果你想牵漂亮小 MM 的手而又找不到借口和机会，如果你想忘记无处发泄的郁闷和不快，那么，请在下面签上你的大名，参加公司的常州恐龙园之旅吧！

在起程的前一天，两位年轻的同事会笑吟吟地送你两样东西——一张门票，还有一张制作精美的纪念卡。

别忘了做好你该做的准备工作：

（1）带好身份证，保管好自己的门票。

（2）带上轻松、保暖的衣服。

（3）如果你嫌开私家车麻烦而步行又太累，请于 3 月 8 日早 8 点赶到公司门口统一乘车，迟到了你可要后悔的。

（4）如果你不吃不喝，可以不带一分钱。

祝“三八”和爱“三八”的人们玩儿得愉快！

（一）通知的适用范围和特点

通知，适用于批转下级机关公文，转发上级机关和不相隶属机关的公文，发布规章，传达要求下级机关办理和有关单位需要周知或者共同执行的事项，任免或聘用干部。

通知是常用公文中使用频率最高的文种。它有三个特点：

1. 使用范围的广泛性

国家行政机关可用，企事业单位也可用。对于旅游单位而言，可以用通知转发上级机关公文、批转下级机关公文，可以用来布置工作，也可以用来告知需要周知的事项。通知可以下行，也可以平行。

2. 功能的多样性

通知的用途较广，主要作用有如下几点：

（1）告诉下级机关应办理和需要了解或共同执行的事项；

（2）发布某些行政法规和规章；

（3）转发上级机关、平级机关或不相隶属机关的文件。批转下级机关的文件；

（4）告诉平级机关和不相隶属的机关应该了解和办理的事项。

3. 明显的时效性

通知事项一般是要求立即办理、执行或知晓的，不容拖延。有的通知如会议通知，只在指定的一段时间内有效。

（二）通知写作的基本格式

1. 批转性通知的写法

用于上级机关批转下级机关的公文，给所属人员，让他们周知或执行。

（1）标题：由“发文机关＋批转＋被发布文件标题＋文种”组成，也可省去发文机关名称。如：国务院办公厅批转财政部《关于控制行政费问题报告》的通知。

（2）批转性通知的正文须把握三点：对批转的文件提出意见，表明态度，如“同意”“原则同意”“要认真贯彻执行”“望遵照执行”“参照执行”等；写明所印发、批转、转发文件的目的和意义；提出希望和要求。

（3）结尾：常用“特此通知，望认真执行”或“本通知自×月×日起实行”等语，以示强调。也有的通知没有结语部分，如案例八所示。

【案例八】

关于批转苏州市吴中区旅游发展专项资金管理办法的通知

各镇政府、街道办（场），区各办、局、公司，各垂直管理部门，度假区、开发区、城区管委会及所辖各部门、农业园区、太湖新城，穹窿山风景管理区管委会：

《吴中区旅游发展专项资金管理办法》已经区政府第二十七次常务（区长办公）会议通过，现批转给你们，请认真贯彻实施。

苏州市吴中区人民政府办公室

2015 年 8 月 30 日

附件：《苏州市吴中区旅游发展专项资金管理办法》

苏州市吴中区旅游发展专项资金管理办法

第一章　总　则

第一条　为切实规范我区旅游发展专项资金（以下简称专项资金）的使用管理，提高资金使用效率，充分发挥专项资金服务旅游业发展的导向、激励和保障作用，促进“后 5A”时代全区旅游业加快转型、做大做强，制定本办法。

第二条　本专项资金是指区政府安排，用于促进和保障我区旅游业跨越发展的专项资金。

第三条　本专项资金的使用，应遵循公开透明、突出重点、前瞻引导的原则，充分体现公共配套性和普惠性，规范操作，专款专用，严格监管。

第四条　本专项资金由区财政列入年度预算，区旅游局和财政局共同管理，在区旅委的领导下，确定资金使用方向和重点。

第二章　管理职责

第五条　区旅游局职责：

（一）负责提出全部专项资金年度使用方向和预算。

（二）负责提出专项资金中用于项目引导的年度支持重点，会同区财政局发布申报指南。

（三）研究提出引导项目评审标准，会同区财政局组织开展评审并提出引导计划，建立项目信息库，对引导项目进行跟踪管理。

（四）做好专项资金所涉绩效自评工作。

第六条　区财政局职责：

（一）负责将专项资金列入年度预算安排。

（二）会同区旅游局下达引导项目计划，做好资金拨付及跟踪检查工作。

（三）对专项资金的使用进行监管，会同区旅游局开展专项资金绩效管理工作。

第三章　使用方式和范围

第七条　本专项资金主要用于投资补贴、贷款贴息、扶持奖励和区级层面重点旅游工作。

第八条　本专项资金的适用范围：

（一）旅游公共配套类项目。

（二）智慧旅游、旅游交通等便游类项目。

（三）特色创意类旅游项目。

（四）民宿、风情村等乡村旅游项目。

（五）我区短缺的各类旅游项目。

（六）区级层面开展的旅游形象宣传、市场营销推广、行业管理及培训、奖励等工作。

（七）全区其他重点旅游工作。

第四章　申报审核及拨付程序

第九条　关于投资补贴和贷款贴息的申报及审核拨付：

（一）申报条件

1. 要求具有区内独立法人资格的旅游企业、非全额拨款事业单位和其他组织，申报、建设、投资单位等必须是同一单位，不包括母（子）公司或其他合作投资单位。

2. 具备健全的内部管理体系和财务制度，依法经营，照章纳税；申报项目按规定审批，各类审批手续齐全，已开工建设。

3. 建设内容具体翔实，并有明确的时间进度安排，投资补贴项目能够在当年度建设完成。

（二）审核程序

1. 符合条件的项目单位按照区旅游局和财政局当年发布的申报工作通知向

所属地政府申报。

2. 各属地政府对申报单位的申报资格和申报材料的合规性、真实性、完整性等进行初审，对符合申报条件和要求的项目出具推荐意见报区旅游局、财政局。

3. 区旅游局会同区财政局对项目申报材料进行审核后，由区旅游局选聘相关部门及专家组成评审组，对项目进行集中评审。

4. 区旅游局和区财政局根据评审意见，拟定年度引导计划并向社会公示，经公示无异议的项目计划报区政府审定后下达。

（三）兑现拨付

1. 关于投资补贴的兑现拨付。待项目完成后，项目单位应及时根据项目引导计划下达文件中相关要求，向区旅游局提交项目完成情况、专项审计报告和资金拨付申请等兑现材料，由区旅游局、财政局及审计局联合组成审核小组，每年一次对项目现场、兑现材料进行集中审核。区财政局根据审核意见，对项目材料、手续等审核齐全的项目单位办理资金拨付手续，投资未达到计划要求90%以上的同比例核减扶持资金，未达50%的不予兑现。引导项目原则上补贴最高不超过300万元。

2. 关于贷款贴息的兑现拨付。对符合当年申报通知条件、使用银行贷款的项目给予贷款利息补贴，由区旅游局、财政局及审计局对申报材料进行审核，符合条件且项目材料和手续齐全的，直接兑现贴息资金。根据项目贷款额度，按照不高于人民银行公布的同期贷款法定基准利率（实际贷款利率如低于法定基准利率，则按照实际贷款利率计算）的50%确定贴息率，原则上每个项目最高不超过3年，贴息总额不超过200万元。

第十条　关于涉旅对象扶持奖励的申请与审核兑现：

（一）由企业依据《关于印发吴中区旅游产业发展奖励实施办法（暂行）的通知》（吴委发〔2009〕22号）等文件规定，向区旅游局递交奖励申请。

（二）区旅游局、财政局就企业相关工作情况及材料开展审核，涉及重大或难以界定的项目聘请专业机构进行审核。

（三）区旅游局、财政局审核通过后，将奖励计划向社会公示，经公示无异议的奖励计划报区政府审定。

（四）经区政府同意后，由区旅游局、财政局联合发文拨付奖励资金。

第十一条　本专项资金同时用于推动和保障区级宣传营销、行业管理等重点旅游工作的开展：

（一）区旅游局负责拟定区级重点旅游工作的全年使用计划及预算，提交区政府审核同意后，报区财政局备案，资金使用按计划实施。

（二）区旅游局根据年度工作计划，阶段性向区政府提出开展具体工作的请示，经同意后实施，并严格执行政府采购、招投标、专项审计等相关规定。

（三）区财政局根据区政府抄告单，按进度拨付资金。

第五章 监督管理及绩效评价

第十二条

列入投资补贴及贷款贴息的引导项目单位，应严格执行项目申报相关政策要求，不得擅自改变主要建设内容、标准或实施方案，严禁转移或挪用引导资金。未按上报计划建设周期如期竣工的、投资和建设内容有重大变化的，需要及时向区旅游局及区财政局书面申请项目变更或调整，并得到同意。擅自变更及其他不符合有关规定要求的项目，取消引导资格。

第十三条 区旅游局会同财政局采取不定期抽查和每年重点检查相结合的方式，对旅游引导项目资金的使用情况实施监督检查，检查比例不低于项目数的 30%。

第十四条 区财政局会同旅游局组织专家或委托中介机构，对引导项目进行财政支出绩效考评，获引导的项目单位有义务定期报送相关报表和文件材料。

第十五条

通过虚假信息骗取、套取引导或奖励资金的，一经查实，按规定追究相关单位和负责人责任。区财政局、旅游局视情况有权追缴已拨付的资金，该项目单位在 3 年内不得再向旅游、财政部门申报投资补贴、贷款贴息和奖励资金。

第十六条 区审计局、财政局、旅游局要积极做好专项资金使用的跟踪问效工作，确保专款专用，发挥最大效益。

第十七条 区旅游局、审计局、财政局工作人员如有滥用职权、徇私舞弊等行为的，责令整改，并按规定或依法追究相关责任。

第六章 附则

第十八条 本办法自颁布之日起实施，试行至 2017 年 12 月 31 日。《关于印发苏州市吴中区旅游引导资金使用管理办法（暂行）的通知》（吴政发〔2006〕62 号）同时废止。

2. 转发性通知的写法

用于转发上级机关和不相隶属的机关的公文给所属人员，让他们周知或执行。

（1）标题：由“发文机关＋转发＋主要内容＋文种”组成，也可省去发文机关名称，如：《湖北省旅游发展委员会办公室关于转发国家旅游局〈关于开展旅游安全大检查的通知〉的通知》。

（2）正文：转发和批转通知一样，根据情况，可以在开头表述通知缘由，但多数以直接表达转发对象和转发决定为开头，无须说明缘由，如案例九所示。

【案例九】

关于转发国家旅游局《关于开展旅游安全大检查的通知》的通知

各市、州、直管市、神农架林区旅游委（局）：

现将《国家旅游局办公室关于开展旅游安全大检查的通知》（旅办发〔2017〕215号）转发你们。请按照国家旅游局的统一部署开展旅游安全大检查。一要加强领导。主要领导亲自抓，分管领导重点抓，其他领导共同抓。要强化安全意识，突出检查重点，确保旅游安全。二要统筹安排。各地要结合正在开展的旅游安全隐患拉网排查行动，统筹安排，精心部署，确保实效。三要立行立改。各地要树立隐患就是事故的理念，既要重视隐患排查，也要强化隐患整改，边检查边整改。对确实不能立即整改的隐患，必须制定整改计划，明确整改措施、整改责任、整改期限。尤其要重视在旅游安全隐患拉网排查行动中排查出来的安全隐患，各地必须在8月31日前将隐患整改情况报送省旅游委，全省平均整改率必须达到80%以上。省旅游委将采取“四不两直”的方式（即不发通知、不打招呼、不听汇报、不要陪同接待，直奔基层、直插现场），对旅游安全大检查情况和隐患整治情况进行暗查暗访，一旦发现重大隐患将及时曝光。

联系人：王令德　陈红燕　电话：027－87124849

邮箱：522931187@QQ.com

附：国家旅游局办公室《关于开展旅游安全大检查的通知》

湖北省旅游发展委员会办公室

2017年8月21日

国家旅游局办公室关于开展旅游安全大检查的通知

旅办发〔2017〕215号

各省、自治区、直辖市旅游发展委员会、旅游局，新疆生产建设兵团旅游局：

根据《国务院安全生产委员会关于开展全国安全生产大检查的通知》要求，为深入做好旅游安全保障工作，有效防范和坚决遏制重特大涉旅突发事件发生，以安全稳定环境迎接党的十九大胜利召开，国家旅游局将组织开展旅游安全大检查，现就有关事项通知如下：

一、总体要求

认真贯彻党中央、国务院关于安全生产工作的决策部署和习近平总书记、李克强总理重要指示批示精神，落实全国旅游工作会议和全国旅游安全与应急工作会议的要求，进一步强化旅游行业安全生产责任，严格落实各项涉旅安全防范责任和措施，坚持企业自查与部门督导相结合，集中开展旅游安全大检查，彻底排查治理一批重大事故隐患，坚决遏制涉旅重特大事故。

二、检查对象

（一）旅行社企业

1. 安全生产管理责任落实情况。重点检查旅行社主要负责人履职情况，建立和落实安全生产责任制，依法设置安全管理机构或配备安全管理人员和保障安全投入等情况。

2. 安全生产管理制度建立和执行情况。重点检查旅行社开展旅游安全标准化建设，实施安全生产管理情况；旅行社主要负责人和安全管理人员旅游安全知识与管理能力考核合格情况；旅游从业人员安全培训和持证上岗制度落实情况。

3. 安全风险管控情况。重点检查旅游线路和产品开展安全评估分析情况；对存在较大危险因素和重大危险源登记建档、制定和落实管控措施情况；购买旅行社责任保险情况。

4. 应急管理情况。重点检查旅行社应急组织体系建设情况；与相关应急救援队伍签订协议情况；编制应急预案和现场处置方案，组织应急演练情况；开展事故应急处置的总结评估工作情况；加强岗位应急培训情况。

（二）各级旅游部门

1. 安全生产责任制落实情况。重点检查建立安全生产责任体系，落实行业监管责任，强化旅游安全生产责任措施情况。

2. 安全防范制度措施落实情况。重点检查旅游安全检查及明察暗访发现问题和隐患整改落实情况；针对容易造成群死群伤的重点领域和汛期旅游安全工作特点，组织开展旅游安全风险辨识、分级管控和隐患排查治理情况；强化源头管控情况，防范遏制重特大涉旅事故各项责任措施落实情况。

三、检查重点领域

（一）旅游包车

1. 联合安监、交通、公安等部门开展旅游包车检查。重点检查旅游包车超员、超速、疲劳驾驶、违法超车等交通违法行为；检查驾驶人驾驶资格、车辆定期检验情况、车辆核载及实载人数、驾驶人驾驶时间、车辆轮胎磨损状况等情况；检查旅游包车车辆长期在外地经营，以及线路两端均不在车籍所在地经营等行为。

2. 检查旅行社落实包车安全责任情况。

3. 检查旅行社与旅游汽车公司租赁行为。

4. 检查旅游包车是否按规定配发《游客安全乘车须知》，是否播放《游客安全乘车温馨提示》宣传片，是否按规定配置“导游专座”等情况。

（二）高风险项目

1. 联合体育、住建、质监、景区主管部门等检查高风险项目的建设标准、准入、运营安全管理制度情况。

2. 联合景区主管部门检查是否对游客进行安全提示、告知、劝阻等。

3. 联合景区主管部门检查是否完善医疗急救站点等救助设施。

（三）景区流量控制

1. 检查是否制定完善景区流量控制方案及分流措施。

2. 检查节假日应急预案，是否开展应急演练。

3. 检查旅游部门是否督促景区采取门票预约等方式，对景区接待游客数量进行控制。

（四）出境游

1. 检查出境游目的地安全风险提示制度情况。

2. 检查旅行社对游客开展安全宣传教育、提示情况。

3. 检查旅行社出境旅游产品和服务安全评估情况。

4. 检查旅行社购买责任保险情况。

四、工作安排

从2017年8月至10月，集中3个月时间开展旅游安全大检查。

（一）全面部署，广泛动员，自查自改（8月中旬）

1. 各地要结合实际制定具体实施方案，明确旅游安全大检查的主要任务、重点内容和工作要求，落实责任、细化措施，层层动员部署，广泛宣传发动。

2. 各地要按照旅游安全大检查部署要求，组织力量对照检查内容深入开展自查自改。

3. 督促各旅游相关企业组织对旅游经营管理全过程及每个部位、每个环节、每个岗位全面排查安全风险点和隐患，制定风险防控措施，建立安全隐患清单和整改清单，落实安全隐患整改责任、措施、资金、时限、预案，彻底整改隐患。隐患清单和整改落实情况在企业内部公布，并报送当地旅游主管部门。

（二）深入检查，严格执法，集中整治（8月至9月）

1. 各地要结合实际制定检查表，详细列明检查事项、具体内容和检查标准，在企业自查自改的基础上，组织检查组深入旅游相关企业开展对表检查，对高危领域企业要做到检查全覆盖。

2. 对大检查发现的每一项事故隐患，要严格落实整改责任，制定整改措施，立即整改。对重大涉旅事故隐患实行挂牌督办，确保整改到位。

3. 各地要加强警示教育和联合惩戒，集中曝光一批旅游重大事故隐患和严重违法违规行为。

（三）实地督查，统筹推动，巩固提高（9月至10月）

1. 各地要采取突击检查、明察暗访、随机抽查、回头检查、交叉检查等多种方式，深入开展旅游安全督查检查。

2. 国家旅游局将组织督导组从8月中旬开始对各地开展旅游安全督查检查。

五、工作要求

（一）加强组织领导。各地旅游管理部门要成立由主要负责同志为组长的旅游安全大检查领导小组，精心组织，周密部署，明确责任，细化措施，狠抓落实。主要负责同志要亲自抓，集中力量，落实责任，组织开展旅游行业安全生产大检查工作。企业主要负责人切实履行安全生产第一责任人的责任，认真组织，全面开展自查自改。

（二）强化协调联动。各地要结合自身职责制定工作措施，协调联动、通力协作，确保旅游安全大检查各项工作扎实有效开展。

（三）加强舆论宣传。各地要充分发挥各类媒体作用，采取多种形式，对旅游安全生产大检查进行广泛宣传发动，形成强大宣传声势，营造浓厚的舆论氛围。

（四）严肃追责问责。对自查自改不认真、隐患整治不彻底，大检查责任不落实、组织不得力的，严肃追究有关企业和部门负责人的责任。

特此通知。

国家旅游局办公室

2017 年 8 月 15 日

3. 发布性通知的写法

用于发布行政规章制度及党内规章制度。

（1）标题：发布规章的通知，所发布的规章名称要出现在标题的主要内容部分，并使用书名号，如：国家旅游局关于印发《全国旅游标准化发展规划（2016—2020）》的通知。

（2）正文：发布规章的通知，多数情况下篇段合一，无明显的开头部分，一般也不交代缘由，如案例十、案例十一所示。

【案例十】

国家旅游局关于印发《全国旅游标准化发展规划（2016－2020）》的通知

旅发〔2016〕48 号

各省、自治区、直辖市旅游委、局，新疆建设兵团旅游局：

为贯彻落实国务院《关于促进旅游业改革发展的若干意见》（国发〔2014〕31 号）、国务院办公厅《关于进一步促进旅游投资和消费的若干意见》（国办发〔2015〕62 号）、国务院办公厅《关于印发国家标准化体系建设发展规划（2016—2020 年）的通知》（国办发〔2015〕89 号），进一步推进旅游标准化工作，全面提升旅游标准化水平，更好地服务于经济新常态下旅游业的改革创新、转型升级和提质增效，国家旅游局组织编制了《全国旅游标准化发展规划（2016—2020）》（以下简称《规划》）。现印发给你们，请结合本地区实际，认真贯彻执行。

各级旅游行政管理部门要根据《规划》确定的目标、任务和保障措施，抓紧制定具体工作方案，明确本地区旅游标准化工作任务，加强对旅游标准化工作的组织和领导，完善旅游标准化工作机制，做到任务到位、责任到位、措施到位。要发挥《规划》的指导作用，切实推动旅游标准化工作，加强贯彻实施《规划》的工作力度和督促检查，确保《规划》目标实现，推动我国旅游从景点旅游模式向全域旅游模式转变。

特此通知。

附件：全国旅游标准化发展规划（2016—2020）

国家旅游局

2016 年 4 月 6 日

【案例十一】

关于颁发《　　　　》的通知

各______：

《______》业经______通过，现印发给你们，请认真贯彻执行。

公　章

____年____月____日

4. 指示性通知的写法

指示类通知，用于向下级机关布置工作，带有指导性，约束力较强，作用近似于“指示”。因此在写法上要把道理讲清楚，任务提明确，措施订具体。

（1）标题：由“发文机关＋关于＋主要内容＋文种”组成，也可省去发文机关名称。例如：《北京市旅游发展委员会关于禁止销售旅游套餐类产品的紧急通知》。

（2）正文：由缘由、执行事项、执行要求三部分组成。缘由要简洁明了，说理充分。执行事项要具体明确、条理清楚。执行要求主要对执行事项的检查落实提出要求，如案例十二所示。

【案例十二】

北京市旅游发展委员会关于禁止销售旅游套餐类产品的紧急通知

各区旅游委、各旅行社：

鉴于近期本市接连发生因旅行社收取旅游者出境游保证金不能按约退还、售卖旅游套餐不能履约引发的投诉，且旅游者集中维权的群体性事件时有发生，严重扰乱了旅游市场秩序，损害了旅游消费者的合法权益，为有效防范旅游市场风险，严厉打击非法集资、合同诈骗等旅游违法行为，进一步规范旅游市场秩序，保护旅游者合法利益，现就相关工作紧急通知如下：

一、禁止销售两条线路（含）以上的旅游套餐。各旅行社及分社、旅行社网点、旅游网站，自本通知发布之日起，不得捆绑销售两条线路以上的旅游套餐产品，不得一次性向游客收取两条线路（含）以上的旅游款，包括出境游及国内游。旅行社、旅游者实行每走一条线路、每发一个团“即时结清”的收款、付款方式。旅行社不得以“买一赠多”“交押金送旅游”等方式变相从事不合理低价游。

二、规范收取出境游保证金。在出境游业务中，根据国家旅游局《关于规范出境游保证金有关事宜的通知》（旅发〔2015〕281号）要求，各组团社收取出境游保证金，必须采取银行参与的资金托管方式，不得以现金或者转账方式直接收取，不得要求旅游者将出境游保证金直接存入旅行社工作人员提供的个人账号。收取出境游保证金数额、归还期限应当在销售旅游产品时向旅游者明确告知，并在旅游合同、旅游产品宣传材料、旅游门店、旅游网站、旅游促销点的显著位置向社会公告。

三、全面开展销售旅游套餐、收取出境游保证金情况自查。2017年9月15日前，各旅行社对今年以来销售旅游套餐（两条以上线路）情况、收取出境游保证金情况进行全面自查，并将自查结果报送市旅游委，市旅游委将对各旅行社自查情况进行抽查。逾期未报送的，暂停该社相关旅游业务的办理，并在行业内进行通报。

四、全面开展对违法违规销售旅游套餐、收取出境游保证金的专项执法检查。市旅游委将从9月16日开始，组织市、区两级旅游执法人员，对全市旅行社特别是出境社，采取摸排检查、“双随机抽查”等方式，进行严格执法检查，发现一起、查处一起。

五、鼓励社会各界广泛进行举报监督。市旅游委鼓励旅游者和其他旅游参与者、社会各界对旅行社存在的违法销售旅游套餐行为、违法收取出境游保证金行为进行举报。对经举报查实的，给予适当的奖励。举报电话：010－65157409。

附件：1. 出境游保证金收取自查清理情况统计表

　　　2. 旅游套餐销售自查清理情况统计表

北京市旅游发展委员会

2017年8月31日

5. 任免性通知

任免性通知用于任免人员。说明任免的组织、实践、任免的岗位，如案例十三所示。

【案例十三】

明珠国际大酒店关于酒店人事调整的通知

明珠国际大酒店文件

明珠文〔2014〕3号　　　　　　　　　　　　　　　　　　　　签发人：

关于酒店人事调整的通知

各部门：

结合酒店实际情况，并经酒店董事会研究决定，现做如下人事调整：

餐饮部传菜员马建军晋升为传菜部副部长，协助冯进完成日常工作；

保安部保安员段学华晋升保安部副队长；

以上人员试用期为一个月，同时希望新任职人员在新的岗位不断加强自身业务知识学习，以饱满的热情在本岗位上再立新功。

以上调整自发布之日起即开始执行。

行政人事办公室

2014年3月4日

6. 会议通知

会议通知的正文通常由发文缘由、具体任务、执行要求等组成。会议通知的内容一般应写明召开会议的原因、目的、名称，通知对象，会议的时间、地点，需准备的材料等，如案例十四所示。

【案例十四】

关于举办“2017中国国际智慧酒店创新大会”的通知

各会员饭店：

2017年4月12日—13日，由中国智慧酒店联盟和北京市旅游行业协会饭店分会联合主办的“2017中国国际智慧酒店创新大会”将在北京国家会议中心一层多功能大厅举行。会议期间还将有“中国国际智慧酒店产品技术展示会”“首届中国国际酒店服务机器人论坛”等相关活动。活动现场将围绕酒店业触底微弹的运营环境下，智慧酒店将如何帮助决策未来以及酒店业智能化建设新时代所带来的酒店业运营新机会等话题进行论坛演讲及演示、体验活动。

请各会员饭店派相关负责人免费参加，此次参会人员需要通过人脸识别进入会场，请报名人员将个人姓名、单位、职务、联系方式、性别及清晰近照信息发送至组委会邮箱：xunliang@chinaidaa.org，报名截止时间：4 月 10 日 15：00。

联系人：郭颖　电话：010－85157035

回　执　表

姓名	单位	职务	手机

附件："2017 中国国际智慧酒店创新大会"日程安排

北京市旅游行业协会饭店分会

2017 年 4 月 7 日

（三）通知写作的注意事项

（1）内容准确，措施具体；

（2）讲求实效和时效；

（3）语言简洁明了。

四、通报

（一）通报的适用范围和特点

通报适用于表彰先进，批评错误，传达重要精神或者情况。通报一般用于具有普遍意义的典型事例、成功的经验和失败的教训，借以对人们起到示范、教育和警戒作用，同时还有沟通消息、互通情报的作用。

（二）通报特点

1. 告知性

通报的内容，常常是把现实生活当中一些正反面的典型或某些带倾向性的重要问题告诉人们，让人们知晓、了解。

2. 教育性

通报的目的，不仅仅是让人们知晓内容，它主要的任务是让人们知晓内容之后，从中接受先进思想的教育，或警戒错误，引起注意，接受教训，这就是通报的教育性。这一目的不是靠指示和命令方式来达到，靠的是正、反面典型的带动，真切的希望和感人的号召力量，使人真正从思想上确立正确的认识，知道应该这样做，而不应该那样做。

3. 政策性

政策性并不是通报独具的特点，其他公文也同样具有这一特点。可是作为通报，尤其是对表扬性通报和批评性通报来说，在这方面显得特别强一些。因为通报中的决定（即处理意见），直接涉及具体单位、个人，或事情的处理，同时，此后也会牵涉其他单位、部门效仿执行的问题。决定正确与否，影响颇大。因此，必须讲究政策依据，体现党的政策。

（三）通报的分类

1. 表彰性通报

表彰性通报，就是表彰先进个人或先进单位的通报。这类通报，着重介绍人物或单位的先进事迹，点明实质，提出希望、要求，然后发出学习的号召。

2. 批评性通报

批评性通报，就是批评典型人物或单位的错误行为、不良倾向、丑恶现象和违章事故等的通报。

这类通报，通过摆情况、找根源，阐明处理决定，使人从中吸取教训，以免重蹈覆辙。这类通报应用面广，数量大，惩戒性突出。

3. 情况通报（传达性通报）

情况通报，就是上级机关把现实社会生活中出现的重要情况告知所属单位和群众，让其了解全局，与上级协调一致，统一认识，统一步调，克服存在的问题，开创新的局面。这类通报具有沟通和知照的双重作用。

（四）通报写作的基本格式

1. 标题

标题大多采用三要素齐全的完整标题或省略发文机关，如果是张贴的通报可只写文种，如：《甘肃省旅游发展委员会关于全省旅游工作创新奖的表扬通报》《关于旅游市场秩序专项整治工作情况的通报》。

2. 正文

（1）主要事实：表彰性通报要突出主要先进事迹，批评性通报要抓住主要错误事实，如《宾馆员工拾金不昧通报表扬》：2015 年 4 月 23 日上午，客房服务员古丽米拉在打扫 C 区 302 房间卫生时捡到客人遗留下来的一条黄金吊坠，并第一时间将它交至客房总台。

（2）分析评析事件：表彰性通报，在阐述先进事迹的基础上，提炼出主要经验、意义和值得学习与发扬的精神。批评性通报要分析错误的性质、危害，产生的根源和责任，指出应吸取的主要教训等。如古丽米拉这种拾金不昧的高贵品质值得宾馆全体员工学习，她代表的是宾馆的形象，维护的是宾馆的名誉。古丽米拉自从来到宾馆工作便一直兢兢业业、任劳任怨，对自己要求严格，工作中说得少、做得多。虽然她的生活条件不是很富裕，但她身上的品格却是无价的。

（3）希望与要求：表彰性和批评性的通报，应写明组织结论与予以表彰或处理的决定，同时提出对表彰或批评对象与读者的希望、要求。情况通报，一般对受文机关提出一些希望和要求。如为弘扬志气，传递正能量，激发员工爱岗敬业的精神，根据宾馆奖励办法，特对客房服务员古丽米拉拾金不昧的行为进行通报表扬并给予现金奖励 50 元。希望宾馆全体员工向她学习，为宾馆的经营发展做出更大的贡献。

3. 结尾

结尾包括发文机关署名和成文时间，如在通报标题中已标明发文机关名称，可不写。

（五）例文

1. 表扬性通报

【案例十五】

关于表彰张家界旅游从业人员赵明健的通报

2015 年 10 月 9 日，张家界武陵游览区旅游从业人员赵明健同志在采药时，不慎被一条五步蛇咬伤手指。赵明健明明知道，若不在 4 小时内解毒，就会有生命危险，但当他听到旁边山崖有人喊“救命”的时候，不顾个人生命危险，断然用刀剁下自己的受伤手指的二节指头，简单包扎后忍痛解救两位游客，使他们脱离了危险。赵明健同志这种毫不利己专门为人的精神，充分表现了他“游客至上”，“一切为了消费者”的崇高心灵。对赵明健同志的先进事迹特提出通报表扬。

希望我省各旅游局、旅行社和各景点的员工，依赵明健同志为榜样，进一步树立全心全意为游客服务的思想，努力工作，恪尽职守，爱岗敬业，为我省旅游业的发展做出更大的贡献。

湖南省旅游局

二〇一五年十月九日

【案例十六】

×××酒店文件

关于表彰十月“优秀管理工作者”“服务之星”的通报

各部门：

为更好地发挥酒店榜样的示范作用，促进酒店服务质量的不断提升，以优质高效的服务赢得客人，为酒店发展创造更佳效益，经部门评选推荐、结合总经办的日常考核，经总经办批准，评选出________同志为十月“优秀管理工作者”、________等人为十月“服务之星”，现予以通报表彰，并颁发证书和奖金，以资鼓励。

希望当选优秀管理工作者、服务之星的员工珍惜荣誉，戒骄戒躁，踏实工作，再接再厉，在本职工作中取得更大成绩。同时，酒店号召全体员工以他们为榜样，立足本职、努力工作，积极争当酒店先进员工。

特此通知。

2014 年 12 月 2 日

2. 批评性通报

【案例十七】

国家旅游局办公室关于典型案例的通报

各省、自治区、直辖市旅游局（委）：

2013 年 10 月 1 日旅游法正式实施以来，旅游行业开展了声势浩大的旅游执法和旅游市场治理整顿，旅游主管部门处理了一批违法违规旅游企业和从业人员。现将从各地处理的案件中，选取六个较典型的案例予以通报，发挥“以案释法”“以案明法”的作用。

总体来看，六个案例的处理以不合理低价为主要线索，以擅自变更行程、指定购物场所购物收取回扣等违法行为为主要突破口，抓住了关键问题和关键环节。其中海南省、湖南省和湖北省旅游局依据旅游法第三十五条，对旅行社、导游变相诱导旅游者参加另行付费项目、擅自改变旅游行程的行为进行了严厉处罚；上海市和珠海市的行政处罚规范、完整，认定了案件事实，列明了违法事实的主要证据，做到了事实清楚、证据确凿、法律适用准确；四川省不但对旅行社和导游的违法行为进行了处罚，还将购物场所涉嫌违法经营的行为移送工商、物价、食药监等部门进行立案调查，充分发挥了多部门联动处理旅游违法行为的作用。

（一）上海华夏国际旅行社虹桥营业部超范围经营被处罚案

【案由】上海华夏国际旅行社虹桥营业部于 2013 年 10 月 22 日在新民晚报刊登“韩国好客山东一A 车、客轮串线游日照、韩国首尔豪华客轮 6 日游 1980 元/人”广告。国家旅游局暗访组和上海市旅游局以游客身份电话咨询上海华夏国际旅行社总部，未获明确答复，怀疑该营业部超范围经营，并涉嫌以不合理的低价组织旅游活动，诱骗旅游者。

【调查经过】根据新民晚报的线索，国家旅游局暗访组会同上海市旅游局、上海市文化执法总队于 10 月 24 日对该营业部进行了突击检查，现场发现了 6 份已签订的旅游合同，和要求游客签字表示自愿前往韩国当地 5 家购物场所的补充合同。

据调查，该营业部在未取得总部授权情况下以上海华夏国际旅行社有限公司名义与山东海峡国际旅行社有限公司签订委托接待协议。案发后，该营业部已做出退团处理。上海华夏国际旅行社有限公司事后积极整改，关停虹桥路营业部，并向文化执法总队和上海市旅游局递交了整改报告。

【处理】因该团尚未出团，无法查证是否通过安排购物获取回扣，不予认定为违反《旅游法》第三十五条。上海华夏国际旅行社虹桥营业部从事招徕咨询以外的活动，违反《旅行社条例》第十一条第二款，根据《旅行社条例实施细则》第十八条和《旅行社条例》第四十六条的规定，上海市文化执法总队对其处以责令改正，处以罚款十万元。

（二）湖南财信环球国旅张家界分公司指定购物点擅自变更行程被处罚案

【案由】2013 年 10 月，国家旅游局组织暗访组，对湖南旅游市场进行了暗访。暗访组报团参加长沙到张家界、凤凰四日三晚游。随团暗访中，地接社“湖南财信环球国旅张家界分公司”导游带领旅游团前往多处购物店购物，并擅自减少了旅游景点，暗访组向湖南省旅游局提供了相关违法违规线索。

【处理】经湖南省旅游局调查，“湖南财信环球国旅张家界分公司”存在指定购物点、擅自变更行程等违法违规问题，违反了《旅游法》第三十五条、第六十九条之规定。湖南省旅游局拟依据《旅游法》第九十八条、第一百条之规定对湖南财信环球国际旅行社给予停业整顿两个月，处以罚款六万元。

（三）武当山游散拼经济团违规经营被处罚案

【案由】国家旅游局暗访组参加武当山汽车两日游，发现合同中未注明地接社信息；地接人员未佩戴正规导游证；行程延误后，未采取补救措施，致使南岩官景区中的主要景点未参观；武当山景区琼台中观讲解员以送平安符、盖平安印为借口，诱导游客烧高价祈福香和莲花灯。经查，该团为湖北省中国旅行社有限责任公司组织的散拼经济团，地接社为武当山康泰旅行社，地接人员为地接社安排的景区讲解员。

【处理】武汉市旅游局依据《旅游法》第九十六条和第六十条，拟对湖北省中国旅行社有限责任公司处以罚款五千元，并责令该社立即整改。同时要求其按照《旅行社服务质量赔偿标准》第十条规定，向游客进行一定的经济赔偿。

武当山旅游经济特区旅游局依据《旅游法》第三十五条、第九十八条和《导游人员管理条例》第二十二条、第二十四条规定，对武当山康泰旅行社处以罚款三万元；对该社安排的讲解员处以罚款一万元，暂扣景点讲解员证。

十堰市旅游局将琼台中观内涉及经营性项目的情况，转武当山特区管委会进行统一清理整顿，并责成文物宗教局、景区管理局进行严格管理。

（四）广东珠海泰中国际旅行社有限公司未经许可经营出境旅游业务被处

罚案

【案由】国家旅游局暗访组发现广东珠海泰申国际旅行社有限公司口岸营业部店内广告及宣传单均有“港澳游”字样，且2013年10月21日为2名游客提供了出境游服务，经查该咨在并无经营出境旅游业务资质，且未办理完备的委托代理招徕出境游业务的手续情况下，开展出境旅游的宣传、招徕等旅游业务，违反了《旅游法》第二十九条的规定。

【处理】珠海市文体旅游局依据《旅游法》第九十五条第二款的规定，对其处以罚款五万元，责令停业整顿十天；对直接负责人陈楚丰处以罚款五千元。

（五）旅行社擅自转团、变更行程、诱导购物被处罚案

【案由】国家旅游局暗访组在成都中国旅行社有限公司金牛顺风分社报名参团，签订了“九寨沟、黄龙三日汽车金钻纯玩团”旅游合同，附有行程单（列有三个赠送的自费项目），团费为每人900元。在三天的行程中，该团存在诱导购物、变相强迫消费、擅自变更旅游行程等违法违规行为。四川省旅游执法总队在调查处理中，发现该社还存在未征得旅游者书面同意，擅自委托四川雁南飞旅行社有限公司履行合同的行为。

【处理】四川省旅游执法总队对成都中国旅行社有限公司违反《旅游法》第六十三条第二款的规定，拟做出责令改正，罚款十二万元，责令停业整顿三天的决定；对四川雁南飞旅行社擅自变更行程，违反《旅游法》第六十九条第一款，拟做出责令改正，罚款十二万元，责令停业整顿三天的决定；对导游张某在带团过程中存在多次诱导欺骗旅游者消费的行为，违反《导游人员管理条例》第十六条，拟依照《导游人员管理条例》处两千元罚款；对川主寺镇五彩九顺超市无证经营药品的行为，当地工商、物价、食药监局已立案调查，并对所售药品已经进行了登记和暂扣，对商品价格明显高于普通店铺的情形，当地物价局已要求其下调商品价格。

（六）海南远通国际旅行社诱导游客参加自费旅游项目案

【案由】2013年10月24日至28日期间，国家旅游局暗访组参加由海南远通国际旅行社有限公司组织的4天3晚海口散拼旅游团，价格为950元/人。游览过程中导游极力推荐、诱导游客观看兴隆红艺人表演和参加夜游三亚湾等自费项目。最后，该团38人中有9人观看红艺人表演，15人参加夜游三亚湾，并全部签订了书面意见书。据调查，夜游三亚湾项目的散客票价为165元/人，游客按此价格交给导游费用，而导游实际支付给夜游三亚湾售票口100元/人。

【处理】海南省旅游发展委员会依据《旅游法》第三十五条和第九十八条之规定，对海南远通国际旅行社有限公司做出责令改正，没收违法所得，责令停业整顿，处以罚款三万元。

国家旅游局办公室

2013年12月16日

3. 传达性通报

传达性通报也称信息通报，起到沟通消息、互通情报的作用。正文部分先写通报的缘由，然后写明通报事项，如《2017 年“国庆中秋”黄金周安徽省重点旅游景区接待信息通报（一）》。

【案例十八】

2017 年“国庆中秋”黄金周安徽省重点旅游景区接待信息通报

作者：安徽省旅游发展委员会

发布日期：2017 年 10 月 1 日

10 月 1 日，我省共接待游客 474 万人次，实现旅游收入 116390 万元，全省旅游秩序井然，未发生安全事故及重大旅游投诉。

国庆中秋黄金周第一天上午，省旅发委万以学主任来到安徽省旅游产业监测中心与黄山市旅委、广德县旅游局等进行视频对话，了解各地假日旅游工作开展及当前游客接待等情况，慰问旅游一线工作人员。

据统计，黄山风景区接待游客 0.9978 万人次，门票收入 206.76 万元，同比分别增长 51.1%和 50.7%；九华山风景区接待游客 2.2043 万人次，门票收入 205.51 万元，同比分别增长 1.06%和 1.03%；天柱山风景区接待游客 0.87 万人次，门票收入 73 万元，同比分别增长 107.14%和 386.67%；西递景区接待游客 0.3198 万人次，门票收入 17 万元，同比分别增长 5%和 5%；宏村景区接待游客 0.5971 万人次，同比增长 6%，门票收入 48 万元，同比增长 5.4%；古徽州文化旅游区接待游客 1.5576 万人次，门票收入 59 万元，同比分别减少 45.28%和 14.92%；天堂寨风景区接待游客 1.05 万人次，门票收入 62.12 万元，同比分别增长 2.94%和 2.19%；龙川景区接待游客 0.52 万人次，门票收入 35 万元，同比分别增长 20.93%和 20.68%；八里河风景区接待游客 2.96 万人次，门票收入 93.52 万元，同比分别下降 9.75%和 8.41%；三河古镇景区接待游客 3.2 万人次，门票收入 3.8 万元，同比分别增长 23.1%和 22.6%；芜湖方特主题公园接待游客 1.64 万人次，同比下降 0.09%，门票收入 223.03 万元，同比增长 0.64%；万佛湖景区接待游客 0.76 万人次，门票收入 41.25 万元，同比分别增长 68.9%和 68.9%。蚌埠花鼓灯嘉年华接待游客 0.35 万人次，同比增长 75%，门票收入 6.2 万元，同比减少 27.8%。

全省假日第一天旅游市场呈现出以下特点：

1. 自驾游成为主要出游方式

各景区接待自驾游客相比往年明显增长。个性化更强、自由度更高的自驾游成为国庆假日的主要出游方式。

2. 乡村旅游火爆

各地的农家乐、山庄、农场推出的露营、烧烤、垂钓、摘蔬果等体验农家渔家生活受到游客欢迎，大量游客前来休闲娱乐、享受采摘和体验农家生活。

3. 红色旅游魅力彰显

国庆当天不少游客选择到红色经典缅怀革命先烈，我省金寨红军广场等景区迎来大批游客参观纪念。

（六）通报写作的注意事项

（1）通报的内容必须真实；

（2）通报决定要恰如其分；

（3）通报的语言要简洁、庄重。

（七）通报、公告、通告、通知的区别

1. 制发者与受文对象不同

通报，由各级行政机关及人民团体、企事业单位向下级机关下达，受文机关不可不知。通报对象一般是系统部门。

公告，由权力机关、监督机关向国内外宣布。公告对象往往是社会公众。

通告，由各级行政机关及人民团体、企事业单位向国内外社会各有关方面公布，无关方面可以不知晓。通告对象往往是社会公众。

通知，由各级行政机关及人民团体、企事业单位向下级机关下达，受文机关不可不知。通报对象一般是系统部门。

2. 周知事项性质不同

通报，所公布的事项具有表彰、批评、传达等内容，重在使受文机关周知，一般不具有指令性。这里的“传达”不同于通知的“传达事项”，通报的“传达”是指“传达重要精神或者传达情况”，无须办理或执行。

公告，所宣布的事项或是重要事项，或是法定事项。

通告，所公布的是社会各有关方面应当遵守或者周知的事项，在有关方面具有一定的普遍意义。

通知，所下达的事项有批转、转发、传达、任免等内容，其性质除周知外，往往还带有一定的指令性，需要受文机关办理或执行。目前，在一些行政机关（甚至是部级单位），以通知表彰先进，这是对通知性质的错误理解。

练习：2017 年 10 月 2 日下午 5 时左右，广州盛华酒店员工王松林在骑自行车下班途经广州登峰北路时，看见一个歹徒抢了一位女青年的皮包后逃走，小王跳下车截住歹徒并把他抓住，却被另一个随后接应的歹徒从背后扎了一刀，小王手臂受伤，仍紧紧抓住歹徒不放。最后，闻讯而来的几位民警和保安人员把两个歹徒都抓获了。广州盛华酒店决定给予王松林通报表扬，并发给奖金 10000 元。

参考答案：

广州盛华酒店关于给予王松林表扬的通报

2017年10月2日下午5时左右，广州盛华酒店员工王松林在骑自行车下班途经广州登峰北路时，看见一个歹徒抢了一位女青年的皮包后逃走，小王跳下车截住歹徒并把他抓住，并与歹徒进行了殊死搏斗，最后，闻讯而来的几位民警和保安人员把两个歹徒都抓获了。

王松林的行为可贵，勇于向犯罪分子斗争，不妥协不放弃，体现了中华民族的优良美德，是当代实践社会主义核心价值观的模范。

为了提倡精神，广州盛华酒店决定给予王松林通报表扬，并发给奖金6000元。现在号召大家向王松林的行为学习，为促进广州市的社会和谐做出自己的努力。

广州盛华酒店

2017年10月3日

第四节　商洽性公文——函、意见

一、函

（一）函的适用范围和特点

函是不相隶属单位和部门之间相互商洽工作、询问和答复问题，向有关主管部门请求批准事项时，使用的公文。函不具有指挥和指示作用。

1. 函的作用

不相隶属单位和部门之间相互商洽工作。如联系参观、学习，联系业务，邀请参观指导；不相隶属单位和部门之间询问和答复问题；不相隶属单位和部门之间向有关主管部门请求批准。

2. 函的特点

函适用范围广泛，是公关部门里使用频繁的文种之一。尤其在不存有隶属关系、业务指导关系的单位之间，常用“函”这种文种行文。

性质的多属性：有的函具有请示性质，可以“请求批准”事项。有的函具有批复性质，可以“答复审批”事项。有的函具有通知、通报性质，可以告知事项、传达情况。有的函具有意见性质，可以协商事项。

格式的多用性：函采用公文的特定格式——信函式格式行文，但为了减少正式公文发文数量，部分公文（如通知、通报、批复、意见、会议纪要等）也可以采用信函式格式行文，从而使函的特定格式具有了多用性。

国务院曾在《国家行政机关公文处理办法》中指出："部门内设机构除办公厅（室）外不得对外正式行文。"在实际公务活动中，部门内设机构是需要对外行文的，对此，《国务院办公厅关于实施〈国家行政机关公文处理办法〉所涉及的几个具体问题的处理意见》（国办函〔2001〕1号）中有很明确的说明："与相应的其他机关进行工作联系确需行文时，只能以函的形式行文"。

因此，除了办公厅（室）外，所有部门内设机构在对外单位行文时，都不得"正式行文"，而应采用信函式格式。这也无异于说明，使用信函式格式的公文除了函以外，还有其他公文。

3. 关于"以函的形式行文"

"以函的形式行文"，是指某些不是函的文种采用信函式格式行文。国务院办公厅对此问题的规定是："以'函的形式'行文应注意选择使用与行文方向一致、与公文内容相符的文种。"

这就是说，在一定前提条件下，某些公文可以放弃公文格式中的"文件格式"，而采用"信函式格式"。据此，我们就理解了某些公文明明不是"函"，却在发文字号里注明"函"的现象了。

4. 函与"以函的形式行文"的公文

两者具有性质的区别。函适用于不相隶属机关之间；而"以函的形式行文"的公文不仅可用于不相隶属机关之间，也可以用于具有隶属关系的上下级之间（仅限于上级机关对下级机关）。以下为"以函的形式行文"的公文的几个例子。

【案例一】

国家税务总局关于四川省等遭受强烈地震灾害地区延期申报纳税的通知

国税函〔2008〕409号

四川、重庆、甘肃、陕西、云南、青海、湖北省（市）国家税务局、地方税务局：

按：这里的发文机关与主送机关是上下级（业务主管与被主管）关系。

【案例二】

陕西省人民政府办公厅关于表扬

108国道疏通解困工作先进集体和先进个人的通报

陕政办函〔2008〕22号

各市、县、区人民政府，省人民政府各工作部门、各直属机构：

按：这里的发文机关与主送机关是不相隶属关系。

【案例三】

国务院关于辽河流域防洪规划的批复

国函〔2008〕13号

河北省、内蒙古自治区、辽宁省、吉林省人民政府，发展改革委、财政部、国土资源部、建设部、铁道部、交通部、水利部、农业部、环保总局、林业局、气象局：

按：这里的发文机关与主送机关是上下级关系。

常采用信函式格式行文的文种主要有通知、通报、批复、意见以及会议纪要等。国务院办公厅在2007年12月31日再次强调了这个问题：要“控制文件规格”“能以函的形式（指公文格式中区别于‘文件格式’的‘信函格式’）印发的不依文件形式印发”（《关于国务院办公厅精简会议文件改进会风文风的意见》)。这说明，国务院为了精简文件，尽量减少“对外正式行文”，对不具有普遍约束力的文种，尽可能以“函的形式行文”，从而为各级行政机关做出了表率。

需要注意的是，这里的具有隶属关系的上下级之间以“函的形式行文”，仅限于上级机关对下级机关行文，例如上级机关可以使用“函”的形式下达“批复”，而下级机关却不能使用“函”的形式上报请示。

（二）函写作的基本格式

函可以分为公函和便函两种。带有固定公文格式的函件称为公函；没有固定公文格式的函件常称为便函。便函不必编发发文号，甚至连标题也不必拟，因为便函不属正式公文。

1. 标题

（1）可以由发文机关＋主要内容＋文种构成，如：《安徽省酒店业协会关于工伤确认等问题的函》《人力资源与社会保障厅关于工伤确认等问题的复函》。

（2）可以由主要内容＋文种构成，如：《关于开展旅游联合执法检查活动的函》。

2. 正文

（1）函的缘由：一般概括交代商洽、请求、询问或告知事项的目的、依据、背景、原因等。复函的缘由一般首先引述来函的日期、标题、发文字号等。

（2）函的事项：发函一般写清楚商洽、请求、询问或告知事项的主要内容，并向对方提出希望或要求。复函要有针对性地写答复事项，即针对发函所提出的商洽、请求、询问等问题做出具体明确的答复。

（3）结束语：按是否要回复的要求用不同的惯用语，如要对方回复，一般用“特此函询，请函复”“即请函复”“敬请大力支持为盼”；如无须对方回复，一般用“特此函达”“特此函告”等。复函的结束语一般用“此复”“特此函复”等。

如不需要对方回复，则不需要写结束语，如案例四所示。

【案例四】

邀 请 函

时间：2016－08－16 10：34：14 来源：陕西省旅游局

各相关单位：

2016 西安丝绸之路国际旅游博览会将于 8 月 26—27 日在西安曲江国际会展中心举行。会议期间，陕西省旅游局将于 8 月 26 日 15：00—16：00 在西安豪享来温德姆至尊酒店（西安市曲江新区慈恩东路 208 号）G 层大宴会厅举办陕西旅游项目推介会暨签约仪式，敬请参加。请与会人员提前 10 分钟进入会场。

请于 8 月 19 日 12 时前将参会人员名单（姓名、单位、职务、联系方式）发送省旅游局。

附：陕西旅游项目推介会暨签约仪式参会人员回执.doc

联系人：高碧浪 刘鹏

联系电话：029－81542956/85261490 13720631191

传 真：029－81542956

邮 箱：461347721@qq.com

案例五是一则询问函。发文单位纪元保险经纪有限公司向不具有隶属关系的七月保险经纪有限公司提出需要知晓的问题，请对方给予答复。采用条款式，结构清楚，语气委婉。

【案例五】

纪元保险经纪有限公司关于机动车辆商品车投保交强险有关事宜的函

七月保险经纪有限公司：

我公司近日在办理机动车辆商品车投保交强险问题上，遇有疑惑。获悉你公司处理过此问题，特请教如下：

机动车生产、销售单位投保运送过程中的商品车，是否可以按非营运车辆投保？

执行依据是什么？

请予复函。

纪元保险经纪有限公司

二〇〇九年二月十五日

案例六由发文缘由、函事项、尾语组成。发文缘由同于批复引语的写法，一般要表示“你单位、文件标题、发文字号、收悉”的内容，之后再过渡到函事项部分。

【案例六】

七月保险经纪有限公司关于机动车辆商品车投保交强险有关事宜的复函

纪元保险经纪有限公司：

你公司《关于机动车辆商品车投保交强险有关事宜的函》（纪保函〔2009〕9号）收悉。现函复如下：

《中国保险监督管理委员会办公厅关于机动车辆商品车投保交强险有关事宜的复函》（保监厅函〔2008〕89号）规定：

机动车生产、销售单位投保运送过程中的商品车，可以按非营运车辆投保。

此复。

附件：中国保险监督管理委员会办公厅关于机动车辆商品车投保交强险有关事宜的复函

七月保险经纪有限公司

二〇〇九年二月十八日

（三）函写作的注意事项

函写法虽然简单，但撰写时还要注意以下几个问题：

（1）一函一事。

（2）用语得体，平等待人。函的交际性较强，谦敬用语较讲究，应注意掌握好分寸。

（3）内容简洁，直叙其事。

（4）不要随便以函代替其他文种行文，如批复、请示等。有些单位为了减少文件号数，把一些较重大问题的请示、批复、通知用函发文，这是不对的。

二、意见

（一）含义

意见适用于对重要问题提出见解和处理办法。

在2001年元月1日最新的《国家行政机关公文处理办法》开始实施时，意见才由事务文书改成正式法定公文的一种，用它替代原来的“指示”。

意见的行文方式很灵活，可以下行、平行和上行。作为下行文，是上级机关对重大问题提出指导性意见；作为上行文，是下级机关对重要问题向上级机关提出见解、办法或建议；作为平行文，则是两个以上的平行单位，互相之间对相关问题表达自己的看法。显然，它的适用范围大于“指示”。虽然意见取代了指示，但作为下行文时，它仍然对工作有指导功能。

（二）结构

1. 标题

完全式标题包括发文机关、事由和文种三部分，如：《山东省关于加快国有旅行社企业体制改革的指导意见》。

简略式标题可省去发文机关，如：《关于加快打造名牌景点建设提高我省旅游效益的意见》。

2. 正文

意见的正文包括开头、主体和结束语三部分。

（三）例文

【案例一】

国务院办公厅关于进一步促进旅游投资和消费的若干意见

国办发〔2015〕62号

各省、自治区、直辖市人民政府，国务院各部委、各直属机构：

旅游业是我国经济社会发展的综合性产业，是国民经济和现代服务业的重要组成部分。通过改革创新促进旅游投资和消费，对于推动现代服务业发展，增加就业和居民收入，提升人民生活品质，具有重要意义。为进一步促进旅游投资和消费，经国务院同意，现提出以下意见：

一、实施旅游基础设施提升计划，改善旅游消费环境

（一）着力改善旅游消费软环境。建立健全旅游产品和服务质量标准，规范旅游经营服务行为，提升宾馆饭店、景点景区、旅行社等管理服务水平。大力整治旅游市场秩序，严厉打击虚假广告、价格欺诈、欺客宰客、超低价格恶性竞争、非法“一日游”等旅游市场顽疾，进一步落实游客不文明行为记录制度。健全旅游投诉处理和服务质量监督机制，完善旅游市场主体退出机制。深化景区门票价格改革，调整完善价格机制，规范价格行为。大力弘扬文明旅游风尚，积极开展旅游志愿者公益服务，提升游客文明旅游素质。

（二）完善城市旅游咨询中心和集散中心。各地要根据实际需要，在3A级以上景区、重点乡村旅游区以及机场、车站、码头等建设旅游咨询中心。鼓励依托城市综合客运枢纽和道路客运站点建设布局合理、功能完善的游客集散中心。2020年前，实现重点旅游景区、旅游城市、旅游线路旅游咨询服务全覆盖。

（三）加强连通景区道路和停车场建设。加大投入，加快推进城市及国道、省道至A级景区连接道路建设。加强城市与景区之间交通设施建设和运输组织，加快实现从机场、车站、码头到主要景区公路交通无缝对接。加大景区和乡村旅游点停车位建设力度。

（四）加强中西部地区旅游支线机场建设。围绕国家重点旅游线路和集中连

片特困地区，支持有条件的地方按实际需求新建或改扩建一批支线机场，增加至主要客源城市航线。充分发挥市场力量，鼓励企业发展低成本航空和国内旅游包机业务。

（五）大力推进旅游厕所建设。鼓励以商建厕、以商养厕、以商管厕，用三年时间全国新建、改建5.7万座旅游厕所，完善上下水设施，实行粪便无害化处理。到2017年实现全国旅游景区、旅游交通沿线、旅游集散地的旅游厕所全部达到数量充足、干净无味、实用免费、管理有效的要求。

二、实施旅游投资促进计划，新辟旅游消费市场

（六）加快自驾车房车营地建设。制定全国自驾车房车营地建设规划和自驾车房车营地建设标准，明确营地住宿登记、安全救援等政策，支持少数民族地区和丝绸之路沿线、长江经济带等重点旅游地区建设自驾车房车营地。到2020年，鼓励引导社会资本建设自驾车房车营地1000个左右。

（七）推进邮轮旅游产业发展。支持建立国内大型邮轮研发、设计、建造和自主配套体系，鼓励有条件的国内造船企业研发制造大中型邮轮。按照《全国沿海邮轮港口布局规划方案》，进一步优化邮轮港口布局，形成由邮轮母港、始发港、访问港组成的布局合理的邮轮港口体系，有序推进邮轮码头建设。支持符合条件的企业按程序设立保税仓库。到2020年，全国建成10个邮轮始发港。

（八）培育发展游艇旅游大众消费市场。制定游艇旅游发展指导意见，有规划地逐步开放岸线和水域。推动游艇码头泊位等基础设施建设，清理简化游艇审批手续，降低准入门槛和游艇登记、航行旅游、停泊、维护的总体成本，吸引社会资本进入；鼓励发展适合大众消费水平的中小型游艇；鼓励拥有海域、水域资源的地区根据实际情况制定游艇码头建设规划。到2017年，全国建成一批游艇码头和游艇泊位，初步形成互联互通的游艇休闲旅游线路网络，培育形成游艇大众消费市场。

（九）大力发展特色旅游城镇。推动新型城镇化建设与现代旅游产业发展有机结合，到2020年建设一批集观光、休闲、度假、养生、购物等功能于一体的全国特色旅游城镇和特色景观旅游名镇。

（十）大力开发休闲度假旅游产品。鼓励社会资本大力开发温泉、滑雪、滨海、海岛、山地、养生等休闲度假旅游产品。重点依托现有旅游设施和旅游资源，建设一批高水平旅游度假产品和满足多层次多样化休闲度假需求的国民度假地。加快推动环城市休闲度假带建设，鼓励城市发展休闲街区、城市绿道、骑行公园、慢行系统，拓展城市休闲空间。支持重点景区和旅游城市积极发展旅游演艺节目，促进主题公园规范发展。依托铁路网，开发建设铁路沿线旅游产品。

（十一）大力发展旅游装备制造业。把旅游装备纳入相关行业发展规划，制定完善安全性技术标准体系。鼓励发展邮轮游艇、大型游船、旅游房车、旅游小

飞机、景区索道、大型游乐设施等旅游装备制造业。大力培育具有自主品牌的休闲、登山、滑雪、潜水、露营、探险等各类户外用品。支持国内有条件的企业兼并收购国外先进旅游装备制造企业或开展合资合作。鼓励企业开展旅游装备自主创新研发，按规定享受国家鼓励科技创新政策。

（十二）积极发展“互联网＋旅游”。积极推动在线旅游平台企业发展壮大，整合上下游及平行企业的资源、要素和技术，形成旅游业新生态圈，推动“互联网＋旅游”跨产业融合。支持有条件的旅游企业进行互联网金融探索，打造在线旅游企业第三方支付平台，拓宽移动支付在旅游业的普及应用，推动境外消费退税便捷化。加强与互联网公司、金融企业合作，发行实名制国民旅游卡，落实法定优惠政策，实行特惠商户折扣。放宽在线度假租赁、旅游网络购物、在线旅游租车平台等新业态的准入许可和经营许可制度。到2020年，全国4A级以上景区和智慧乡村旅游试点单位实现免费 Wi－Fi（无线局域网）、智能导游、电子讲解、在线预订、信息推送等功能全覆盖，在全国打造1万家智慧景区和智慧旅游乡村。

三、实施旅游消费促进计划，培育新的消费热点

（十三）丰富提升特色旅游商品。扎实推进旅游商品的大众创业、万众创新，鼓励市场主体开发富有特色的旅游纪念品，丰富旅游商品类型，增强对游客的吸引力。培育一批旅游商品研发、生产、销售龙头企业，加大对老字号商品、民族旅游商品的宣传推广力度。加快实施中国旅游商品品牌提升工程，推出中国特色旅游商品系列。鼓励优质特色旅游商品进驻主要口岸、机场、码头等旅游购物区和城市大型商场超市，支持在线旅游商品销售。适度增设口岸进境免税店。

（十四）积极发展老年旅游。加快制定实施全国老年旅游发展纲要，规范老年旅游服务，鼓励开发多层次、多样化老年旅游产品。各地要加大对乡村养老旅游项目的支持，大力推动乡村养老旅游发展，鼓励民间资本依法使用农民集体所有的土地举办非营利性乡村养老机构。做好基本医疗保险异地就医医疗费用结算工作。鼓励进一步开发完善适合老年旅游需求的商业保险产品。

（十五）支持研学旅行发展。把研学旅行纳入学生综合素质教育范畴。支持建设一批研学旅行基地，鼓励各地依托自然和文化遗产资源、红色旅游景点景区、大型公共设施、知名院校、科研机构、工矿企业、大型农场开展研学旅行活动。建立健全研学旅行安全保障机制。旅行社和研学旅行场所应在内容设计、导游配备、安全设施与防护等方面结合青少年学生特点，寓教于游。加强国际研学旅行交流，规范和引导中小学生赴境外开展研学旅行活动。

（十六）积极发展中医药健康旅游。推出一批以中医药文化传播为主题，集中医药康复理疗、养生保健、文化体验于一体的中医药健康旅游示范产品。在有条件的地方建设中医药健康旅游产业示范园区，推动中医药产业与旅游市场深度

结合，在业态创新、机制改革、集群发展方面先行先试。规范中医药健康旅游市场，加强行业标准制定和质量监督管理。扩大中医药健康旅游海外宣传，推动中医药健康旅游国际交流合作，使传统中医药文化通过旅游走向世界。

四、实施乡村旅游提升计划，开拓旅游消费空间

（十七）坚持乡村旅游个性化、特色化发展方向。立足当地资源特色和生态环境优势，突出乡村生活生产生态特点，深入挖掘乡村文化内涵，开发建设形式多样、特色鲜明、个性突出的乡村旅游产品，举办具有地方特色的节庆活动。注重保护民族村落、古村古镇，建设一批具有历史、地域、民族特点的特色景观旅游村镇，让游客看得见山水、记得住乡愁、留得住乡情。

（十八）完善休闲农业和乡村旅游配套设施。重点加强休闲农业和乡村旅游特色村的道路、电力、饮水、厕所、停车场、垃圾污水处理设施、信息网络等基础设施和公共服务设施建设，加强相关旅游休闲配套设施建设。到 2020 年，全国建成 6000 个以上乡村旅游模范村，形成 10 万个以上休闲农业和乡村旅游特色村、300 万家农家乐，乡村旅游年接待游客超过 20 亿人次，受益农民 5000 万人。

（十九）开展百万乡村旅游创客行动。通过加强政策引导和专业培训，三年内引导和支持百万名返乡农民工、大学毕业生、专业技术人员等通过开展乡村旅游实现自主创业。鼓励文化界、艺术界、科技界专业人员发挥专业优势和行业影响力，在有条件的乡村进行创作创业。到 2017 年，全国建设一批乡村旅游创客示范基地，形成一批高水准文化艺术旅游创业就业乡村。

（二十）大力推进乡村旅游扶贫。加大对乡村旅游扶贫重点村的规划指导、专业培训、宣传推广力度，组织开展乡村旅游规划扶贫公益活动，对建档立卡贫困村实施整村扶持，2015 年抓好 560 个建档立卡贫困村乡村旅游扶贫试点工作。到 2020 年，全国每年通过乡村旅游带动 200 万农村贫困人口脱贫致富；扶持 6000 个旅游扶贫重点村开展乡村旅游，实现每个重点村乡村旅游年经营收入达到 100 万元。

五、优化休假安排，激发旅游消费需求

（二十一）落实职工带薪休假制度。各级人民政府要把落实职工带薪休假制度纳入议事日程，制定带薪休假制度实施细则或实施计划，并抓好落实。

（二十二）鼓励错峰休假。在稳定全国统一的既有节假日前提下，各单位和企业可根据自身实际情况，将带薪休假与本地传统节日、地方特色活动相结合，安排错峰休假。

（二十三）鼓励弹性作息。有条件的地方和单位可根据实际情况，依法优化调整夏季作息安排，为职工周五下午与周末结合外出休闲度假创造有利条件。

六、加大改革创新力度，促进旅游投资消费持续增长

（二十四）加大政府支持力度。符合条件的地区要加快实施境外旅客购物离

境退税政策。设立中国旅游产业促进基金，鼓励有条件的地方政府设立旅游产业促进基金。支持企业通过政府和社会资本合作（PPP）模式投资、建设、运营旅游项目。各级人民政府要加大对国家重点旅游景区、“一带一路”及长江经济带等重点旅游线路、集中连片特困地区生态旅游开发和乡村旅游扶贫村等旅游基础设施和公共服务设施的支持力度。让多彩的旅游丰富群众生活，助力经济发展。

（二十五）落实差别化旅游业用地用海用岛政策。对投资大、发展前景好的旅游重点项目，要优先安排、优先落实土地和围填海计划指标。新增建设用地指标优先安排给中西部地区，支持中西部地区利用荒山、荒坡、荒滩、垃圾场、废弃矿山、石漠化土地开发旅游项目。对近海旅游娱乐、浴场等亲水空间开发予以优先保障。

（二十六）拓展旅游企业融资渠道。支持符合条件的旅游企业上市，鼓励金融机构按照风险可控、商业可持续原则加大对旅游企业的信贷支持。积极发展旅游投资项目资产证券化产品，推进旅游项目产权与经营权交易平台建设。积极引导预期收益好、品牌认可度高的旅游企业探索通过相关收费权、经营权抵（质）押等方式融资筹资。鼓励旅游装备出口，加大对大型旅游装备出口的信贷支持。

国务院办公厅

2015 年 8 月 4 日

（此件公开发布）

练习题：

1. 试比较公告与通告之异同。

2. 采访有关同学的先进事迹，并以学校办公室的名义写一份表扬性通告。

3. 写一份转发第二章例文《国务院关于进一步加快旅游业发展的通知》的通知。

第四章　酒店常用事务文书写作

教学目标：

掌握计划、总结、述职报告、调查报告等酒店常用事务文书的性质、特点、作用、结构和写作方法。让学生了解和掌握酒店文书写作知识，并让学生学会制作常用的酒店文书，提高学生的文书写作水平，为其毕业后从事酒店或旅游业相关工作奠定良好的基础。

知识点：

计划、总结、述职报告、调查报告等酒店常用事务文书的性质、特点、作用、结构和写作方法。

能力点：

提高学生的酒店常用事务文书写作水平，能按照需要进行各种常用酒店事务文书的写作。

素质点：

让学生了解和掌握酒店文书写作知识，并让学生学会制作常用的酒店事务文书，为其毕业后从事酒店或旅游业相关工作奠定良好的基础。

在公共关系的工作实践中，公关人员除了运用一些国务院办公厅规定的正式的公务文书外，在日常工作中，还经常使用几种事务文书，如计划、总结、调查报告等。这些事务文书不像公务文书那样具有人为规定的严格的书写格式，只具有一些约定俗成的惯用格式，撰写起来，略为自由一些。下面，我们介绍几种公关活动中常用的事务文书。

第一节　计划

一、定义

计划是人们在开展某项工作之前，为了更好地完成任务所制定的预想性部署和安排，它是一种常用的公关应用文。旅游工作计划是旅游企事业单位对下一步工作或活动做出安排的过程；这种为安排下一步工作而撰写的文字材料，也称为计划文案。

二、计划的种类

计划从不同的角度可以分为不同的类别。

按文种分，有规划、计划、设想、安排、要点、方案等。

计划不是单一的文种，是由“计划”“规划”“方案”“安排”“设想”“纲要”“要点”等文种组成一个文体，叫作“计划性文体”。

按时间分，有多年性的，一般又称为规划；有近期的，如年度、季度、月份的计划等。

按内容分，有生产计划、学习计划、科研计划、基建计划、教学计划、培训计划、质量计划、利润计划、环保计划等。

按性质分，有专题计划、综合计划、单项计划等。

按覆盖的范围分，有国家的、地区的、系统的、部门的、单位的、个人的计划等。

按效力分，有指导性计划、指令性计划等。

按计划的详细程度分，有计划要点、简要计划和详细计划。

三、计划的作用

(1) 指导性：行动有明确的目标和任务。

(2) 启发性：启发思维，为下一步的工作提供新思路。

(3) 约束性：避免工作中随意性的行为出现。

四、计划写作的基本格式

旅游工作计划由标题、正文和结尾三部分构成。

(一) 标题

完整的标题可分为发文单位名称、适用年限、计划内容和文种四部分。

1. 完全式标题

完全式标题，例如《泰山旅行社 2018 年国庆黄金周旅游宣传计划》《太湖风景区云湖宾馆二期工程安排要点》《巢湖学院第三届模拟导游大赛工作计划》。

2. 非完全式标题

非完全式标题，例如《国家旅游局 2018 年工作计划》。

3. 新闻式标题

计划也可用新闻式标题，即正题点名计划的指导思想，副标题揭示发文单位、时限、计划内容和文种，如《乘胜前进，努力开创我国旅游业繁荣发展新局面——国家旅游局 2018 年工作计划》。

（二）正文

旅游工作计划的正文分三部分：即前言（导语）、主体（要求和措施）、结尾。

导语：计划的依据、指导思想或重要意义……

主体：主体一般写清计划的“三要素”：目标（做什么）、步骤（分几步完成）措施（怎么做）。结构形式：

1. 条文式

例：（1）公园建设的目标和任务（略）

① 公园建设规划的总目标是：（略）

② 公园建设规划的具体目标是：（略）

（2）实施绿水绿树绿色管理计划，实现管理达到国际一流水平（略）

（3）加强公园设施建设，服务水平达到国际一流（略）

（4）实现“绿色奥运”公园发展计划的保障措施

① 拓宽资金渠道，实行公园建设发展多元化投资（略）

② 尽快出台我市公园条例，完善公园管理法规体系（略）

③ 坚持文化建园的方针，提高公园科学公管理水平（略）

2. 表格式

<table>
<tr><th colspan="2">制定单位</th><th>项目</th><th>有效期限</th><th>备注</th></tr>
<tr><td rowspan="9">计划事项</td><td rowspan="3">1</td><td>内容：</td><td>责任者</td><td></td></tr>
<tr><td>目标：</td><td>完成时限</td><td></td></tr>
<tr><td>措施：</td><td>奖惩办法</td><td></td></tr>
<tr><td rowspan="3">2</td><td>内容：</td><td>责任者</td><td></td></tr>
<tr><td>目标：</td><td>完成时限</td><td></td></tr>
<tr><td>措施：</td><td>奖惩办法</td><td></td></tr>
<tr><td rowspan="3">3</td><td>内容：</td><td>责任者</td><td></td></tr>
<tr><td>目标：</td><td>完成时限</td><td></td></tr>
<tr><td>措施：</td><td>奖惩办法</td><td></td></tr>
<tr><td colspan="3">部门负责人承诺</td><td colspan="2"></td></tr>
</table>

3. 综合式（略）

结尾：写制订单位名称或个人姓名，以及订立计划的日期……

五、例文

【案例一】

××县旅游局 2017 年工作计划

以“三大创建三大提升”为目标，狠抓十项重点工作，主动迎接挑战，迎头赶上，奋力实现旅游加速发展，力争全县接待人数1000万人次，综合收入65亿元。

（一）开展三大创建

全域旅游示范区创建工作。我县是全市首批三个全域旅游示范区创建县，全域旅游是推动旅游从“门票经济”向“产业经济”转型的重要方式，是以旅游业带动和促进经济社会协调发展的一种新的区域旅游发展理念和模式。

省旅游经济强县创建工作。去年我县就启动了旅游强县创建工作，去年以来一直以创建为目标，现在基本达到了旅游经济强县的必备条件。

全国中医药健康旅游示范区创建工作。今年才启动这项工作

（二）着力三大提升

景区品质提升。加大现有5个4A景区品质提升力度，完善停车场、游客接待中心服务功能，开展旅游厕所管理行动，着力提升景区管理水平。

服务质量提升。加强旅游市场监管，加大旅游培训力度，实施旅游从业人员全员培训。开展文明旅游创建活动，加强旅游企业诚信经营和员工职业道德教育。

品牌宣传提升。整合全县宣传资源，加大“三生福地、净土岳西”品牌营销宣传，完善“政府主导、企业主体、媒体跟进”的宣传营销模式。

（三）十项重点工作

1. 强化旅游规划管理。编制全域旅游示范区发展规划，力争与城市规划、土地规划等规划衔接；加大景区项目建设管理力度，对不按景区规划或专家论证的项目坚决不准新建。

2. 旅游重点项目建设。抓好专项基金项目实施，加快推进彩虹谷5A景区创建、司空山文化旅游综合项目建设。继续抓好旅游项目专项基金申报争取工作。

3. 旅游基础设施建设。启动河图旅游集散中心、县城旅游咨询服务中心建设，黄尾旅游集散中心建设，新建一批停车场、旅游公厕，完善标示标牌工作。

4. 大力发展乡村旅游。培育30个乡村旅游示范村和80个乡村旅游示范点，做到每个示范村都要有游客接待中心、旅游停车场、旅游厕所、乡村旅游体验基地。培育一批“岳西人家”农家乐示范户。鼓励每个乡镇都创新举办“油菜花节”“荷花节”等乡村节庆活动。

5. 抓好旅游扶贫工作。按照“十大产业”要求，做好精准帮扶、精准管理，以“吸纳就业、劳务用工、土地山场流转收益、销售农副产品、带动发展农家乐”等五种模式带动8000贫困人口脱贫。

6. 旅游宣传营销工作。创新谋划第十届映山红旅游文化月活动，坚持走出去和请进来相结合，继续拓展武汉、南京、上海等周边客源地市场，充分利用好“互联网+”，发挥融媒体、全媒体优势，构建多层次、全方位的宣传营销

体系。

7. 旅游商品生产工作。积极组织岳西翠兰、养生布鞋、工艺被申报国家和安徽省必购旅游商品和“五进”示范点，补齐旅游购物短板。

8. 智慧旅游建设工作。结合“智慧岳西”建设，完善“岳西旅游通”手机APP平台建设，做到“一机在手，游遍岳西”。

9. 健康旅游建设工作。结合大健康产业合作建设，推进全国中医药健康旅游示范区创建工作，力争创建1—2个健康旅游示范基地，养生养老基地、“候鸟村”度假基地。

10. 旅游人才培训工作。充分利用好省旅游学校选派干部挂职帮扶的机会，加大旅游从业人员培训力度，提升旅游服务水平。

××县旅游局

2016年12月20日

【案例二】

××酒店营销部2017年度工作计划

一、建立酒店营销公关通讯联络网

今年重点工作之一建立完善的客户档案，对宾客按签单重点客户，会议接待客户，有发展潜力的客户等进行分类建档，详细记录客户的所在单位，联系人姓名，地址，全年消费金额及给该单位的折扣等，建立与保持同政府机关团体，各企事业单位，商人知名人士，企业家等重要客户的业务联系，为了巩固老客户和发展新客户，除了日常定期和不定期对客户进行销售访问外，在年终岁末或重大节假日及客户的生日，通过电话、发送信息等平台为客户送去我们的祝福。今年计划在适当时期召开次大型客户答谢联络会，以加强与客户的感情交流，听取客户意见。

二、开拓创新，建立灵活的激励营销机制，开拓市场，争取客源

今年营销部将配合酒店整体新的营销体制，重新制订完善××年市场营销部销售任务计划及业绩考核管理实施细则，提高营销代表的工资待遇，激发、调动营销人员的积极性。营销代表实行工作日记志，每工作日必须完成拜访两户新客户，三户老客户，四个联络电话的二、三、四工作步骤，以月度营销任务完成情况及工作日记志综合考核营销代表。督促营销代表，通过各种方式争取团体和散客客户，稳定老客户，发展新客户，并在拜访中及时了解收集宾客意见及建议，反馈给有关部门及总经理室。强调团队精神，将部门经理及营销代表的工薪发放与整个部门总任务相结合，强调互相合作，互相帮助，营造一个和谐、积极的工作团体。

三、热情接待，服务周到

接待团体、会议、客户，要做到全程跟踪服务，“全天侯”服务，注意服务

形象和仪表，热情周到，针对各类宾客进行特殊和有针对性服务，最大限度满足宾客的精神和物质需求。制作会务活动调查表，向客户征求意见，了解客户的需求，及时调整营销方案。

四、做好市场调查及促销活动策划

经常组织部门有关人员收集，了解旅游业，宾馆，酒店及其相应行业的信息，掌握其经营管理和接待服务动向，为酒店总经理室提供全面、真实、及时的信息，以便制定营销决策和灵活的推销方案。

五、密切合作，主动协调

与酒店其他部门做好业务结合工作，密切配合，根据宾客的需求，主动与酒店其他部门密切联系、互相配合，充分发挥酒店整体营销活力，创造最佳效益。

加强与有关宣传新闻媒介等单位的关系，充分利多种广告形式推荐酒店、宣传酒店，努力提高酒店知名度，争取这些公众单位对酒店工作的支持和合作。

2017 年，营销部将在酒店领导的正确领导下，努力完成全年销售任务，开拓创新，团结拼搏，创造营销部的新形象、新境界。

××酒店营销部

2016 年 12 月 12 日

六、写计划应该注意的问题

(1) 符合政策大局，比如旅游工作计划要与整体的经济发展趋势和整体的旅游工作规划相一致。

(2) 有预见性，内容要明确具体。在正文中要明确提出“做什么”“怎么做”的问题，要求要具体，能量化的尽量提出具体指标，以便执行和考核。操作步骤与时间要求，也要写得十分具体，决不能空洞抽象，泛泛而谈。

(3) 要留有余地。计划是指导工作的纲领性文件，定的指标要切实可行，既不能保守，也不能冒进，根本做不到的事坚决不提，对工作中可能发生的问题与困难要做充分的考虑，有预见性，这样计划才能落实，这样的计划也才有意义。

第二节　总结

一、总结的定义和使用范围

总结是在分析上一阶段工作计划完成情况的基础之上，为肯定成绩、找出差距、归纳经验或吸取教训而撰写的书面材料。

总结与计划是相辅相成的一对矛盾，有一计划必有一总结，二者发文单位、时限、对象是完全一致的，如《甘肃省 2005 年春节黄金周假日旅游总结》，就属于专题总结。

任何人或单位团体：大至国家，小到乡村、班级、商店、小组都可用的！

二、总结的种类

表 4－1　总结的种类

划分标准	划分类别
时间	长远总结、短期总结、年度总结、季度总结、月份总结、学期总结
内容	工作总结、学习总结、科研总结、生产总结、销售总结等
性质	综合总结、专题总结、单项总结
范围	国家总结、部门总结、单位总结、个人总结

三、总结的作用

（1）对自己：肯定成绩，发现不足，摸清规律，提高效率。

（2）对同行：信息共享，彼此促进，共同提高。

（3）对上级：汇报工作的手段，上级检查本单位工作的依据。

四、总结写作的基本格式

占有材料—确定结构—列出提纲，开始写作。

总结由标题、正文和结尾三部分组成。

（一）标题

总结的标题有公文式和新闻式两种。综合总结的标题采用公文式标题；专题总结多使用新闻式标题，这种标题比较灵活，可根据总结内容来确定。

公文式标题，就是与计划一样由发文单位、时间界限、内容和文种组成。例如，《国家旅游局 2003 年工作总结》《天成旅游公司三条新线路经营效益情况总结》。

新闻式标题就是双行标题，由正题和副题组成。正题揭示内容，副题点明发文单位、时间和文种，如《加强旅游产品品牌建设，努力实现旅游业跨越式发展——陕西省旅游局 2005 年工作总结》。

（二）正文

正文是总结的核心与重点，是总结内容的具体展现。正文包括基本情况、主要做法、问题与不足、建议与意见四部分。

1. 基本情况

基本情况也可称前言，主要是概括交代被总结单位在一定时间内工作的主要情况，在文章中起到引言的作用。要求高度概括，重点突出，用数据说话。

2. 主要做法

重点叙述成绩，讲明具体的措施，有哪些经验。这一部分内容比较多，材料安排可用纵式（按时间顺序）、模式（按逻辑关系并列式），也可用混合式（大层次按纵式，小段落按横式，或大层次按横式，小段落按纵式）的结构。

3. 问题与不足

问题与不足主要讲清楚工作中的不足和缺点。如果整个工作成绩巨大，则这一部分不必展开，只是用条目罗列即可。如果整个工作是失败的，则要把问题与教训当作主要内容，就不必说成绩和经验了。

4. 建议与意见

建议与意见这一部分是续接问题与教训的，目的是针对存在问题提出下一步工作的思路，虽然要简明扼要，但不能抽象空洞，不能讲套话空话。

五、例文分析

【案例三】

中国旅游促销团赴美促销总结

一、基本情况

“新世纪一中国”美国大型促销活动6月14日至7月1日在美国东海岸主要城市及北部重镇芝加哥举行，历时18天。

这是按照年初工作会议的精神，对重点客源市场进行重点促销的一次重要行动。我局和各地旅游局都给予了高度重视，何光暐局长亲任团长，9个省市旅游局的负责同志参加，成员还包括来自14个省市及国、中、青、首旅集团等20多个旅游企业的代表，及一个15人的民族歌舞、京剧表演艺术团。促销团共87人，规格之高，规模之大，都是前所未有的。

此次宣传促销的方式也是首次在国外市场上采用的“大篷车巡游”方式：所有促销人员分乘4辆彩色大巴，车身绘有长城、故宫、桂林山水、秦兵马俑、东方明珠、丝绸之路等中国旅游经典景点，很醒目，很有吸引力，从6月15日在美国首都华盛顿的自由广场开幕启程后，车队历经纽约、费城、里士满、奥兰多，行程逾4000公里，一路浩浩荡荡，鲜艳夺目，成为一道充满活力、移动的大广告。

促销团在以上城市和芝加哥，分别举办了一系列拜访，接受新闻采访和9场大型活动，均取得强烈和比较满意的效果。

1. 华盛顿开幕式

6月15日，中国旅游促销团在白宫附近的自由广场举行了“新世纪一中国”

美国大型促销活动开幕式。出席贵宾有华盛顿哥伦比亚特区市务卿BeverlyRivers女士、中国驻美大使杨洁篪，何局长先后讲话并剪彩，四辆大篷车在开幕声中缓缓启动，在华盛顿市区进行了首次巡游。同时，代表团进行了现场公众促销宣传，发资料，解答问题；演员表演了歌舞、京剧节目，气氛热烈友好。

开幕式当天，美国CNN电视台对何局长进行了专访，并于当天播发，效果很好。我局当天在华盛顿万豪大酒店，次日在纽约喜来登大酒店举行了两场记者新闻发布会，接受了《华尔街日报》《纽约时报》、路透社和《世界日报》等美国媒体和新华社、中央电视台、光明日报等我驻美新闻机构的采访。

2. 何局长为我驻美使馆工作人员做报告（略）

3. 费城“中国之夜”说明会（略）

4. 在费城对公众的旅游咨询和演出（略）

5. 在里士满对公众的旅游咨询和演出（略）

6. 在奇士美市对公众的旅游咨询和演出（略）

7. 锦绣中华“中国之夜”说明会（略）

8. 迈阿密对公众的旅游咨询和演出（略）

9. 芝加哥“中国之夜”说明会（略）

10. 芝加哥公演（略）

这次促销，人数众多，联系协调比较复杂，但在三个办事处的努力和各省旅游局的积极配合下，组织协调比较好，工作顺利圆满。

二、主要成果

此次促销，从多方面入手，立体交叉，同时在政府、业界、公众和媒体几个层次开展工作，取得了丰富成果。主要表现在以下几个方面：

1. 把握时机，多做工作，充分发挥民间外交作用

此次赴美促销之机，正是中美撞机事件引起两国关系紧张并开始趋于缓和之时，但双方在政治上的交往依然困难，军事交往则完全停止。何局长此时率团访美，美驻华使馆、美国中国商会等都很重视，并将此事向美国务院和商务部做了通报。在美期间，何局长重点拜会了美商务部，与主管旅游的副部长进行了友好的会谈。据我驻美使馆人员反映，美方出席会谈的官员是近期美方出席双边会晤级别最高的官员，反映了美方对此次访问的重视。

此外，当促销团在美国各地举办活动时，各地市领导均出席并代表市政府致辞，宣布当日为当地的“中国旅游日”。他们一致认为中美两国之间，特别是人民之间要加深了解，才能促进两国关系的发展。为此，他们都鼓励市民到中国旅游，以了解中国的文明、历史和人民。如费城市市长助理南希女士和迈阿密市长先生的讲话热情洋溢，盛赞中国人民的热情、真诚和友好。南希女士激动地对150名旅行商说：“你只有亲身经历，才能真正感受到中国人发自内心的真挚，

旅游交往是不同国家之间民众相互了解的最好方式”。迈阿密市长则热情地号召市民到中国旅游：“请把到中国旅游立刻写在你的日程表上吧，这是一个人一生中一定要完成的一件事!”。

此次赴美举办大型旅游促销活动是一次成功的尝试，得到了我驻美使馆的肯定，也为今后如何在对外促销时更好地配合国家外交工作积累了丰富的经验。杨洁篪大使就此次促销讲道：“此次国家旅游局组团来美促销，我参加了开幕式，非常成功。欢迎国家旅游局今后常来美国促销，使馆将给予积极的支持和配合”。他还感慨道：“如果每年有二、三百万美国人到中国旅游，我们的工作就好做多了”。为搞好促销，我们还邀请了使馆负责旅游工作的同志随团全程指导。促销结束时，使馆同志说，通过旅游对外做工作确实是件事半功倍的事，旅游不敏感，内容丰富，对大众很有吸引力，不愧是民间外交。

2. 拜访大客户，敲开美国大批发商的门，争取大批发商进入市场（略）

3. 加大媒体宣传力度，产生广泛效应，增加美国公众对中国旅游的了解（略）

三、有关建议

1. 国家可以考虑把旅游作为“外宣”工作的一个特殊载体，更好地运用（略）

2. 旅游市场扩大的根本在于对公众的宣传（略）

3. 对业界的工作要抓住当地的业界组织和大旅行商，借助他们的网络机构开展工作（略）

4. 还有一些技术性的问题将进一步完善提高

(1) 对公众的促销和演出要选择人们有闲的时间和地点，比如在大的较高档次的购物城进行，对象是中等以上收入的人群，购物的人们心情比较闲适，且环境舒适，可以长时间的咨询和观看。

(2) 尽可能地选择当地的节庆活动时机，6 月 30 日在芝加哥市政广场上的咨询活动人特别多，部分原因是因为美国开始庆祝独立节，街头巷尾游人明显增多。

(3) 按照何局长与 ASTA 负责人会谈的意见，可以着手与 ASTA、PATA 等协会的进一步协作，开展帮助他们培训代理商的工作。

(4) 组织 ASTA、PATA 各分会的负责人访问中国，为今后类似的工作打下基础。

(5) 聘请何种公关公司的做法要进一步研究。此次所聘公关公司规模较小，能量较低，联系的许多小媒体尤其是地方媒体是我们不熟悉不了解的，虽有一定帮助，但宣传面还不够广。

案例三的工作总结的正文有三个大层次。

第一个层次是基本情况，概括介绍赴美促销活动的时间、行程与总体评价。需要说明的是，这篇总结在基本情况中把每到一地的活动情况都概括地介绍了，这种写法比较特殊。在一般的工作总结中不这样安排，若把形成独立成一个层次则结构就更清晰了。

第二个层次介绍了促销成果，有“把握时机，多做工作，充分发挥民间外交作用”“拜访大客户，敲开美国大批发商的门，争取大批发商进入市场”“加大媒体宣传力度，产生广泛效应，增加美国公众对中国旅游的了解”三个小标题，起到画龙点睛的作用。此内容十分翔实，有例证，有数据，很有说服力。

第三个层次是提出建议。实际上相当于“问题不足”与“下一步打算”两个层次的内容。三个层次之间与内部结构十分清晰匀称。

【案例四】

国家旅游局发布2017年春节假日旅游市场总结

2017-02-02　23：12：00　来源：综合协调司

2017年春节假日旅游工作临近尾声，在党中央、国务院的正确领导和精心部署下，国家旅游局及各地旅游主管部门高度重视、周密组织、强化协调、狠抓落实。全国旅游市场供需两旺，旅游活动平安有序，服务质量持续改善，较好实现了“安全、秩序、质量、效益、文明”的整体目标，广大人民度过了一个欢乐祥和喜庆的春节假期。

一、假日旅游市场火爆，旅游过年渐成时尚

根据春节假日七天旅游市场的情况看，假日旅游消费需求增势明显，旅游活动丰富多彩，各地民众出游热情高涨，出游人数、旅游收入双双走高，旅游过年渐成时尚。

1. 旅游活动丰富多彩，综合收入持续增加

根据国家旅游局数据中心综合测算，2017年春节期间，全国共接待游客3.44亿人次，同比增长13.8%，实现旅游总收入4233亿元，同比增长15.9%。

2022年冬奥会花落中国，冰雪旅游受到青睐，北方大部分地区呈现两位数增长。辽宁省共接待游客1584万人次，同比增长10.6%，旅游总收入112.2亿元，同比增长11.7%；新疆维吾尔族自治区共接待游客151.4万人次，同比增长20.06%，旅游总收入16.1亿，同比增长21.97%；新疆生产建设兵团共接待游客54.8万人次，同比增长30%，旅游总收入5亿元，同比增长42%；宁夏回族自治区游客接待量和旅游总收入分别同比增长31.01%和43.47%。

与此同时，南方大部分地区气象条件适宜出行，避寒旅游从海南向西南各省区扩展。广西壮族自治区共接待游客1499万人次，同比增长29.6%，旅游总收入77.9亿元，同比增长45.5%；贵州省共接待游客1984.57万人次，同比增长28.1%，旅游总收入85.63亿元，同比增长32.5%。

2. 旅游消费换代升级，休闲度假受到青睐

随着经济发展和国民收入增加，旅游消费个性化、特色化、休闲化、品质化、多样化更加明显，带动旅游休闲度假、康体养生等产品供给不断优化，长线游、过夜游、民俗游受到欢迎。

河北省张家口市崇礼区充分利用冬奥会带来的契机，举办老少皆宜的冰雪赛事、冰雪嘉年华、冰灯民俗节和“家庭娱雪”亲子互动等活动，让游客提前享受到冬奥氛围。辽宁省盘锦市的大洼、盘山、辽东湾等地通过举办“回姥姥家过大年”“外国留学生过中国年”“听妈妈讲小时候的游戏”等一系列“住民宿快乐过大年”活动，吸引了大批游客前来体验。湖南省批量推出的八大温泉康体养生旅游备受游客青睐，在春节期间十分火爆。山东省沂源县的神农药谷吸引大批游客前来体验。

3. 举家出行旅游过年，除夕首日即迎高峰

举家出游成为不少群众过年的新选择。除夕当天，全国即迎来出游高峰，旅游接待总人数 5050 万人次，同比增长 10.4%，实现旅游收入 590 亿元，同比增长 13.3%。各地景区一改往年春节假期首日冷清的景象，实现了开门红，1 月 27 日当天，甘肃省接待国内外游客 86.05 万人次，实现旅游收入 5.2 亿元，两项指标分别比上年同期增长 22.1%和 25.9%；湖南省纳入全省假日监测的 72 个重点景区（点）接待游客 56.04 万人次，实现旅游收入 4666 万元，同比分别增长 48.5%和 66.49%。海南省当天全省进港 15 万人次，同比增长 25%。

4. 带上家人看世界，全球迎来中国周

根据“全国旅游团队服务管理系统”显示，春节期间，我国公民出境旅游总量约 615 万人，同比增幅近 7%，其中团队游人数 37.4 万人，同比上涨 2.5%。据香港入境事务处公布数据显示，春节期间访港内地游客人数 69.7 万人，同比上升 3.7%。据澳门旅游局公布的入境游客统计数据显示，春节期间访澳内地游客 53.3 万人，同比增加 8.5%。

出境游散客和自由行人数增加，高端出境游增长迅速。客源方面，出境市场从沿海发达地区和北上广深等一线市场向二三线城市的内陆地区延伸，如广西壮族自治区出境的人数增加明显，在出境游客源省份中排名提升。

为满足中国游客在海外欢度春节的需求，一些国家和地区纷纷推出“中国年”主题系列旅游产品。澳大利亚悉尼市政府主办的新年庆典从 2017 年 1 月 27 日持续至 2 月 12 日，80 场中国传统特色精彩活动轮番登场。英国伦敦市中心的特拉法加广场推出舞龙舞狮队表演，比利时首都布鲁塞尔市中心举行“欢乐春节”盛装巡游，吸引了数万市民和游客驻足观看。泰国文化旅游部门举办的 2017 泰国春节文化活动专门增加了中华美食文化体验和中华民俗艺术展示体验的内容。新加坡举行“春到河畔”亮灯仪式，拉开为期 10 天的农历春节系列庆

祝序幕。

二、全域旅游引领旅游供给，公共服务保障秩序质量

近年来，国家旅游局以全域旅游理念推进落实旅游供给侧改革，以钉钉子的精神狠抓厕所革命，并以此带动旅游公共服务，春节期间，广大游客的满意度明显提升。

1. 以全域旅游理念抓供给，产品丰富游客选择多

各地大力推动旅游＋农业、工业、交通、体育、卫生、健康、科技、航空等领域系列新型旅游业态，加强自驾游、休闲游、体育旅游等个性化旅游活动的引导，推动房车、邮轮、游艇等高端旅游消费，组织引导旅游企业开展折扣票、家庭票、多次票等多种惠民服务措施，满足人民群众节日期间多样化、多层次旅游需求。

福建省龙岩市武平县精心打造的《元初客家欢》农家闹春文艺晚会，参与全国乡村春晚网络直播活动，向“一带一路”沿线21个国家进行直播，传递出浓浓的中国年味。江苏各地特色小镇人流如织，高淳桠溪镇推出“慢城过大年”活动，品尝乡土风味收获开心和满足，姜堰溱潼古镇利用婚俗馆、院士故居、山茶院等文化景点呈现市井生活。江西省井冈山、九江庐山、鹰潭龙虎山、铜鼓汤里、萍乡武功山、宁都翠微峰、铜鼓天柱峰等景区推出大量让利优惠活动，吸引大批游人前往。

2. 以公共服务保障游客出行，节前“旅游指南”成功引导流向

2017年1月20日，国家旅游局面向社会发布2017年春节假日“旅游指南”，提醒游客国内和出境热门旅游目的地情况，介绍各地春节假日旅游产品和旅游节庆活动，向游客推荐美丽乡村、旅游小镇等全域旅游目的地，引导游客避热点、错高峰、反向出游，提示游客出行前谨慎选择产品，旅游中注意安全，遵循文明旅游提示，理性消费，合理维权。

以厕所革命为代表的旅游公共服务取得实效，游客满意度进一步提升。江苏省苏州市、无锡市、盐城市等针对旅游厕所服务设施假日可能出现的高峰需求，推出一系列举措，确保覆盖科学、布局合理，增加第三卫生间以满足个性化需求，受到了游客的好评。上海市发挥旅游公共信息发布平台作用，在向社会发布所有A级景区实时人流量、舒适度信息的基础上，新增发布精准气象服务信息。在人流较大的景区加派人手进行引导及维持秩序，高峰时采取限流措施。

3. 以市场监管保障游客权益，诚信旅游深入人心

国家旅游局和各地旅游主管部门加强假日市场监管。春节期间，“12301”旅游服务热线增加接线人员，确保24小时线路畅通，在接到相关咨询、投诉、举报后，迅速处置，及时转办。较往年相比，咨询电话所占比例上升，投诉电话比例明显下降。

北京市各级旅游部门会同公安、工商、交通、城管等部门加强执法，节日期间，共出动旅游执法力量6.5万余人次，执法车辆4527台次，检查旅游企业11054家，检查景区66家，确保了假日旅游市场平稳运行。海南省为确保春节假日旅游市场规范有序，组织6个综合督查指导组赴各市县开展旅游市场综合整治工作，围绕不合理低价、诱导或强迫游客进行购物、商业贿赂、非法“一日游”、非法海上旅游、旅游安全等开展明察暗访，进一步净化旅游市场环境。

4. 以新闻宣传引导和谐氛围，文明旅游成风尚

为满足游客出行的信息需求，各地旅游主管部门加大新闻宣传报道力度，加强旅游信息提示，传播文明旅游、安全旅游理念。

重庆市旅游局节前召开了春节旅游专题新闻发布会，除了发布50多个特色旅游文化节庆活动和30多个景区景点优惠信息外，专门发布了2017年春节假日文明旅游、安全旅游提示。江西全省旅游部门和旅游企业利用微博、微信等新媒体开展假日旅游安全宣传和游客服务等工作，省旅发委通过微信预告全省132项特色活动和优惠措施，并发布旅游出行提示。山东省多次发布旅游、交通、安全、天气等服务信息，增强了针对性。湖北省启动“晒文明为中国加分”旅游公益行动，各景区随地吐痰、信手涂鸦、乱扔杂物、大声喧哗、插队加塞等不文明行为明显减少。

三、各级重视节日值守，应急机制经受考验

1. 坚决落实习近平总书记等中央领导指示，快速启动境外旅游安全应急机制

2017年1月28日，载有28名中国游客的船只在马来西亚沙巴州环滩岛附近海域失联后，习近平总书记、李克强总理、汪洋副总理分别做出重要批示。国家旅游局高度重视，李金早局长立即部署落实，在第一时间启动国家旅游局应急预案，成立由杜江副局长牵头的应急小组，全力做好相关处置工作，同时责成我局驻新加坡旅游办事处（我局目前在马来西亚尚未设立旅游办事处，马来西亚属新加坡旅游办事处所辖市场）立即派员赶赴现场，协助做好救援，跟进相关情况，并向游客和搜救人员转达总书记的亲切慰问。国家旅游局前方工作人员、局应急小组和春节假日旅游值班工作机构，全力配合马方和我外交部以及驻哥打基纳巴卢总领馆做好游客信息排查、家属安抚和善后准备工作；指导有关地方旅游部门和旅游企业积极做好善后工作。

目前失联游客的搜救工作仍在进行中，海内外舆论对事件处置反响整体正面。国家旅游局将继续配合外交部门督促马方加大对失联游客的搜救，并及时向我方提供信息；配合做好获救游客的治疗和情绪安抚工作；协助做好游客家属的联络、接待、安抚工作；进一步督促有关地方和企业配合做好善后工作，督促马方尽快查明事故缘由，明确事故责任。

2. 节前抓检查，节中除隐患

春节前，为确保国庆假日期间旅游市场安全有序，国家旅游局领导班子成员分别带队赴北京、黑龙江、湖南、天津等省进行旅游安全检查：李金早局长和李世宏副局长于2017年1月14日至15日在湖南省长沙市检查安全工作。杜江副局长于1月5日至6日在黑龙江省哈尔滨市检查安全工作。王晓峰副局长于1月18日至19日在天津市检查安全工作。魏洪涛副局长于1月17日在北京市检查安全工作。

2017年1月30日凌晨，国家旅游局针对春节以来突发的几起旅游安全事故，向全行业发出《关于进一步加强旅游安全工作的通知》（旅办发〔2017〕21号），要求各级旅游部门和旅游企业，严格落实旅游安全责任，加强春节假日旅游高峰时段、游客聚集场所、旅游风险集中领域的安全监管和指导，提高应急处置工作水平，全力消除各类旅游安全隐患，严防事故发生，确保人民群众过一个安全祥和的新春佳节。各地党委和政府高度重视假日旅游安全工作。上海、云南、海南、山西、吉林等省市由领导带队暗访检查，实地检查景区景点诚信经营、环境卫生、服务质量、旅游安全等情况，消除各类旅游安全隐患，提升旅游服务质量。

针对泰国南部旅游胜地苏梅岛发现登革热疫情，国家旅游局及时发布旅游安全提示，提醒春节期间赴当地旅游的中国游客注意采取防范措施。

3. 加强流量监管，把安全置于首位

春节假期进入出游高峰期后，各地景区景点接待压力临近警戒。2017年1月31日，国家旅游局发现该省天门山、矮寨奇观、凤凰古城等多个景区客流量超出最大承载量，给游客安全带来隐患。正在值班的杜江副局长立即责成假日旅游工作机构联系并督促湖南省旅游发展委员会采取有效措施分流游客，确保游客安全和游览质量。按照国家旅游局的要求，湖南省旅游发展委员会连夜下发《关于对部分景区旅游接待超出承载量情况进行督办的紧急通知》，相关景区所在市州和旅游部门迅速按照紧急通知要求积极应对，采取多种“限流”“分流”办法，确保景区正常的游览秩序。其中，岳阳楼君山岛景区在主景区客流高峰时段在景区外围组织汴河街庙会旅游文化节、旅游商品展等活动；矮寨奇观景区及时启动限流，错峰分流至各条旅游线参观；凤凰县实时调控入城车辆数量，并延长了凤凰古城等重点景区开放时间；南岳衡山景区启动“人流统计、空间分割、夜间照明、指挥对讲、语音播报、视频监控”六大旅游安保系统；天门山景区先后增开了B、C两条游览线，缓解传统游览景区和线路接待压力。截至目前，各地景区游览秩序保持良好，未发生游客拥堵。

【案例五】

2016年旅游局工作总结

2016年，在市委、市政府的正确领导下，全市旅游业发展以项目开发为推动，积极适应供给侧结构性改革要求，大力实施“旅游＋”，促进旅游产业融合发展，推动旅游产业提质增效升级，全市旅游产业呈现出稳定、持续、快速的发展态势，有效发挥了经济新常态下旅游经济对全市经济社会发展的助推作用。

一、围绕重点工作，助推旅游产业发展

1. 全年旅游经济指标完成情况：2016 年东港市共接待游客 738.2 万人次，同比增长 9.8％；实现旅游综合收入 72.5 亿元，同比增长 0.59％。

2. 做好全市旅游规划编制工作。《东港市旅游发展总体规划》和《东港市乡村旅游专项规划》于 12 月 14 日完成招投标，编制工作由北京华汉旅规划设计院承担，预计 2017 年 3 月完成规划编制工作。12 月 18 日市委市政府召开《东港市旅游发展总体规划》和《东港市乡村旅游专项规划》编制工作专家座谈会，就规划编制方案与北京华汉旅多位专家进行了交流，并最终确定了具体编制方案，明确了规划的编制方向、思路以及侧重点。

3. 旅游项目建设配套及策划招商得到有序推进。谋划在鸭绿江口国家湿地观鸟园建设鸟类 4D 教育电影厅，增强观鸟园科普教育功能；全面推动投资 7100 万元獐岛创 4A 景区旅游基础设施建设工程，已完成投资建设 3500 万元，促獐岛景区晋升国家 4A 景区。投资 14.5 亿的北黄海温泉度假村一期工程于 4 月 19 日正式建成运营；龙山国家体育旅游公园正式开工建设，初步投资 1.35 亿元完成了园区道路及部分道路硬化、苗圃和园区绿化美化及人工湖建设等工程；大城山农业休闲旅游度假村投资 3500 万元完成了游客接待中心、垂钓园、停车场及汽车露营地和景区整体绿化等工程建设；金沙谷生态旅游度假区投资 3000 多万元完成了滑沙场、满族民俗大舞台、滑雪场、古城堡、景观路、文化雕塑广场和满族特色度假酒店等功能区的建设；海边渔家旅游度假区投资 500 万元完成了渔船码头、渔家文化长廊、海水露天游泳池服务区建设；馨艺度假山庄投资 4500 万元完成了度假酒店及停车场建设；徐坨村田野主题公园投资 200 万元完成了特色展览馆建设。

4. 旅游基础服务设施得到深入推进。继续实施旅游厕所革命，獐岛创 4A 景区 82 个旅游厕所和省二星级农家乐海边渔家和竹福山庄 4 个旅游厕所建设全面完成，促进了景区旅游环境改善，完善了旅游产业配套服务。

5. 乡村旅游业得到蓬勃发展。徐坨村田野主题公园举办了赏千亩油菜花和向日葵花活动和百亩设施草莓采摘活动，首个生态旅游专业村异常红火；玖玖农场举办了千亩设施草莓采摘活动，游客慕名而至；红星山庄、馨艺山庄、梨树山庄、竹福山庄、纪家庄园举办梨花节、桃花节和大樱桃及各种水果采摘活动，赏花及采摘者络绎不绝；草木味道生态旅游度假村开展农家美食游活动，八方田园美食爱好者纷至沓来。

6. 成功举办观鸟活动和海鲜文化节。以“生态丹东·鸟的家园”为主题，举办2016丹东（东港）鸭绿江口湿地国际观鸟系列活动，共吸引接待国内外游客12.21万人次，直接拉动经济综合收入8121万元。本届观鸟活动，高调打造了“南有钱塘江观潮，北有鸭绿江观鸟”旅游品牌。以“海角东港·海鲜王国”为主题，举办2016中国·东港海鲜文化节，开展系列海鲜美食和文化旅游活动，总计接待国内外游客15.5万人次，直接拉动经济综合收入1.03亿元。全方位打造了“东港—中国海鲜美食之都”地域形象品牌。

7. 旅游要素得到丰富完善。一是树培专业典型。实施旅游品牌战略，草木味道生态旅游度假村和锦海宾馆获省三星级农家乐，韩家大院、玖玖农场、竹福山庄获省二星级农家乐；北井子镇、椅圈镇争创省级特色旅游小镇，獐岛村争创乡村旅游重点村。二是设置景区（点）标识。配合丹东旅游委、丹东交通局搞好在东港通往景区（点）的主要路口设立中英韩文对照的旅游公共信息图形符号、交通指示牌、满足游客旅行需要。三是搞好景区创建复核。搞好獐岛3A级景区复核，推动创建国家4A级景区；组织引导馨艺山庄、红星山庄创建国家3A级景区，老石山、金沙谷创建国家2A级景区，促进景区提质升级。

8. 旅游宣传营销工作顺利开展。全方位多层面做好相关旅游宣传促销工作，助推全市旅游业大发展。一是制作各种宣传资料。制作东港旅游指南，进行多层面、多渠道投放，多角度宣传东港特色旅游资源。二是参加展会推介。组织参加“旅游博览会”和“乡村旅游考察学习”等活动，推介东港各种特色旅游产品，唱响我市“海韵江风·大美东港”旅游品牌形象。三是开展观鸟活动和海鲜文化节宣传。采取营造氛围、高层次媒体宣传、启动仪式互动直播、域内组织连续报道和邀请各层面广泛参与等多种形式宣传，使“南有钱塘江观潮，北有鸭绿江观鸟”和“海角东港·海鲜王国”旅游品牌形象得到全方位彰显。四是开展旅游主题日传。借助“5·19中国旅游日”，组织人员参加“5·19辽宁旅游日暨全省四季旅游启动仪式”和东港旅游惠民促销活动。

9. 特色旅游项目没有取得实质性进展。今年以来，我们积极参与省及全国开展的创建特色旅游区域评选活动，先后申报了鸭绿江口湿地国家级自然保护区为中国国际特色旅游目的地，申报东港市为“国家全域旅游示范区”、东港市为省级旅游产业发展示范县，但由于我们实际的旅游体量都无法和宽甸、凤城相媲美，东港市都没能跨入省及全国特色旅游区域行列。

二、强化行业管理，提升服务品质

1. 不断加大我市旅游市场监督检查力度。一是认真贯彻《旅游法》，做好旅游市场监管，围绕旅游合同签订不规范、组织不合理低价旅游、超范围经营、导游员履职不到位等方面开展专项整治活动，坚决查处旅行社、导游员违法违规行为和不诚信、不文明等问题；二是在春节、五一、十一以及我市旅游旺季期间等重要时间节点，由市政府分管领导带队，组织消防、交通、市场监管、卫生等部门联合开展旅游市场大检查活动，倡导文明旅游。

2. 做好旅游投诉处理工作。一是围绕加快旅游信息化建设，按照国家旅游局实施“12301”旅游热线工作要求，做好信息整理工作，运用现代化手段加强旅游行业管理和服务；二是妥善处理由“12301”旅游热线转办的2起关于东港市海涯旅行社的投诉案件，并针对海涯旅行社在经营管理中存在的问题，对其主管业务工作的副经理进行了约谈。

3. 严格新增旅行社审批。按照旅游局工作职责，完成了我市2家新增旅行社的初审工作，目前我市旅行社及分公司数量已达11家。

4. 做好旅游行业安全生产监管工作。一是召开全市旅游安全工作会议，对全年安全工作进行了部署，明确了责任，落实了任务，并与各旅游景区、星级饭店、旅行社等旅游企业签订了《旅游安全生产目标管理责任书》，层层落实责任；二是严格开展节假日安全生产监督检查工作，结合《东港市旅游局2016年安全生产工作要点》以及省、市安委办工作要求，不断加强对节假日安全生产工作的监督和指导，在春节、清明、劳动节、端午、国庆节期间开展安全生产专项检查活动；三是做好观鸟节、海鲜节等我市重大旅游节庆活动的安全保障工作，组织安监、公安、卫生、消防、市场监管、住建等部门在节庆活动前期提前做好安排部署，细化责任，关口前移；四是针对“8·12”天津港特别重大火灾爆炸、“11·24”江西丰城电厂冷却塔施工平台倒塌、“12·3”内蒙古石峰宝马矿业瓦斯爆炸等事故，及时开展旅游安全排查整治活动，狠抓安全生产责任落实和措施落实；五是认真落实国务院督查组巡查反馈意见，严格落实“党政同责，一岗双责”，认真完善执法程序，健全各类规章制度。

三、加强机关党建，落实全面从严治党

1. 开展“两学一做”学习教育。按照中央和省委、市委的安排部署，旅游局党支部于2016年5月6日启动“两学一做”学习教育。一是成立机构，召开思想动员大会，部署“两学一做”学习教育的各项工作，印发学习资料和相关活动方案；二是认真开展集中学习和自学，强化理论武装，实行周五集中学习制度，认真学好5本书，每月开展集中学习4次，自学8次，党员个人撰写心得体会4篇；三是开展专题讨论，以“讲政治、有信念”“讲规矩、守纪律”“七一”讲话、“讲道德、有品行”“讲奉献、有作为”进行了五次专题讨论；四是召开组织生活会和党员领导干部民主生活会，以“学习毛丰美、实干促振兴”为主题召开了专题组织生活会，以“两学一做”为主题召开了民主生活会，班子成员分别发言并相互提出批评意见建议；五是积极开展党日活动，以实地参观、观看影像资料、观摩情景互动式党课、学先进人物事迹为主要内容，在每月15日按时开展活动，收缴党费。

2. 开展党支部规范化建设工作。一是开展支部换届工作，2月份旅游局党支部召开党员大会，采取无记名投票的方式，选举产生了新一届党支部，为机关党建工作的顺利开展提供了组织保障；二是开展党员组织关系进行排查活动，建立完整的党员档案；三是开展党费补缴和党费缴纳工作，对2008年4月到2016年4月党费收缴情况进行排查，共补缴党费4037元，所有党员都能自觉做到在“党费缴纳日”集中缴纳党费。

3. 狠抓党建促脱贫攻坚工作。贯彻市委切实发挥科级领导干部为贫困户排忧解难、脱贫致富的要求，领导班子成员与黑沟镇东土城村、小甸子镇西上坡村进行了结对，发挥部门优势，扶持黑沟镇东土城村的杜娟谷旅游开发项目和小甸子镇西上坡村现代农业观光采摘项目，定期进行跟踪指导，确保项目合理有效推进。黑沟镇东土城村的杜娟谷旅游开发项目目前正在进行中，小甸子镇西上坡村现代农业观光采摘项目于年底前完成。

4. 开展各项党员主题实践活动。一是认真开展“进千企解难题促发展做三实型干部”活动，局长邢春雷、副局长鞠忠华、副局长潘正大分别与椅圈镇的辽宁北黄海温泉度假村有限公司、东港市宏程服装厂、东港市荣达食品有限公司进行了对接，针对企业发展存在的问题，提出了帮扶打算和措施，确保企业实现良性发展；二是开展“立足岗位当先锋、推动振兴做贡献”“学习毛丰美、实干促振兴”“机关转作风为民四服务”“在职党员进社区”等载体活动，充分发挥了我局党支部的战斗堡垒作用和党员的先锋模范作用，树立了我局党组织和党员的良好形象。

5. 完善党支部各项规章制度。一是落实抓基层党建的主体责任，完善机关党建工作责任制，构建“书记抓、抓书记”的基层党建工作格局；二是加大《中国共产党党和国家机关基层组织工作条例》的贯彻落实力度，强化《条例》在机关党建工作中的“基本法”地位，坚持部署工作以《条例》为遵循，开展工作以《条例》为依据，检查落实工作以《条例》为标准；三是严格党内政治生活，严格落实党中央关于加强党内政治生活的新要求，严格执行“三会一课”、党组织生活会、民主评议党员等党内生活基本制度。旅游局党支部建立并完善党建各项工作制度共26项。

6. 强化纪律作风建设，开展机关作风专项整治。一是贯彻落实11月16日全市领导干部会议精神，组织党员干部认真学习贯彻党的十八届六中全会精神和《关于开展机关作风专项整治活动的实施方案》，提高广大党员干部对新形势下开展作风整治活动重要性的认识；二是领导班子成员收看专题片《永远在路上》，认真撰写和提交了心得体会；三是结合大讨论活动，立足全市旅游工作实际，全体党员干部特别是党员领导干部带头开展调查研究，每人写出一篇献计献策文章；四是强化内部管理，纠正上班迟到早退、无故缺勤离岗，工作时间聊天、炒股票、看电影、玩游戏、网购、健身、休闲娱乐、无故玩手机以及其他违反工作纪律等具体问题，对办公场所杂乱无序，干部着装不得体等影响机关形象的问题及时进行纠正。

7. 深入开展创建文明城市活动。深化社会主义核心价值观，在全市争创全国文明城市过程中，谋划我市旅游行业创城活动的具体工作举措：系统完善中国梦学习宣传、法制宣传教育、公民道德宣传、宣传道德模范等十多个方面的申报材料；通过展板、X 展架、条幅、LED 电子屏等多种形式，在全市旅游景区、旅行社开展了社会主义核心价值观、讲文明树新风、创建文明城市宣传活动，设置旅游志愿服务咨询台，发放文明旅游宣传资料，树立旅游系统的良好形象，营造文明旅游环境，为全市创城工作做出了积极的贡献。

四、当前东港市旅游业发展中存在的问题

1. 旅游业投入不足。旅游项目开发建设缺少有实力的投资商，建设资金不足，导致一些项目雷声大、雨点小、进展缓慢。普遍存在规模小、档次低、配套设施不全等问题。特别是具有独特优势的海洋旅游资源开发滞后，至今还未打造出具有地方特色的海鲜美食餐饮、旅游商品销售集聚区，抑制了旅游消费欲望。

2. 旅游业结构不完善。从“吃、住、行、游、购、娱”六要素看，大多数景区（点）仅局限于门票收入、停车费收入，缺少文化娱乐、健康休闲和购物消费等项目。旅游商品、纪念品没有有效开发，仅有一点但包装简陋。

3. 旅游产品没有得到有效整合。目前我市景区（点）之间仍未整合出联得上、叫得响、吸引人的精品旅游线路，导致留不住客人的现象。而且，针对旅游淡季，适宜的项目较少，旅游“半年闲”的景况尚未改观。

4. 旅游从业单位经营管理水平滞后。旅游景区（点）缺乏高素质管理人员、导服人员。旅行社地接业务尚待开发。

六、写作要求

1. 使用第一人称

总结与计划一样，叙述必须是第一人称。总结的作者是“局内人”，说话主体是“我们”“本单位”等。

2. 要突出重点，写出特色

写总结最忌讳事无巨细、面面俱到，要抓住重点。材料要认真选择，有取有舍，例子数据在精不在多。另外要写出这一阶段工作的特色，这样的总结才有新鲜感和时代感，而不是人云亦云，千篇一律。

3. 找出有规律的东西

总结不但对工作情况做出具体的交代，而且要上升到理性认识，对经验要加以论证，归纳出规律性的东西。因此，总结既不同于一般的工作报告和经验消息，只停留在对事件和经验的叙述上；又不同于一般的议论文，只把事实当作论据。总结要把成绩、做法叙述清楚，又要把经验、规律阐述明白，因此必须采用叙议结合的表达方式。

4. 语言要得体

总结语言要简明、限确、朴实，文中不能出现“大概”“也许”“可能”“差不多”这样含糊其词、模棱两可的话。遣词造句要朴实，不要用华丽的辞藻，不要作过分的渲染。语言要流畅，不要用长句式或孤僻的词语和典故。

第三节　述职报告

一、述职报告的使用范围

某一单位领导者或某一岗位工作人员，任职期间自我评估向上级、群众汇报时使用写成的书面文字材料就是述职报告，主要包括以下方面：思想政治（德）、业务能力（能）、岗位职责执行（勤）、期间的业绩（绩）。

述职报告虽以“报告”为名，跟作为党政主要公文的“报告”却不是同类文体，内容、功能和作者身份都有很大不同。述职报告的内容包括任职期间所取得的工作成绩、不足和失误之处以及存在的主要问题，跟总结倒有不少相似之处。

二、述职报告的种类

表 4-2　述职报告的种类

划分标准	划分类别
时间	临时述职报告、年度述职报告、任期述职报告
内容	单项（专题）述职报告、综合述职报告
报告者	个人述职报告、集体述职报告

三、述职报告的作用

随着我国干部人事制度改革的进一步深化和公务员制度的实行，作为民主考核干部程序中的一个重要环节，领导干部的述职越来越显出其重要的意义。述职报告作为述职的文本，其作用主要体现在以下几个方面：

1. 撰写述职报告便于人事部门和主管部门对领导干部的监督，是完善干部管理制度的一项重要措施

在岗位职责明确的前提下，要求担任一定职务的领导干部定期撰写述职报告，便于人事部门和主管部门对领导干部的理论水平、道德品质、文化修养、业

务能力进行全面细致的考察，以便根据干部自身的发展趋势，有计划有目的地进行选拔、培养、使用干部，减少或避免使用干部中的主观性和盲目性。

2. 撰写述职报告有利于干部的自我提高

领导干部在某个岗位上工作一段时间之后，需要通过述职的方式对自己前一段的工作实践进行回顾，总结以前的工作经验，汲取以前的失败教训，强化自己的职责观念。这对于更好地探索本职工作的规律，促进领导干部自我认识、自我学习、自我提高有着重要的作用。

3. 述职报告是广大群众评议干部的依据

领导干部在某个岗位上工作一段时间之后，通过述职报告的形式向广大群众汇报履行岗位职责的情况，让群众进行审查和评议，这是领导干部接受群众监督、倾听群众意见的有效方式，有助于密切干部群众的关系，克服官僚主义作风。

四、述职报告的基本格式

述职报告由以下几部分组成：标题（4 种）、上款（称谓）、正文（开头、主体、结尾三部分）、落款四部分构成。

（一）标题

述职报告的标题可以有四种形式

（1）述职人＋时限＋文种，例如：《×××2003 年述职报告》。

（2）述职人＋文种，例如：《×××述职报告》《我的述职报告》。

（3）新闻式标题，这种标题比较灵活，比如《抓住机遇，迎接挑战——×××经理述职报告》。

① 单行标题：体现主要内容从内容中提取——《思想工作要结合教学工作一起抓》。

② 双行标题：正标题＋副标题提示述职者——《抓住机遇，迎接挑战——×××经理述职报告》。

（4）直接用文种做标题，如《述职报告》。

（二）上款（称谓）

写述职报告的对象或呈送的部门，比如“各位领导”“董事会”“组织人事部”等。

（三）正文

1. 开头

用简明性的语言来概括，表现出自己端正认真的态度，为整篇述职报告打下基调。

2. 主体

主体部分一般可分三部分写：

（1）履行职务的基本情况。

（2）所取得的成绩和实践经验：任职期间的实绩和经验是述职报告的核心部分。报告中所写的内容，必须是围绕自己所在的岗位的职责，如实地向上级汇报自己的工作实绩，绝不能无中生有，捏造事实来欺骗组织。语言分寸要掌握得合适，不可给人争功的感觉。

（3）存在问题和努力方向。

3. 结尾

结尾部分既要简明，又要表现出述职人的谦恭的精神，并注意使用惯用语，一般用“以上报告，请领导和同志们指正”“以上是我的述职，谢谢各位”等习惯用语收束。

（四）落款

在述职报告的末尾落款处，写述职者的姓名及时间即可。

五、例文分析

【案例六】

丽江玉龙旅游股份有限公司独立董事 2007 年度述职报告

本人里宁枫，作为丽江玉龙旅游股份有限公司（以下简称“公司”）的独立董事，本着对全体股东尤其是广大中小股东负责的态度，按照法律法规的要求，在 2007 年继续致力于维护全体股东尤其是中小股东的利益，认真参加公司董事会和股东大会，慎重审议董事会和董事会专业委员会的各项提案，积极为公司发展出谋划策，对公司董事会换届选举等重大事项发表了独立审核意见，检查了公司关联交易及公司关联方资金占用情况和对外担保情况，切实履行了独立董事的责任和义务。

一、2007 年出席公司股东大会和董事会会议情况

1. 董事会会议

2007 年度公司董事会共召开 12 次会议，我本人出席了应出席的全部 12 次会议，没有出现缺席且未委托其他独立董事代为出席会议并行使表决权的情况。本人本着审慎的态度对各次董事会会议审议的相关议案均投了赞成票。

2. 股东大会

2007 年度共召开 4 次股东大会，本人亲自出席了 3 次次股东大会会议。

3. 2007 年度，在公司累计调查和工作近 10 天时间

公司在 2007 年度召集召开的董事会、股东大会符合法定程序，重大经营决

策事项和其他重大事项均履行了相关程序，合法有效，故 2007 年度我没有对公司董事会各项议案及公司其他事项提出异议的情况。

二、根据中国证监会《关于在上市公司建立独立董事制度的指导意见》，本人审查了 2007 年度公司需要由独立董事发表专门意见的重大事项，公司有关方面能够保证独立董事享有与其他董事相同的知情权

公司 2007 年尽量避免不必要的关联交易，发生的关联交易事项，定价公允，董事会审议程序符合有关法律、法规的规定，关联交易没有损害中小股东的利益。全年的主要关联交易事项如下：

（1）与日常经营相关的关联交易：根据本公司与丽江山峰旅游商贸投资有限公司签订的水电服务协议，丽江山峰旅游商贸投资有限公司为本公司提供水电服务，报告期内共支付水电费 1，023，863.60 元，2006 年支付水电费 916，378.68 元。

（2）租赁：根据本公司与丽江摩西风情园有限责任公司签订的《房屋租赁合同》，本公司承租丽江摩西风情园有限责任公司拥有的位于丽江市香格里拉大道延伸线瑞雪广场超市大楼一楼，从事出售索道票、各类旅游商品及部分办公用地。租金价格按当地市场价格确定，报告期内支付租金 200000.00 元，2006 年支付租金 200000.00 元。该项关联交易为公司正常租赁营业场所，有利于公司扩展营业网点。

（3）代理：报告期内根据本公司与云南机械进出口股份有限公司签订的两份委托进口协议，委托云南机械进出口股份有限公司代理进口索道配件，合同预算分别为 2152000.00 元和 170420.00 元，本公司按货款 3％向云南机械进出口股份有限公司支付代理手续费。本期已支付预付款 1677500.00 元。

（4）资产、股权转让发生的关联交易：2007 年 11 月 20 日，本公司与重庆汇邦旅业有限公司签订股权转让协议，以 1675.04 万元收购其持有的丽江牦牛坪旅游索道有限公司 40％的股权，收购后丽江牦牛坪旅游索道有限公司为本公司全资子公司。收购价根据重庆汇邦旅业有限公司初始投资成本 1444 万元，加上 2007 年、2008 年两年的投资收益（按年收益 8％）确定。详细内容见公司 2007 年 11 月 22 日在《证券时报》和《中国证券报》的公告。

（5）关联方为公司担保事项：报告期内丽江玉龙雪山旅游开发有限责任公司为本公司提供担保，截至 2007 年 12 月 31 日使本公司从银行获得短期借款 1800 万元。

（6）公司与关联方共同对外投资发生的关联交易：2007 年 8 月 13 日，本公司第二届董事会第二十二次会议审议通过了《关于设立昆明玉龙湾旅游发展有限公司的议案》，由本公司控股子公司云南睿龙旅游投资有限公司（以下简称“睿龙公司”）与昆明滇池高尔夫有限公司（以下简称“滇池高尔夫”）共同投资设立

昆明玉龙湾旅游发展有限公司（以下简称“玉龙湾公司”），玉龙湾公司先期注册资本拟为1亿元，由睿龙公司出资7000万元，占总股本的70%，由滇池高尔夫出资3000万元，占总股本的30%。报告期内睿龙公司实际出资1400万元，滇池高尔夫出资600万元。

三、2007年对有关事项发表的独立意见如下

在2007年2月7日召开的公司第二届董事会第十四次会议上，我发表了《关于聘请会计师事务所的独立意见》，认为亚太中汇会计师事务所在担任丽江旅游的审计机构时，坚持公允、客观的态度进行独立审计，我对于公司聘请该事务所为2007年度审计机构无异议；发表了《关于对公司累计和当期对外担保等情况的专项说明》，认为丽江玉龙旅游股份有限公司认真贯彻执行中国证监会证监发〔2003〕56号文《关于规范上市公司与关联方资金往来及上市公司对外担保若干问题的通知》和证监发〔2005〕120号文《关于规范上市公司对外担保行为的通知》的有关规定，2006年没有发生对外担保、违规对外担保、关联方占用资金等情况，也不存在以前年度发生并累计至2006年12月31日的对外担保、违规对外担保、关联方占用资金等情况。

在2007年3月13日召开的公司第二届董事会第十五次会议上，我发表了《关于变更募集资金项目投资规模及筹资方式的独立意见》，对公司的募集资金项目变更情况，发表如下独立意见：

1. 本次扩大世界遗产论坛中心项目的投资规模和投资总额，并以全部募集资金用于世界遗产论坛中心建设，南入口项目和艺术风情休闲区项目变更为以自筹资金方式建设符合公司的实际情况，有利于世界遗产论坛中心项目的加速建设、尽快产生经济效益。

2. 本次变更募集资金项目的投资规模和筹资方式，不会影响公司生产经营的正常进行，符合公司发展战略的要求，也符合公司和全体股东的利益。

在2007年8月13召开的第二届董事会第二十二次上，我发表了《关于对公司累计和当期对外担保等情况的专项说明》，认为丽江玉龙旅游股份有限公司认真贯彻执行中国证监会证监发〔2003〕56号文《关于规范上市公司与关联方资金往来及上市公司对外担保若干问题的通知》的有关规定，2007年上半年没有发生对外担保、违规对外担保、关联方占用资金等情况，也不存在以前年度发生并累计至2007年6月30日的对外担保、违规对外担保、关联方占用资金等情况。

在2007年10月22日召开的第二届董事会第二十四次会议上，我发表了一下独立意见：

1.《关于公司董事会换届选举的意见》，同意提名王云、陈方、张耀南、何希文、刘晓华、谢晓峰为公司第三届董事会非独立董事候选人，同意提名里宁

枫、焦炳华、汤爱民为公司第三届董事会独立董事候选人，并认为上述候选人提名程序符合有关规定，任职资格符合担任上市公司董事、独立董事的条件，能够胜任所聘岗位职责的要求，未发现有《公司法》《公司章程》中规定的不得担任公司董事、独立董事的情况，以及被中国证监会确定为市场禁入者并且禁入尚未解除的情况。

2.《关于董事津贴的独立意见》，认为：公司董事会提出的董事津贴方案符合公司的现实状况和长远发展，董事津贴的确定程序符合有关法律、法规、规章、规则和《公司章程》的规定。

3.《关于关联交易的审核意见》，认为公司收购丽江牦牛坪旅游索道有限公司少数股东股权有利于实现对公司索道业务的统一管理和规范运行，对公司的索道业务的经营管理是必要的。此次关联交易符合公开、公平、公正的原则，关联交易不存在损害公司及股东利益的情形。

在2007年11月7日召开的第三届董事会第一次会议上，我发表了《关于选聘高管人员的独立意见》，认为公司聘任的高管人员符合公司高级管理人员任职资格，其提名、选举和聘任程序符合有关规定，能够胜任所聘岗位的职责要求。

四、2007年公司治理专项活动的工作情况

2007年公司开展了公司治理专项活动，本人作为独立董事代表积极参与了此次活动。本人与公司治理专项活动工作办公室一起进行了公司的自查工作，对公司规章、制度以及公司治理结构存在的问题进行全面的检查。积极参加了云南证监局的座谈会，并向公司反馈相关意见和要求，配合云南证监局的工作人员对公司进行了现场的检查，并与云南证监局的工作人员进行了沟通。通过公司治理专项活动，丽江玉龙旅游股份有限公司的公司治理结构进一步得到了完善。

五、保护投资者权益方面所做的其他工作

我在2007年度履行独立董事职责的过程中，积极对董事会审议的各个议案的材料进行认真了解，关注议案对投资者权益的影响，在此基础上审慎地行使表决权。2007年积极了解公司的生产经营情况，管理和内控制度的完善情况，关注经营班子对董事会决议的执行情况。关注公司募集资金项目的进展和募集资金的使用情况。除此之外，我还对公司的信息披露情况等进行了监督和核查，监督公司信息披露工作的规范进行。2007年我积极有效地履行了独立董事的职责，促进了董事会决策的科学性和客观性，切实维护了公司和广大社会公众股股东的利益。

六、公司存在的问题及建议

我认为2007年公司仍以旅游索道的经营为主营业务，业绩对丽江地区的整体旅游业情况较为依赖，新产品的研发创新能力不足。建议公司考虑加大对研发和创新的投入，积极探索新的经营项目的寻找和研究。

七、联系方式

独立董事姓名：里宁枫。电子邮箱：Liningfenglaw@21cn.com。

丽江玉龙旅游股份有限公司独立董事：里宁枫

2008年1月31日

六、述职报告与个人总结的区别

表4-3 述职报告与个人总结的区别

比较点	述职报告	个人总结
回答的问题	担任什么职务，负有哪些职责，履行职责的表现如何，自己对自己的评价如何	做了哪些工作，取得哪些成绩，有什么经验教训
回答的问题 讲述的侧重点	讲清自己的德、能、勤、绩	重点在工作上的得失，总结经验与教训
取材的范围	围绕称职与否选材，一般来说所讲的事情必须在自己职责之内	自己做过的事情，都可以归纳到自己的总结中去

第四节 调查报告

一、调查报告的含义

调查报告是对客观事物进行调查研究之后写成的反映调查结果的书面材料，其产生流程如下：机关、企事业单位或者个人—为解决各种实际问题进行深入细致的调查—某项工作、某个事件或某个问题—系统的整理和分析研究用书面的形式表达出来—调查报告。旅游调查报告是以旅游工作为反映内容和调查对象的调查报告。调查报告使用非常广泛，既是机关事务文书的一种，又是新闻文体的一种，因此它既可以在机关内部传阅，又可以刊登在报纸上供读者阅读参考。

二、调查报告的特点

1. 典型性

所谓典型性，就是被调查的对象和使用的材料无论是经验还是问题都要具有代表性，能反映客观事物的本质。只有这样，写出的调查报告对工作才有指导意义，如《大娱乐小餐饮搭客房——关于珠海昌安假日酒店科学定位的调查报告》，总结了昌安集团（香港）国际酒店有限公司通过科学的市场调查，对竞争对手和客户进行周密分析，为自己总结恰当的市场定位的经验，就很有典型性，他们的做法也很值得推广。而《揭开秀峰的迷雾——庐山秀峰景区经营纠纷的调查》总结了中外合资开发风景区过程中因双方急功近利不严格守约造成严重损失的教训，同样也很有典型意义。

2. 针对性

所谓针对性就是在调查过程中，针对所调查的问题，一定要抓住问题的关键和要害，针对性越强，调查报告的价值越大，比如《如何塑造高品位旅游人才——暨南大学深圳旅游学院“以人为本”教育模式调查》，作者从“营造轻松活泼的生活环境”“孕育创造性的教学空间”“探索新教学模式，培养学生良好素质”几个重要方面进行分析，让人了解了暨南大学“以人为本”的具体做法，就是从这几个方面落实的，又让人可以学习借鉴，提供了具体的可操作的做法。

3. 科学性（科学的手段或方法）

现场调查法：现场直接进行体验或考察（观察、访谈、座谈）。

问卷调查法：当面调查、电话调查等。

实验调查法：比如试行销售（试销会、展览会、订货会、赠送小包装）。

统计调查法：利用现成的资料（销售情况表、会计报表）进行统计分析。

4. 真实性

真实性是一切应用文的基础，对于调查报告也是一样，作者对问题存有疑惑，才去调查，所有的结论和观点都是在调查研究之后得出的。为了得出客观、正确的结论，调查者必须以实事求是的态度，掌握第一手资料，然后去粗取精、去伪存真，概括归纳，结论才能经得起检验。例如《揭开秀峰的迷雾》这篇调查报告，作者以客观的态度先对原告被告的观点作了如实的放映，时间、地点、数字等要素，十分清楚，然后提出自己的观点，这样建立在翔实资料上的结论才真实可信，容易说服人。

旅游调查报告除具有上述特点外，还有一个最突出的特点就是“旅游特性”，即旅游工作和活动独有的性质和规律。

三、调查报告的种类

（一）新生事物的调查报告

新生事物一般代表了时代发展的方向，体现了时代的精神。通过调查报告描述新生事物产生的背景、发展过程，揭示其特点、规律和本质，说明其意义和作用，具有推广和示范的价值，如《关于大连公务活动委托旅行社提供服务实现双赢的调查》（载《中国旅游报》2005 年 10 月 21 日）就属这类。公务活动委托旅行社提供服务是新兴事物，操作起来对双方都有利，值得借鉴推广，那么怎么操作就是一个问题，通过对大连公务活动委托旅行社提供服务实现双赢这个事件调查分析，就可得出结论，从而吸取他们的经验。

（二）揭露问题的调查报告

揭露问题的调查报告主要以揭露社会生活中的落后丑恶现象，或者工作中的重大失误等为内容。通过调查分析他们存在的根源、探讨解决的办法。希望能引起有关部门的重视，加快问题的解决。

（三）总结经验的调查报告

总结经验的调查报告以各条战线上成绩突出的单位和部门所取得的经验为内容，重点介绍他们的做法和体会，并上升到理论加以推广和介绍，使他们的经验得到发扬传播，如《做好山水文章　打造神奇浪漫之都——关于江苏省连云港市加快旅游业发展的调查》。

（四）基本情况的调查报告

基本情况的调查报告也称社会状况调查报告，就是就某一个范围、某个单位某项工作情况进行调查所写的报告，如《江苏省工薪阶层周末度假情况的调查》《关于旅游商品需求情况的调查报告》《关于旅游业发展情况的调研报告》，这些调查报告以面向市场消费者为对象，了解旅游需求，为开发旅游市场提供参考。

四、调查报告的作用

（一）能为政府和上级主管部门提供信息，作为制定政策的依据

各单位写的调查报告，可以在报纸杂志上发表，也可以直接呈报给上级部门，这些材料都为党和政府各级领导了解下情提供了条件。各级领导可以从调查报告中了解信息，有针对性地制定政策，对新生事物大力扶植，对不良倾向加以制止。例如对旅游行业的改制工作，对神农架、张家界景点的开发保护工作，对旅游交通旅游安全措施的检查落实工作，调查报告都功不可没，这些措施的实行都是在调查分析形成调查报告确认它的可行性之后才会推行和审批的。

（二）是了解新情况总结新经验解决新问题的重要手段

调查报告能总结经验教训，指导和推动下一步的工作。社会在不断进步，各项事业在飞速发展，在工作中，经常出现新情况新问题。无论是领导还是基层干部，或者是报社电台的记者，都可以通过调查报告向社会反映情况，以推动新生事物更好地成长，及时制止不良倾向。

（三）反映情况和问题，提高人们的认识水平，引起有关人士的关注

五、调查报告的基本格式

（一）标题

1. 公文式标题

公文式标题即在标题中出现调查对象、调查内容、调查范围的文种，例如：《关于大学生消费问题的调查报告》《关于西藏旅游资源的调查报告》《关于桂林市提高环保意识，开发绿色旅游线路的调查报告》《关于旅行社“五一”黄金周欺诈游客的事件的情况调查》。

2. 新闻式标题

新闻式标题即用调查报告的主要观点作为正题（主旨），下面再用副题标明调查的内容和单位，例如《高质量低成本开拓市场——春兰集团公司调查》《广阔大地大有作为——关于西藏旅游资源的调查报告》《如何塑造高品位旅游人才——望南大学深圳旅游学院“以人为本”教育模式调查》。

（二）正文

调查报告的正文分为开头、调查事项和结尾三部分。

1. 开头

开头又称“前言”，说明拟写调查报告的背景、意义、依据；概括说明调查的对象、范围、时间、经过、方式等；概述论点和主要内容。

2. 调查事项

是调查报告的核心，是表现调查内容与结果的部分。主体可分为若干个大层次，其间的关系可以是纵式，也可以是横式。如果加上大小标题，则条理更加清楚。

(1) 基本情况：通过调查并经过归纳整理获得的基本情况，包括资料数据及图表。

(2) 分析与结论：分析，指对上述基本情况进行分析；结论，指对所调查问题做出结论。

(3) 建议：根据分析及结论提出有针对性的经营决策、行动计划或措施。

这里谈一下调查报告要不要提“建议”的问题。当前报纸杂志发表的调查报告不少都有“建议”部分，教科书上也有这样讲的，他们举的例子中也包括建议部分，但我们认为，调查报告一般不写建议。无论从定义、人称、功能看，调查报告只是要真实地全面地反映情况，写清“是什么”“为什么”，不需要回答“怎么办”的问题。回答“怎么办”，即提建议，提对策，根本不是调查报告的功能。有些文体如“工作研究”“市场预测报告”“经济活动分析”，是一定要提建议讲对策的。但是，有些作者在写调查报告时非常愿意提建议，有的领导也要求提建议，在这种情况下，我们也不能武断地加以规定或制止，只好约定俗成，加以默认了。如《关于西藏旅游业发展的调研报告》中“建议”就占了文章篇幅的二分之一。

3. 结尾

（1）结论。重申或概括调查报告论点，即结论。

（2）补充说明相关问题。如后续材料与观点，对可能遇到的风险的预测，调查中存在的问题等。

（3）秃尾。有的调查报告没有结尾，把经验、做法或问题、原因讲完以后，文章就结束了，这是可以的。如关于连云港的旅游业调查和关于西藏的旅游业调查都是这样。

六、写作要求

1. 认真做好调查

认真调查是写好调查报告的首要条件。没有调查就不了解情况，就没有发言权，就没有写调查报告的资格，在调查中要深入基层，广泛了解情况，大量占有资料，不能走马观花，不能道听途说，而要通过看现场，开座谈会，找领导和群众了解情况，掌握第一手资料。只有把工作做扎实了，材料才真实可靠，从中得出的观点才科学正确。

调查的方法：实地考察（写旅游方面调查报告更是重点，举毕业生论文的例子）、开调查会、个别访问、问卷调查、网上调查、查阅资料。

2. 精心选材

在所有的材料中筛选出典型事例和精确的数字。

3. 一律用第三人称

除“前言”中介绍调查事件、调查目的时可用一句“我们”“笔者”之外，主题中必须用第三人称，这是与工作总结的重大区别，只要是调查报告，主题中必须说“他们市”“该校”“该单位”，而不是说“我市”“我校”“我单位”。

七、工作总结与调查报告之比较

1. 相同点

工作总结与调查报告都属于事务文书，其特点与作用大体相同。

（1）特点相同：工作总结与调查报告都要求绝对真实。两者都具有政策性，而且都是为了贯彻执行行政政策而撰写的。具有很强的执行性和操作性。

从结构和内容上讲，标题都有新闻式和公文式两个类型，正文都有纵式和横式两个模式，都要求理论联系实际，用事实说话，用数字说话。

（2）作用相同：工作总结和调查报告都是指导工作、沟通情况的工具，是宣传教育和积累资料的手段。

2. 不同点

（1）人称不同：工作总结用第一人称，调查报告用第三人称。

（2）时效性不同：工作总结的时效性很强，在工作完成之后较短的时间内完成总结。调查报告时效性相对较弱，可以调查当前的事，也可以调查历史问题。

（3）发表阵地不同：工作总结大都在企事业单位内部一定范围内传阅，调查报告除此之外，还可以在报刊上发表，因为调查报告本身是广义新闻的一个种类。

八、例文

【案例七】

海德酒店调查报告

一、引言

为了充分了解海德酒店的组织、经营及职工的状况，为今后进一步搞好酒店的各项工作提供加强和改进的依据，切实使三产工作不断取得进步，机关三支部对酒店的目前状况进行了调查。

此次调查工作采用普遍调查和重点调查相结合的方式，分两个阶段完成。第一阶段（2004 年 6 月 1 日—6 月 15 日）依据支部要求组织酒店职工召开会议，根据调查提纲进行讨论。第二阶段（2004 年 6 月 16 日—30 日）通过个别谈话征求意见和建议，对征求上来的群众意见进行讨论、汇总。此次调查对象，即有酒店的管理人员，班组长，也包括大多数的一线工人，调查对象在年龄，学历、职务上分布均匀，具有很强的代表性。

二、酒店机构设置和人员状况分析

酒店共有员工 50 人，下设客房部、餐饮部、后勤服务部和仓库等部门，其中客房部分为三个班组，每班设领班一人，是酒店人员较多，工作任务较重的主要部门，在调查中大家普遍认为，在几年的经营运行中，部门设置合理，便于经营管理，便于各部门协调合作，便于发挥职工的积极性，较好地完成了酒店各项经济指标。

到 2004 年 6 月 30 日止，在酒店工作的员工计 50 人，其中男性职工 14 人，占职工总数的 28%。女性职工 36 人，占职工总数的 72%。

党员 2 人，团员 8 人，党团员人数少是由于酒店是集体企业，没有设置党团组织所致。

从年龄结构看 30 岁以下职工 10 人，大多数是待业青年和进城务工人员，55 岁以下 40 人，大多数是 40 至 50 岁下岗人员。

从学历结构看，大专文化 4 人，中专及高中文化 7 人，其余均初中文化，人员构成学历文化较低，适应工作环境的能力较差，但由于大都是下岗人员和待业青年，工作热情普遍较高，敬业精神较强。

三、酒店的经营状况和思路

1. 在调查中大多数职工对酒店的经营状况比较满意。海德酒店成立于2001年5月18日，由于是新组建部门，从经理到员工无一人从事过该行业（酒店为公安局规定的特种行业），由于缺乏经验和受计划经济思想的影响，酒店一度把经营的重点放在规划系统内部的会议和人员住宿上，虽经多方努力，但由于思路不对，不符合市场规律，酒店的经营陷入了困境，不到年底原投入酒店的注册资金只剩10多万，到了破产的边缘，如何摆脱困境。酒店的管理层通过讨论认识到，酒店既然是集体经济的小企业，那就必须面对天津市的大市场，面对和平区这个酒店旅店、招待所林立且竞争激烈的行业，和平区大大小小旅店几十家，且都是多年的老字号名店，资金足，经验多，客户稳定，如何在这样的环境中找到自己的立足点，挤进这个市场，通过调查我们发现了自己的优势。和平区的旅店业如凯悦、利顺德为代表的高档酒店饭店，他们吸引的旅客多是国内、国外高档客人，如电力酒店、帝豪酒店等为中高档酒店，我们无法与其竞争，其他以中国饭店为代

2. 表中小旅店，设施和服务质量一般是我们可以竞争的对手。分析和平区客流人员状况，他们大多数是来津办事人员，希望住地离市中近，档次上过得去，又不失体面，且价格上又要相对便宜，恰好我们是具备这样的地理位置，及时地调整价位，迎合了这部分人的需求，与此同时我们又改进酒店一些设施，使自己很快具备了竞争优势。通过培训使服务员很快熟悉了业务，在管理上健全了各项规章制度，和员工手册，规范了员工行为，在经营策略上采取了灵活又有一定力度的措施，很快扭转了被动局面。目前酒店的客房率保持在90%以上，写字间出租率几乎到100%。餐厅、仓库、小卖部建立了相应的责任制，已完全扭亏，略有盈余，酒店目前整体经营状况进入良性循环。

四、职工目前的思想状况

在调查中了解到，无论是酒店各部门的管理人员，还是一线的工作人员，绝大部分职工都能在自己的岗位上兢兢业业地工作，有一定的敬业精神和团队精神。在工作中涌现出很多好职工。如：不计得失，不计工作时间的吕明真、曹福胜同志，不分工种团结协作的谢岳同志，以及拾金不昧的徐梅等同志，他们在职工中树立了良好的形象，为酒店争得了荣誉，酒店各项工作的完成是和这些职工努力工作分不开的。

在座谈中我们还了解到酒店的40至50岁的人员中，他们的人生经历坎坷、生活负担重，上有老，下有小，因为企业不景气下岗，在酒店就业后他们普遍的思想就是希望酒店兴旺发达，自己能有一个安定的工作，他们最担心的是酒店经营不好再次下岗失业，因此这部分人员特别珍惜目前的岗位，尽管收入不多，但

都工作努力。

酒店的年轻人中多数是城市待业青年和进城务工的农村青年，他们的思想有两个特点：一是工作勤奋好学，接受新事物快；二是临时工思想严重，担心工作不稳定，怕耽误自己青春年华。对酒店的关心胜过其他人员，并渴望得到除工资外的各项保险待遇。

无论是40至50岁的人员还是年轻人，他们都有一个共同特点，都把酒店当作家，当作依靠，也就是大家常说的一句话，找个工作，特别是比较稳定的工作实在是太难了，对目前的工作感到很满足。我本人即是调查人员，也是被调查人员，作为酒店经理，我关心酒店工作，更关心为酒店日夜工作的职工，能为这些下岗人员和待业青年做点工作，为他们提供一个稳定就业机会，并逐步提高他们的福利待遇，是我的希望也是激励自己做好工作的动力，为了这个目标我将不懈地努力工作。

五、存在的问题和不足

在调查中我们了解到，酒店是个新组建的集体性质的小企业，人员都是临时工，即无党团组织，也无工会组织，政治思想工作薄弱，他们虽然是下岗人员和待业青年，也有参加党团组织的欲望，也愿意参加单位组织的各项活动（如这次“七一”歌咏比赛）。

酒店的管理人员中文化素质普遍偏低，业务培训和学习机会很少，在一定程度上影响酒店的开展和提高。

酒店是特种行业，是各种事故和案件高发的部门，在安全管理与缺乏经验上，力度不够，措施不到位。520火灾就是一个深刻的教训。

六、几点建议

通过这次工作调研，我们了解到职工对酒店的工作基本上是肯定的，但仍然有许多值得重视和急待解决的问题。

1. 能否让酒店职工参加院里党团、工会组织的各项活动，使他们政治上享有与院职工平等待遇，以便于调动他们在工作、学习上积极性，增强职工的凝聚力。

2. 酒店是特种行业，是各类案件的高发行业，建议院加强对酒店的安全管理，和必需的人力物力的投入，希望院领导督促有关部门经常检查三产实体工作。

3. 如果酒店经营状况良好，在有能力的情况下应解决其中部分职工的劳动保险问题。

4. 应加强管理人员和职工的业务培训，不断提高职工队伍的素质，以适应竞争激烈的市场经济环境。

【拓展训练】 了解一个酒店、旅行社或一处旅游景点的工作情况，写一篇总结经验的调查报告。字数不少于1500字。

第五章　现代办公技术——技能学习

教学目标：

在了解酒店文秘的基本性质、特点和酒店办公实务的基本内容及其在酒店运行管理中的地位、作用的基础上，掌握现代办公技术：酒店办公系统、打印机、复印机、传真机、照相机、扫描仪等的使用、管理和维护，为提高管理质量和管理水平打下基础。

知识点：

掌握酒店现代办公技术的操作规范和要求；掌握酒店办公系统、打印机、复印机、传真机、照相机、扫描仪等的使用、管理和维护。

能力点：

具备酒店办公系统、打印机、复印机、传真机、照相机、扫描仪等的使用、管理和维护的基本能力。

素质点：

养成严谨、规范的办公室工作习惯。

第一节　酒店办公系统

信息技术的发展，特别是国际互联网的日益普及，使基于国际互联网的网络应用软件也开始扮演重要的角色。办公系统是属于管理软件系统工程的以 IT 技术为支撑的软件开发系统。

随着科学技术的发展，越来越多的管理软件出现在公众的面前，供企业使用。企业管理软件系统工程是以企业管理需求为基础，以 IT 技术为支撑，为企业提供数据信息的综合管理办法。管理，是业务管理软件的有力补充，包括 ERP、CRM、HR、PM、KM、OA 等众多的办公系统软件开发。

目前，宾馆酒店业信息化系统的应用处于较为领先的水平，目前宾馆酒店行业的管理软件主要应用于前台的业务系统（如预定、账务、客房中心、餐饮收银等）和后台的财务应用（如财务、仓库、成本等），以及后台办公业务系统。改变传统办公模式，将办公业务的处理、流转、管理过程电子化、信息化，从而实现办公自动化，最终实现全方位的无纸办公，成为未来发展的必然趋势。专门针对宾馆后台办公业务开发的应用软件目前在市面上有多种。其中 OA 办公系统比较常见，具备如下功能，如财务管理、人事管理、客户管理、即时通信等。

财务管理：酒店财务管理系统负责处理酒店收入支出，比如收支账录入、酒店出纳日报、月报、客人调账、房间押金、进货支出等。

人事管理：酒店人事管理系统主要负责处理人事事务，如酒店员工的招聘、酒店员工的信息录入，酒店员工的医疗社保，酒店员工的调岗，酒店员工的请假、辞职、加班等。

客户管理：酒店客户管理系统主要负责处理客户的信息，如客户入住时间、客户离开时间、客户消费记录、客户身份证、联系方式等信息。

即时通信：酒店即时通信管理系统主要是负责酒店内部员工的通信，如前台与服务员的联系，管理者与前台的联系等。

第二节　复印机的使用与管理

一、复印机简介

复印机是指静电复印机，它是一种利用静电技术进行文书复制的设备。复印机是从书写、绘制或印刷的原稿得到等倍、放大或缩小的复印品的设备。复印机属模拟方式，只能如实进行文献的复印。今后 OfficeMate 办公伙伴的复印机将向数字式复印机方向发展。数字式复印机使图像的存储、传输以及编辑排版（图像合成、信息追加或删减、局部放大或缩小、改错）等成为可能。它可以通过接口与计算机、文字处理机和其他微处理机相连，成为地区网络的重要组成部分。多功能化、彩色化、廉价和小型化、高速仍然是重要的发展方向。按工作原理，复印机可分为光化学复印、热敏复印、静电复印和数码激光复印四类。

（一）复印机的常用功能

1. 复印

复印功能是数码复合机的核心功能，可以彻底地取代普通复印机，作为办公中的复印设备，其复印性能和功能又远远超出传统的复印机，不仅复印内容可以存储，而且可以衍生出很多特色的复印功功能。例如缩放复印、海报复印、名片复印、组合复印等功能，可以帮助用户实现多种非常实用的文件复印功能。

2. 打印

打印虽然是复合机的一种延展功能，但可以完全作为打印机使用，其打印速度、打印质量、纸张处理能力、打印功能方面与打印机完全一致，而在打印负荷和单页打印成本方面甚至要优于普通的打印机，而且在保密打印、存储打印、网络打印等技术上与打印机领域保持了一致，即使在彩色发展潮流中，数码复合机与打印机领域也保持了同步，似乎没有理由将其排斥在打印领域之外。

3. 扫描

扫描功能同样是复印功能的一种延展，相较于普通的扫描仪，数码复合机的功能更加面向文档扫描，没有片面追求扫描分辨率和色深，但对于文档中的文字和图片扫描完全没有问题。其扫描速度、批量扫描能力、双面扫描能力又是普通扫描仪所无法比拟的。文档电子化：文档电子是数码复合机扫描功能的拓展，堆积如山的各种文档和票据保存和管理是很多办公室头痛的问题，利用数码复合机的扫描功能可以快速将这些文档电子化，以电子文件的方式保存在计算机中，分类、检索后再输出都非常方便，而且可以改善文件处理、传送流程，是提高办公效率的一个重要发展方向。文档电子化在欧美等发达国家的应用已经非常普及，国内在一些政府部门、行业、大型企业和一些现代办公室合机中。数码复合机配置了很强大的处理和存储能力，本身就是一个功能完备的文档处理设备，除了衍生的扫描，增加的打印、传真功能外，还可以利用自身的处理和控制能力，完善文档分拣、装订功能，小册子、海报等特色复印、打印功能，保密打印、权限打印等安全和管理功能。

4. 网络

网络最重要的一点是，数码复合机可以接入网络，与信息系统和办公系统融合，成为企业信息化系统的重要组成部分。数码复合机相较于普通复印机的另一大改变是人机交互能力的大大加强，大尺寸液晶显示屏、触摸输入方式的引入，使其本身成了一种高度智能化、可独立操作运行的信息处理终端。

二、复印机的使用

（一）注意事项

摆放复印机的环境要合适，要注意防高温、防尘、防震，还要注意放在不容易碰到水的地方。在复印机上不要放置太重的物品，避免上面板受到重压而变形，影响使用。最重要的是，要把复印机摆放到通风好的场合，因为复印机工作时候会产生微量臭氧，长期接触对操作人员的健康有害。市场上销售的复印机，使用的额定电压值通常在 200V 至 240V 间，额定频率为 50Hz，工作电流为 8A 左右。要是将复印机连接在电压太高或者太低的电源插座上时，可能会影响复印机的正常工作，甚至还能损坏复印机。另外连接在复印机上的电源插座，最好不要再连接其他设备，以免其他设备带电插拔时，会对复印机造成电流冲击，损坏复印机内部的工作电路。此外，与复印机相连的插座必须是三相的，而且电源线一定不能折不能压；在关闭复印机时，必须先关掉复印机控制面板上的电源，以后再将电源线拔除。

还要注意复印机的电源问题，一般复印机额定电压在200V至240V间，电源插座电压过高或者过低都会影响复印机的正常工作。无论插拔电源，还是排除卡纸故障等，都应该先关闭复印机的电源开关再操作，否则会缩短复印机使用寿命，造成故障。

合理预热对延长复印机使用寿命很有帮助，每天应该先对复印机预热半小时左右，使复印机内保持干燥。而且在长时间没有复印任务时，应该关掉复印机电源节省能耗，平时就应该让复印机工作在节能状态，避免因频繁启动预热对复印机的光学元件带来损害。复印零碎文件的时候，也应该将文件积累起来，达到一定数量后一次进行复印，有效地保护光学元件。

复印机每次工作之前，都要花费很长的时间来预热，一旦预热好后，就能持续工作了。如果要复印多份相同材料时，最好先将复印机工作模式设置为"连续复印"状态，并根据复印份数的多少，设置好连续复印的页数，以后直接执行控制面板上的"复印"命令，复印机就能自动地将所有份数自动复印出来，这样不但提高了工作效率，而且还能节省操作时间，这种连续复印的功能，特别适合复印大量相同文稿时使用。当然，即使复印的内容各不相同，或复印的份数很少时，也不应该即用即复，而应该将这些不同的任务搜集起来，等到足够多时，才集中开机，进行复印；如果你即用即复的话，将要频繁地启动复印机，而每次启动复印机，都会在一定程度上损伤复印机内部的光学器件，长期下去复印机的寿命可能会缩短。

随时注意耗材的剩余量，碳粉量不够发出警告时应该对复印机进行加粉，否则加粉不及时可能造成复印机故障，而且加粉的时候最好不要选择劣质墨粉，如果使用劣质墨粉会直接影响复印效果，而且会对复印机内部的硒鼓造成磨损。更为严重的是，千万要避免复印机内部掉落墨粉，如果这些粉尘落在复印机的工作电路板上，很容易造成电路短路损坏复印机。

通常复印机使用的墨粉，主要成分是碳，也有不少是由黏合剂和树脂组成，在复印即将完成的那一刻，墨粉会经摄氏200度左右的高温，被熔化到纸张纤维中，而其中的树脂成分将被氧化成一种刺激性气体，这种气体其实是我们常提到的臭氧。一般来说，正宗的墨粉中是没有致癌物质的，而如果你不小心选用了劣质墨粉时，其中会或多或少地存在一些对身体有害的物质；而且劣质墨粉会直接影响复印效果，导致复印件上底色加重，文稿色迹深浅不一；更为重要的是，劣质墨粉还会对复印机内部的硒鼓，造成持续磨损，要是复印机定影辊上沾有墨粉的话，往往还会在复印机内部生成粉尘，这些粉尘一旦落在复印机的工作电路板上的话，很容易出现短路现象，从而损坏复印机。

复印机的墨粉一旦用完，一般会在控制面板上出现相应的提示，要是不及时为复印机换墨的话，可能会对日后的复印效果造成影响，甚至会损坏复印机内部的碳粉盒，或者是感光鼓。所以，一旦发现复印机缺墨时，应该及时对复印机进行加粉，而且必须请专业的维修人员来加粉；当然，所使用的墨粉必须是复印机支持的，或者是原装正品墨粉，任何劣质墨粉或质量不高的墨粉，都将导致复印机在工作过程中产生许多废粉或粉尘，这些废粉或粉尘一旦掉落在复印机内部的工作电路板上，将会给复印机带来致命性的损伤。

在添加复印纸的时候要正确放置复印纸张，要使用平整的高质量的复印纸，纸盘内的纸不能超过复印机所允许放置的厚度。如果使用的纸张不标准或者厚度过厚，就容易出现一次进多纸、不进纸或卡纸的现象，严重的话会损坏内部的进纸装置。

复印纸的好坏，直接影响着最后的复印效果，因此选好纸张也是使用复印机过程中的很重要的一个环节。在挑选复印纸张之前，可以先测试一下该纸张能否在复印机中取得好的复印效果，要是效果不错的话，可以多买一些。此外，还有一点需要注意的是，选用的复印纸张，必须与复印机当前使用的墨粉相兼容，如果不兼容的话，可能会影响复印效果。

（二）技巧总结

1. 卡纸

对复印机要经常清洁保养，定期用脱脂棉擦拭搓纸轮，这样可以有效避免卡纸。使用时可选用离感光鼓近的纸盒，这样复印走纸过程就比较短，可以减少“卡纸”的概率。在复印底色较深的文件时，复印件容易呈扇状卡在出纸口，而使用复印机的消边功能，同样可以减少纸卡在出纸口的概率。

定影器卡纸主要原因：

（1）复印件太黑，前边留白边过少，导致卡纸；

（2）硅油添加过多引起纸卷到定影上辊；

（3）定影器导板上面有粉渣，纸张无法正常输送；

（4）定影器传感器杠杆过短或有异物，建议清洁或适当加长；

（5）如果定影器卡纸形状呈扇形，原因就是分离爪磨钝，建议更换

（6）定影上辊破皮后易引起沾粉，导致分离爪无法正确接触上定影辊导致卡纸；

（7）定影上下辊轴承磨损严重；

（8）定影组件负荷太重，建议用化油器或汽油清洁齿轮和各个轴承；

（9）定影传动齿轮及定影传动电机故障等；

（10）定影压力不平衡及劣质受潮的复印纸也会引起定影器卡纸。

2. 提高复印质量

要复印的稿件有时候色调深浅不一，一般情况下复印件颜色浅的地方不容易

看清楚。这就要根据实际情况，调节曝光量来获得最佳的复印效果。通常是以较浅的字迹为标准减小曝光量，加大显影浓度。而对于照片、图片等色调深的稿件则应减小显影浓度，加大曝光量。其具体的做法是可以将曝光窄缝板抽出，把光缝调宽，即可减小显影浓度，光缝调小可以加大显影浓度。

3. 复印双面稿件

有时候需要复印的是双面稿件，通常复印的时候会把反面的图案也透射到前面复印出来，造成复印件的失真。要解决这个问题最简单的办法就是在复印的时候，在原稿的上面再覆盖一张深色的纸张，这样就可以避免光线透射过去，防止将背面的图案也复印出来。

4. 其他技巧

如果被复印的文稿表面有污迹或其他痕迹时，那么复印后的文稿也会有痕迹存在，解决办法是将原稿表面上的污迹遮挡住，以改善复印效果。比较简便的办法是，用比污迹范围稍微大一些的白纸条，直接覆盖在污迹上面，同时确保小纸条边缘能与原稿表面紧密接触，尽量不要留有空隙，然后直接放到复印机中复印就可以了。此外，我们在复印一些较厚的文稿时，常常发现复印件上有阴影，这个时候可直接找一张白纸垫在被复印文稿的上面，就可以消除阴影了。如果复印的材料是一本书时，往往会在书本的两页间出现阴影，此时你不妨用白纸将目标复印区域以外的地方遮盖住，就能消除两页间的阴影了。

倘若你复印的文稿中，包含图像信息时，那么你必须先将复印机的显影浓度降低一些，然后将复印机中的曝光窄缝板移开，将光缝宽度调大一些，这样能够增大曝光量，提高复印效果。倘若被复印的文稿中，含有各种色调深浅不一的图像，就需要将曝光量适当降低一些，如此一来文稿中颜色浅的文字就能被清楚地复印出来了。在降低曝光量时，你只要将显影浓度调淡一些，就能达到目的了。

在复印文档材料时，你或许会经常遇到一些紧急的复印任务，例如在连续复印的过程中，突然有一份加急文稿需要复印，此时不妨按下控制面板中的“暂停”按钮，那么复印机会将当前处理的任务立刻停止下来，同时控制面板中的复印数量自动恢复为“1”，这个时候你可以重新设置复印份数，等到紧急任务处理完毕后，复印机立即回到持续工作状态，此时你再次按下“暂停”按钮，就能继续工作了。如果在复印机工作的过程中，希望取消当前的复印任务时，可以直接单击“停止”按钮。

三、复印机的管理

复印机是办公设备重要的一类，提倡主动维修，使机器的停机时间处于最短，从而获得最佳使用效率和价值。复印机、打印机、传真机、证卡机等是集光学、机械、电子技术为一体的精密办公设备，通过使用颗小的静电墨粉，利用静电原理，在感光材料上形成静电潜像，使微小的墨粉附在感光材料上，再将其转印到纸上从而得到需要副本。这个工序是利用静电的特性进行的。因此，在机器内部的传动部件、光学部件以及高压部件上容易附着纸屑、漂浮的墨粉等，虽然这些的存在只会影响复印的质量，但若放任不管，会增加机器的驱动负荷，妨碍热量的排除，说不定也可能是造成机器故障的原因。

（一）日常维护

复印机使用频率较高，所以如何有效维护复印机，尽量延长其使用寿命，就成为大家很关心的一个话题。一般来说，维护复印机应该注意以下的要点。

首先确保复印机工作在一个干净的环境中，让复印机远离灰尘的侵袭，同时也要让它远离水，另外不要在复印机上面板上放置太重的物品；其次，要注意不要让类似硬币、回形针或图钉之类的金属，掉入复印机内，以免这些金属接触到工作电路板，导致复印机内部电子元器件工作短路，从而损坏复印机；再次，无论在插拔电源、线缆，还是排除卡纸故障等，都必须将复印机电源切断后，再进行操作，要是带电操作的话，复印机的寿命将会不知不觉地被缩短；最后，在清洁复印机时，请不要使用化学溶剂，也不要使用质地比较硬的湿布，更不要使用类似面巾纸之类的纸制品，以免将纸屑残留在复印机里。

在复印机中硒鼓是一种比较昂贵的耗材，倘若你想降低复印机的使用成本，那就一定要小心保管好硒鼓。另外，保护好硒鼓，对复印机最终的复印效果也有帮助。当需要从复印机中拿出碳粉盒时，考虑到硒鼓对太阳光线比较敏感，必须将硒鼓妥善地放置到阴暗的地方，此外为了避免弄脏硒鼓表面，还必须将其放在干净、平整的位置处，而且不能用手去触摸硒鼓，因为手上的油脂可能会永久地破坏硒鼓表面，从而影响复印效果。还有一点需要注意的是，如果在取出硒鼓时，发现复印机内部有许多废粉存在的话，必须及时将其清理掉，再接通电源进行工作。

以上各方面是我们搜寻和总结的一些快捷准确使用复印机的基础知识，掌握了这些与复印机相关的使用技巧，对提高工作效率会有所帮助。

（二）清洁保养

在复印机的运行过程中，经常会受到来自复印机内部和外部的灰尘等杂物的侵害，造成复印品质变差和运行故障。光学系统中的杂物会造成复印件底灰较重，出现黑色斑点，机械系统中的杂物会造成卡纸、复印件出现污迹等问题。因此，在日常工作中，我们要注意复印机的清洁保养。

1. 稿台玻璃的清洁

由于稿台玻璃容易受到稿件和手的玷污，同时也容易被划伤，所以应定期清洁保养才能保证良好的复印效果。在工作中要避免用手直接接触稿台玻璃，如有装订，应将原稿上的大头针、曲别针、订书钉等拆掉，并放在指定位置。涂改后的原件一定要等到涂改液干了以后再复印。清洁稿台玻璃时，应避免用有机溶剂擦拭，因为稿台玻璃上涂有透光涂层和导电涂层，这些涂层不溶于水，而溶于有机物质。

2. 盖板的清洁

由于接触各种原稿和被手抚摸，洁白的塑料衬里或传送带会变黑，造成复印件的边角出现黑色污迹。用棉纱布蘸些洗涤剂反复擦拭，然后用清水擦拭，再擦干即可。注意：不要用酒精、乙醚等有机溶剂擦拭。

3. 更换部件

在复印到一定张数后，复印机的易耗性零件（如：清洁刮片、电极丝、分离爪、搓纸轮等，这些零件在保修期内也不属于免费提供）由于磨损，可能需要进行必要的更换，而这类维修及零备件费用的支出，是正常的，不应认为是设备的质量问题。

4. 清除废旧墨筒

小心地清除废旧墨筒，以防墨粉充斥在空气中，过多地被人体吸入。

5. 电路系统

电路系统因长时间在高压下工作，吸附了大量的粉尘，从而造成电子元件间的电阻率降低，引起电流击穿电子元件，烧毁线路板。以下部分的清洁工作应由专业技术人员进行：光学系统的清洁、机械系统的清洁、进纸系统的清洁、出纸系统的清洁。

第三节　打印机的使用与管理

一、打印机简介

打印机（Printer）是计算机的输出设备之一，用于将计算机处理结果打印在相关介质上。衡量打印机好坏的指标有三项：打印分辨率，打印速度和噪声。

（一）打印机的分类

（1）按打印元件对纸是否有击打动作：打击式打印机与非击打式打印机。

（2）按打印字符结构：全形字打印机和点阵字符打印机。

（3）按一行字在纸上形成的方式：串式打印机与行式打印机。

（4）按所采用的技术：柱形、球形、喷墨式、热敏式、激光式、静电式、磁式、发光二极管式等打印机。

（5）按工作方式：分为针式打印机，喷墨式打印机，激光打印机等。

（6）按用途：办公和事务通用打印机。

（二）衡量打印机的主要技术参数

1. 分辨率

分辨率是衡量打印机质量的一项重要技术指标。打印机分辨率一般指最大分辨率，分辨率越大，打印质量越好。由于分辨率对输出质量有重要影响，因而打印机通常是以分辨率（Resolution）的高低来衡量其档次的。计算单位是 DPI（Dot Per lnch），其含义是指每英寸内打印的点数。例如一台打印机的分辨率是 600DPI，这就意味着其打印输出每英寸打 600 个点。DPI 值越高，打印输出的效果越精细，越逼真，当然输出时间也就越长，售价越贵。

一般针式打印机的分辨率是 180DPI，高的达 360DPI；喷墨打印机为 720DPI，稍高的为 1440DPI，近期推出的喷墨打印机分辨率高的达到了 2880DPI；激光打印机为 300DPI、600DPI，高的为 1200DPI，甚至于 2400DPI。染料升华式热转印打印机分辨率高达 1800DPI。按理说，分辨率（Resolusion）应该为单位长（宽）度内能实现的可分辨出的点（线条）数，只有如此才能表明打印出的图文的精细程度。若某打印机在 1mm 宽度内能打印 10 条可分辨出的线条，而不是漆黑一片，就可称该打印机的分辨率为 10 线/mm，相当于 254DPI，然而当前分辨率的概念是“在单位长（宽）度内能打印的点（线条数）”。不强调视觉上能否分辨清楚，也即无“分辨”性可言了。这只是数学上的“分解”，不管物理上点的大小了，这样的“分辨率”实际上为点密度。另一条一英寸长的横线，某打印机用连续的 360 个点横向打印完成，即称该打印机的横向分辨率为 360DPI。哪怕每个点的直径为 0.2mm（24 针式打印机的针径）也可如此相称。若用点径只有 50μm 的喷墨印字机，以同样的 DPI 打印，两者相比，效果则大相径庭。

鉴于这样的状况，特别要提醒用户必须注意的问题是即使在同样的分辨率指标下，不同产品的打印机，即使功能相同，打印出的效果也会相差很大，因为如上所述打印质量与单点大小有关。更进一步说，打印质量还与单点的色彩饱和度，点和定位精度，基至点的形状有关。

2. 打印幅面

打印幅面是衡量打印机输出文图页面大小的指标。

针式打印机中一般给出行宽，用一行中能打印多少字符（字符/行或列/行）表示。常用的打印机有 80 列和 132/136 列两种。

激光打印机常用单页纸的规格表示，它打印幅面可以将打印机分为 A3、A4、A5 等幅面打印机。打印机的打印幅面越大，打印的范围越大。

喷墨打印机也常用单页纸的规格表示。通常喷墨打印机的打印幅面为 A3 或 A4 大小。有的喷墨打印机也使用行宽表示打印幅面。

3. 首页输出时间

这是激光打印机特有的术语，即在执行打印命令后，多长时间可以输出打印的第一页内容，一般的激光打印机在15秒内都可以完成首页的输出工作，测试的基准为300dpi的打印分辨率，A4打印幅面，5%的打印覆盖率，黑白打印。

4. 介质类型

打印机所能打印的介质类型。

激光打印机可以处理的介质为：普通打印纸、信封、投影胶片、明信片等。

喷墨打印机可以处理的介质为：普通纸、喷墨纸、光面照片纸、专业照片纸、高光照相胶片、光面卡片纸、T恤转印介质、信封、透明胶片、条幅纸等。

针式打印机可以处理的介质为：普通打印纸、信封、蜡纸等。

5. 纸张厚度

它给出可以打印纸张的最大厚度。单位：g/m2。

6. 装纸容量

装纸容量是指一次可装入的单页纸张数。这里的容量是指打印机所能提供的标准纸张输入容量，包括多用途纸盒和标准输入纸盒的总容量。

7. 字符种类

字符种类是指打印机可输出打印哪几种字符（包括汉字），这些字符可采用哪几种字体输出打印。

8. 输入数据缓冲区

为了提高打印机的速度，应要求输入数据缓冲区足够大。24针打印机的缓冲区一般在（2～40）KB，也有大至128KB的；喷墨打印机在（10～64）KB；激光打印机在（1～8）MB，有的可扩大到66MB。

9. 回车时间

指串行打印机打满一行字符（汉字）后，字车从右端位置返回到左端初始位置（Home）所需的时间。行宽越长，回车时间越长。回车时间越短，打印速度越快。

10. 换行时间

指串行打印机从当前打印换到下一行所需的时间。行距越大，换行时间越长。换行时间越短，打印速度越快。

11. 打印方式

（1）图形打印方式：由计算机送给打印机的是汉字的点阵编码信息，用点阵编码打印的方式称为图形打印方式。这种方式打印汉字，每个汉字需要72个字节（24X24点阵），因而采用图形打印方式打印速度慢。

（2）文本打印方式：从计算机送往打印机的不再是汉字点阵信息，而是国家标准的内码，打印机再从汉字库中取出点阵信息进行汉字打印。每个汉字内码只占用两个字节，因而采用文本打印方式打印速度快。

（3）高速打印方式：高速打印方式是用于草体（即Draft）结构打印。为适应高速打印适当降低厂打印质量。

（4）高密打印方式：高密打印方式是用于书写体结构打印。降低打印速度，但打印质量高。

12. 图形打印模式

图形打印模式是指横向以点密度所能打印点阵图形的方式。

13. 网络功能

网络功能是指激光打印机是否支持局域网内共同使用，支持该功能的激光打印机不仅可以帮助用户提高效率，而且节省用户采购设备的开支。由于激光打印机主要应用在公司、企业或机关单位，所以激光打印机在网络功能支持方面的性能也是不能忽视。所谓网络性能主要包括激光打印机在进行网络打印时所能达到的处理速度，激光打印机在网络上的安装操作方便程度，对其他网络设备的兼容情况，以及网络管理控制功能等。选择带有网络功能的激光打印机时，我们应尽量去挑选能很好地和各种设备进行兼容使用、可以支持各种网络操作系统的激光打印机作为网络打印机。

（三）代表性的打印机

喷墨打印机：因其有着良好的打印效果与较低价位的优点因而占领了广大中低端市场。此外喷墨打印机还具有更为灵活的纸张处理能力，在打印介质的选择上，喷墨打印机也具有一定的优势：既可以打印信封、信纸等普通介质，还可以打印各种胶片、照片纸、光盘封面、卷纸、T恤转印纸等特殊介质，在下文中将作重点的介绍。

1. 激光打印机

激光打印机则是高科技发展的一种新产物，也是有望代替喷墨打印机的一种机型，分为黑白和彩色两种，它为我们提供了更高质量、更快速、更低成本的打印方式。其中低端黑白激光打印机的价格已经降到了几百元，达到了普通用户可以接受的水平。它的打印原理是利用光栅图像处理器产生要打印页面的位图，然后将其转换为电信号等一系列的脉冲送往激光发射器，在这一系列脉冲的控制下，激光被有规律的放出。与此同时，反射光束被接收的感光鼓所感光。激光发射时就产生一个点，激光不发射时就是空白，这样就在接收器上印出一行点来。然后接收器转动一小段固定的距离继续重复上述操作。当纸张经过感光鼓时，鼓上的着色剂就会转移到纸上，印成了页面的位图。最后当纸张经过一对加热辊后，着色剂被加热熔化，固定在了纸上，就完成打印的全过程，这整个过程准确而且高效。虽然激光打印机的价格要比喷墨打印机昂贵得多，但从单页的打印成本上讲，激光打印机则要便宜很多，而彩色激光打印机的价位一般都在2000元左右。

2. 针式打印机

针式打印机在打印机历史的很长一段时间上曾经占有着重要的地位，从9针到24针，可以说针式打印机的历史贯穿着这几十年的始终。针式打印机之所以在很长的一段时间内能长时间地流行不衰，与它极低的打印成本和很好的易用性以及单据打印的特殊用途是分不开的。当然，它很低的打印质量、很大的工作噪声也是它无法适应高质量、高速度的商用打印需要的根结，所以现在只有在银行、超市等用于票单打印的很少的地方还可以看见它的踪迹。

二、打印机的使用

（一）使用一般流程

打印机的安装一般分为两个部分：一个是打印机跟电脑的连接；另一个就是在操作系统里面安装打印机的驱动程序。如果是安装USB接口的打印机，安装时在不关闭电脑主机和打印机的情况下，直接把打印机的USB连线一头接打印机，另一头连接到电脑的USB接口就可以了。

按照上面的步骤把打印机跟电脑连接好之后，先打开打印机电源，再打开电脑开关。

进入操作系统后，系统会提示发现一个打印机，系统要安装打印机的驱动程序才可以使用打印机。有的操作系统（比如Windows 7）自己带有许多打印机的驱动程序，可以自动安装很多常见的打印机驱动。如果操作系统没有这款打印机的驱动，需要把打印机附带的驱动盘（软盘或光盘）放到电脑里面，再根据系统提示进行安装。

如果打印机直接连接在本地电脑上，就选择本地打印机；如果打印机不是连接在本地电脑上，而是连接在其他电脑上（本地电脑通过网络使用其他电脑上的打印机），那么就选择其他打印机。下文介绍的是选择本地打印机。单击后，系统会提供打印机的制造厂商和打印机型号的列表，可以使用Windows操作系统提供的打印驱动程序，在列表中选择打印机的驱动程序，然后单击即可。如果列表里面没有这一款打印机的驱动，可以安装打印机中附带的由厂商提供的驱动程序，如果操作系统是Windows 2000/XP，当把USB打印机的连线插到电脑的USB接口上后，系统会提示找到一个新的打印机，按照提示把驱动光盘放到光驱里面，单击“确定”按钮，此时系统开始搜索打印机的驱动程序，待系统找到打印机的驱动程序，再单击“确定”按钮，此时系统开始从光盘拷贝文件，安装驱动程序，最后提示安装完成，单击“完成”按钮即可。

将打印机连接至主机，打开打印机电源，通过主机的“控制面板”进入到“打印机和传真”文件夹，在空白处单击鼠标右键，选择“添加打印机”命令，打开添加打印机向导窗口，选择“连接到此计算机的本地打印机”，并勾选“自动检测并安装即插即用的打印机”复选框。

此时主机将会进行新打印机的检测，很快便会发现已经连接好的打印机，根据提示将打印机附带的驱动程序光盘放入光驱中，安装好打印机的驱动程序后，在“打印机和传真”文件夹内便会出现该打印机的图标了。

在新安装的打印机图标上单击鼠标右键，选择“共享”命令，打开打印机的属性对话框，切换至“共享”选项卡，选择“共享这台打印机”，并在“共享名”输入框中填入需要共享的名称，例如 CompaqIJ，单击“确定”按钮即可完成共享的设定。

（二）耗材

原装耗材、通用耗材、兼容耗材分为国产和进口，种类有硒鼓、墨盒、碳粉、色带等。根据打印机的种类各归其主。

按打印机类型分，打印机耗材大概可以有如下分类：

针式打印机，色带。针式打印机色带，分宽带和窄带。部分色带可以单独更换，部分色带须连色带架一起更换。可以根据需要，更换不同颜色的色带。

激光打印机，墨粉、硒鼓。有些激光打印机的墨粉和硒鼓是可以分离的，墨粉用完后，可以方便地填充墨粉，然后继续使用，直到硒鼓老化更换；有些激光打印机墨粉和硒鼓是一体的，墨粉用完后，硒鼓要弃掉，造成一定的浪费。硒鼓的成本占整机成本很大一部分。

喷墨打印机，墨水、一体式墨盒。喷墨打印机，根据打印色不同，有 4 种颜色、5 种颜色、6 种颜色等几种，打印机墨水一般可以单独更换其中一种颜色的墨水，而不必像早年的喷墨打印机，只要其中一种颜色的墨水用完了，就要连同余下的颜色一起换掉，造成浪费。有些打印机墨水用完后，只要换用完的墨水，打印喷头可以永久使用。这种打印机好处是，换墨水的成本较低，不足之处是如果打印头多次使用后，打印质量会有所下降，也容易出现堵塞喷嘴的问题，严重的话打印机也会受到损坏；有些打印机喷嘴和墨盒是一体的，更换墨盒时，连同墨盒底部的喷嘴也一同被换下来，这种墨盒的成本比较贵，好处是这种打印机不会出现喷嘴堵塞的问题，如果堵塞的话，换掉墨盒后，打印机还能用，打印质量可以保持精美。

相对而言，色带的使用成本最低，不足之处是打印效果不理想，不能打彩色图文；激光打印机墨粉和硒鼓，使用成本最贵，打印精度最高，但打印彩色效果不如喷墨打印机；喷墨打印机墨水和墨盒，使用成本适中，打印彩色效果最好，打印精度较高，但一般喷墨彩色保持不及激光耐久，时间长容易褪色，受潮易化。

三、打印机的维护与管理

（一）清洁与维护

由于打印机内部的部件比较精密，即使是普通的擦拭或者加润滑油都有可能会对打印质量产生不可低估的影响，所以内部的清理一定要谨慎小心，现列出以下可以清洗的部件，供大家参考。

墨粉保护装置：打印机的墨盒都会有一些衬垫，它们的作用是在传输纸张的滚筒系统中吸收过剩的墨粉。用户可以把它从机器中取出，用手工的方式进行清理。一般在新的墨盒中也会包含一个新的衬垫。

送纸滚筒：它们是打印机的传送部分，将纸张从纸槽拖曳到打印机的内部，但在这个过程中，纸张上的油和灰尘也会在滚筒上沉淀，长时间不清洗就会导致卡纸和送纸错误，这也是打印机最容易出现的故障。在这里，我们可以用酒精泡过的棉花团或湿布清洗。此外；在一些办公设备专业用品商店有专门的滚筒清洁器。

冠状电线：灰尘的沉淀会影响静电的使用效率（特别是对于一些老式的激光打印机影响尤其严重）。

通风口：与计算机内部相似，许多激光打印机内部也有内部风扇，常年的工作会被灰尘和污物阻塞，必须定期清理通风口和风扇的叶片，保持打印机内部的空气流动。

以上是激光打印机内部可以清洗的部件，但一定要注意：由于激光打印机都是使用高热的方法将墨粉吸附到纸张上。所以切记不要在刚刚完成打印机任务时进行打印机的清洗工作，并且注意所有带有温度警告标志的部件。在一些办公用品商店我们还可以看到一些专门的激光打印机的“清洁纸”出售，它们表面覆盖有特殊的纸张，可以吸附打印机纸张通路中的灰尘和过剩的墨粉，同时因为它们会经过完整的打印过程，所以对于打印机内部的清洗也是最彻底的。

外部清洗：一般用户在清理计算机硬件的外表面时可以使用清洗汽车内部时使用的清洁/保护喷雾剂，这种产品可以帮助减少静电，对于塑料的表面比较安全。可以将清洁剂喷在柔软的布上，然后用它擦拭设备的外壳（注意不要将喷雾剂喷入机器内部），同时，在清洗打印机外部的时候，我们也可以在空气出口、风扇通道和纸槽中吹入压缩空气，来清除灰尘和污物。

打印机虽然算不上是娇贵的产品，但由于长期处于高温的环境下，定期的清洗与维护可以有效地延长它的寿命。一般一个月对外部进行一次清洗，两个月对内部进行一次清洗，可以大大提高打印机的工作效率，何乐而不为呢？

如果你使用的是一台喷墨打印机，以下的清洗技巧会对你帮助很大：

（1）首先，无论任何时候清洗打印机，都要确保打印机处于断电情况，否则，在清洗打印机的时候你也许会碰到意外。

（2）处理打印机残留的墨水斑点和污点，用棉布蘸少许酒精或清水清洗送纸轴，确保所蘸的液体不会被棉布或送纸轴吸收，否则打印机将会被腐蚀或破坏。

（3）以防万一，如果你使用酒精、清水和棉布不太方便时，有一个小技巧，就是你可以在打印纸上洒少许液体，然后将纸放到打印机里再按下送纸键，如此反复多次，可起到清洗送纸轴的作用。

(4) 千万不要用吸尘器清理打印机内的灰尘，这样做会彻底地将打印机毁坏，最好的方法是可以使用打印机自带的自动清洗功能。

(5) 用柔软的棉布清洗打印机的墨盒，蘸少量酒精轻轻擦拭滚轮，太用力地擦洗反而起不到清洗的作用。

（二）清洗维护技巧

清洗激光打印机的方法和清洗喷墨打印机的方法是不同的，下面是一些清洗的技巧：

(1) 首先取出碳粉盒。

(2) 可以用碳粉真空吸尘器来清理打印机内部的残余碳粉，碳粉真空吸尘器的价格大概是 300 美金，但是清理效果远远优于普通的真空吸尘器。

(3) 可以使用软布来去除激光碳粉颗粒，并且用软布可以清除碳粉真空吸尘器没有去掉的颗粒。

(4) 清洗冠状电线，它们是在打印机内部用来传送静电的专门电线。静电是用来将墨粉吸引到纸张的，但是灰尘的沉淀会影响静电的使用效率（特别是对于一些老式的激光打印机影响尤其严重）。用户可以使用棉布将灰尘轻轻擦去，但是请不要使用酒精或者其他溶剂，它们会影响打印机的效果，一般在老式激光打印机当中，冠状电线在打印机内部是裸露的。如果找不到，打印机手册中会指明它们的位置。

(5) 重新把碳粉盒插入电脑，启动打印机检查清洗后打印机是否还能正常工作。

不同的类型的打印机有不同的清洗技巧，应了解这些技巧，以防止在清洗的过程中遇到不必要的麻烦。此外，可以注意看一下打印机的产品说明书，上面也会提供一些清洗的实用技巧。

（三）注意事项

万一打印机产生发热、冒烟、有异味，有异常声音等情况，请马上切断电源与信息人员联系。

打印机上禁止放其他物品。打印机长时间不用时，请把电源插头从电源插座中拔出。

为防万一，当附近打雷时，将电源插头从插座中拔出。如果插着的话，机器有可能会受到损坏。

打印纸及色带盒未设置时，禁止打印。打印头和打印辊会受到损伤。

打印头处于高温状态。在温度下降之前禁止接触；防止烫伤，受伤。

请勿触摸打印电缆接头及打印头的金属部分。打印头工作的时候，不可触摸打印头。

打印头工作的时候，禁止切断电源。

请不要随意拆卸、搬动、拖动，如有故障，请与信息人员联系。

禁止异物（订书针、金属片、液体等）进入本机，否则会造成触电或机器故障。

在确保打印机电源正常、数据线和计算机连接时方可开机。

打印机在打印的时候请勿搬动、拖动、关闭打印机电源。

在打印量过大时，应让打印量保持在 30 份以内使打印机休息 5～10 分钟，以免打印机过热而损坏。

在打印的时候，不允许使用厚度过高（超过 80g）的纸、不允许使用有皱纹、折叠过的纸。

（四）故障处理

1. 常见故障

（1）打印机不能自动重新换行故障。当打印机在打印过程中，无法自动重新换行时，打印工作则不能完成，可以通过修改注册表来解决问题。

解决办法：在打开的注册表编辑器窗口中展开“HKEY _ LOCAL _ MACHINE \ Software \ Policies \ Microsoft \ Windows NT \ Printers”子键，将“PruneDownlevel”值改为“2”。重启电脑后，故障消失。

（2）打印时墨迹稀少，字迹无法辨认的故障。该故障多数是由于打印机长期未用或其他原因，造成墨水输送系统障碍或喷头堵塞。如果喷头堵塞得不是很厉害，那么直接执行打印机上的清洗操作即可。如果多次清洗后仍没有效果，则可以拿下墨盒（对于墨盒喷嘴非一体的打印机，需要拿下喷嘴，但需要仔细），把喷嘴放在温水中浸泡一会，注意，一定不要把电路板部分也浸在水中，否则后果不堪设想，用吸水纸吸走沾有的水滴，装上后再清洗几次喷嘴就可以了。

（3）更换新墨盒后，打印机在开机时面板上的 \ 墨尽 \ 灯亮的处理。正常情况下，当墨水已用完时 \ “墨尽” \ 灯才会亮。更换新墨盒后，打印机面板上的 \ “墨尽” \ 灯还亮，发生这种故障，一是有可能墨盒未装好。另一种可能是在关机状态下自行拿下旧墨盒，更换上新的墨盒。因为重新更换墨盒后，打印机将对墨水输送系统进行充墨，而这一过程在关机状态下将无法进行，打印机无法检测到重新安装上的墨盒。另外，有些打印机对墨水容量的计量是使用打印机内部的电子计数器来进行计数的（特别是在对彩色墨水使用量的统计上），当该计数器达到一定值时，打印机判断墨水用尽，而在墨盒更换过程中，打印机将对其内部的电子计数器进行复位，从而确认安装了新的墨盒。

解决方法：打开电源，将打印头移动到墨盒更换位置。将墨盒安装好后，让打印机进行充墨，充墨过程结束后，故障排除。

2. 故障原因

引起打印机故障的原因有很多种，有打印机方面的，也有计算机方面的。以下分别进行介绍：

检查打印机是否处于联机状态。在大多数打印机上“OnLine”按钮旁边都有一个指示联机状态的灯，正常情况下该联机灯应处于常亮状态。如果该指示灯不亮或处于闪烁状态，则说明联机不正常，重点检查打印机电源是否接通、打印机电源开关是否打开、打印机电缆是否正确连接等。如果联机指示灯正常，关掉打印机，然后再打开，看打印测试页是否正常。

检查打印机是否已设置为默认打印机。点击“开始/设置/打印机”，检查当前使用的打印机图标上是否有一黑色的小钩，然后将打印机设置为默认打印机。如果“打印机”窗口中没有使用的打印机，则点击“添加打印机”图标，然后根据提示进行安装。

检查当前打印机是否已设置为暂停打印。方法是在“打印机”窗口中用右键单击打印机图标，在出现的下拉菜单中检查“暂停打印”选项上是否有一小钩，如果选中了“暂停打印”请取消该选项。

在“记事本”中随便键入一些文字，然后单击“文件”菜单上的“打印”。如果能够打印测试文档，则说明使用的打印程序有问题，重点检查 WPS、CCED、Word 或其他应用程序是否选择了正确的打印机，如果是应用程序生成的打印文件，请检查应用程序生成的打印输出是否正确。

检查计算机的硬盘剩余空间是否过小。如果硬盘的可用空间低于 10MB 则无法打印，检查方法是在“我的电脑”中用右键单击安装 Windows 的硬盘图标，选择“属性”，在“常规”选项卡中检查硬盘空间，如果硬盘剩余空间低于 10MB，则必须清空“回收站”，删除硬盘上的临时文件、过期或不再使用的文件，以释放更多的空间。

检查打印机驱动程序是否合适以及打印配置是否正确。在“打印机属性”窗口中“详细资料”选项中检查以下内容：在“打印到以下端口”选择框中，检查打印机端口设置是否正确，最常用的端口为“LPT1（打印机端口）”，但是有些打印机却要求使用其他端口；如果不能打印大型文件，则应重点检查“超时设置”栏目的各项“超时设置”值，此选项仅对直接与计算机相连的打印机有效，使用网络打印机时则无效。

检查计算机的 BIOS 设置中打印机端口是否打开。BIOS 中打印机使用端口应设置为“Enable”，有些打印机不支持 ECP 类型的打印端口信号，应将打印端口设置为“Normal、ECP＋EPP”方式。

检查计算机中是否存在病毒，若有需要用杀毒软件进行杀毒。

检查打印机驱动程序是否已损坏。可用右键单击打印机图标，选择“删除”，然后双击“添加打印机”，重新安装打印机驱动程序。

检查打印机墨粉盒、色带或碳粉盒是否有效，如无效，则不能打印。

第四节　传真机的使用与管理

一、关于传真机

传真机是应用扫描和光电变换技术，把文件、图表、照片等静止图像转换成电信号，传送到接收端，以记录形式进行复制的通信设备。

传真机将需发送的原件按照规定的顺序，通过光学扫描系统分解成许多微小单元（称为像素），然后将这些微小单元的亮度信息由光电变换器件顺序转变成电信号，经放大、编码或调制后送至信道。接收机将收到的信号放大、解码或解调后，按照与发送机相同的扫描速度和顺序，以记录形式复制出原件的副本。

（一）传真机的种类

传真机按其传送色彩，可分为黑白传真机和按占用频带可分为窄带传真机（占用一个话路频带）、宽带传真机（占用 12 个话路、60 个话路或更宽的频带）。占用 1 个话路的文件传真机，按照不同的传输速度和调制方式可分为以下几类：①采用双边带调制技术，每页（16 开）传送速度约 6 分钟的，称为一类机；②采用频带压缩技术，每页传送速度约 3 分钟的，称为二类机；③采用减少信源多余度的数字处理技术，每页传送速度约 1 分钟的，称为三类机；④将可与计算机并网、能储存信息、传送速度接近于实时的传真机，定为四类机。按用途可分为气象图传真机、相片传真机、文件传真机、报纸传真机等。记录方式多用电解、电磁、烧灼、照相、感热和静电记录等。传真机的种类比较多，分类方法也各不相同。按照它的用途，一般可分为以下几种：相片传真机、报纸传真机、气象传真机、彩色传真机、文件传真机。市场上常见的传真机按工作原理可以分为四大类：

1. 热敏纸传真机（也称为卷筒纸传真机）

热敏纸传真机（也称为卷筒纸传真机）：热敏纸传真机是通过热敏打印头将打印介质上的热敏材料熔化变色，生成所需的文字和图形。热转印从热敏技术发展而来，它通过加热转印色带，使涂敷于色带上的墨转印到纸上形成图像。最常见的传真机中应用的是热敏打印方式。

2. 激光式普通纸传真机（也称为激光一体机）

激光式普通纸传真机（也称为激光一体机）：激光式普通纸传真机是利用碳

粉附着在纸上而成像的一种传真机，其工作原理主要是利用机体内控制激光束的一个硒鼓，凭借控制激光束的开启和关闭，从而在硒鼓产生带电荷的图像区，此时传真机内部的碳粉会受到电荷的吸引而附着在纸上，形成文字或图像图形。

3. 喷墨式普通纸传真机（也称为喷墨一体机）

喷墨式普通纸传真机（也称为喷墨一体机）：喷墨式传真机的工作原理与点矩阵式列印相似，是由步进马达带动喷墨头左右移动，把从喷墨头中喷出的墨水依序喷布在普通纸上完成列印的工作。

4. 热转印式普通纸传真机

传真机的工作原理很简单，即先扫描即将需要发送的文件并转化为一系列黑白点信息，该信息再转化为声频信号并通过传统电话线进行传送。接收方的传真机“听到”信号后，会将相应的点信息打印出来，这样，接收方就会收到一份原发送文件的复印件。

但是四种传真机在接收到信号后的打印方式是不同的，他们的工作原理的区别也基本上在这些方面。

（二）传真机主要技术参数

目前，市场上的传真机种类有很多，既有国产的，也有进口的，要选购一台适合自己使用的传真机，首先应从用途及功能上进行选择。是家用，还是办公用？传真量大还是小？是否要录音？是否要普通纸？是否要多合一等。因为每增加一个功能就要增加购买成本，所以要结合自己实际使用情况，选一款性能价格比最适合自己的传真机。

第一，传真机的速率。如果有大量的国际业务传真，那么高速传真机可节省大量的通信费用。

第二，确定传真机传输和接收的幅宽。大多数传真机传送的都是 A4 幅宽，但很多文件会因幅面的限制而无法传送。如果经常有宽幅的文稿传送，就需要选择 B4 甚至 A3 的传真机。

第三，要确定文件传送的质量要求。目前一般传真机的扫描密度大多为 7.7 线/mm 的粗细型，只能传送大字体的文件；如果文件字体很小，就无法分辨了，选择 15.4 线/mm 超粗细型的传真机，可以解决此类问题。

第四，确定是否采用普通纸接收的传真机。这是很重要一点，由于热敏纸无法长期保存，所以普通纸传真机就有明显优势，但其成本也相对较高。

二、传真机的使用

使用前请仔细阅读使用说明书，正确地安装好机器，包括检查电源线是否正常、接地是否良好。机器应避免在有灰尘、高温、日照的环境中使用。

有些芯线如松下 V40、V60，夏普 145、245 等用的是 4 芯线而有的用的是 3

芯线，这两种连接如错误，则传真机无法正常通信。

(1) 线路通信质量的简单判断：当线路通信质量差时，进行传真可能会引起文件内容部分丢失，字体压缩或通信线路中断。

(2) 判断方法：摘机后听拨号音是否有异常杂音，如“滋滋”声或“咔咔”声。

记录纸的安装：记录纸有两种，传真纸（热敏纸）和普通纸（一般为复印纸）。

(1) 热敏纸原理：在基纸上涂上一层化学涂料，常温下无色，受热后变为黑色，所以热敏纸有正反面区别，安装时须依据机器的示意图进行。例如新机器出现复印全白时，故障原因可能是原稿放反或热敏纸放反。

(2) 普通复印纸的选择：普通纸传真机容易出现卡纸故障，多数由于纸质量引起。一般推荐纸张重量为80g/平方米，并且要干燥。特别是佳能B110、B150、B200，三星SF4100机型。

三星系列某些机型带有语言芯片录音功能：该功能须一节安装于机内的9V叠层电池支持工作，如传真机工作电源断开后，该电池独立工作20小时后电量将被放尽，面板液晶显示“无电池”或“请更换电池”，因此建议该种机型24小时连续加电工作。

卡纸的处理：

(1) 原稿卡纸，如显示“DOCUMENTJAM”等。如强行将原稿抽出，易引起进纸机构损坏（如三洋117、217等会显示“MACHINEERROR”）。解决方法：掀开面板，将原稿抽出或将面板下自动分页器弹簧掀开（详见各机器使用说明书）将纸取出。

(2) 记录纸卡纸，故障原因是记录纸安装不正确、纸质量差、切纸刀故障。解决方法：①正确安装记录纸；②选用高质量记录纸；③对于切纸刀引起的卡纸，打开记录纸舱盖时不能过于用力。如打不开，则可以将机器断电后再加电，一般问题可以解决，切记不可强行打开，否则极易引起切纸刀损坏，如松下V40、V60等。

接收传真正常，复印、发传真时有竖直黑条。一般为扫描头脏引起（如涂改液、公章印）。解决方法：用软布或棉花蘸酒精液轻轻将扫描头上赃物擦去。

一些高档传真机可以将文件及多家接收方的电话号码存储，然后自动依次拨通分组内的电话号码（多个地址），分别发送，不用用户一个一个地拨号码发送，节省了大量的拨号时间，提高了办公效率，发送的结果情况（是否发送成功）可以打印出来，也叫“广播发送”和“多站发送”。

传真机就像人一样，工作了一段时间后就要写总结，写报告，反馈意见等，而传真机反馈的是一些信息和传真机其他的一些系统信息，包括出错报告、日志报告、系统配置报告、功能列表、存储号码列表、安装帮助，这就是报告/参考系统。

出错报告：在传真发送或接收失败后传真机显示的相关错误信息，它可以帮助用户找到传真机工作失败的原因，正确地重新发送或者接收传真。日志报告：传真机在收发一定次数的文件后，将机器记录的工作结果打印出来，又称工作报告。这个报告对统计发送的文件相当有用处。大部分的传真机都具有这两项报告，而其他的报告并不是所有的传真机都支持。

快速拨号：为了节省时间，不用记大量的传真号，一般都设置了一些比较快捷的拨号方法，大大方便了拨号，大致上有单触式快速拨号、编码式快速拨号等几种快速拨号方式。

单触式快速拨号：传真机可以将一些常用的电话号码存储，并用一按键来代替号码，这就像现在的手机的快速拨号功能，拨号时只需按一下这个键即可拨号。编码式快速拨号：传真机将常用的电话号码编成一系列的代码以取代电话号码的拨号方式，又称链式拨号，例如拨 IP 卡，将服务号码存在一个快捷键中，将卡号存在另一个快捷键，将密码存在第三个快捷键中，这样一次通话拨三次快捷键即可。一般快速拨号都有其支持的最大数目，当然支持的最大数目越大，也就更方便快捷。

网上传真机：直接在计算机的网页上发送传真给任意本地传真机（通过代理服务商）。您可以输入任意中文或西文信息，收件人的传真号码可以是任意的本地传真号码。随着 Internet 的不断伸延，网络的触端遍及各个地方，网上传真机将不断发展。

印章发送：这里的印章是指传真机发送文件的时候，在固定位置和正文一起传送到接收方的图案，就像普通文件的印章一样。印章发送增加了传真的保密性和趣味性。传真机设置的印章大多有两种类型：一种是自制印章，用户根据自己的喜好，又或者按要求制成文字图像，可以包含有本人地址、照片、公司徽章等，然后使用传真机特定的纸张扫描到传真机中；第二种是传真机提供的印章样品，如“请来电话”“急件”“阅后请销毁”等。这些预先设定的印章方便了用户，用户只需选择要传送那个就行了。印章的规格一般是 80 毫米×25 毫米。

电话/传真切换：有些传真机可以识别来电是传真或是电话。如果人为按键拨号视同电话，机器不启动工作；如果机器自动拨号则视为传真，机器自动启动工作。

电话录音：有些传真机附带有留言录音功能，和普通的录音电话功能相同。

静音接收：有些传真机可以在电话打进来时不振铃直接转入传真接收状态。

免提通话：和电话的免提通话是一样的功能。但是很多传真机的免提通话是单向的，即只能免提拨号及接听，而不能免提通话。

停电通话：传真机在停电后可以作为普通电话使用。

遥控启动：一般传真机的工作启动要通过按“启动/开始”键，有些机器可以用数字键盘来启动机器的工作。

预约发送：预约发送是指传真机在准备发送文件过程中可以定时发送文件。

无纸接收：有些传真机内置有存储器（Memory），当记录纸用完后接收的文件可以存储在机器的存储器里，安装记录纸后自动打印存储的文件。在记录纸用完时，保存文件资料非常的重要。

自动传真：也就是由传真机自己完成传真过程不需要人工的干预，具体操作首先由客户通过电话按键来选择所需的某一特定的传真服务，然后传真服务器会根据客户的输入，自动动态地生成传真文件，并自动给客户发送传真，方便快捷。客户也可以根据按键自动向语音系统的电脑发送传真。电脑传真：如果在与客户交谈时需要立即为客户发传真，可以通过启动电脑上的桌面传真，客户的资料，如客户名、传真号等，会自动调出。选择客户所需的传真内容后，轻轻一点发送按钮，传真就会快速地发送出去，方便快捷。

自动进稿：自动进稿（ADF—Auto Document Feeder）指传真机可以自动进给多页文件并对文件分页。进行多页稿件发送，简单容易又方便。

自动切纸：自动切纸（Auto cutter）纸传真机带有切纸刀，每传送一页就自动切纸，省了用户专门切纸。

自动展平：针对热敏纸而言。由于记录纸是桶状的，接收文件后会卷曲，自动展平功能指传真机在接收文件后将记录纸自动展平，方便用户观看。

自动重拨：在自动发送传真时，如果发送没有成功，传真机可以自动重复拨号。

三、传真机的维护与管理

（一）保养方法

1. 不要频繁开关传真机

因为每次开关机都会使松下传真机的电子元器件发生冷热变化，而频繁的冷热变化容易导致机内元器件提前老化，每次开机的冲击电流也会缩短传真机的使用寿命。

2. 尽量使用专用的传真纸

请参按传真机说明书，使用推荐的传真纸。劣质传真纸的光洁度不够，使用时会对感热记录头和输纸辊造成磨损。

3. 禁忌在使用过程中打开合纸舱盖

因为传真机的感热记录头大多装在纸舱盖的下面，打印中请不要打开纸卷上面的合纸舱盖，打开或关闭合纸舱盖的动作不宜过猛。

4. 经常做清洁

要经常使用柔软的干布清洁松下传真机，保持外部的清洁。对于传真机内部，主要是根据你对机器使用频率和机器的周围环境而定，如是家庭使用，最好每一年清洁保养一次。

5. 使用环境很重要

传真机要避免受到阳光直射、热辐射及强磁场、潮湿、灰尘多的环境，防止水或化学液体流入传真机，以免损坏电子线路及器件。

（二）常见问题

传真机使用过程中，要进行保养维护，由于各个型号的机器在结构上的不同，所以维护的方法都不尽相同。下面只能就一些通常的故障现象做以分析。

1. 通信故障

一般通信故障的原因有三种，一是电话线路的连接或线路本身不正常，二是传真机的内部参数设定不对，三是传真机的电路部分损坏。遇到这种故障，首先要先咨询传真机的专业维修部门，如果是前两种原因应该进行调整，如果是最后一种情况则应请专业维修人员进行修理。

2. 接收或复印的副本文件不清晰

（1）如果接收的文件不清晰，首先向发送方确认原文件是否清晰，然后对自己的机器进行热敏头的测试，所有机器的说明书中都应有热敏头的测试方法。检查机器的热敏头是否损坏，如果损坏应更换。上述检查均没有问题的情况下，则说明发送机器有问题。

（2）如果发送或复印文件不清晰，应检查扫描器是否老化或脏污，此外应检查 CIS 或 CCD 及机器的镜片是否脏，如果机器的扫描器是 CIS，还应检查记录纸接触的胶滚（白色）是否有灰尘。一般对这些部分的清洗要用工业酒精擦拭干净，不能用水。

（3）如果排除了上面的原因，一般讲是机器的扫描器或主控板损坏，应请专业人员更换。

（4）除了前面三种原因外，还有可能是机器热敏头脏或热敏头的安装位置不正常。

（三）使用技巧

（1）启用传真机以前，应当仔细阅读这些安全教育，以便今后更好地使用传真机。

（2）不能自己拆卸传真机部件：如果接触设备内部暴露的电接点将引起电击。请将传真机交给您所在地经授权的传真机维修商维修。

（3）传真机只能在水平的、坚固的、稳定的台面上运行。

（4）在传真机的背面，底面均有通风孔。为避免传真机过热（将引起运转反常)，请不要堵塞和盖住这些孔洞。不应将传真机置于床上、沙发上、地毯上或其他类似的柔软台面上。不应靠近暖风或热风机，传真机也不应放在壁橱内、书柜上及其他类似通风不良的地方。

(5) 传真机所用电源只能是设备上标注所指定的电源类型。

(6) 应确认插在墙面电源插座上的所有设备所用的总电流不超过插座断路器的电流整定值。

(7) 不允许电源软线挨靠任何物品。不要将传真机放置在电源软线会被踩到的地方。确认电源软线无绞缠、打结。

(8) 不要使传真机靠近水或其他液体，如果设备上或设备内测到了水，应立即拔去电插头，并给您所在地经授权的传真机维修商打电话。

(9) 不要使小件物品（例如，大头针、曲别针或订书针）掉入传真机内，如果有东西掉入应立即拔去设备电插销头，并给您所在地授权的传真机维修商打电话。

（四）常见问题

1. 在发送传真时，为什么原稿经常出现传送歪斜甚至卡纸现象

当原稿在传送过程中，若出现传送歪斜或原稿被卡的问题时，大家应该及时检查传真机内部纸张传动部分的两棍轴是否已经松动，因为一旦两棍轴松动就不会对纸张产生足够的压力，纸张就很容易出现歪斜甚至堵塞，所以发现两棍轴松动的话，应该立即清洗和调整两棍轴，使两棍轴恢复正常的工作状态；两棍轴如果安装的位置不平行的话，也会容易引起上面的故障问题，因此大家必须确保两棍轴的位置要平行；原稿导引板位置摆放得正确与否，也会对原稿的传送产生影响。

因此在传送文稿之前，必须正确调整好原稿导引板的位置，同时把要传送的文稿整齐地放置在导引板上；除了上面的几个因素外，纸张传送路径上的障碍物很容易阻挡原稿的正常传送，从而产生卡纸或者堵塞现象，所以一旦出现卡纸现象时，大家也要记得及时打开传真机的侧面板盖，将纸张传送路径上的纸屑或者其他障碍物清除干净。

2. 为什么传真机每次都会多页传送

每次多页传送是一种很普遍而又十分常见的故障现象，引起这种故障的可能原因有多种，例如纸张传送部分的传动金属片一旦发生变形，就会产生这种故障，因此一旦发现传动金属片发生变形的话，应该立即对它进行调整甚至重新更换一个新的传动金属片；如果传真机的面盖没有正确盖好的话，也很容易造成每次多页传送的故障现象。

所以在发送传真之前，大家应该首先认真检查是否已经盖好了传真机的面盖。除了上面两种原因外，分纸橡胶片的好坏直接影响到原稿的正确传送于否，如果分纸橡胶片发生损坏或者表面有污垢的话，应该及时更换或者用清洁剂来对

它进行清洗。

3. 为什么传真机不能自动输入原稿

引起传真机不能自动输入原稿的因素很多，主要有以下几个方面：首先检查纸张传送路径上是否有障碍物阻挡，如果有要立即将它清除干净；其次检查传真机控制面板上的各种相关指示灯是否工作正常，如果“传真”指示灯不亮的话，表明传真机的原稿位置传感器或者原稿读取传感器工作不正常甚至发生故障，我们应该及时对它们进行检查和更换。

第三种可能因素为分纸橡胶片出现了损坏或者产生的压力不正常，我们也应该对它进行及时检修；第四种故障原因可能是纸张传送机构中的金属弹簧片和传送辊轴产生了松动，从而对原稿产生不了足够的压力，如果是这样的话，大家应该看看传真机的侧面盖是否已经盖好，检查金属弹簧片是否已经变形或者失去弹性，一旦工作不正常的话，应立即予以更换。第五种故障原因是传送原稿的输入部分出现问题，例如如果被传送的原稿表面太光滑，就很容易产生打滑现象而不能自动输入原稿，此时应该将原稿复印一份，然后再传送复印件就可以了，如果传送原稿厚度不够也会产生不能自动输入原稿的现象，因此大家一定要保证被传送的纸张厚度大于 0.15 毫米，再有就是被传送的原稿不能卷曲，不然传真机也不会自动输入原稿的。

最后一种故障原因是纸张传动部分的传送辊工作不正常，例如传送皮带出现打滑现象或者脱落，一旦发现这个问题的话，要及时将皮带重新安装好或者更换新的皮带，也有可能是固定皮带轮的螺丝钉出现了松动现象，如果出现松动的话，赶快想办法将它拧紧。

第五节　投影仪的使用与管理

一、关于投影仪

投影仪，又称投影机，是一种可以将图像或视频投射到幕布上的设备，可以通过不同的接口同计算机、VCD、DVD、BD、游戏机、DV 等相连接播放相应的视频信号。投影仪目前广泛应用于家庭、办公室、学校和娱乐场所，根据工作方式不同、有 CRT、LCD、DLP 等不同类型。

（一）投影仪的分类

1. 家庭影院型

家庭影院型的投影仪的特点是亮度都在 2000 流明左右（随着投影的发展这

个数字在不断增大，对比度较高)，投影的画面宽高比多为16：9，各种视频端口齐全，适合播放电影和高清晰电视，适于家庭用户使用。

2. 便携商务型投影仪

一般把重量低于2公斤的投影仪定义为商务便携型投影仪，这个重量跟轻薄型笔记本电脑不相上下。商务便携型投影仪的优点有体积小、重量轻、移动性强，是传统的幻灯机和大中型投影仪的替代品，轻薄型笔记本电脑跟商务便携型投影仪的搭配，是移动商务用户在进行移动商业演示时的首选搭配。

3. 教育会议型投影仪

教育会议型投影仪一般定位于学校和企业，采用主流的分辨率，亮度在2000～3000流明，重量适中，散热和防尘做得比较好，适合安装和短距离移动，功能接口比较丰富，容易维护，性能价格比也相对较高，适合大批量采购普及使用。

4. 主流工程型投影仪

相比主流的普通投影仪来讲，工程投影仪的投影面积更大、距离更远、光亮度很高，而且一般还支持多灯泡模式，能更好地应付大型多变的安装环境，对于教育、媒体和政府等领域都很适用。

5. 专业剧院型投影仪

专业剧院型投影仪更注重稳定性，强调低故障率，其在散热性能、网络功能、使用的便捷性等方面做得很强。当然，为了适应各种专业应用场合，影仪最主要的特点还是其高亮度，其亮度一般可达5000流明以上，高者可超10000流明。由于体积庞大，重量重，通常用在特殊用途，例如剧院、博物馆、大会堂、公共区域，还可应用于监控交通、公安指挥中心、消防和航空交通控制中心等环境。

6. 测量投影仪

这类投影仪不同于以上几类投影仪，早期称轮廓投影仪，随着光栅尺的普及，投影仪都安装上高精度的光栅尺，人们便又叫测量投影仪（或投影仪，如国内较著名的测量投影仪有高诚公司生产的CPJ－3015)，为与传统的投影仪区别开，这类投影仪便称为测量投影仪。其作用主要是将产品零件通过光的透射形成放大的投影仪，然后用标准胶片或光栅尺等确定产品的尺寸。由于工业化的发展，这种测量投影仪已经成为制造业最常用的检测仪器之一。按期投影的方式分为立式投影仪和卧式投影仪。按其比对的标准不同又分为轮廓投影仪和数字式投影仪。

另外，根据使用方式的不同也可以分为台式投影机、便携式投影机、落地式投影机、反射式投影机、透射式投影机、单一功能投影机、多功能投影机、智能投影机、触控互动投影仪。根据接口的类别可以分为VGA接口投影机、HDMI

接口投影机、带网口投影机等。

（二）投影仪鉴别的主要指标

投影仪的性能指标是区别投影仪档次高低的标志，主要有以下几个指标：

光输出。是指投影仪输出的光能量，单位为“流明”（lm）。与光输出有关的一个物理量是亮度，是指屏幕表面受到光照射发出的光能量与屏幕面积之比，亮度常用的单位是“勒克斯”（lx，1lx=1lm/m2）。当投影仪输出的光通过一定时，投射面积越大亮度越低，反之则亮度越高。决定投影仪光输出的因素有投影及荧光屏面积、性能及镜头性能、通常荧光屏面积大，光输出大。带有液体耦合镜头的投影仪镜头性能好，投影仪光输出也可相应提高。

水平扫描频率。电子在屏幕上从左至右的运动叫作水平扫描，也叫行扫描。每秒钟扫描次数叫作水平扫描频率，视频投影仪的水平扫描频率是固定的，为15.625KHz（PAL制）或15.725KHz（NTSC制）数据和图形投影仪的扫描频率不是单个频率频段；在这个频段内，投影仪可自动跟踪输入信号行频，由锁相电路实现与输入信号行频的完全同步。水平扫描频率是区分投影仪档次的重要投影仪指标。频率范围在15kHz～60kHz的投影仪通常叫作数据投影仪。上限频率超过60kHz的通常叫作图形投影仪。

垂直扫描频率。电子束在水平扫描的同时，又从上向下运动，这一过程叫垂直扫描。每扫描一次形成一幅图像，每秒钟扫描的次数叫作垂直扫描频率，垂直扫描频率也叫刷新频率，它表示这幅图像每秒钟刷新的次数。垂直扫描频率一般不低于50Hz，否则图像会有闪烁感。

投影仪的视频通道总的频带宽度，其定义是在视频信号振幅下降至0.707倍时，对应的信号上限频率。0.707倍对应的增量是－3db，因此又叫作－3db带宽。

分辨率有可寻址分辨率、RGB分辨率、视频分辨率三种。

对CRT投影仪来说，可寻址分辨率是指投影管可分辨的最高像素，它主要由投影管的聚焦性能所决定，是投影管质量指标的一个重要参数。可寻址分辨率应高于RGB分辨率。RGB分辨率是指投影仪在接RGB分辨率视频信号时可过到的最高像素，如分辨率为1024×768，表示水平分辨率为1024，垂直分辨率为768，RGB分辨率与水平扫描频率，垂直扫描频率及视频带宽均有关。视频分辨率是指投影仪在显示复合视频时的最高分辨率。这里，有必要将视频带、水平扫描频率、垂直扫描频率与RGB分辨率的关系做一分析：首先看看水平扫描频率与垂直扫描频率的关系。

图形的最小单元是像素。像素越小，图形分辨率越高。在CRT管中，最小像素是由聚焦性能决定的，所谓可寻址分辨率，即是指最小像素的数目。CRT管的投影仪聚焦机制有静电聚焦、磁聚焦和电磁复合聚焦三种，其中以电磁复合聚焦较为先进，其优点是聚焦性能好，尤其是高亮度条件下会散焦，且聚焦精度高，可以进行分区域聚焦，边缘聚焦，四角聚焦，从而可以做到画面上每一点都很清晰。

会聚是指 RGB 三种颜色在屏幕上和重合，对 CRT 投影仪来说，会聚控制性显得格外重要，因为它有 RGB 三种 CRT 管，平行安装在地支架上，要想做到图像完全会聚，必须对图像各种失真均能校正。机器位置的变化，会聚也要重新调整，因此对会聚的要求，一是全功能，二是方便快捷。会聚有静态会聚和动态会聚，其中动态会聚有倾斜、弓形、幅度、线性、梯形、枕形等功能，每一种功能均可在水平和垂直两个方向上进行调整。除此之外，还可进行非线性平衡、梯形平衡、枕形平衡的调整。有些投影仪具有点会聚功能，它将全屏幕分为 208 个点，在 208 个点上逐点进行调整，所以屏幕上每一点都做到精确会聚。

（三）挑选技巧

投影仪广泛应用于家庭、办公室、学校和娱乐场所，根据工作方式不同，有 CRT、LCD、DLP 等不同类型。如何挑选一部价位合理、功能适用的家用投影机呢？

了解投影机使用方式。用户在选择购买投影机之前，要熟悉投影机的使用方式，投影机在使用时分为台面正向投射、天花板吊顶正向投射、台面背面投射、吊顶背面投射、背投一体箱式等类型。正向投射是指投影机在观众的同一侧；背面投射是投影机与观众分别在屏幕两端，如空间较小，可选择背面反射镜折射的方法。如果需要固定安装使用，可选择吊顶方式，但必须注意防尘和散热。所以根据使用环境，确定机器的购买类型，是采购的第一步。

亮度与对比度要适中。亮度是衡量投影机性能的一个重要指标，亮度是投影机输出到屏幕上的光的强度，高亮度可以使投影机投射图像清晰亮丽，不过亮度越高价格越贵。高亮度的投影机在小环境中使用很刺眼，会使眼睛疲劳，长期观看会使眼睛红肿甚至出现眼病等情况。因此根据客厅面积的具体不同，挑选的家用投影机亮度一般都在 500～1000 流明。太高或太低都不太适合于照明灯光较暗的环境中使用。

选择合适分辨率的投影机。投影机和数码相机、数码摄像机一样，品评它的画面质量都以分辨率为标准，需要注意的是分辨率越高，价格也越贵。另外还有一个兼容分辨率，兼容分辨率比其物理分辨率高一个台阶。和 DC、DV 一样，分辨率越高，投影机的图像越清晰，价格也越高。虽然说 SVGA 的效果已经能满足家庭的需要，但是从长远的角度看，如果经济条件允许，最好购买物理分辨率为 XGA 标准的投影机，它显示的效果更清晰、亮丽。

注意投射距离。对于家庭用户来说，居住的面积十分有限，而安装的投影机到屏幕之间的距离并不太大，因此对于空间狭窄的家居环境而言，投射距离成为挑选投影机的重要条件之一，用户应比较不同的投影机在相同的投射对角尺寸下之投射距离，而不是规格表上的“最短投射距离”。

耗材及售后服务。对于投影机而言，灯泡是其唯一的耗材，它的寿命直接关系到投影机的使用成本，所以在购买时一定要问清灯泡寿命和更换成本。较为常用的投影机光源有 UHE 和 UHP 两种，前者由于价格便宜，但寿命不如 UHP 长，主要用于中档投影机上；而 UHP 的使用寿命长达 4000 小时以上，亮度衰减很小，但是价格也较贵。因此，在挑选时要根据能力选择合适的投影机。另外要注意的是，不同品牌投影机使用的灯泡一般是不能互换使用的，因此购买投影机时应选择购买知名品牌的投影机，这样可以享受商家的售后服务。同时在购买结束之后应及时与商家签订售后服务合同或拿到保修证书以免除使用投影机的后顾之忧。

二、投影仪的使用

（一）传统方式

传统使用方式的投影机是通过 VGA 线跟电脑相连，这样可以把电脑里面的多媒体内容展示在更大的屏幕上。这样在电脑上的各种操作就可以在幕布上同步显示。

利：大多数的投影仪都带 VGA 接口可以和电脑连接是最普遍的一种使用方式；弊：使用较麻烦，每个要使用投影仪的人都要用线去连，拆装较为费事。

（二）新型方式

新型使用方式的投影仪可以跟 WiPlug 相连，然后把电脑、手机或 Pad 跟 WiPlug 连到同一个 Wi-Fi 中，然后就可以把自己电脑、手机或 Pad 上内容在投影仪的幕布上同步显示。

这种使用需要具备几个条件：

（1）投影仪要带 HDMI 接口，没有该接口可以用 VGA 转 HDMI 的接头转换一下。

（2）需要有一个 Wi-Fi 的环境，把手机和 WiPlug 连到同一个 Wi-Fi 中。

（3）需要有个 WiPlug 的设备，一个充电器大小的小东西。

利：越来越多的商务环境中采用这样形式，多人演示的时候变得非常的简便；弊：需要采购一个 WiPlug 设备（299 元）。

三、投影仪的维护与管理

（一）机械方面

严防强烈的冲撞、挤压和震动。

因为强震能造成液晶片的位移，影响放映时三片LCD的会聚，出现RGB颜色不重合的现象，而光学系统中的透镜，反射镜也会产生变形或损坏，影响图像投影效果，而变焦镜头在冲击下会使轨道损坏，造成镜头卡死，甚至镜头破裂无法使用。

（二）光学系统

注意使用环境的防尘和通风散热。

至2013年1月使用的多晶硅LCD板一般只有1.3英寸，有的甚至只有0.9英寸，而分辨率已达1024×768或800×600，也就是说每个像素只有0.02mm，灰尘颗粒足够把它阻挡。而由于投影机LCD板充分散热一般都有专门的风扇以每分钟几十升空气的流量对其进行送风冷却，高速气流经过滤尘网后还有可能夹带微小尘粒，它们相互摩擦产生静电而吸附于散热系统中，这将对投影画面产生影响。因此，在投影机使用环境中防尘非常重要，一定要严禁吸烟，因烟尘微粒更容易吸附在光学系统中。因此要经常或定期清洗进风口处的滤尘网。

至2013年1月的多晶硅LCD板都是比较怕高温，较新的机型在LCD板附近都装有温度传感器，当进风口及滤尘网被堵塞，气流不畅时，投影机内温度会迅速升高，这时温度传感器会报警并立即切断灯源电路。所以，保持进风口的畅通，及时清洁过滤网十分必要。

吊顶安装的投影机，要保证房间上部空间的通风散热。当吊装投影机后，往往只注意周围的环境，而忘了热空气上升的问题，在天花板上工作的投影机，其周围温度与下面有很大差别，所以，不能忽视这点。

（三）灯源部分

大部分投影机使用金属卤素灯（Metal Halide)，在点亮状态时，灯泡两端电压60～80V，灯泡内气体压力大于10kg/cm，温度则有上千度，灯丝处于半熔状态。因此，在开机状态下严禁震动，搬移投影机，防止灯泡炸裂，停止使用后不能马上断开电源，要让机器散热完成后自动停机，在机器散热状态断电造成的损坏是投影机最常见的返修原因之一。另外，减少开关机次数对灯泡寿命有益。

（四）电路部分

严禁带电插拔电缆，信号源与投影机电源最好同时接地。

这是由于当投影机与信号源（如PC机）连接的是不同电源时，两零线之间可能存在较高的电位差。当用户带电插拔信号线或其他电路时，会在插头插座之间发生打火现象，损坏信号输入电路，由此造成严重后果。

投影机在使用时，有些用户要求信号源和投影机之间有较大距离，如吊装的投影机一般都距信号源15米以上，这时相应信号电缆必须延长。由此会造成输入投影机的信号发生投影仪衰减，投影出的画面会发生模糊拖尾甚至抖动的现象。这不是投影机发生故障，也不会损坏机器。解决这个问题的最好办法是在信号源后加装一个信号放大器，可以保证信号传输20米以上而没问题。

以上以LCD投影机为例介绍了一些投影机使用中的要点，DLP投影机与其相似，但可连续工作时间比液晶机长，而CRT投影机的维护相对较少，由于基本不搬动，所以故障率相对很低。但无论何种投影机发生故障，用户都不可擅自开机检查，机器内没有用户可自行维护的部件，并且投影机内的高压器件有可能对人身造成严重伤害。所以，在购买时不仅要选好商品寻好价格，更要选好商家，弄清维修服务电话，有问题向专业人员咨询，才不会有后顾之忧。

第六节 照相机的使用与管理

一、关于照相机

照相机是一种利用光学成像原理形成影像并使用底片记录影像的设备，是用于摄影的光学器械。在现代社会生活中有很多可以记录影像的设备，它们都具备照相机的特征，比如医学成像设备、天文观测设备等。被摄景物反射出的光线通过照相镜头（摄景物镜）和控制曝光量的快门聚焦后，被摄景物在暗箱内的感光材料上形成潜像，经冲洗处理（即显影、定影）构成永久性的影像，这种技术称为摄影术，分为一般照相与专业摄像。

最早的照相机结构十分简单，仅包括暗箱、镜头和感光材料。现代照相机比较复杂，具有镜头、光圈、快门、测距、取景、测光、输片、计数、自拍、对焦、变焦等系统，现代照相机是一种结合光学、精密机械、电子技术和化学等技术的复杂产品。

（一）照相机的分类

1. 根据照相机成像介质的不同

根据照相机成像介质的不同可以分为胶片相机与数码照相机以及宝丽来相机。胶片相机主要是指通过镜头成像并应用胶片记录影像的设备。而数码照相机则是应用半导体光电耦合器件和数字存储方法记录影像的摄影设备，有使用方便、照片传输方便、保存方便等特点。宝丽来相机又称一次成像相机，是将影像直接感光在特种相纸上，可在一分钟内看到照片，合适留念照等。

2. 按照相机使用的胶片和画幅尺寸

按照相机使用的胶片和画幅尺寸可分为35mm照相机（常称135照相机）、120照相机、110照相机、126照相机、中幅照相机、大幅照相机、APS相机、微型相机等。135照相机使用35mm胶片，其所拍摄的标准画幅为24mm×

36mm，一般每个胶卷可拍照 36 张或 24 张。

3. 按照相机的外形和结构

按照相机的外形和结构可分为平视取景照相机（VIEWFINDER）和单镜头反光照相机（单反相机）。此外还有折叠式照相机、双镜头反光相机、平视测距器相机（RANGFINDER）、转机、座机等。

4. 按照相机的快门形式

按照相机的快门形式可分为镜头快门照相机（又称中心快门照相机）、焦平面快门照相机、程序快门照相机等。

5. 按照相机具有的功能和技术特性

按照相机具有的功能和技术特性可分为自动调焦照相机、电测光手控曝光照相机、电测光自动曝光照相机等。此外还有快门优先式、光圈优先式、程序控制式、双优先式、电动卷片（自动卷片、倒片）照相机，自动对焦（AF）照相机，日期后背照相机，内装闪光灯照相机等。

有时也可按照相机的用途来分，如专业相机和消费类相机（傻瓜相机）、一步成像照相机、立体照相机；有时也可按镜头的特性分为变焦或双焦点照相机。实际上一架现代照相机往往具有多方面的特征，因此应以综合性的方式来定义。按用途也可分为风光摄影照相机、印刷制版照相机、文献缩微照相机、显微照相机、水下照相机、航空照相机、高速照相机等。

（二）选购指南

购买相机主要要认准“六要素”，依次是：用途、价位、像素、经济性、外观及功能、品牌，下面就为大家一一解读一下。

1. 用途

根据不同产品的性能特点，数码相机可分为家用、准专业、专业相机。对于大众用户来说，我们没有学习过专业的摄影知识，也并非资深的摄影爱好者，相机通常都是用来进行一些日常拍摄，所以并不需要选择所谓的高端产品，卡片相机足矣。

2. 价位

对于价位方面，建议家用 DC 相机不要买超过 2000 元的，出于对性价比的考虑，2000 元以上的 DC 相机可能会在性能方面有所溢出。而且对于一般工薪阶层的家庭来说，2000 元以内的价位比较容易接受，毕竟数码相机对家庭的作用还是很单一的。无外乎旅游的时候拍个纪念照，家庭聚会的时候拍个全家福之类，肯定不会有人每次都拿着 DC 拍照。所以经济实用型才是家用相机的主旨。

3. 品牌

在确定了预算之后就可以考虑该买哪个牌子了，对于品牌而言，佳能、尼康、索尼是相机市场的三大巨头，市场占有率最高，但是这并不代表其他品牌就不好，奥林巴斯、松下、卡西欧等品牌在卡片相机市场同样很受欢迎。其实任何一个品牌都可能有自己的顶尖产品，也都会有败笔，选购相机还是要看什么最适合自己。从品牌上讲，国内市场上主要是中、日、美、韩四分天下，国产（联想、明基、拍得丽、中恒等）、日系（佳能、尼康、索尼、奥林巴斯、理光等）、美国产（柯达）、韩国产（三星）。有时候也会根据品牌知名度和市场占有率，分为一线（佳能、尼康、索尼）、二线（奥林巴斯、富士、松下、卡西欧、理光、柯达、三星等等）和三线品牌。小编认为选一款相机，品牌还是比较重要的，毕竟这不光涉及产品质量，同时还有售后等一系列服务，所以大品牌总是靠谱一些的。

4. 像素

许多对于相机并不是很了解的朋友往往在购买相机的时候最在意的就是有多大的像素，而许多商家往往也都会利用消费者追求高像素的特点而大肆推销，其实对于一般家庭需求来说，过高的像素并没有多少实际意义。一般来说 300 万像素就能够冲洗 6 寸大小的照片，400 万像素则可以轻松输出 A4 幅面的照片了，所以像素的概念只是可以冲洗的幅度和加工的容量而已，并非是像素越高就越好。有一些数码相机厂家在尺寸很小的 CCD 上，放进去了极高的像素，听起来像素很高，实际上成像品质还不如一般的 200 万甚至 100 万像素的相机。如今，随着相机成本的降低，1000 多元的数码相机基本上都能具备 1000 万以上的像素，足以满足用户的使用需求。

5. 经济性

所谓经济性说白了就是省钱，那么对于数码相机来说在哪方面能省钱呢？自然是配件了，主要以电池和储存卡为主，卡片相机一般都是采用大尺寸液晶屏进行取景，电子取景器相比光学取景器来说自然要费电的多。市面上的大多数卡片相机大多采用的都是锂电池，基本上用 AA 电池的相机已经找不到了。一般锂电池的话大概能够拍 200 张左右的照片。储存卡可分为 XD 卡、记忆棒、SD 卡、MMC 卡、CF 卡、SM 卡等，不同型号的相机需要配备不同类型的存储卡。比如索尼相机一般需要配备记忆棒，奥林巴斯一般需要配备 XD 卡，佳能一般配备 CF 卡，多数相机配备 SD 卡等。其中 XD 卡和记忆棒是比较昂贵的两种存储卡，而 SD 卡则以高速、廉价等特点，正在成为如今的主流存储介质。

6. 外观及功能

小编决定把外观放在最后考虑是因为这完全是靠个人喜好，女性用户往往都喜欢比较小巧、颜色艳丽一些的，例如佳能 IXUS 系列、尼康 S 系列，而一般男性用户则喜欢厚实一些。功能方面，一般是指有无手动操控、可选模式的多少、动态影像格式以及是否限时、录音以及 MP3 等其他功能。这里面，应该认真对待的是要不要手动功能，手动功能的操作需要一定的技巧和知识，合理使用肯定能拍出比没有手动的相机更好的片子。不过，家用相机都提供了丰富的可选模式，也不必强求手动。

二、照相机的使用

拍摄时，相机要拿正。在拍摄人像、建筑物时，相机镜头不能过仰、过俯或左右倾斜，否则会使拍摄对象上大下小或上小下大，或使景物的水平向偏离地平线，使景物有东倒西歪的感觉。

拍摄时，相机要拿稳。否则会使影像出现双影或模糊不清。持之以按快门不要用力过猛，特别是在 1/30 秒以下更要注意稳定，要像射击时扣扳机一样，先轻轻地按下第一道簧，抓住时机再及时按第二道簧。1/15 秒以下最好用三脚架，或将相机依托在固定物上拍摄。

使用自拍器时，要轻轻地拨。在没按下快门之前，切勿硬拨回原位，否则容易损坏自拍器的弹簧和齿轮。

在使用帘式，小型相机时，特别要注意保护布帘，切勿用手指使劲摸触，尤其不能让尖的东西弄破布帘。

相机镜头不能长时间对着太阳，防止漏光。尤其是布帘快门的相机，因为太阳光聚焦的作用，容易烧坏布帘。

定快门速度时，不能定在相邻的两级速度中间。相机调速盘的每个刻度上，都有个小穴或小槽，必须拨定到位，才能正常运行，指在两级速度之间，不但得不到准确的速度，而且容易损坏快门。光圈的级数，可以指在两级光圈系数之间。

在使用小型相机时，最好要养成先上胶卷后调速度盘的习惯，有的小型相机在上胶卷前是定不准速度的。

使用相机后，必须检查快门和自拍设备是否放松，因快门结构的核心机件是弹簧，弹簧紧张的时间过长，易使弹力减弱，影响快门速度的准确性。

总之，相机的种类很多，使用相机的方法也不尽同。使用相机时，先要查看相机的型号、镜头的规格、使用的方法等。新的相机都有说明书，要仔细阅读，熟悉各部件的性能和操作方法。没有说明书而有不清楚的，一定要问清，切勿强行拨弄。在拍照前，还要检查一下相机的附件带全了没有，甚至连胶片卷轴这类小件都要考虑周到，稍有疏忽便会影响摄影的顺利进行。以下是常用相机拍摄需要注意的地方。

1. 经常重设相机设置

有时候你看到了可以成为一张好的照片的场景，却因为相机感光度和饱和度还停留在上一张照片拍摄的数值从而错失机会让人沮丧。避免这一情况的发生要依靠检查和重置。关于你相机的设置都需要在拍摄完一张照片后更换，从而将每一次拍摄最佳照片的机会，留给下一次的拍摄。

2. 记忆卡须删除时应选择格式

格式化你的记忆卡是将它的所有数据擦掉，从而重新记录任何有关相机的信息，而删除你的图片则不是。因此，永远记得格式化你的记忆卡，从而将数据资料损坏的风险降到最低。

3. 经常更新相机固件

固件是在相机内传输图像、设置全机参数甚至是决定哪些功能是使用者可以操作的软件。要时常查阅你的机器制造商的网站，确保你的单反相机的固件是最先进的。

4. 保持相机电池满电

不要总是假设相机的电池是充满电的，要确认它是充满电的。在出行前给电池充电，从而保证电池能量充足。有时，最好配一块备用电池。

5. 设置合理的图片分辨率

大多数时候，不论被摄物是什么，都使用相机提供的最大图片分辨率进行拍摄。有的时候，降低图片分辨率不仅可以使记忆卡拍取更多的图片，还能增加拍摄速度及出图效果。

三、照相机的维护和管理

（一）注意事项

1. 尽量不要直接拍摄烈日

数码相机在使用时尽量不要直接拍摄太阳或者强光，单反相机虽然只是快门按动一下进行曝光，强光对传感器影响比较小，但是长时间地对着强光很可能会损坏相机的测光系统，而卡片相机光路是直接对着光源的，传感器一直是处于工作状态，对着太阳时间长会造成传感器的老化，所以尽量不要去尝试拍摄太阳，特别是中午的烈日。

2. 卡片相机开启“休眠”，缩回镜头

对于镜头可以伸缩的卡片机而言，其伸缩镜头都是很脆弱的，建议最好开启相机的“休眠”功能，这样在一段时间不进行操作后镜头可以自动缩回，自带镜头盖会关闭，避免镜头在无意的磕碰中损坏变形，轻触快门就会回到拍摄状态。

3. 不要经常在户外将镜头从机身上拧下来

不要经常在户外将镜头从机身上拧下来，在户外不可避免地会进入灰尘。更换镜头时，要在灰尘不大的情况下，尽量在室内完成，刚刚扫完地或者刚刚叠完被子均不可更换镜头。

（二）保养技巧

一台相机只要好好保养，就一定可以长寿。所以我们建议相机在长时间不用时，应加以保养，另外定期检查胜于一切。

如果在海边或山上，你可用气将相机上的灰尘吹掉，并用软布擦干净，注意：不要直接擦镜头，不要使用润滑油，避免剧烈的震动。不要将相机直接放在行驶的汽车和火车上。清洁镜头时应用气吹、毛笔将灰尘去掉，用清洁镜头专用的鹿皮擦拭镜头。当镜头发霉时，应将相机送到维修中心。此外，应将相机放在通风的环境中，在天气潮湿时，别忘了放一包干燥剂在相机旁。当然，高温跟灰尘多的地方，都不适合收放相机。

注意清洁。相机的镜头要用专用的拭纸、布擦拭，或以骆驼毛拂，以免刮伤。要去除镜头上的尘埃时，最好用吹毛刷，不要用纸或布；用嘴吹风时，要小心避免口水沾到镜片上。要湿拭镜片时，请用合格清洁剂，不要用酒精之类的强溶剂。镜头上最好加装保护镜或滤光镜，可加长镜头上透镜寿命。如果到海边照相，回家后务必要用软布沾干净的水，将相机全部擦拭一次，因为盐分的吸水性及腐蚀性都非常强。

不幸发霉。镜头发霉极轻微时，应尽速送至合格的照相器材行清洗。但如果可以清楚看到发霉腐蚀镜头的样子时，表示它已经回天乏术了。相机镜头是非常精密的组件，稍有瑕疵就不可能对得好焦距，因此要小心预防长霉的情形。

镜头部分用擦眼镜的鹿皮及清镜头的药水反复清洁。不过清得掉也先别高兴，因为已经长过霉的部分以后很容易再长。如果是长在镜头里面的，就没法自己清，送去洗花费又等于再买一台。总之要特别注意保存在干燥的地方。

其他部分用擦眼镜的鹿皮及清镜头的药水反复清洁。不管怎么样，已经长过霉的部分，就是很容易旧疾复发。

送洗相机可能会打乱原厂的设定或破坏镜头原有的最佳分辨率。相机出厂时都会经电脑调整，尤其是镜头组件，所以送洗时品质可能会受影响。这就是为什么有些人宁愿再买一台新的相机也不去送洗相机。

不管相机的使用频率如何，建议每半年进行一次保养，步骤如下：

(1) 洗手——取下相机套、电池、底片。

(2) 用干净的一般软毛刷或空气喷嘴清除里外所有的灰尘，切记镜头部分最好不要随便清理以免刮坏。清镜头要用镜头用的软毛刷或是眼镜用的鹿皮，药水可在镜头脏时才用，但不可直接滴在镜头上，要滴在鹿皮或拭镜纸上才擦（千万别用面纸）。

(3) 除镜头外，其他部分可用稀释过的清洁剂加鹿皮来轻擦，去除脏污及指纹。

(4) 准备有封口的那种透明塑胶袋（有拉那种，完全隔绝空气流通，可装液体用的），置入相机，再放入一个除湿剂（糕饼盒中常有，但注意是除湿剂或除氧剂，别用错了），再放入一张白纸（写上保养日期），捏捏袋子让袋内空气减少即可封口。

（三）有关相机收藏

当相机保养好后，还要妥善收藏。

（1）有电子防潮箱最好。只要清洁好，相机没有明显水分在上面，不用塑胶袋就可以直接放进去了。

（2）相机套及相机要分开收藏。如果相机还套在套子里就收起来，时间一久你会发现不透气的地方居然长出霉花了。等到霉花长满了，那就麻烦了。

（3）应放置在阴凉不潮湿的位置，这样子相机用个一二十年应没问题。

（4）不用时应先检查确认电源已经关闭，然后保存到相机袋里。

（5）较长时间不用时，应把电池取出来，防止有些电池漏液而损坏机件。

（6）快门、自拍机、计数器和反光镜必须释放复位，有内测光装置的相机还应把镜头光圈开到最大位置。

（四）怎样清洁镜头

数码相机大多无法安装保护滤镜，或者安装非常不便。平时在拍摄时镜头裸露在外面很容易一不小心就弄上点灰尘、按上一个手印或留下点唾沫什么的。虽说镜头表面的指印灰尘、水渍对于成像并无太大影响，只要不让强烈的阳光直射到镜头上引起灰雾眩光就可以了。

镜头一般都有多层镀膜，一不小心就会把镀膜擦伤，把镜片擦花，对镜头造成不可挽回的损失。镜头总是越擦越糟，而不是越擦越好，不要指望可以把镜头恢复到刚出厂时崭新模样，所以建议不到万不得已不要擦拭镜头。开擦之前先得准备一些工具，常规相机有镜头水、镜头纸（或者湿镜头纸）、镜头布（或麂皮）、吹气球、脱脂棉。

先用吹气球吹去灰尘，个别吹不走的用镜头纸小心剔去，一定要小心，不要用力。取少许脱脂棉，蘸镜头水，湿一点好，小心粘去仍在镜头上的灰尘、污渍。这个过程不可硬来，否则易损伤镜头。在确保表面无可见的灰尘颗粒后，可以大面积擦拭。

先准备较小的棉花球（用湿镜头纸也可）若干，压扁成饼状，大小以镜面三分之一为宜。再准备大棉花球若干，也压扁成饼状，大小以镜面三分之二至四分之三为宜，尽量不要让棉纤维暴露工作面上。用小棉花球蘸镜头水，干一点好，由中心以螺旋状擦拭镜面，不要走回头路。然后，趁镜头水未干时，用大棉花球以同样方式轻擦镜面。若一次效果不满意，可以再来一次，但用过的棉花球就不要再用了。千万注意不要让镜头水直接接触镜头表面，一定要用镜头纸，否则可能会损伤镜头的镀膜或者镜头水沿镜片边缘渗入镜头内，造成镜片起雾，甚至脱胶。

如果没有镜头水怎么办？没关系，可以用朝镜头表面哈气来代替。但是得注意：哈气时不要噘着嘴，应该张大嘴巴，轻轻哈气，这样才不会喷出唾沫。我们只要在镜头表面产生一层薄雾就行了。如果镜头是由塑料镜片组成的，那最好还是不要用镜头水，也不要用酒精加乙醚的混合液来清洁镜头。一定要擦还是用哈气的办法。但是，无论如何小心擦拭，对镜面镀膜总是有损害的，所以不到万不得已决不要擦拭镜头。

（五）相机维护

使用时特别注意握紧相机，最好把相机带套在手腕或脖子上，以免相机从手中脱落掉在地上摔坏，也要防止其他强烈震动使其性能受到影响。

防止较长时间对着强烈日光或其他强光源拍照。虽然 CCD 和 CMOS 比较耐强光和高温，但仍需注意防止灼伤或受损。特殊情况下，无法避开强烈日光或强光源时，要尽量缩短拍照时间。

远离强磁场和强电场。强磁场或强电场会影响数码相机中电路的正常工作，甚至造成故障。所以不要把数码相机随手放在电视机、音响、电磁灶等有强磁场和强电场的电器设备上。

防水防潮。在高温高湿的环境中使用，镜头容易发霉、电路易出故障。如果在潮湿环境中使用后或相机不慎被雨淋湿，要及时晾干或吹干。

防烟避尘。不可在烟、尘很大的地方使用。迫不得已在此环境在中使用后应及时清洁处理。拍照间隙应及时盖上镜头盖。

附录　瑞邦国际酒店《酒店管理政策和管理程序 HOTEL POLICY AND PROCEDURE》

名称 TITLE：酒店计算机软、硬件日常维护使用规定

文件编号 DOCU. NO：

制订部门 SET UP BY：

部门总监 DEPT. HEAD：

总经理批准 APPROVED BY GM：

生效日期 EFFECTIVE DATE：2011 年 9 月 5 日

部门文号 DEPT. DOCU. NO：润酒 2011（6）

修订 REVISED BY：

修订日期 REVISED DATE：2011 年 9 月 5 日

本规程是为了使公司计算机网络系统使用、管理、信息安全、资源共享有所遵循，规范公司办公操作流程，提高网络系统安全性，提高办公效率而制定。

一、计算机设备管理

（一）计算机设备开机顺序：先开UPS电源、打印机、扫描仪等、显示器等外设，再开主机；关机顺序相反，不得强行开/关机。不频繁的开关电脑。计算机在工作状态时，不得搬动或者摇动主机，以免计算机硬盘损坏。

（二）计算机连接有打印机、刻录机、扫描仪、光驱等外部设备时，应首先在关机状态（关掉所有设备电源）下将计算机及外设连接好，禁止带电连接或去掉计算机外部设备。

（三）计算机外部设备不使用时，应关掉外部设备的电源。禁止长期打开不使用的外部设备电源，显示器应设置节能模式，要求做到人走机关，下班时关机。

（四）计算机系统的电源应与功率大的用电设备（如空调等）分开。

（五）不得私自将外来移动存储设备（如U盘、移动硬盘等）接入酒店计算机。如因工作需要，需将移动存储设备进行杀毒处理。

（六）及时按正确方法清洁和保养设备上的污垢，保证设备正常使用。

（七）打雷闪电时应暂时关闭计算机系统及周边设备，防止出现因雷击导致计算机损坏的现象。

（八）不得私自拆卸、增加、减少或试用新硬件。

（九）计算机的C盘上只安装电脑操作系统和应用的工作软件，禁止删除C盘的任何文件。其他软件尽量安装在其他盘上。

（十）当使用电脑时突然停电、或计算机所连接的电源出现故障，如电脑配备有UPS的，在听见UPS报警声后，应马上保存正在处理的文档或者程序，关闭计算机。来电后不应立即开机，待电压稳定后再开机。

（十一）当计算机出现故障时，应立即关掉计算机电源，及时向网络中心报告，禁止带电拔插硬件和自行装、卸设备，损坏设备。

（十二）未经允许，任何人不得对服务器、UPS、交换机等设备进行移动、关机、重新启动或进行其他操作。

（十三）禁止使用酒店计算机玩游戏，干与工作无关的事情。

（十四）所有的计算机在使用时均要打开病毒防火墙。一旦报警，应立即保存相关文件，并与网络中心联系。

（十五）除网络中心外，所有计算机禁止安装刻录机或相关设备。除授权和酒店指定岗位的电脑终端外，不得外接外部存储设备。

（十六）未经允许，员工不得将不属于酒店的计算机整机或配件带入酒店使用，且不允许接入酒店网络系统。严禁非酒店计算机接入使用公司内部网络，必须使用网络的只能在相关监控环境下使用客用网络，每位员工有对外来计算机监管的义务，一经发现有违规情况将追究接入点所属部门的责任。

二、办公设备操作规程

（一）打印机、复印机在通电后正式工作前需预热三分钟方可正式运行。

（二）使用打印机的部门随时注意打印文件的打印质量，若出现异常应及时更换零部件。

（三）打印机、复印机的线圈及马达都是带有辐射的，所以在使用时不要将身体贴着或靠着设备进行操作，一般使用时，身体距离机器 30 厘米为安全距离。

（四）打印复印过程中出现卡纸的情况时，应先关闭电源，因设备在打印复印时内部温度高，需先打开顶盖将设备冷却 3 分钟后再试着取出卡在设备内的纸张。不得马上将手深入机器内，避免烫伤。

（五）打印复印时，需留意纸张是否带有订书钉、回形针、橡皮经等杂物。如果发现应立刻停止并将硬物移开，避免损坏设备。

（六）打印机和复印机上不得放置杂物尤其是细小的物品。

（七）下班后应关闭打印机及复印机的电源。

三、软件管理

（一）计算机软件及各类设备驱动程序、配置软件由网络中心统一管理。

（二）公司的财务系统、酒店管理软件等其他正版软件一律不外借。

（三）不得在计算机上安装各类游戏软件。

（四）不得随意增加、删改计算机主要设备的驱动程序。

（五）公司正版软件（如用友）需妥善存放。

（六）公司内使用的所有软件不允许任意复制，防止出现版权问题。

（七）酒店因运营管理安装了相关的管理软件，酒店员工必须按照相关要求进行规范化操作，严禁对各软件进行破坏。

（八）计算机操作员使用应用软件（如千里马、用友等）时，当有事要离开，要先退出应用软件或将桌面锁定。

四、网络管理

（一）严格控制机房内的温度，做好消防工作。

（二）公司内部员工严禁攻击数据库服务器等其他服务器，或利用黑客软件对其他计算机进行攻击，一经发现，报总经办处理，并保留送交公安机关的权利。

（三）严禁在网上传播非工作的内容（如在网络上散布、传播谣言及任何不利于公司的消息等）。

（四）公司计算机统一由酒店光纤接入网络。公司员工不得利用电话拨号，等其他方式上网。

五、互联网接入操作及规程

（一）申请直接上网的员工，填写上网申请单，经部门经理批准，分管副总审核，再由网络中心开放相应权限。

（二）使用电子邮件时，未知附件请不要打开。对于陌生的电子邮件，请直接删除。

（三）为了安全原因，网络中心有权在上报上级领导及通报各部门后关闭公司 Internet 网，或直接关闭指定人员的上网权限。

（四）公司计算机的 IP 地址由网络中心统一规划，员工不得擅自更改其 IP 地址，更不得恶意占用他人的地址。

（五）为了节省网络带宽和防止计算机病毒，未经允许，不得在网上下载游戏、音乐、电影片断、电影或电视剧，严禁使用 BT 或电驴等下载软件。

（六）公司需对电子文档、音频文件等刻盘时，交由网络中心负责刻录光盘，个人不得私自刻录。

（七）个人所有的笔记本电脑或存储设备在责任人离职时，需经过网络中心的检查，将其中的公司资料备份或删除。

七、相关处罚

（一）不办移交手续转移计算机、自行安装或拆卸部件者，罚款 100 元，并对丢失或损坏的部件照价赔偿。

（二）人为原因破坏微机部件、违反规程，带电拔插微机部件者，罚款 50 元，并对造成的损失进行赔偿。

（三）删除机密文件造成数据丢失，以及修改、泄漏公司数据者，罚款 300—500 元，并根据相关数据的重要性追究相关人员的法律责任。

（四）将用户名、密码转借或转让他人者，罚款 50 元，并对因此而造成的损失负责。

（五）上班时间玩游戏，干与工作无关之事者，罚款 20 元。

（六）未经许可，在局域网中使用软盘、移动磁盘、移动硬盘、手提电脑者，罚款 50 元。

（七）利用酒店电脑、打印机、网络等资源干私活者，罚款 100 元。

（八）故意制作、传播计算机病毒等破坏性程序，危害公司计算机信息网络安全者，赔偿酒店因此造成的一切损失，并依法移送公安机关处理。

八、附则

（一）本规程由网络中心负责制订、修改和解释。

（二）网络中心将根据酒店网络运行的实际情况并结合上级部门有关规定，不定期对本制度适时予以修订。

（三）本规程自公布之日起施行。

第六章　办公实务

教学目标：

在了解酒店文秘的基本性质、特点和酒店办公实务的基本内容及其在酒店运行管理中的地位、作用的基础上，结合现代酒店办公设备，熟练掌握酒店办公实务：值班管理、电话事务、接待实务、差旅安排等的基本技能，做好实际工作，为提高管理质量和管理水平打下基础。

知识点：

了解酒店办公室日常事务性工作的内容；

掌握酒店日常事务性工作的操作规范和要求。

能力点：

掌握在酒店具体办公环境下的工作方法；

能准确领会本级和上级组织领导的工作意图；

了解相关办事渠道，具备相应的办事能力。

素质点：

培养忠于职守、乐于奉献的职业道德素养；

培养并逐步具备管理者应有的宏观视野和全局意识；

养成严谨、规范的办公室工作习惯。

第一节　值班实务

一、值班的定义

从一则笑话《过年发了啥》说起：

“嘿，你们单位过节发钱了吧？”

“没。”

“发购物卡了？”

“没。”

“卡都没有啊！直接发东西了？”

“没。”

“那你们单位就没有任何表示吗？”

“嗯，发了一个表。”

“那也不错嘛，啥表？”

“节日期间值班表。”

值班的含义：一个组织机构在日常的工作时间及节假日、休息日期间，为了保持组织机构工作的连续性，为了能够及时应付各种突发事件，需要有人坚守工作岗位，也就是值班。

节假日值班制度是加强酒店经营管理的一项重要措施，遇有重大节日，酒店领导应亲自参加值班。

酒店值班现在一般由总经理办公室负责安排。值班者为部门经理以上的管理干部搭配行政文秘人员。

二、值班者的主要任务

值班者的主要任务有如下几种。

（1）处理来函、来电。

（2）接收和传递信息（上传下达，沟通内外）。

（3）公务接待，如值班时遇有宾客投诉，要协助有关部门一起妥善处理，需要时报请领导处理。

（4）处理领导交办的其他事务及一些突发事件。

以下是酒店总经理室值班秘书岗位职责。

（1）为总经理提供秘书服务。

（2）负责酒店内各类文件的呈报及批复后的传送。

（3）负责检查信函的处理、登记和回复。

（4）负责总经理室的档案整理和装订工作。

（5）传送总经理室的文件和报纸。

（6）负责总经理室日常电话的接转。

（7）承担总经理的日常来访接待工作。

（8）每日与值班经理交接班。

（9）负责总经理交办的其他工作（如开具介绍信、生活安排、接送安排及车旅费报销等）。

三、对值班者的基本要求

1. 坚守值班岗位

酒店常规值班时间为：晚上八时至次日早上八时。值班时应巡视酒店各公共场所，检查酒店防火、防盗设施、设备等是否完好，有无事故苗头。节假日值班按值班要求时间执行。

当值时间不得无故离开酒店，不得做与当值无关的事情。

2. 认真处理事务

值班人员应检查各部门当值人员履行职责情况，负责处理违纪行为。

当值时应尽职尽责，及时处理酒店当晚发生的各种问题，遇有重大的突发性事件，应在第一时间内向直管领导请示、汇报。

3. 做好值班记录

值班者应安排且做好相应的值班记录。

4. 做好交接班

如酒店总经办值班秘书需每日与值班经理交接班。值班经理可直接向总经理汇报，如无特殊情况，总经办秘书也可汇总情况概括汇报。

四、值班记录

值班记录有三种形式：值班日志、接待记录、电话记录。

值班日志：又称值班日记，主要记载值班当天所发生的情况，对外来的信件、电话都要认真登记，以保持工作的连续性。

接待记录：主要记载来访者的有关情况及处理结果。对来访者的姓名、身份、证件、联系事由要登记清楚，以备查考。

电话记录要具备以下五个要素：来电时间，来电单位、姓名和对方的电话号码，来电内容，处理结果，记录署名。

附：酒店值班记录表（见表6－1所列）

表6－1 酒店值班记录表

值班日期：　　年　月　日　　　　　　　　　　　　值班经理签字：

时间	检查区域	检查内容 （请在问题项□中标记√）	反馈汇总
18：00	附楼	□断开电源	
		□关锁门窗	
		□卫生清洁	
		□检查关锁东面大门情况	
		□其他事宜	

（续表）

时间	检查区域	检查内容 （请在问题项□中标记√）	反馈汇总
18：30	大堂区域（包括大堂吧及前台）	□卫生清洁情况	
		□检查、督导员工仪容仪表	
		□检查、督导员工礼节问候	
		□员工规范服务	
		□员工在岗情况	
		□节能降耗	
		□酒店工程故障	
		□处理突发事件（醉酒、投诉等）	
		□酒店经营状况	
		□设施设备状况	
		□其他事宜	
19：00	停车场	□停车秩序	
		□关闭车门窗	
	餐饮区域（包括厨房）	□卫生清洁情况	
		□检查、督导员工仪容仪表	
		□检查、督导员工礼节问候	
		□员工在岗情况	
		□员工规范服务	
		□节能降耗	
		□酒店工程故障	
		□处理突发事件	
		□酒店经营状况	
		□设施设备状况	
		□其他事宜	
20：00	客房区域	□卫生清洁情况	
		□检查、督导员工仪容仪表	
		□检查、督导员工礼节问候	
		□员工在岗情况	
		□员工规范服务	
		□节能降耗	
		□酒店工程故障	
		□处理突发事件	
		□其他事宜	

（续表）

时间	检查区域	检查内容 （请在问题项□中标记√）	反馈汇总
20：30	大堂区域（包括大堂吧及前台）	□卫生清洁情况	
		□检查、督导员工仪容仪表	
		□检查、督导员工礼节问候	
		□员工在岗情况	
		□员工服务规范	
		□节能降耗	
		□酒店工程故障	
		□处理突发事件	
		□其他事宜	
	地下仓库，地下机房	□仓库锁门情况	
		□其他事宜	
21：00	停车场	□停车秩序	
		□关闭车门窗	
	餐饮区域（包括厨房）	□卫生清洁情况	
		□检查、督导员工仪容仪表	
		□检查、督导员工礼节问候	
		□员工在岗情况	
		□员工服务规范	
		□节能降耗	
		□酒店工程故障	
		□处理突发事件	
		□餐饮厨房关灯、关气、锁门	
		□其他事宜	
22：00	行政办	□锁门	

（续表）

时间	检查区域		检查内容（请在问题项□中标记√）	反馈汇总
23：00	餐饮区域（包括厨房）	大堂区域（大堂吧、前台）	□卫生清洁情况	
			□检查、督导员工仪容仪表	
			□检查、督导员工礼节问候	
			□员工在岗情况	
			□员工规范服务	
			□节能降耗	
			□酒店工程故障	
			□处理突发事件	
			□餐饮厨房关灯、关气、锁门	
			□其他事宜	
	停车场		□停车秩序	
			□关闭车门窗	
	员工餐厅		□员工就餐秩序	
			□员餐伙食状况	
			□节约	
	员工宿舍		□其他	
	垃圾房		□垃圾及时清运	
夜间	员工夜间瞌睡情况		□客房部工作人员	
			□保安部工作人员	
			□工程部工作人员	
			□前厅部工作人员	
			□员工宿舍宿管员	

备注：

职责：行使总经理权利，对酒店所有部门、人员、基本情况进行检查；处理客人投诉以及突发事件。

权利：值班人员在值班次日可前往酒店 6 层享受一份免费自助早餐。

时间：当日 18：00 至次日 8：00。

第二节　电话实务

【案例一】

秘书怎样接听业务电话

某酒店营销部秘书杨珊瑚小姐是位刚毕业的涉外秘书专业的本科生，因原营销部秘书吴小姐即将升任酒店总经办主任，总经理安排杨小姐跟随吴小姐学习，有意让其接任吴小姐的职务。但近一段时间，营销部经理正好有事出差。由于有吴小姐的努力，营销部的一切倒也井井有条。这一天，吴小姐外出协商一件事，杨珊瑚坐镇办公室。“滴铃铃，滴铃铃”，电话响了，下面是杨小姐与对方的一段谈话：

来电者：是某酒店公司吗？

杨小姐：是。

来电者：你们经理在吗？

杨小姐：不在，我是他的秘书，有什么事请跟我讲。

来电者：你们的中秋月饼多少钱一盒？

杨小姐：258 元一盒。

来电者：198 元一盒卖不卖？

杨小姐：不行的，对不起。

杨小姐说完，“啪”挂上了电话。

思考题：仔细分析以上对话，你发现了什么问题？作为秘书应怎样接听有关业务的电话？杨小姐还有可能接替吴小姐担任营销部秘书吗？

在秘书日常的公关实务中，电话沟通更是不可缺少的形式，很多客户正是通过电话最先接触和了解对方。正确使用电话用语，有助于创造良好的沟通气氛，提高办事效率，树立个人和组织的良好形象。

一、酒店电话接听服务规范

（一）电话接听服务的基本程序

（1）左手持听筒、右手拿笔。

（2）电话铃响三声内接听电话。

（3）报出公司或部门名称。

（4）听清楚来电目的。

（5）注意声音和表情。

（6）保持正确姿势。

（7）复诵来电要点。

（8）最后道谢。

（9）让客户先收线。

（二）电话接听服务中的注意事项

1. 礼貌接听电话之重要性

（1）对于酒店——是与外界联系的工具。

——提供一个快捷有效的交流方式。

——一个展示酒店专业化的途径。

——可以获更多生意。

（2）对于打电话者——方便并获得信息。

——快捷地订房＼订餐等。

——快速留言。

（3）对于员工——展现专业化的极好的机会。

——对口头能力的挑战。

——对语言能力的挑战。

2. 接听电话的必要条件

（1）熟悉电话的功能；

（2）准备好接听电话的用具：①笔；②留言簿；③日历。

（3）良好的心境——抛开一切与接听电话无关的杂念。

（4）了解心理学常识充分体谅并理解他人的心情。

（5）熟悉常用的有关酒店的信息：①酒店设备设施之名称及场地；②主管人员及其秘书之名字；③各部门的主要功能；④酒店的地理环境；⑤熟悉自己的专业。

3. 注意保密

（1）不能泄露别人的个人数据：私人电话号码、工资、客人及员工的数据、客人的姓名及房号。

（2）注意商业保密。

【案例二】

煮熟的鸭子为什么飞了

皇朝酒店总经理办公室的秘书李丽聪明能干，在公司深受重用。她经常与罗浪斯酒店的总经理秘书陈珍妮在一块游玩。两家酒店都承接会展展览接待业务。虽然两人的性格完全不一样，李丽热情开朗，乐于助人，陈珍妮温柔沉静，内向含蓄，两人几乎是无话不谈的好朋友。

在一次闲聊时，陈珍妮说最近的心情不太好，因为公司生意一直不佳，总经理急得茶饭不思，并且常常把气出在她的身上。李丽说："你也不要太在意，我们做秘书的要自己调节心情。我们公司的成绩倒不错，我们经理在今天上午就签订了一个合作意向书，有上百万元。如果这笔生意做成，可以赚进一百多万元。我没法告诉你详细的情况。但这次谈判确实非常顺利。"李丽一边说，一边沉浸在谈判成功的喜悦之中。

过了几天，李丽跟随总经理去与德国某贸易代表团签订正式合同时，过了约定的时间，还不见代表团的影子。后来德国某公司长驻中国的代表打来电话说，代表团已于昨天回国，就在昨天上午与贵市的罗浪斯酒店签订了展览承接合同，价格低于贵公司百分之十。

皇朝酒店公司上下都非常沮丧，李丽更是懊恼无比，她懊悔没有提醒总经理及时采取快速行动，也责怪自己没有时时注意德国代表团的动向。令她百思不得其解的是"罗浪斯酒店是怎样获取德国代表团的情报的？他们是如何抢走生意的"。

4. 正确使用称呼

（1）按职务称呼。

（2）按年龄称呼。

（3）按身份称呼。

5. 接电话的态度

（1）礼貌。

（2）聪颖。

（3）语调。

（4）认真。

（5）不打断别人的话。

（6）复述。

（7）耐心。

（8）乐意。

（9）措辞。

（10）用名。

表 6－2 接听电话对话比较

错误的说法×	正确的说法√
你找谁	请问您找哪位
有什么事	请问您有什么事
你是谁	请问怎么称呼您＼请问您贵姓
不知道	抱歉，这事我不太了解

（续表）

错误的说法×	正确的说法√
我问过了，他不在	我再帮您看一下，抱歉，他还没回来，您方便留言吗
没这个人	对不起，我再查一下，您还有其他的信息可以提示一下我嘛
你等一下，我要接个别的电话	抱歉，请稍等

6. 留言步骤（见表 6－3 所列）

（1）准备好留言的工具。

（2）聆听。

（3）记下客人的留言。

（4）等客人结束讲话后询问是否还有其他需要交待。

（5）复述客人的留言。

（6）问清留言的姓名，记录留言的时间。

（7）保证留言及时传到目标人手中。

表 6－3 留言条

留言条 日期：　　　　时间：　　　　记录人：＿＿＿＿＿ To（受电人）： From（来电人）： 留言内容： ＿＿＿＿＿＿＿＿＿＿＿＿＿＿＿＿＿＿＿＿＿＿＿＿， ＿＿＿＿＿＿＿＿＿＿＿＿＿＿＿＿＿＿＿＿＿＿＿＿。 备注：＿＿＿＿＿＿＿＿＿＿＿＿＿＿＿＿＿＿＿＿＿， ＿＿＿＿＿＿＿＿＿＿＿＿＿＿＿＿＿＿＿＿＿。

7. 接听电话要注意应该做与不应该做的事宜（见表 6－4 所列）

表 6－4 接听电话要注意应该做与不应该做的事宜

应做	不应做
（1）微笑融进你的声音	（1）无礼
（2）说话简洁	（2）傲慢
（3）保持冷静礼貌和乐于助人的态度	（3）有气无力，不负责任
（4）总是以姓氏称呼客人	（4）急躁

（续表）

应做	不应做
（5）保持和蔼语调	（5）独断专横
（6）记住说“请”“谢谢”“对不起”	（6）优柔寡断、拖泥带水
（7）谈话的姿态	（7）不耐烦或出口伤人
（8）笔准备在电话旁边	

除以上所述，电话接听服务中还应注意以下事项。

对容易造成误会的同音字和词要特别注意咬字（词）清楚。

不要对客人讲俗语和不易理解的酒店专业语言，以免客人不明白，造成误解。

接听电话（打电话），语言要简练、清楚、明了，不要拖泥带水、浪费客人时间，引起对方反感。

接听或打电话时，无论对方是熟人或是陌生人，尽量少开玩笑或使用幽默语言，因双方在电话中既无表情又无手势的配合，开玩笑或幽默语言往往容易造成事与愿违的效果。

对方拨错电话时，要耐心地告诉对方“对不起，您拨错电话号码了”，千万不要得理不让人，使客人造成不愉快。自己拨错了电话号码，一定要先道歉，然后再挂线重拨。

（三）电话接听服务技巧

1. 打电话的基本准备工作

（1）确定对方的电话号码及接话人的姓名。

（2）在可能的情况下，选择适当的通话时间，这样可以提高通话效果。

（3）通话前准备笔和纸。

（4）做好备忘录。

2. 电话服务的基作应对

（1）电话铃响了，立即去接听。

（2）要使用适当的问候语。

（3）说话声音要清晰、温和、语调适中。

（4）如果正在处理紧急事情，听到电话铃响也应立即接起，然后要先致歉，向对方解释“对不起，请稍候片刻”，或者征求其意见可否另外时间打来，或打另外一个电话。

（5）如果电话讲到中途断线，一般来讲，接听电话的一方，应把电话放下，并等候对方再拨电话来，而打电话的一方要再拨一次，在再次接通电话后，应加上一句“刚才中途断线，真是抱歉”。

3. 电话接听服务的基本技巧

（1）接听重要的电话：所谓重要电话一般指来自上级的电话或来自公众的内容特别重要的电话，比如重要会议、重要通知、突发事件等。

至于如何判定重要与否，除了凭自己的经验和直觉，还可以参考以下标准：一是需要马上办理；二是需要交办；三是需要提醒；四是需要备忘；五是可能没有任何原因，只凭感觉有此必要。凡符合上述标准的来电，我们都要养成边听边记或挂断电话后马上随手记录的习惯。

（2）接听纠缠“不受欢迎”的电话：秘书接听这类电话往往违背秘书的意愿，发话者为了达到自己目的，几次三番地来电话纠缠，而且现在有些人信奉“会哭的孩子多吃奶”的心态，经常打骚扰性的纠缠电话。这类电话一般会让人心烦意乱，拿不定主意，还可能发脾气，对普通人而言，可毫无疑问地拒绝或训斥对方，但秘书人员在接这类电话时应大度有礼，不怒不躁，不要被对方利用，但也要有原则。礼貌地回绝对方，不留任何余地。

电话“挡驾”的艺术

【职业情景】

爱达酒店的丁秘书正埋头起草一份文件，电话铃响了，拿起电话，丁秘书听着对方的声音，辨别出又是那位推销员朱磊打来的电话。第一次他来电时，丁秘书听着朱磊的自我介绍，判断这电话不是经理正在等的电话，也不是紧急要事。于是她说：“很抱歉，经理不在。请你留下姓名、地址、回电号码，我会转达给经理的。”可对方非要找经理不可。挂断电话，丁秘书就此事汇报了经理。经理听后，告诉她，曾在一次交易会上见过此人，印象不佳，不想和他有生意上的来往。十天前，朱磊又来电话，丁秘书说：“对不起，经理仍然不在。我已将你的情况和要求转告给经理，目前他非常繁忙，尚未考虑与你联系。”随即主动挂断了电话。

现在，朱磊第三次来电，丁秘书应该怎么办？

思考题：

假如你是丁秘书，你怎样做？

秘书接听电话时，首先应做些什么？

秘书怎样审查来电？

秘书在电话中应怎样既做到为领导“挡驾”，又不得在言语行动上失礼，冒犯对方？

附：拒绝的艺术

替代法：“真对不起，这件事我实在爱莫能助了，不过，我可帮你做另一件事！”

分析：拒绝时，如果能够有另外的替代方案，必能获得对方的谅解。例如某部门要求安装冷气，至少你可以给他一台电风扇；朋友希望你送她一盆玫瑰花，至少你可以送她一盆蔷薇。

谢绝法："对不起，谢谢，这样做可能不合适。"

婉拒法："哦，是这样，领导今天不在，我转告一下再答复吧。"

转接客人或上级电话

（1）客人或上司在开会时的电话接听。

（2）受话人正在会客时的电话接听。

（3）上级或同事外出后的电话接听。

（4）受话人正在出席宴会时的电话接听。

二、打电话的一般礼节

（一）打电话需注意的礼节

1. 了解时间限制

通常，早上10：00—11：30、下午2：00—4：00是所有公司的"黄金"时段，打电话的时段应该尽量选择在这些最有效的时段。注意通话时机：

（1）不要在他人休息时间打电话。

（2）和海外联系注意时差。

（3）公务最好不要占用私人时间。

（4）避开对方的通话高峰时间。

（5）避开对方的业务繁忙时间。

（6）避开对方的通话高峰生理厌倦时间。

2. 通话时间

"3分钟原则"（尽量在3分钟以内）。

3. 斟酌通话内容

（1）事先准备。

（2）简明扼要。

（3）适可而止。

4. 控制通话过程

（1）语言文明。

（2）态度文明。

（3）举止文明。

5. 注重通话细节

（1）确认通话对象。

（2）征询通话者是否方便接听电话。

（3）勿存调皮性，勿玩猜谜游戏。

（4）不要忘记最后祝福和感谢。

（二）从酒店打出电话的程序

（1）预先将电话内容整理好。

（2）向对方拨出电话后，致以简单问候。

（3）作自我介绍。

（4）使用敬语，说明要找通话人的姓名或委托对方传呼要找的人。

（5）确定对方为要找的人并致以简单的问候。

（6）按事先准备的1、2、3……逐条简述电话内容。

（7）确认对方是否明白或是否记录清楚。

（8）致谢语、再见语。

（9）等对方放下电话后，自己再轻轻放下。

第三节 环境管理

办公环境或称为办公室环境，是直接或者间接作用和影响办公过程的各种因素的综合。从广义上来说，它是指一定组织机构的所有成员所处的大环境；从狭义上说，办公环境是指一定的组织机构的秘书部门工作所处的环境，它包括人文环境和自然环境。人文环境包括文化、教育、人际关系等因素。自然环境包括办公室所在地、建筑设计、室内空气、光线、颜色、办公设备和办公室的布局、布置等因素。从总体上来看，办公环境是一个复杂的开放系统，为了更好地认识办公环境，可以对办公环境诸因素进行总体类型的划分。

一、办公环境的分类

我们可以按照由远及近的顺序将办公环境分为办公活动社会环境、办公活动职能环境和办公活动工作环境。

1. 社会环境

所谓社会环境是指一个国家内部的物质经济环境、政治法律环境和精神文化环境，同时包括这个国家的人口、民族、历史等因素。作为社会组织内部管理的组成部分，办公活动必然要从“环境”中得到任务和信息，然后再进行消化和加工，进而转化为服务于社会和组织的各种“产品”。如果把办公活动作为一个系统，它正是在这种输入、转换和输出的动态平衡中，使其自身在社会环境中不断生长和发展，因此分析社会环境是研究办公环境的出发点。

2. 职能环境

所谓职能环境，是指一个社会组织内部的机构设置、目标划分和运行情况，同时包括人际关系和工作方法等因素。办公室在履行自己的职能中必然要同组织中其他机构发生各种各样的联系，办公活动的正确履行不仅取决于其他机构的支持和配合，还取决于组织内部机构是否合理，各种制度是否完善，这些最终关系到组织内部管理的状况，而组织内部的管理状况又在一定程度上影响其社会地位。由此可见，职能环境是办公环境的核心内容。

3. 工作环境

所谓工作环境，是指具体办公活动的场所及使用的设备等，同时包括从业人员的状况。无论各种社会组织的功能有多大差异，其办公活动都是由人员、设备和场地三大要素组成的，对于一般的“上班族”来说，每周几乎有40小时待在办公室里，占据了工作相当大的部分，为了尽可能地减轻精神疲劳，获得较高的办公效率，就必须恰当地把涉及办公场地、设备、光线、颜色、声音和温度等环境因素，与对办公人员的心理影响结合起来，使其获得最佳的工作状态。

此外，还要高度重视办公人员之间的互动，以及对其他工作环境的影响。这足以说明工作环境在办公环境中的基础地位。

对于一个办公室人员来说，平常能够直接影响并在工作中加以选择、改进和优化的就是工作环境，随着自己在组织中地位和经验的不断积累，可能会对办公室的职能环境有一定的影响并加以改进和选择。通常来说，办公室面临的社会环境是难以进行影响和改进的。我们通常所说的办公环境的优化和改进，主要是针对工作环境而言的。

二、办公环境的构成要素

随着社会的发展，人们对于办公环境的要求也越来越高，优良的办公环境能够提高办公效率，且有利于组织的沟通和员工的身体健康。办公环境包括工作区的空间、温度、采光、通风、吸音设施和条件等，还包括办公室墙壁、门窗装修和装饰的样式、色彩，办公桌椅、柜架的样式和摆放方式以及各种办公设备、办公用品耗材和饮水设备的摆放方式等。一般来说，构成健康安全的办公环境的基本要素有以下几类。

空气。办公室内要有良好的通风条件，室内的通风和良好的空气条件能够提高工作的效率。

光线。办公室的光线应充足，局部照明要达到要求，可采取人工光或人工光与自然光结合等方式。

声音。办公室要保持肃静、安宁的气氛，地面、墙面、天花板应有一定的吸音、静音装置。

空间。办公区建筑必须坚固安全，办公设备的摆放应整齐，布局要合理，办公室空间及座位空间要适当，座位间要留有通道，在通道的拐角处要注意桌椅、设备的摆放的安全。

绿化。办公室内摆放一些花木，会使办公室内空气更清新，布置更优雅。

办公室人员要用心维护办公室环境，应每天在上下班的时候检查一下：工作场所的温度是否达到了要求；门窗是否严密安全；照明是否满足工作的必需；噪音干扰、空气污染是否超标；办公家具和设备是否够用等。

三、办公室的布局

在通常情况下，各类组织在设计和组织办公区和办公环境时，需围绕建筑原有的条件，做到基本不改变原有的固定设施，并要充分考虑单位的性质、经营状况和实际需要。

1. 开放式办公室布局

办公场所开放式布局的概念始于德国，是指按照工作职能、业务活动和技术分工来确定组织员工的工作部门和工作团队、小组的区划布局，又称为灵活布局。开放式布局又可分为全开放式办公室和半开放式办公室。全开放式办公室是指一个完全敞开的大空间，没有任何隔板，整个办公室空间一览无余，可以在办公室的任何一个角度看到每位员工的座位。半开放式办公室一般是用高低不等的软包装隔板区分开不同的工作部门，因为隔板通常只有齐胸高，因此，当人们站起身来时，仍然可以看到其他部门员工的座位。开放式办公室内的每个办公位置通常包括办公桌椅、电脑、电话、文件柜、档案柜和办公文具等设备和用具。所有单个工作位置的组合主要是按工作运转流程和信息的流程来安排的，而每位员工的工作位置是由分配的任务决定的。

开放式办公室的工作空间通常是由可移动的物件来确定的，因而工作位置可以根据需要移动、变化。这种设计为组织降低了成本，提高了工作效率。具体而言，开放式办公室的主要优点有：

（1）降低建筑成本和能源成本。开放式设计提供了较大的灵活性，减少了照明等能源成本的损耗。

（2）提高了办公室的空间利用率，节省了面积，使有限的空间能够容纳更多的员工。

（3）减少了交流的心理障碍，易于沟通，开放式的设计，管理者有更多的机会和员工接触，便于加深与员工的交流。

（4）更易于管理者对员工进行监督和指导。拆掉了墙壁，管理者能更直接地观察员工的行为，了解他们的工作状况。

（5）可以共享办公设备，形成集中化的管理和服务。

开放式办公室也有它的不足：

（1）缺少单独办公的机会。一些管理层的人员抱怨开放式办公室剥夺了他们单独办公的权利，感到降低了自己身份和地位。

（2）难以集中工作的注意力。部分员工感到在一个很大的办公区域里跟许多人一起工作，容易分散注意力，或感到自己的一举一动都在别人的监控之下，从而产生不适感。

（3）办公区域噪音太大。开放式设计会使隔壁工作人员的谈话声、电话铃声、办公设备的嘈杂声不绝于耳。

（4）难于保密。开放式办公设计不宜于会计和法律等部门进行有效的工作，因为这些部门需要高度保密。

2. 封闭式办公室布局

封闭式办公室又称为传统式办公室，是指用墙壁将办公空间分隔成若干有门、窗的独立房间的办公室布局。每个房间都有一人或多人办公，一般是按照工作任务或职能分工划分办公室。每个办公室配有办公桌椅、电脑、传真机、文件柜、书架、绿色植物、饮水机等。封闭式办公室至今仍然是一些单位办公场所主要采用的设计方式。

作为传统的办公室形式，它有着自己的优势：

（1）可满足单独办公和无噪音办公环境的理想办公要求，比较安全。

（2）易于员工集中精力，避免受到外界干扰，加强了办公室内部的沟通，适合于从事专业性强、分工细致的工作。

（3）保密性强。

封闭式办公室的主要不足：建筑成本和能源成本高、费用大，影响管理经营的效益。

3. 办公布局安排应考虑的主要因素

优化办公室环境是提高工作效率的前提，方便、和谐、安全、舒适的办公环境需要靠办公室人员的参与来实现，因为良好的办公环境离不开精心地设计和组织。设计和组织办公环境，需要以下几方面：

（1）本组织的规模和员工人数。

（2）组织的机构设置和工作设计。它决定了办公区域的划分，办公流程的排列，部室的设置。

（3）组织经营的性质和内容，业务部门的职能特点。与公众接触频繁的部门应位于离大门近的地方，例如采购部门、人力资源管理部门等；公关部门也需经常与外界接触，可安排在离接待区较近的地方。

（4）确保组织部门之间的联系，科学有效地设计工作流程。业务关联较紧密的部门的位置应尽量临近，以避免衔接出问题，或者重复颠倒，使得员工在工作和文件的流动中来回奔波。

由此可见，办公室人员要帮助上司制定一个合适的办公布局方案，就需先认真了解各种布局类型办公室的特点，并要结合本组织的规模、人数、结构、经营特点和工作情况进行设计。

四、秘书对环境管理的责任

（一）空间管理

秘书人员在办公室环境管理这一部分最主要的就是办公设备的管理，为了办公空间能够得到有效利用和桌椅橱柜的摆放达到最佳效果，应该采用直线、对称式布置，而档案柜或书架书橱的高度应一致，尽可能倚墙、掎角而立或背靠背放位置，这样能够最大限度地利用办公空间。秘书人员在协助领导安排员工工作流程时应取直线式，相关部门应按系统的联系紧密程度，尽可能安排在相邻地点，以便于业务联系。信访接待室、服务性部门要设在大楼建筑入口，若不可能接近入口时，秘书在接待外来人员时，提示不得高声喧哗，以免干扰其他部门正常工作。

（二）表面环境

作为秘书在协助领导审批公牌时要严格按照有关规定和办法制挂工牌，工牌的尺度、字体、质料、颜色要统一，机关公牌的名称要用全称。从色彩上来讲，桌子、地面、墙壁、窗帘、图案和灯光的颜色要统一，秘书人员可以给领导提建议，如我国民族素有“青绿悦目，淡雅赏心”的传统都是不错的方案。

（三）听觉环境

在选择办公地址时应该考虑经济价值和实用价值相结合来考虑，而实用价值主要体现在环境的好坏和交通便捷。选在相对安静的地方，尽量避开繁华的街道并且在装修时天花板及墙壁时应采用吸音、隔音建筑材料，临街窗户宜安装双重玻璃。秘书人员在使用对容易发生噪音的办公用具，应该尽量防止软垫，如打印机，复印机等。有条件时，可在办公室内铺设地毯减轻走路的噪音、秘书人员在交代事情时应该压低谈话声音等。消除噪音的来源是首要的，秘书人员在发现噪音时主动与制造噪音的主管部门进行协商，降低或消除噪音，对于违法制造噪音者进行举报。

（四）视觉环境

为了打造舒适的视觉环境，地面覆盖物的颜色和类型应与墙壁、天花板的颜色协调一致，以保证一个统一的、和谐的环境。秘书人员在布置的时候还要充分考虑办公人员的视觉需要，因此办公室透过窗户应该能看到远处，以减少工作人员的疲劳感，还应该在办公室的角落里摆放绿色植物，和在办公桌上摆放小型绿色植物，以减少工作人员的视觉疲劳。而视觉环境最重要的就是管线问题，在设计时应该减少光源的强度，避免用一个发光体，宜多用几盏灯，降低光源强度，避免集束光而用匀散光；并且窗上宜装半透明玻璃，以免直接光而用间接光，光源宜置高处，并从后方或左侧射入。

（五）空气环境

在办公时空气环境中最重要的就是温度，一般说来，最舒适并有益于健康的温度是15℃～20℃，而大气温度不是恒定的，因此有必要安装空调或者冷气机和暖气机来调节温度。在面对气候干燥的问题上，办公室应当安装加湿器和经常拖地以增加空气的湿度。例如填入北京气候干燥，应该安装加湿器。为了时空气流通，可以安装通风设备、经常开窗来解决空气流通的问题。办公室的污染时最常见的问题，例如吸烟、刺鼻性食物所散发的气味都是空气污染，所以，办公室应该明令禁止吸烟和把食物带入办公区域，而秘书人员要做好监督工作。为了保持办公室氧气充足，应当在办公室种植绿色植物，花草使其在光合作用的过程中，吸收二氧化碳，放出氧气，以增加空气的新鲜度。

（六）安全环境

秘书人员要协助宣传部做好宣传工作，让员工树立安全意识是解决安全问题中最有效的办法，例如在楼梯间张贴各种消防知识、发放宣传册等使员工能够主动识别工作场所和常用设备的安全隐患。在做好宣传的基础上制定严格的规章制度，对办公设备的使用和办公用具的摆放要严格按照规章制度进行，例如物品的摆放不宜过高，下班必须关窗关门，定期进行线路的检查、设备的检查、消防用品的检查。所学到的知识必须经得起实践的检验，因此定期对防火防震进行演练时很有必要的，例如对突发火灾和地震进行演连，锻炼人们的反应能力，提高人们面对危险时做到冷静处理，不慌不乱。当面对突发事件时，就按照应急预案执行，因此作为秘书人员要自己制定一份具有实用性、可行性，当发生危险时能够立即启动并且强有力的执行力的急预案执时必需的。

（七）上司工作环境的要求

上司工作环境是指上司的办公室、办公间以及上司使用的办公设备和用品。

要保持地面、台面、电脑、办公设备、家具等处的清洁、整齐。

（八）个人工作环境的要求

个人办公区是指秘书人员自己的办公室、办公间以及直接用于个人办公的设备和用品。

（1）保持台面、地面、电脑、办公设备、家具、窗帘以及门窗墙壁等处的清洁。

（2）经常保持办公桌面的清洁、整齐、美观，不乱放零散物品，不放置个人的生活用品。

（3）电话按键和听筒、电脑键盘要经常用酒精棉消毒。

（4）来访者用过的茶具应及时清洁干净，并重新摆好，用过的一次性口杯应及时清理。

（5）保持电脑、电话等办公自动化设备的线路整齐，经常检查线路是否有破损情况，检查电源插头是否有松动等不安全的情况。

（6）报纸、杂志、资料、文件等要及时进行清理，摆放到文件柜等固定地点存放。

（7）每天下班前，要认真检查一下电脑、电灯、空调等是否关闭，抽屉、柜门等是否上好锁。

第四节　保密管理

在激烈的市场竞争中，任何一个企业生产经营方面的商业秘密都十分重要。在世界各国特别是发达国家，商业秘密作为知识产权的一部分都普遍受到法律的保护，我国是世界范围内有影响的发展中国家，同样依法保护权利人的商业秘密。

一、商业秘密的主要范围

商业秘密可以分为两大类：即技术信息和经营信息。

商业机密技术信息主要包括：技术设计、技术样品、质量控制、应用试验、工艺流程、工业配方、化学配方、制作工艺、制作方法、计算机程序等。作为技术信息的商业秘密，也被称作技术秘密、专有技术、非专利技术等，在国际贸易中往往被称为Know－How。

商业机密经营信息主要包括：发展规划、竞争方案、管理诀窍、客户名单、货源、产销策略、财务状况、投融资计划、标书标底、谈判方案等。

商业机密特别注意以下方面：

工艺程序：有时几个不同的设备，尽管其本身属于公知范畴，但经特定组合，产生新工艺和先进的操作方法，也可能成为商业秘密。如一家公司在生产优质钢部件过程中，有一个连续浇铸的程序，该程序是在浇铸这道工序上工作多年的雇员摸索出的一种生产率最高的操作方法，并且这一方法还不为他人所知，该程序就是一项商业秘密。许多技术诀窍就属于这一类型的商业秘密。

机器设备的改进：在公开的市场上购买的机器、设备不是商业秘密，但是经公司的技术人员对其进行技术改进，使其具有更多用途或效率更高，那么这个改进也是商业秘密。

客户名单：客户名单是商业秘密中非常重要的一个组成部分，若被对手知道，顾客会受到引诱或骚扰，从而妨碍公司的正常经营。客户是交易的相对人，本来就是公开的，为什么还能认定客户名单是商业秘密呢？这是因为客户名单不为公众所知悉，并不是客户自身具有秘密性，而是指经营者与客户的具体交易关系具有秘密性。其他经营者并不知道客户需要这一类产品或服务，要得到客户是需要花费一定时间和财力的，这一信息被竞争者知道后，势必对公司不利。

研究开发的有关文件：记录了研究和开发活动内容的文件，这类文件就是商业秘密，如蓝图、图样、实验结果、设计文件、技术改进后的通知、标准件最佳规格、检验原则等，都是商业秘密。

公司内部文件：与公司各种重要经营活动有关联的文件，也是商业秘密。如采购计划、供应商清单、销售计划、销售方法、会计财务报表、分配方案等都是企业的商业秘密。它们若被竞争对手知道，都会产生不良后果。

第三方商业秘密：按照法律和协议，企业对第三方负有保密责任的第三方的商业秘密，比如在商业合作中了解到的其他企业的商业秘密。要像自己的管理商业秘密一样加以保护，一旦泄露需要承担相应的法律责任。

二、酒店秘书的保密工作

（一）文件保密

文件是公务文书的主体部分，也是国家秘密存在的主要形式。做好秘密文件的保密工作，是秘书机构保密工作的重要内容之一。

1. 文件撰制的保密

如文件密级的确定，秘密文件的发放，文件稿本的保管和秘密文的复制等，必须有严格的保密制度，所有人员按照制度执行。

在撰制秘密文件时不仅要对所在的场地、所使用的电脑、手稿等加以防护，更应该的是控制在撰写过程中人员的流动，除非是必要人物，其他人员一律不得入内。做到秘密进行，安全进行。

2. 文件传递的保密

如秘密文件的邮递、绝密文件的递送、秘密文件的交接等，必须有严格的保密制度。

不管文件是在公司内部还是公司外部传递，都必须严格执行保密制度。在内要做到文件交接时做好登记，专人专用做好办公室监督。对外传递要在传递前做好封印工作，在签收人收到文件时及时确认密封袋是否完好，没有拆封痕迹。

3. 文件办理的保密

如秘密文件的收发、发送、传阅和借阅等，必须有严格的保密制度。

4. 文件保管的保密

如秘密文件的存放、清理、销毁和归档等，必须有严格的保密制度。文件的形式有很多，纸质的、电子稿件的，也有影像形式的。电子形式的文件相对好处理些，纸质就有些麻烦了。

一方面是文件形成后的存放问题，文件存放的地方一定是独立的没什么人去的地方，类似于档案室这样的地方，而且大门还要加上锁具加以防护。另一方面是，文件的销毁工作，秘密文件在不使用之后要么就是在保存期内继续保存，要么就是销毁，确保没有人再对其进行利用。

（二）会议保密

1. 会前的保密

如落实保密措施、制定保密纪律、进行保密教育和限定与会人员等。公司的会议大多是有针对性的，因此不相关人员不可以参与到会议中，且有的会议常常会涉及企业机密，对于这些会议来说就要求秘书人员对会场的秩序进行管理。按照保密制度的要求对会场安全性能进行布置，限定参与人员。

2. 会中的保密

如严格签到手续，禁止无关人员入会和严格管理会议文件等。

案例：××公司上午 10 点 30 分至 11 点 30 分是协调会的时间，会议由厂长主持，计划科人员、各车间统计员、清选科长、包装科长等参与的，对前一天下午到今天早上开会前这段时间内就生产计划工作中产生的问题进行探讨。虽然这个会议不算绝密的会议，但其中还是涉及某些重要信息，但是与会人员并没有认识到这一点。开会期间公司其他人员可以随意地进出会议场地，没有任何保护措施。

3. 会后的保密

会后的保密，如清理会议文件，明确传达范围和统一宣传口径等。

会议的完整进行是重要的，但是会后的工作也同样很重要。一场会议涉及的问题不可能只有一点，它是包含多个方面的。所以在对公司其他员工传达会议精神时就要有选择性地挑选合适范围内的内容。与会人员对外也要有统一的说法。秘书人员会后也要对会议文件进行处理，有利用价值的文件就将其好好保存起来，而没有利用价值的文件就要将其销毁，以防坏人有机可乘。销毁的方法有很多，较为普遍的一种就是使用碎纸机。

（三）通信保密

秘书人员经常与邮政和电信打交道，大量使用电话、电报和电传等各种通信设备。如不采取必要的保密措施，就容易发生失密、泄密现象。

1. 传输秘密信息保密

传输秘密信息，必须使用有保密措施的通信设备，不准使用无保密措施的通信设备。

案例：由于××公司资源有限，传真机就只有两台，一台负责接受，一台负责传输，属于办公室共同资源。营销部的订单，采购部的报价单，技术部的图纸资料还有其他部门的东西传送来了都堆放在传真机旁，等人过来找，而且传真机也不在办公室里面，而是在总务处。这样的话就算传真件被别人拿了，当事人也是不知道，所以公司要么可以多配置几个传真机，要么就找个人专门负责。

2. 有线、无线通信设备保密

严禁使用无保密措施的有线、无线通信设备召开涉及企业秘密的电话会议。在电话里只能听见声音却不能看见真人，但是有些人的声音确是相似的，只通过声音判断一个人是很不保险的。如果这样直接召开涉及企业机密的电话会议，就会造成企业秘密的泄露，使得坏人有机可乘。

现在市面上已经有了比较先进的可视电话机，在召开秘密电话会议时，使用可视电话，就可以确认参与人员，确保会议的安全，不会泄露机密。

3. 密码、密码机保密

密码、密码机及其电报译稿，必须绝对保密，严禁无关人员接触。案例：××公司重要的门都是带电子密码锁的，例如办公楼的大门、技术科的门、实验室的门等。每个门的密码除了本部门的人知道外就只有秘书知道，其他的人要进入时都要刷卡或者按门铃。但是××公司的人没有谁是特别重视保护密码，因为他们在输入密码时也不在乎外人是否在场。这使得秘书人员时不时就要更换一次密码，对工作造成了很多不便。

(四) 涉外保密

在国际交往日益频繁的新形势下，秘书人员的涉外活动也随之不断增加。为了做好涉外方面的保密工作，涉外单位和非涉外单位的秘书人员，必须熟悉和遵守有关的保密规定。

在涉外活动中，既要热情友好，以礼相待；又要提高警惕，内外有别，防范可能发生的情报搜集活动。任何涉密单位，未经主管部门批准，不得擅自接待外国人参观访问。凡有涉外接待活动的单位，均应从实际出发，划清密与非密、核心秘密与非核心秘密的界限，做好保密工作。参加外事活动的人员和出国人员，不得携带秘密文件、资料和笔记本等。接受外国常驻人员的单位，包括中外合资企业，不准让外国人接触秘密文件和参加秘密会议，也不准在外国人面前谈论秘密事项。

(五) 计算机保密

随着办公室自动化的推进，电子计算机已广泛进入秘书机构，成为秘书人员必备的现代办公设备。如何确保计算机系统的保密，是保密工作面临的新课题。载有机密信息的计算机上网，可能成为别人“共享”的资源；电脑“黑客”的频繁入侵，使人防不胜防；计算机如果被别人使用，就会无密可保；笔记本电脑一旦丢失，其中存储的大量机密信息就会泄密。因此，秘书在日常工作中应该加以注意。

秘书的计算机应该独自使用，打印机密材料时要人不离机，不经本人或上司批准，别人不得使用。凡是涉及重要机密内容的计算机，一律不得上网。邮箱密码的设置要绝对保密，最好是设置不易被破译的“数字＋字母”的密码。对输入计算机内的机密信息采取隐藏措施，不要安装借来的程序。安装防病毒反“黑客”的“防火墙”，并注意升级换代，对装有机密信息软盘的盒子或箱子应加锁以保证安全。携带笔记本电脑外出时，务必做到包不离身。计算机房应建立外来人员登记、接待制度，进入机房必须严格审查。秘密数据载全要加强管理，建立和健全使用、借阅、复制、携带、移交、保管、销毁等保密制度。

三、企业秘书保密工作的管理

（一）加强保密教育和机构、队伍的建设

应加强保密教育，使之制度化、经常化。重点是抓“保密法”等有关法规的学习和督查、落实，使本单位职工，特别是秘书人员和涉密部门居安思危、警钟长鸣，不断增强保密意识，提高对保密工作的认识，进一步健全保密机构，加强队伍建设。

1. 抓普及法律知识，提高对保密必要性和重要性的认识

对《保密法》及其相关法规的特点、基本任务、适用范围、保密制度的法律责任等有所了解，让人人都知晓“一切国家机关、武装力量、政党、社会团体、企业事业单位和公民都有保守国家秘密的义务”。

2. 健全保密机构和体系

这个机构体系是分级分层的，中间按层次即涉密程度、保密任务的轻重设置大小不一的行政管理机构，上有领导人具体分工负责，下有基层兼职或专职保密员作基础。这些机构应是一项重要的行使公共管理职能的机构，它拥有法定的权力和职责，通过具体的保密行政管理活动，对各领域、各行业、各机关、各单位的保密工作进行统一管理和提供服务。总之，保密工作机构必须与改革开放和发展社会主义市场经济相适应，要做到有领导负责，有部门主管，有专人管理日常工作。

3. 要加强队伍建设

保密管理的主体就是加强队伍建设，这对保密工作起着决定性作用。建设一支高素质的保密队伍，充分调动他们的积极性、创造性，对于搞好新时期的保密工作至关重要。对这支队伍的素质要求包括：政治思想和文化知识、道德品质、身心健康、智力和能力等方面。队伍的建设首先要把好进入关，选拔一批懂技术懂法律、善管理和有较高政治思想水平保密队伍。

（二）建立和完善保密制度

由于我国没有对非国有企业的商业保密方面制定较为详尽的法律条款，非国有企业的技术秘密也只能是通过申报国家重大科技项目，成为国家技术秘密之后，才获得国家法律保护。因此保护非国有企业的商业秘密和技术秘密只能通过建立一套完善的保密体系，方可保护自己。这其中的保密制度是极其重要的一个环节。保密制度是国家、部门和单位根据保密法律、法规和政策结合各自实际，制定的保守秘密的各项基本规定和具体办法、措施，它是本机关、单位职工从事保守国家秘密和单位秘密最直接的规范和依据。

（三）要害部门、重点人物和最易泄密的工作领域的保密

核心秘密是单位的密级最高的秘密，那就是“绝密”，一旦泄露会使企业的利益受到特别严重的损害。企业的核心技术等就是本单位要保守的秘密，这就是把最需要保密的作为重点，而平常接触到这些秘密的要害部门、重点人物就是保密工作的核心。如何确保重点人物做到绝不泄漏，是重要的一环。

（四）积极开展保密技术现代化体系的构建

随着现代化科学技术的飞速发展，在社会各行各业和个人生活中，无论窃密还是有意无意地泄密，都呈现出很强的专业性、技术性。我国近些年不断引进一些先进技术，但总体上保密技术落后，保障能力差，远远不能适应现代化建设迅速发展和对外开放不断扩大的新形势，解决保密技术手段落后问题，成为保密工作的突出问题。要积极组织保密技术的研制、开发和引进，尽快制定领导机关和要害部门的保密技术装备管理的规定，特别是涉密计算机信息系统、通信和办公自动化系统等方面的保密技术法规和标准。开展经常性的保密技术核查，通过技术手段对各单位的涉密信息保护技术和涉密物体保护技术的保密效果进行检查验证，以便及时发现问题，排除泄密隐患。

【案例一】

上司办公桌上的机密文件

琳达是费希德（上海）公司销售部经理的秘书，不过她当秘书还不到一个月。这天上午，琳达的上司被公司市场总监叫去了，他俩站在办公室门口聊天。上司办公桌上的电话铃响了，琳达过去接电话时，发现上司的桌子有份印有“公司机密不得外传”的文件翻开在那里。面对这种情况，琳达应该怎么办？下面有5个选项：

A. 因为是在上司的办公室，公司外部的人也看不见这份文件，所以，这么放着没什么事。

B. 给正在与市场总监聊天的上司发短信，请示他如何处置办公桌上的机密文件。

C. 将文件放进保险柜里，上司回来后，马上向他报告。

D. 给老同事艾玛打电话，问她可否在上司返回座位之前自己把文件保存起来。

E. 机密文件这么摊着可能会被不该看到的人看到，所以用其他资料将文件盖上。

请从上面5个选项中挑选出1个你认为合适的，并说明理由。答案E。

公司的机密文件让不该看到的人看到了会惹出麻烦，所以，作为助手，秘书有责任帮上司保管好文件。但是，上司毕竟没有走多远，也许一会儿就回来了，所以，只要简单把它盖好就行了。

【案例二】

秘书工作的基本原则

琳达是腾飞仪器（北京）公司财务总监的秘书。她上个月才大学毕业，人力资源部请一位老同事对她进行培训。这位老同事告诉她做秘书工作的一些基本原则。下面有5个选项：

A. 在处理上司交办的工作时，如果遇到不明白的地方，不要自作主张，而是在请上司确认之后再处理。

B. 在上司身边工作，肯定会比一般员工多知道一些公司机密，所以，即使知道了也要装作不知道。

C. 秘书不能只等上司给自己交办工作，应该学会自己找事做。

D. 即使上司指示你帮他处理一些个人私事，你同样要处理好。这事到底与上司的工作有没有关系，可以在处理完之后再去确认。

E. 因为秘书的工作就是帮助上司处理日常杂务，所以，秘书应仔细观察上司，了解他现在想做什么，从而提前主动为他提供帮助。

请从上面5个选项中挑选出1个你认为不合适的，并说明理由。答案D。

企业为领导人配备秘书就是为了让上司专心致志地工作，帮助上司处理日常杂务，所以，帮上司处理一些杂事或私人事物是秘书的分内工作，因此，就没有必要去确认这事到底与上司的工作有没有关系。

【案例三】

上司自己的工作出错

琳达是香港玛丽制衣（深圳）公司总经理秘书。这天上午，琳达一边在前台值班，一边润色给总经理起草的发言稿。当琳达正在给一位新来的客人沏茶时，行政部经理过来说总经理急着要看发言稿。琳达说还有点没改完，如果总经理急着要，那就请他帮忙把把关再送给总经理，他说没问题。但中午的时候行政部经理对琳达大发脾气，说总经理对发言稿很不满意。面对这种情况，琳达应该怎么办？下面有5个选项：

A. 由于当时太忙，没有仔细检查，我下次一定注意！

B. 我当时就给你说清楚了还没改完，你应改完之后再交给总经理呀！

C. 实在不好意思，我今后一定注意！

D. 头，别太在意，就是总经理自己不也经常出点小差错吗?!

E. 总经理也是鸡蛋里面挑骨头，有点小毛病自己随手改改不就完了吗?!

请从上面5个选项中挑选出1个你认为合适的，并说明理由。答案是C。

秘书在发现工作出现失误之后，无论什么原因，在第一时间道歉，表明了你的人品和态度。秘书不论在什么情况下都要诚实和谦逊。

【案例四】

恋人的工作变动

琳达是普天制药（中国）公司副总经理的秘书，她的男朋友是公司市场部杰克。他俩准备在今年国庆节结婚，但由于公司不允许员工之间谈恋爱，所以他俩的关系在公司内部至今尚无人知晓。这天上午公司开司务会，讨论人事问题，琳达来到会议室为大家添茶。

“最近香港分公司的刘勇病得很厉害，那里的经理来电话让我们赶紧派人去顶替他?”人力资源部的胡经理说。

“派市场部杰克去如何？他还没有结婚。”公司一位副总这样提议。

“我看可以。”公司总经理说：“那就这样定了吧，这个月底就发调令，让他过去。”

人力资源部的胡经理马上回答：“行！我们在月底前给杰克办好调令。”于是杰克去香港工作的事就这样定下来了。

这天下班后，琳达和胡毅又在那家幽静的小酒吧里约会。“我想蜜月旅行最好还是去新马泰?”杰克说着，递给琳达一本精致的新马泰旅游小册子。现在琳达感到十分苦恼。不仅下半年结婚的计划可能泡汤，即使结了婚也得忍受两地分居的煎熬。面对这种情况，琳达应该怎么办？下面有5个选项：

A. 你下个月就要调到香港分公司去了，我们的婚期可能得推迟。

B. 到时候再说吧！

C. 默默无语。

D. 胡毅，听说你们部又新来了一个漂亮的MM，是吗?

E. 好，我俩就去新马泰旅游。

请从上面5个选项中挑选出1个你认为合适的，并说明理由。

答案是E。

只要琳达的态度有些不自然，就有可能引起杰克的怀疑；他肯定会追问，如果琳达不说出真相，则有可能影响双方的感情；如果说出真相，则有可能泄密。的确，对于像琳达这样的女性来说，爱情的地位仅仅次于生命，如果在这种时候还不把实情告诉自己的未婚夫，就可以说它是一种欺骗。但是，秘书的“秘”就是秘密的“秘”，无论哪家公司都不能容忍秘书泄密，而在所有的公司机密中，人事是秘密中的秘密！

第五节　印信管理

一、印章

印章，用作印于文件上表示鉴定或签署的文具，一般印章都会先沾上颜料再印上，不沾颜料、印上平面后会呈现凹凸的称为钢印，有些是印于蜡或火漆上、信封上的蜡印。制作材质有玉石、金属、木头、石头等。印章是中国传统文化的代表之一。

（一）几种常见的现代印章

光敏印章：利用激光打印出来后，直接晒于感光材料上，再注油使用，印迹稳定，能保持文件的原始线条，适合图案印章、卡通印章、签名章，可重复加印油使用数万次，也是比较耐用的一种免印台印章，故也适用于使用量比较大的印章。光敏印章的补充印油必须与原来注入的印油是同品牌的，否则可能会因为印油的使用不当而损坏印章。另外，光敏印章机的章料价格相对于普通的雕刻印章的价格要稍微高一些，但是光敏印章的绿色无污染，使用轻便也可以免除印章印泥的约束限制，反而更加实用光敏印章油需要。

回墨印章：回墨印章是一种坚固的印章架加上内置印台，在使用时印章自动反转并自动盖一下印台，是一种高质量和高档次的印章，印迹效果清晰，结构稳定，坚固耐用，方便再加油，可置换印台，其方便耐用深受银行、医院等窗口单位的喜欢。回墨印章的补充印油最好使用原装的水性印油，回墨印章在使用时需注意用力均匀，以免损坏印章支架，其补充印油应选择同品牌水性印油，以确保印章面不受损。

渗透印章：自带印油、使用方便，可反复加油使用。适用于各类部门章：如发票专用章、合同专用章、业务专用章、报关专用章及其他工作用章等，不适用银行印鉴印章，印章使用过程中需补充同品牌的印油以确保印章体不受损。

牛角印章：质地坚硬、经久耐用、印迹清晰，适用于印鉴印章，但牛角印章具有热胀冷缩的特性，可能产生误差。黄木、牛角为天然印章材料，最好用印章盒装起来，以免暴露在外过度收缩造成裂损或变形，影响印迹质量。

铜印章：质地坚硬，由铜或铜合金铸成，硬度大，不变形，保存长。

（二）企业公章的使用和管理

秘书部门保管和使用的印章主要有三种：一是企业的公章；二是法定代表人公用的名章；三是秘书部门的公章。

附：常见用印登记单（见表6－5所列）

表6－5　常见用印登记单

编号	用印时间	用印部门	用印内容	份数	份数	经办人签名	监印人	备注

印章的使用：秘书人员使用印章除文件用印外，一般应经本机关的领导批准，办理签批手续。用印人员要填写用印审批单，审批单的内容包括用印时间、事由、用印人、用印份数、审批人等，以备查考。秘书人员对用印有监督权，对不合法或不符合规定的用印，有权拒绝用印或提出异议。盖公章要端正、清晰、匀称，盖在署名中间，上不压正文，下要骑年盖月。盖印的要领是握法标准，印泥适度，用力均匀，落印平稳，印文清晰。

公章使用注意事项：办公室的印章要有专人保管，对所有用印都要由文秘人员亲自办理，不得将印章交给他人使用，不得随意将印章带出办公室。印章要保存在安全可靠的地方，最好放在保险柜里，做到随用、随取、随锁。因故需临时交接，须经总经理批准并严格办理交接手续；一般性介绍信及身份证明，须经办公室负责人或公章主管人员审核后，方可盖章，以备查；对加盖公章的材料，应注意落款单位必须与印章一致，用印位置恰当，要骑年盖月，字组端正，图形清晰；公章禁止带出公司外使用，如因特殊需要，必须经总经理批准，由综合管理办公室人员携带前往，用后立即带回；公章一律不得用于空白介绍信、空白纸张、空白单据等，如遇特殊情况时，必须经总经理同意，公章一般应在上班时间内使用，如无特殊情况，下班后停止使用公章；公章管理人员必须认真负责，严格遵章守纪，秉公办事，没有总经理及相关负责人的签字，不得随意盖章；公章管理人员应妥善保管公章，不得随意乱放，下班时间和节假日期间应采取防盗措施；盖章后出现的意外情况由批准人负责，如公章管理人员违规盖章造成的后果由直接责任人负责。

二、介绍信

介绍信是用来介绍联系接洽事宜的一种应用文体，是应用写作研究的文体之一，是机关团体、企事业单位派人到其他单位联系工作、了解情况或参加各种社会活动时用的函件，它具有介绍、证明的双重作用。使用介绍信，可以使对方了解来人的身份和目的，以便得到对方的信任和支持。随着身份证和名片的使用，介绍信用得比较少了，但一些正式严肃的场合还是必须使用介绍信。

介绍信有两种类型：一种是印好格式的介绍信，用时按空填写即可；另一种是用公用信笺书写的介绍信。

（一）主要作用

（1）介绍信主要用于联系工作、洽谈业务、参加会议、了解情况时的自我说明；

（2）对于持信人而言，介绍信具有介绍、证明双重作用。

（二）注意事项

（1）接洽事宜要写得具体、简明；

（2）要注明使用介绍信的有效期限，天数要大写；

（3）字迹要工整，不能随意涂改；

（4）要坚持实事求是的原则，优点要突出，缺点不避讳，最好是用成就和事实替代华而不实的修饰语，恰如其分地介绍自己；

（5）要态度诚恳，措辞得当，用语应委婉而不隐晦，自信而不自大；

（6）篇幅不宜过长，言简意赅，在有限的篇幅中突出重点，同时文字要顺畅，字迹要工整。

第六节　接待实务

教学目标：

了解接待工作的程序，掌握日常接待工作的方法与技巧。

一、接待概述

（一）接待的含义

接待主要是指用相应的礼仪接洽、招待因工作需要而来的各方客人。

接待工作：就是指一个社会组织针对来访客人所进行的迎送招待、联系、洽谈等服务性工作。

（二）接待工作的功能

（1）塑造组织形象的功能：争取社会各界对本单位工作的理解、支持与合作。秘书的接待工作实际上是代表领导，为单位树立形象的一项工作。

（2）联络沟通功能：是一个组织的双向交流的“窗口”。

（三）接待工作的类型

接待工作的类型包括采访意图、接待对象以及来访者有无预约。

（四）接待的原则

诚恳热情、讲究礼仪、认真负责、细致周到、安全保密、俭省节俭、依法办事、内外有别。

秘书的认识：任何来访者都是公司、上司的客人；秘书是公司、上司的代表，接待好坏关系到公司利益。

（五）接待时的心理准备

真诚、正确、敏捷、礼貌、亲切、公平。

（六）接待的态度——热情、礼貌

重视行为的细节；精神饱满；注意倾听；注意说话方式；服饰整洁得体；坐姿端正；遵守制度；讲究卫生。

（七）接待的规格

根据来访者的职位、年龄、知名度及与公司的关系确定；最重要的是根据来访事由对公司的重要性来确定。

接待的规格：

（1）对等接待：是指陪同人员与客人的职务、级别等身份大体一致的接待。

（2）高规格接待：是指陪客比来客职务高的接待，须有关负责人直接出面。

（3）低规格接待：是指陪客比来客职务低的接待在这种接待中要特别注意热情、礼貌，而且要审慎用之。

【案例一】

天安公司

天安公司为了保证明年的生产任务得以有效落实，在年终将至之时，邀请提供配件的协作伙伴参加本公司的迎春座谈会并签订明年配件提供合同。给天安公司主打产品提供主体总成的甲企业王副总经理出席了座谈会。

天安公司的陈总经理为了表示友好和重视，亲自出面接待，全程陪同。随同王副总经理一起来天安公司参加座谈会的还有某科研所李副所长，由于他对该主机在装配过程中进行了技术改造，使产品的质量大幅度提高，能源消耗降低了10%。可在他到达天安公司后，秘书小张把他带到宾馆安排入住，此后便无人问津而被冷落了两天。第三天，他又随王副总经理一起到邻省和天安公司生产同类产品的天源公司参加配件订购会。一年后，天安公司一度热销的主打产品因其质量没有改进且能耗高，销售量日渐萎缩，市场份额逐渐被天源公司所挤占，使得天安最后几近倒闭。

案例分析：

接待工作和接待规格一定要全方位计划并统筹安排。接待规格并不是越高越好，经常用高规格接待，会影响领导的工作。案例中，陈总经理只需出面对所有参加座谈会的各公司代表统一接见或分别接见一次即可，不应该认为是重要的客户就全程陪同而忽视其他客户。在接待上一视同仁，就不会出现上述问题。

（八）注意不同国家和地区的见面礼仪

韩国：鞠躬45度角并用敬语。

日本：鞠躬90度角用敬语。

中国：点头致意并握手。

西方：拥抱亲吻脸颊。

法国：法国人在社交场合与客人见面时，一般惯以握手为礼，少女向妇女也常施屈膝礼。他们的男女之间，女子之间的见面时，还常以亲面颊来代替相互间的握手。

（九）接待程序：准备—实施—善后

1. 准备阶段

（1）环境准备：硬环境、软环境。

自然环境（办公室环境）：办公家具、用品、排列布置、“接待区”；色彩搭配、照明、空气调节、隔音、装饰。

人的因素（人文因素）：秘书的精神面貌、仪表、态度。

（2）信息准备：来宾的基本情况、接待材料、布置与检查

2. 实施工作阶段

（1）迎接：办公室内的迎接、办公室外的迎接。

（2）商定活动日程。

（3）陪同领导人看望来宾。

（4）按日程开展活动。

（5）送别。

3. 善后

（十）宴请接待

（1）严格执行酒店宴请制度（附南通雷迪森大酒店《关于酒店宴请制度》见

表 6－6 所列）

表 6－6　南通雷迪森大酒店《关于酒店宴请制度》

备忘/Memorandum　　　　　　　　　　　　　　　　　　　　　　　　　（EXE/2010/063） 至　/　To：　各部门 自/From：　陈昀/行政副经理 日期/Date：　2010－10－22 主题/Re：　关于酒店宴请制度
为了进一步完善酒店管理制度，规范企业运作流程，现制定如下宴请制度： （1）宴请客户一般应在酒店进行，除非有特殊情况才可以到其他地方宴请。在宴请前，宴请接待申请单必须得到总经理的批准。 （2）如有紧急的宴请，也必须完成宴请招待申请单并在当天按正常程序得到批准。在离开餐厅前须在账单是签名及注明事由和宴请客户的名称，以便收银员核查、挂账。如果不依照以上程序及未注明事由和宴请客户的名称，所宴请的费用将会记入你的个人账上。 （3）如需提供免费赠房，也需填写宴请招待申请单（申请程序同餐饮宴请）并经总经理签名批准。在经签字批准后，申请单需交前台以便联系及准备房间。申请单随后将递交于预定出及时输入电脑做记录。免费房的给予将受到严格控制。 宴请招待申请单操作流程： （1）由部门提出申请，部门负责人（当负责人休假时，可由部门第二负责人）签字，总经理办公室主任审定标准、签字认可后，报总经理审批，方可接待。消费单依次经总经理办公室主任、财务部经理和总经理批准后，财务部门方可入账；紧急情况来不及填写单据时，必须经总经理办公室主任通知前台营业部门后方可接待，但必须当日补填宴请招待申请单，财务部门方可按程序入账。否则，任何人的消费均必须以现金结账，由宴请部门自行负责。 （2）填写宴请单据时，必须按规定注明“宴请时间”“申请部门”“宴请项目”“被招待单位”“宴请理由”等内容，否则，单据不予审批。 （3）宴请方式：以住房、用餐、洗浴、申请以及赠送票据、礼品卡、礼金券为主。 （4）若在堂吧接待酒店重要客户、相关单位负责人，可以提供茶水服务（香烟、饮料、小食品除外），由市场营销人员、大堂副理、部门第一负责人、值班经理或总经理出面签单处理（需注明事由），产生账单依成本方式进入后台进行转账处理。 附表：《业务招待申请单》 ＿＿＿＿＿＿＿＿＿＿ 陈昀/行政副经理 CC：陈永耀/总经理　章丽霞/常务副总经理　黄华军/副总经理　王和平/副总经理

（2）注意因人、因时、因事而异，兼顾国家地区差异，按领导指示和惯例执行。

（3）宴请接待注意事项如下：

① 座次：总的来讲，座次是“尚左尊东”“面朝大门为尊”。若是圆桌，则

正对大门的为“主人”位，主人左右手边的位置，则以离主人的距离来看，越靠近主人位置越尊，相同距离则右侧尊于左侧。若为八仙桌，如果有正对大门的座位，则正对大门一侧的右位为“主人”。如果不正对大门，则面东的一侧右席为首席。在他的对面的位置是主人一起来招待客人的，叫“主陪”。弄不清楚座次的朋友，可以看桌子上杯中餐巾的叠法就可以分辨出来。这两个位置的餐巾的叠法是与众不同的。主人的餐巾一般是折叠成圆筒形状，插在杯子里面的。而主陪的餐巾则是叠成扇面状的。其他位置的餐巾则是一般的三折呈花瓣状。整个餐巾的布局有点像是展翅的凤凰。定好了这两个位子，别的位置就好确定了。坐在主人右面的是“主宾”，左面的是“次宾”；相对应的，右面挨着主宾的是“副主陪”，左面挨着次宾的叫“三陪”。其余的位置宾主可以随便坐，酒桌上戏称这些人是“不三不四”，原因是酒桌上没有“三宾”“四陪”的叫法。

如果为大宴，桌与桌间的排列讲究首席居前居中，左边依次 2、4、6 席，右边为 3、5、7 席，根据主客身份、地位、亲疏分坐。一般来说，如果你的领导出席的话，你应该将老板引至主座，请客户最高级别的坐在主座右侧位置。

② 点菜：如果时间允许，你应该等大多数客人到齐之后，将菜单供客人传阅，并请他们来点菜。当然，作为公务宴请，你会担心预算的问题，因此，要控制预算，你最重要的是要多做饭前功课，选择合适档次的请客地点是比较重要的，这样客人也能大大领会你的预算。如果你的领导也在酒席上，千万不要因为尊重他，或是认为他应酬经验丰富，酒席吃得多，而让他/她来点菜，除非是他/她主动要求。否则，他会觉得不够体面。

如果你是赴宴者，你应该知道，你不该在点菜时太过主动，而是要让主人来点菜。如果对方盛情要求，你可以点一个不太贵又不是大家忌口的菜。记得征询一下桌上人的意见，特别是问一下“有没有哪些是不吃的?”或是“比较喜欢吃什么?”让大家感觉被照顾到了。点菜后，可以请示“我点了菜，不知道是否合几位的口味”“要不要再来点其他的什么”等。点菜时，一定要心中有数。点菜时，可根据以下三个规则：

一看人员组成。一般来说，人均一菜是比较通用的规则。如果是男士较多的餐会可适当加量。

二看菜肴组合。一般来说，一桌菜最好是有荤有素，有冷有热，尽量做到全面。如果桌上男士多，可多点些荤食，如果女士较多，则可多点几道清淡的蔬菜。

三看宴请的重要程度。若是普通的商务宴请，平均一道菜在 20 元到 50 元可以接受。如果这次宴请的对象是比较关键人物，那么则要点上几个够分量的菜，例如龙虾、刀鱼、鲥鱼，再要上规格一点，则是鲍鱼、翅粉等。

附：中餐点菜指导——三优三忌

一顿标准的中式大餐，通常，先上冷盘，接下来是热炒，随后是主菜，然后上点心和汤，如果感觉吃得有点腻，可以点一些餐后甜品，最后是上果盘。在点菜中要顾及各个程序的菜式。优先考虑的菜肴有如下几类：

1. 有中餐特色的菜肴

宴请外宾的时候，这一条更要重视。像炸春卷、煮元宵、蒸饺子、狮子头、宫保鸡丁等，并不是佳肴美味，但因为具有鲜明的中国特色，所以受到很多外国人的推崇。

2. 有本地特色的菜肴

比如西安的羊肉泡馍，湖南的毛家红烧肉，上海的红烧狮子头，北京的涮羊肉，在那里宴请外地客人时，上这些特色菜，恐怕要比千篇一律的生猛海鲜更受好评。

3. 本餐馆的特色菜

很多餐馆都有自己的特色菜。上一份本餐馆的特色菜，能说明主人的细心和对被请者的尊重。

在安排菜单时，还必须考虑来宾的饮食禁忌，特别是要对主宾的饮食禁忌高度重视，这些饮食方面的禁忌主要有三条：

1. 宗教的饮食禁忌，一点也不能疏忽大意

例如，穆斯林通常不吃猪肉，并且不喝酒。国内的佛教徒少吃荤腥食品，它不仅指的是肉食，而且包括葱、蒜、韭菜、芥末等气味刺鼻的食物。一些信奉观音的佛教徒在饮食中尤其禁吃牛肉，这点要招待中国港澳台及海外华人同胞时尤要注意。

2. 出于健康的原因，对于某些食品，也有所禁忌

比如，心脏病、脑血管、脉硬化、高血压和中风后遗症的人，不适合吃狗肉，肝炎病人忌吃羊肉和甲鱼，胃肠炎、胃溃疡等消化系统疾病的人也不合适吃甲鱼，高血压、高胆固醇患者，要少喝鸡汤等。

3. 不同地区，人们的饮食偏好往往不同

对于这一点，在安排菜单时要兼顾。比如，湖南省的人普遍喜欢吃辛辣食物，少吃甜食。英美国家的人通常不吃宠物、稀有动物、动物内脏、动物的头部和脚爪。另外，宴请外宾时，尽量少点生硬需啃食的菜肴，老外在用餐中不太会将咬到嘴中的食物再吐出来，这也需要顾及。

③ 吃菜：中国人一般都很讲究吃，同时也很讲究吃相。随着职场礼仪越来越被重视，商务饭桌上的吃和吃相也更加讲究。以下以中餐为例谈谈吃菜的注意事项。

中餐宴席进餐伊始，服务员送上的第一道湿毛巾是擦手的，不要用它去擦

脸。上龙虾、鸡、水果时，会送上一只小水盂，其中漂着柠檬片或玫瑰花瓣，它不是饮料，而是洗手用的。洗手时，可两手轮流沾湿指头，轻轻涮洗，然后用小毛巾擦干。

用餐时要注意文明礼貌。对外宾不要反复劝菜，可向对方介绍中国菜的特点，吃不吃由他。有人喜欢向他人劝菜，甚至为对方夹菜。外宾没这个习惯，你要是一再客气，没准人家会反感："说过不吃了，你非逼我干什么?"依此类推，参加外宾举行的宴会，也不要指望主人会反复给你让菜。你要是等别人给自己布菜，那就只好饿肚子。

客人入席后，不要立即动手取食。而应待主人打招呼，由主人举杯示意开始时，客人才能开始；客人不能抢在主人前面。夹菜要文明，应等菜肴转到自己面前时，再动筷子，不要抢在邻座前面，一次夹菜也不宜过多。要细嚼慢咽，这不仅有利于消化，也是餐桌上的礼仪要求。决不能大块往嘴里塞，狼吞虎咽，这样会给人留下贪婪的印象。不要挑食，不要只盯住自己喜欢的莱吃，或者急忙把喜欢的菜堆在自己的盘子里。用餐的动作要文雅，夹菜时不要碰到邻座，不要把盘里的菜拨到桌上，不要把汤泼翻。不要发出不必要的声音，如喝汤时"咕噜咕噜"，吃菜时嘴里"叭叭"作响。不要一边吃东西，一边和人聊天。嘴里的骨头和鱼刺不要吐在桌子上，可用餐巾掩口，用筷子取出来放在碟子里。掉在桌子上的菜，不要再吃。进餐过程中不要玩弄碗筷，或用筷子指向别人。不要用手去嘴里乱抠。用牙签剔牙时，应用手或餐巾掩住嘴。不要让餐具发出任何声响。

用餐结束后，可以用餐巾、餐巾纸或服务员送来的小毛巾擦擦嘴，但不宜擦头颈或胸脯；餐后不要不加控制地打饱嗝或嗳气；在领导或对方主人还没示意结束时，一般不能先离席。

④ 喝酒：宾主落座，开始倒酒。注意入乡随俗。

附：山东人的喝酒习俗

山东人喜欢喝酒，尤其喜欢大碗喝酒。这似乎有梁山好汉之遗风。山东时下的标准杯是三两三的高脚玻璃杯（究竟是什么人最先时兴起来的这种杯子无从考证，但一瓶白酒正好能倒三杯）。酒一般是白酒，度数一般是38度左右（山东人并不太喜欢喝高度酒）。当然也可以喝啤酒，但一般按照白酒、啤酒1∶6的比例折算。入席后每位先满上这样的一杯，叫门前杯。意思是让各位自扫门前雪。这杯酒是每位到场的人必喝的，不喝是对主人或者东家的不尊重。这第一杯酒当然要由主人带领大家喝。主人一般要有一个开场白，客套一番，然后定个标准。就是说这杯酒要分几次喝完。一般是6次，叫"六起"。"起"的意思包含有"发达"的意思，图个吉利。这样大家在主人的带领下，边喝、边吃、边说话。这个酒一般不碰杯，山东人叫"碰杯喝了不算"，但是在举杯的时候可以在桌子上点一下，叫"过电"。经常可以在饭店里面听到这样酒杯磕碰桌子的乒乓声，酒桌戏称“丐帮开会”。

俗话说，酒是越喝越厚，但在酒桌上也有很多学问讲究，以下总结了一些酒桌上的你不得不注意的小细节。

细节一：领导相互喝完才轮到自己敬酒，敬酒一定要站起来，双手举杯。

细节二：可以多人敬一人，决不可一人敬多人，除非你是领导。

细节三：自己敬别人，如果不碰杯，自己喝多少可视乎情况而定，比如对方酒量，对方喝酒态度，切不可比对方喝得少，要知道是自己敬人。

细节四：自己敬别人，如果碰杯，一句，我喝完，你随意，方显大度。

细节五：记得多给领导或客户添酒，不要瞎给领导代酒，就是要代，也要在领导或客户确实想找人代，还要装作自己是因为想喝酒而不是为了给领导代酒而喝酒。比如领导甲不胜酒力，可以通过旁敲侧击把准备敬领导甲的人拦下。

细节六：端起酒杯（啤酒杯），右手扼杯，左手垫杯底，记着自己的杯子永远低于别人。自己如果是领导，知趣点，不要放太低，不然怎么叫下面的做人？

细节七：如果没有特殊人物在场，碰酒最好按顺时针顺序，不要厚此薄彼。

细节八：碰杯，敬酒，要有恰当地说词，找个喝酒的理由。

细节九：桌面上不谈生意，喝好了，生意也就差不多了，大家心里面了了然，不然人家也不会敞开了跟你喝酒。

细节十：假如，纯粹是假如，遇到酒不够的情况，酒瓶放在桌子中间，让人自己添，不要去一个一个倒酒，不然后面的人没酒怎么办？

关于敬酒：

“主人敬主宾”“陪客敬主宾”“主宾回敬”“陪客互敬”。

记住：绝不能喧宾夺主乱敬酒，那样是很不礼貌。

⑤ 倒茶：这里所说的倒茶学问既适用于客户来公司拜访，同样也适用于商务餐桌。

首先，茶具要清洁。客人进屋后，先让坐，后备茶。冲茶之前，一定要把茶具洗干净，尤其是久置未用的茶具，难免沾上灰尘、污垢，更要细心地用清水洗刷一遍。在冲茶、倒茶之前最好用开水烫一下茶壶、茶杯。这样，既讲究卫生，又显得彬彬有礼。如果不管茶具干净不干净，胡乱给客人倒茶，这是不礼貌的表现。人家一看到茶壶、茶杯上的斑斑污迹就反胃，怎么还愿意喝你的茶呢？现在一般的公司都是一次性杯子，在倒茶前要注意给一次性杯子套上杯托，以免水热烫手，让客人一时无法端杯喝茶。

其次，茶水要适量。先说茶叶，一般要适当。茶叶不宜过多，也不宜太少。茶叶过多，茶味过浓；茶叶太少，冲出的茶没啥味道。假如客人主动介绍自己喜欢喝浓茶或淡茶的习惯，那就按照客人的口味把茶冲好。再说倒茶，无论是大杯小杯，都不宜倒得太满，太满了容易溢出，把桌子、凳子、地板弄湿。不小心，还会烫伤自己或客人的手脚，使宾主都很难为情。当然，也不宜倒得太少。倘若茶水只遮过杯底就端给客人，会使人觉得是在装模作样，不是诚心实意。

再次，端茶要得法。按照我国人民的传统习惯，只要双手健全，都是用双手给客人端茶的，不要用一只手把茶递给客人了事。双手端茶也要很注意，对有杯耳的茶杯，通常是用一只手抓住杯耳，另一只手托住杯底，把茶端给客人。没有杯耳的茶杯倒满茶之后周身滚烫，双手不好接近，有的同志不管三七二十一，用五指捏住杯口边缘就往客人面前送。这种端茶方法虽然可以防止烫伤事故发生，但很不雅观，也不够卫生。

添茶：如果上司和客户的杯子里需要添茶了，你要义不容辞地去做。你可以示意服务生来添茶，或让服务生把茶壶留在餐桌上，由你自己亲自来添则更好，这是不知道该说什么好的时候最好的掩饰办法。当然，添茶的时候要先给上司和客户添茶，最后再给自己添。

⑥ 离席：一般酒会和茶会的时间很长，大约都在两小时以上。中途离席的一些技巧如下：中途离开时，只要悄悄地和身边的两三个人打个招呼，然后离去便可。一定要向领导同事或者邀请你来的主人说明、致歉，不可一溜烟便不见了。和主人打过招呼，应该马上就走，不要拉着主人在大门大聊个没完。

二、接待实务

附：接待的基本礼节（见表 6－7 所列）

表 6－7　接待的基本礼节

行为举止	仪表
站立姿势 走路姿势 坐下的正确方法 站立行礼的方法 与人打招呼的方法 握手的礼仪	服装 装饰品 化妆 发型 鞋子

（一）着装的要求

（1）上班期间穿酒店工服。

（2）着装端庄大方、稳重高雅。

（3）衣服的搭配要注意颜色协调。

(4) 避免平底和超高跟鞋。

附：商务场合着装禁忌（见表6-8所列）

表6-8 商务场合着装禁忌

A. 男士西装十忌	B. 正式场合女士着装忌讳
一忌西裤短，标准西裤长度为裤管盖住皮鞋 二忌衬衫放在西裤外 三忌衬衫领子太大，领脖间存在空隙 四忌领带颜色刺眼 五忌领带太短，一般长度应是领带尖盖住皮带扣 六忌不扣衬衫扣就佩戴领带 七忌西服上衣袖子过长，应比衬衫袖短1厘米 八忌西服的上衣、裤子袋内鼓鼓囊囊 九忌西服配运动鞋、凉鞋等 十忌皮鞋和鞋带颜色不协调	正式场合——以旗袍、长裙等礼服为宜，质地好款式简单 工作场合——职业套装，以套裙、套装为宜，颜色和款式都应保守，切记标新立异 衣服颜色不要太杂，三种以内为宜；领口不要一层层 正式套装应避免无领、无袖、领口太低、太紧身，款式应合身以利于活动 公共场合不能穿太紧身、太怪异、太露、太透的衣服（“透”比“露”更难让人接受，有碍观瞻、不自爱） 不宜穿靴子在正式场合出现 长筒袜边不能露在裙边下面，不要穿跳丝的袜子，最好穿和皮肤同色的袜子，不穿黑色花长袜，职业女性外出工作最好在包里准备一双长筒袜以备不测

（二）介绍时的礼节

介绍时的原则：第三者在场应介绍；将被介绍人的姓名、身份一次性说清楚；有时需要了解双方是否有结识的愿望；双方互有嫌隙时，可以不介绍，故意分开。

“尊者优先了解情况”：在为他人做介绍前，先要确定双方地位的尊卑，然后先介绍位卑者，后介绍尊者；做介绍时称呼的第一人应是受尊敬的人

个人介绍的顺序：先将男士介绍给女士；先将年轻者介绍给年长者；先将未婚女子介绍给已婚女子；先将职位低的介绍给地位高的；先将家庭成员介绍给对方。

集体介绍的顺序：先介绍人数较少的一方；被介绍双方皆不止一人，依照礼规，先介绍位卑的一方，后介绍位尊的一方；介绍的一方人数不止一人，可采取笼统的方法进行介绍，如：“这是我的家人”“他们都是我的同事”，但最好一一介绍。

（三）握手的次序和要求（尊者优先伸出手）

(1) 主宾之间握手：根据具体情况。

(2) 长幼之间握手：长先伸手。

（3）上下级之间握手：上级先伸手。

（4）一个人与多人握手：由尊而卑，即先年长者后年幼者，先长辈而晚辈，先老师后学生，先女士后男士，先已婚者后未婚者，先上级后下级。

（5）神态：面含微笑，目视对方，口道问候。

（6）力度：适度，不轻不重。

（7）时间：根据与对方的亲密程度而定。

（四）名片的递交

基本原则：足量携带、合理放置、讲究顺序。

（1）尊者优先（了解对方身份时）。

（2）近者优先，顺时针散发（不了解对方身份时）。

（3）注重细节：①展示文字最重要部分；②双手拿着名片两个上角；③不用左手递名片；④要说“请多指教”“多多联系”等话。

（4）名片的接受：①起身迎接；②表示谢意；③回敬对方；④一定要看（读）：表示对交际对象的重视、了解对方的确切身份；⑤现场收藏；⑥注意三禁：一禁“揉”、二禁“压”、三禁“忘”。

（五）引领

1. 走路的位置

稍稍突出地走在来访者的斜前方，与来访者保持 30cm 的距离

2. 为来访者引路

（1）注意自己的姿势，眼、口、肩、手都要协调。

（2）上下楼梯的带路法：转弯处或楼梯口，手掌朝上指示方向，目光注视着来访者引路；楼梯中间的位置是上位，若有栏杆，让客人扶着栏杆走；如果是螺旋梯，则让客人走在内侧。

3. 乘坐电梯的带路法

预先告诉客人在几楼下电梯，再根据客人多少引路。无人电梯，引领人先进电梯以保证电梯安全并操作电梯，客人再进；有人电梯，客人先进电梯引领人再进。

4. 会客室门的开关法

拉开门——门是向走廊方向拉开的，要面向来访者，身体微侧，转动把手开门，打开门后让客人先进入；推开门——门是向室内方向推开的，秘书：“我先进去”，进去后，一手握住门把手，站立门侧，另一手指示。

（六）接待的程序

对来访者从迎接到送客一系列环节的办理次序——规范化要求、灵活性要求。

1. 办公室内的迎接

（1）迎接的动作：抬头、微笑、辨认、说话。

（2）注意的问题：是否起立？如何握手？是否主动帮助拿雨伞、衣物？

（3）初见来访者时：确认（陌生的、熟识的）。如何接受对方的名片？如何应对在服务台处的来访者？如何接待同时到达的来访者？

2. 办公室外的迎接

去办公楼或公司大门口，来访者工作单位或下榻的宾馆去迎接。

到达迎接地点的时间：提前5～10分钟，不能迟到

陪同的路线：考虑方便和近捷，考虑公司形象。

（七）接待的“六要”“四不”

1. 接待“六要”

（1）要提前候客，比约定的时间提前5～10分钟到。

（2）要预先准备好姓名牌，迎接初次见面客人，用双方都看得懂的文字。

（3）要向客人问好，并作自我介绍，递上名片。

（4）要帮助客人提行李，预先征求意见，可以拿哪些？

（5）要预先联系好迎接客人的交通工具和宾馆。

（6）要做必要的沟通，乘车途中可介绍本地情况、宾馆位置、活动安排、注意事项等。

2. 接待“四不”

（1）不要久留（到达下榻处，做必要的介绍后即可离开）。

（2）不要对客人提出要求（客人是上司邀请的）。

（3）不要漠不关心（客人因气候、疲劳或偶染小恙应予以关心帮助）。

（4）不要掉头就走（商定下次活动时间、地点，留下自己的地址和通信方式）。

（八）已预约来访者的接待

请来访者稍候，通过电话或走到上司办公室告知；注意桌上文件、电脑中资料的保密；陪同进入上司办公室或会客室，做介绍重要的、第一次抵达的、上司关照过的陪同；为来访者送上饮料，应先征求客人的意愿选择适当时间、茶具。

送别来访者：提醒客人勿忘雨具等物品；如果送到轿车边，应根据尊卑次序安排座位。

（九）未预约来访者的接待

搞清来访者的身份和来访事由；应请示上司是否接受来访，上司授权，根据此来访者事由是否符合公司利益、上司是否欢迎来决定；如不能确定，应对来访者的要求作有回旋余地的答复。

安排会晤，根据来访者与上司关系密切程度、来访事由缓急程度以及上司是否在公司内而做出相应安排；把来访者引见给上司，并做介绍，为来访者送上饮料；会晤结束按照上司吩咐送别客人。

（十）送客与会客后的整理

（1）送客时的寒暄。

（2）如何送客：送到客人离开视线为止。

（3）车上座位的顺序安排：自己开车、司机开车。

（4）会客后的整理。

（5）司机。

第七节 差旅安排

【案例一】

一天，酒店总经理告诉秘书于凯丽，他要到××市去开会，让她陪同一起去。她问总经理坐啥车，秘书长说坐火车，赶上开会就行，不用早了。

于凯丽看了看列车时间表，算了一下，坐明天9点车就正好，既不用起早又不用贪黑，欣赏一路风光，晚上又不耽误休息。她下午买了预售票，就告诉领导明天在家等着就行了。文件、路费都准备齐了，车也安排了。她就安心回家了。

第二天，她按时去接了领导，在贵宾室检票，她见贵宾室候车人很少，很是得意。

检票时，傻眼了！买的票不是软卧，但时间有限，车还是上了。但要补软卧票时，列车员告诉他，这次车没软卧，有软卧的是7点快车。虽然领导一再说“没事”，但她身上就像背个大麻袋似的，压力太大了。

一路上，为了减轻秘书于凯丽的压力，总经理总是找话说，就像哄小孩似的。但是，这样更使小于觉得不自在。

总算到站了，而且接站车也一直在等他们。这总算给予凯丽一点欣慰。

由于他们是坐慢车来的，会议的晚饭开过了，又现给他们热饭。虽然饭菜很好，但于凯丽吃了两口就饱了。为什么？上司出差时，秘书应准备些什么？

【案例二】

某知名国际酒店的经理助理王冰把整理好的具体的行程安排打印后交给肖总。他自认为已经做得很好，谁知肖总顺口问他一句“那里的天气最近怎么样”？王冰一时哑口无言。他赶紧边上网查边通知境外公司进行询问。忙碌一阵，终于把未来一周的天气趋势交给肖总，他也暗暗松了口气。谁知肖总又问王冰有没有新的名片，他准备带一盒完整的名片出去。王冰暗暗叫苦：印刷好的那么多名片偏偏在这个节骨眼上没有了。于是赶紧通知总务后勤紧急印刷。当王冰再一次交给肖总印好的名片时，真的怕他再问什么，但肖总偏偏又问了。肖总要去的国家包括美国，王冰却不知道普通双频手机在美国是不能用的。肖总问他的时候，王冰只好回答说：

“只要开通国际漫游就能用”。肖总却说：“怎么我听说，要什么3频手机呢？”王冰赶紧说，我去问问。王冰立刻打电话去本地的移动公司。对方非常热情，回答说不能在美国用，但是他们可以提供出租手机服务，并列举了一系列要办的手续……王冰头都大了，只能一一记录，准备帮肖总办理租机。谁知等王冰转达这个信息时，肖总轻轻问他：“可以直接买一个这样的3频手机吗？”王冰又傻眼了，赶紧又说：“我去问问。”当时王冰真是尴尬万分！最搞笑的是，当王冰开始查询关于3频手机的介绍时才发现，并不是只有移动电信局才有3频手机，现在很多上市比较晚的手机早就是3频了。可王冰只知道肖总用的是Nokia，什么型号却不清楚。只有硬着头皮去问。那一刻他真的想杀了自己，怎么就这样笨！果然，最后肖总的手机功能非常强大，早就是3频。经理助理王冰在安排上司的差旅事务上有何不当之处？上司公务旅行，秘书应该要做好哪些准备工作？

分析：

秘书安排好领导的差旅，是秘书工作的一个重要部分。安排过程中，一定要细心谨慎。

上述案例一，秘书只是看错一次车，却给领导增加了不少麻烦，若领导身体不好就更麻烦了。服务中出事，往往都在小事上，又多在高兴和轻易之中。所以，时时要小心，小事也不可马虎。

上司外出公务旅行，特别是出国公务旅行，秘书要为上司考虑的事情就更多，案例二王冰自认为只要安排好上司的具体行程即可，却不知作为秘书，上司差旅中事无巨细凡是要考虑到的事务都要考虑到，如对方国家的特殊国情、节假日、气候、小费行情等一切能想到的都要想到，提前准备好出差必带的东西如名片、礼节性拜访赠品等都要准备好，王冰在安排上司的国外差旅事务时因准备不足处处显得被动，以至于在上司的咨询中尴尬万分！长此下去，只怕在上司的心中其印象要大打折扣了。在秘书的准备工作，常识的具备也是必需的，如普通双频手机在国外不能用等就应该要知道，要把这个情况及时告之上司，我们常说秘书是“杂家”，也包括了一些常识秘书必须要熟识，这是秘书的职业特点所决定的。

上司公务旅行，秘书的准备工作是很多的，无论作什么样的准备工作，秘书一定要细心周到，任何事情都要想在前，以保证上司的公务差旅顺利进行。

秘书负责领导出差前以及出差后的工作处理（借款、日程安排、酒店预定、车辆接送、礼品准备、电话联系、车旅费报销等）。得知领导需要出差时，要做好以下事宜的确认和准备：①应确定是国内出差还是国外出差；②根据出差内容制定计划；③按照计划进行工作安排。

例如：国内商务旅行的准备：①需要了解的情况：原因、地点、时间、人员安排；②应该做的准备工作；③做好出差的善后工作。

国际商务旅行还要了解时差、天气、风土民情等。

一、准备差旅计划和旅程表

（一）旅行计划应包括的内容

旅行计划是办公室时间管理的重要内容，应包括的内容有见表 6－9 所列：

表 6－9 准备差旅计划和旅程表

项目	内 容
时间	出发、返回的日期及时间，中转时间，公务活动的时间，差旅期间就餐、休息时间
地点	差旅抵达地（包括中转地），公务活动的地点，食宿地点
交通工具	出发、返回的交通工具，公务活动中使用的交通工具
具体事项	一是指商务活动内容，如访问、洽谈、会议、宴请娱乐活动以及会议计划、会晤主题的确定和差旅费用的预算等；二是指私人事务活动等
备注	记录提醒上司注意的事项，如抵达目的地需要中转的中转站或中转机场，开展公务活动需要携带的文件、合同、样品及其他资料，旅行区的天气状况，当地需要注意的一些风俗习惯和礼仪等，当地的联系人姓名、地址、电话号码、企业名称等；上司的特别要求也要注明

旅程表实际上就是差旅计划的具体实施表，包括了差旅计划中的主要项目内容，但内容一般比差旅计划更详细（见表 6－10 所列）。

表 6－10 ×××总经理行程安排（上海—北京 2017 年 5 月 13 日—5 月 15 日）

5 月 13 日星期二	上午	7：00	赴虹桥机场	公司派车送达
		8：40	乘 Mu5143 次班机离沪赴北京	—
		10：20	抵达北京	×××接机
		11：00	住×××宾馆 606 房间	已预先订房
		12：00	与×××总经理共进午餐	在宾馆
	下午	14：30	与×××总经理在公司会议室洽谈	需用的 1、2、3 号文件在您的公文包中
		18：00	与×××总经理在公司共进晚餐	—
5 月 14 日星期三	上午	9：30	赴×××公司与××董事长洽谈	需用的 4、5 号文件在您的公文包中
		11：30	与×××董事长共进午餐	在该公司
	下午	15：00	拜访×××先生	由×××先生陪同，礼品在您手提箱内
		18：00	在宾馆用餐	—

5月15日星期四	上午	8：50	乘 CA1501 次班机离开北京	机票已预定，由王秘书事先送交您
		10：25	抵达上海虹桥机场	×××接机
			（行程结束）	—

（二）旅行计划的注意事项

(1) 明确要求，尊重上司意图，熟悉出差规定。

(2) 了解当地交通、宾客环境极差旅线路情况。

(3) 差旅时间要考虑上司身体状况，弹性安排。

(4) 国际差旅要注意时差问题。

(5) 多拟几个方案，供领导参考。

二、差旅费的管理

秘书在上司出差前可申请预支差旅费。差旅费包括往返及当地的交通费、住宿费、餐费以及其他可能的活动经费。差旅费的携带方式：现金、信用卡或支票。

秘书要熟知酒店的《出差及差旅费报销管理规定》，根据规定履行预支款项和报销业务。参考多家酒店的财务报销规定，结合国内某大型酒店集团（简称KY）的财务报销制度，大致情况如下。

（一）要根据财务规定借款、报销

(1) 出差前一般先到人力资源部填写“出差申请单”，在征得分管领导批准出差后，根据出差事由、预计出差天数、交通工具，由部门主管领导确认需要借支金额。根据主管领导核准的借款金额到财务部办理借款手续。

(2) 出差员工返回后，一般须在五个工作日内填写“差旅费报销单”及“差旅费报销行程单”，按出差时间和地点发生的先后顺序粘贴报销单据，并在发票背后签字，交本部门内勤干事到财务部办理报销手续，结清借支款；如有特殊原因延迟的，最长不得超过 10 个工作日。10 日内未结清借款者，财务部不得再予以借支，并从该员工当月工资中扣除借支款项；对于出差时间较长在业务所在地租房的员工（1 个月以上），需要将每个月的差旅费按照公司要求填制好相关差旅费报销单据后，于次月 3 日前快递回公司所在部门，由本部门内勤干事在每月 10 日前代其办理报销手续。

(3) “差旅费报销行程单”必须严格按照要求填写，具体为：出发日期为火车票等交通费票据上注明的日期时间，到达日期为所乘坐火车等交通工具的实际抵达目的地日期时间，同时还要特别说明的是，需要对具体的住宿情况如实填写，住宿情况区分省会城市、非省会城市、公司租房城市，出差人员需要按照表格要求分别填写。

（二）按级别和情况选用交通工具

（1）董事长、总经理、副总经理、总监、总工、总助及副总工出差，可选择飞机、火车软硬卧、动车组一等座、客轮二等舱等。

（2）高级专业技术人员、部门正副经理（含经理助理），可选择火车硬卧、动车组二等座、三等舱以下客轮。特殊情况须乘坐飞机，应事先报分管领导批准并写明原因，在差旅报销前由分管领导在机票上签字确认。

（3）业务系统高级销售经理、工程管理系统项目经理、公司其他员工乘车里程在500公里以上可选择火车硬卧、动车组二等座、三等舱以下客轮，乘车里程在500公里以下可选择火车硬座、动车组限二等座，按规定可坐硬卧而乘火车硬座夜间6小时以上，可领取硬座和硬卧差价，差额为硬座票价的60%。

（4）为提高工作效率，在不突破应享受报销职级标准的前提下，部门经理助理以下人员选择乘坐飞机可按同等里程动车二等座（或硬卧）火车票加价50元范围报销，超出标准的费用自理。

（5）省会城市之间往返必须乘坐火车，订票手续费凭正规发票在30元/张标准范围内报销。地级市以上城市之间旅行，需乘长途汽车作为交通工具的，必须提供记录时间、起始终点地点和确定金额的正规车票。县级以下地区长途车票为手撕发票或定额发票的，报销时需要在票据上注明：起始终到时间、起始终到地点、实际报销金额，并由部门经理在票据上签字确认。

（6）出差人员往返机场的交通费据实报销，但只限机场大巴或地铁交通费，不报销出租车费（起飞时间早于7：00、降落时间晚于22：00，在公司无法提供小车接送服务的情况下，可报销出租车费）。

（三）谨记出差报销标准，避免超支

公司所有人员出差一律取消实报实销制，根据岗位和出差地分别制订费用报销标准。一般标准如下（见表6－11所列）：

表6－11　岗位出差标准

项目/标准/职级	住宿费		伙食包干费	市内交通包干费	通信包干费
	省城、特区	其他城市			
董事、总经理	600	400	50	实报实销	30
副总经理、总监、总工	450	350	50	实报实销	30

（续表）

职级＼标准＼项目	住宿费		伙食包干费	市内交通包干费	通信包干费
	省城、特区	其他城市			
总助、副总工	350	300	50	实报实销	30
部门正副经理、高级专业技术人员	300	200	50	40	30
部门经理助理、大区经理、高级销售经理、工程管理项目经理	280	180	50	40	30
区域经理、区域代表、销售经理、销售代表、主管、专员、干事	200	150	30	40	20

（1）住宿费报销必须提供正规住宿发票。在出差地无住宿发票的，视为无住宿，不给予住宿补贴。住宿补贴按住宿费发票金额在标准范围内据实报销（发票签章、服务内容与实际住宿情况不符的不予报销）。发票金额超过规定标准的在标准范围内报销。住宿费发票内应注明姓名、入住时间、离店时间、住宿天数、单价等相关信息。确因情况特殊，需下午 5 点后离开旅店的（以车票时间、住宿发票金额和发票记录离店时间为准），住宿费补贴按全日标准的一半计算，晚 8 点后离开旅店的，住宿费补贴按全日标准计算。

（2）按省会城市及特区标准报销住宿费的城市包括：珠海、深圳、大连、苏州、三亚、青岛、厦门、宁波、汕头等。

（3）伙食、市内交通和通信费补贴凭出差地实际消费发票在包干限额内报销。发票应提供出差地餐费、市内交通费、自驾车通行费和通信费等实际消费正规发票。其中餐费票据不得高于实际出差伙食补贴金额。若受出差地条件限制，无法提供包干费用正规发票，则按应享受的补贴标准报人力资源部纳入次月的工资补贴。

（四）出差时间的界定

（1）中午 12：00 点以前出发（以机票或车票标注时间为准，以下同），当日为一个标准出差日。

（2）中午 12：00 点以后出发，当日为半个标准出差日；晚 20：00 以后出发的当日不计补贴。

（3）中午 12：00 点以前返回，当日不计算出差补助。

（4）中午 12：00 点以后、晚 17：30 分以前返回，当日为半个标准出差日。

（5）晚 17：30 分以后返回，当日为一个标准出差日。

（6）确定出差起程返回的时间，以交通票据上的记录为准。机票或车票是出差报销的原始依据。

（五）出差的其他规定

出差期间不得从事与公司业务不符的活动。出差报销票据必须是符合税务管理要求的正规发票，杜绝假发票。否则，财务部有权拒绝报销并按公司规定处理。

出差途中因病或其他不可抗拒原因，需要延长或缩短出差时间，必须及时报请公司主管领导批准。

业务部门因工作需要长期驻外开展业务活动，并由公司在出差地租房的，不再享受住宿补助，按实际出差天数给予伙食、通信和交通综合包干补贴 80 元/天（凭出差地餐费、市内交通费、自驾车通行费和通信费发票报销。其中餐费票据不得高于实际出差伙食补贴金额）。

依据属地化管理的原则，凡在业务管理所属市区内招聘入职的业务人员（户籍、常住地及入职前为该市区域的）或入职时已经谈好工作区域无补助的人员，在该市区域内从事业务工作，不享受出差补贴和住宿补贴（如同北京公司业务员在北京市区域范围内做业务）；确认依据为业务员在入职前在人力资源部填报的个人基本情况表。原则上在户籍和常住城市区域内从事业务工作，不属于出差报销范围。

员工参加各种会议、培训，凭会议通知由会议方或培训方统一安排食宿交通的，在分管领导核实后按实际发生的票据金额报销，同时可按出差天数给予通信补贴，但不再给予其他补贴。

公司领导到上海、天津、四川、广东、昆明公司等分子公司检查指导工作或其他专业技术人员和管理人员到上述公司出差进行技术支持和服务等，不再报销伙食补贴，凭发票报销市内交通费和按实际出差天数给予通讯补贴。

为安全考虑，公司不允许业务人员在公务活动中自驾车跨区域长途旅行。未经批准，不得自驾车出差。公司员工到北京周边省市出差、单程距离 300 公里以上不得使用公司小车，单程距离在 300 公里以内的，使用公司小车也须事前报分管领导批准。

个别因出差地为偏远地区，交通不便而需租车或包车的，需经分管领导审核批准，并在出差租包车报销单上注明起始终到地点、里程、办事单位名称和事由；租车费用原则上不超过 2 元/公里，不再给予当日的交通补贴；因情况特殊，经请示分管领导同意据实报销市内交通费的出差人员不再享受市内交通包干补贴，但应由分管领导在报销单上确认实报市内交通费的合计金额（或在每张交通票上签字）。

因参展、技术交流等出差境外的，应事先申报预算，根据目的地的具体情况确定住宿等费用标准，并需经分管领导、财务总监和总经理审批；极个别特殊情况（如商务考察、陪同客人等）需要实报实销的，需事先书面说明原因，经财务总监核准，并报总经理审批且不再享受除通讯费外的任何出差补贴。

业务员出差返京后，费用报销期限为5个工作日，最长不超过10个日历天数（以下简称10日），超过上述期限且无正当理由的，按照公司规定给予减额报销。扣减标准为：超过10日的按照票面金额的90%报销，以后每超过10日报销金额递减10%，直至报销金额为零。

长期在北京区域外从事流动施工作业的工程技术管理人员外勤补贴：公司在施工地租房的，项目经理可给予伙食、市内交通、通信包干补贴每人每天80元，项目经理以下人员可按每人每天30元标准执行（票据要求按第3条规定），无租房的按相应职级出差补贴标准执行。

出差期间发生业务招待费的，每人次扣除伙食补贴25元，不再重复补贴。

在出差区域内有租房的相关费用的报销按《长期驻外人员外租房管理办法》执行。

出差人员不得循私舞弊、弄虚作假，若发现虚假报账，给予虚假报账金额5～20倍的罚款。

各分子公司参照本文件规定制定本公司的“出差及差旅费管理规定”报集团领导审批后执行。

（六）本文件从2017年1月1日起执行，以前有关出差及差旅费用管理规定的文件同时废止

（七）本文件相关规定由杭州KY酒店公司财务部负责解释

附：KY酒店《差旅费报销行程单》（见表6-12所列）

表6-12 差旅费用报销行程单

部门： 出差人： 出差时间：

出发日期	时间	出发地	到达日期	时间	目的地	交通工具	交通费（不含租包车）	租房城市（租房地）	出差住宿城市		住宿天数
									省会类	非省会	

三、订票、订房间

（一）订车票

交通工具要考虑目的地、费用、个人喜好等因素，一是指出发、返回的交通工具；二是指商务活动中使用的交通工具。秘书需了解这方面的有关知识：地理知识、交通知识、票务知识。

通常采用电话、网络或传真的方式订票；预订之后要及时确认和取票；取票后要认真核对机票上的姓名和火车车次、航班班次。

秘书在准备预订车票时，一定要查用最新的列车时刻表，车次很有可能因为季节等原因发生变化。出差途中换车，稍不注意就会误车误点，所以能直达的就最好不要换车。如要换车，在时间上一定要安排得宽裕些。

附一：2016 年度最佳航空公司

2016 年，Skytrax（诞生于 1999 年，是一家以英国为基地的顾问公司，主要业务是通过国际旅行的问卷为航空公司的服务进行调查。一直以来因为每年一度的全球最佳航空公司评选与全球最佳机场评选而闻名）通过 160 个国家 1890 万位游客的投票得出世界排名前 20 的航空公司，如下：

TOP 1　阿联酋航空 Emirates

TOP 2　卡塔尔航空 Qatar Airways

TOP 3　新加坡航空 Singapore Airlines

TOP 4　国泰航空 Cathay Pacific

TOP 5　全日空航空 ANA All Nippon Airways

TOP 6　阿提哈德航空 Etihad Airways

TOP 7　土耳其航空 Turkish Airlines

TOP 8　长荣航空 EVA Air

TOP 9　澳洲航空 Qantas Airways

TOP 10　汉莎航空 Lufthansa

TOP 11　印度尼西亚鹰航空公司

TOP 12　海南航空

TOP 13　泰国航空公司

TOP 14　法国航空公司

TOP 15　瑞士国际航空公司

TOP 16　韩亚航空

TOP 17　Air New Zealand

TOP 18　维珍澳洲航空

TOP 19　奥地利航空公司

TOP 20　曼谷航空

附二：乘坐飞机注意事项

1. 飞机违禁物

(1) 枪械，包括猎枪、气枪、牲口麻醉屠宰机、推膛式枪、信号枪、起步枪、弹药、复制或仿制枪械、弩。

(2) 爆炸品，包括军用、商用或自制爆炸品、爆炸装置、雷管、催泪子弹、榴弹、地雷及其他爆炸军火、复制或仿制爆炸品或装置。

(3) 原装或经改装可引致他人受伤的尖锐或有刀刃对象、弹簧折刀、重力弹簧折刀、短剑、匕首、阔头弯刀，其他真正或礼仪用的刀，不论其刀刃属何种长度或类型，包括有鞘的刀、短剑、小佩剑、剃刀、解剖刀、碎冰锥、剑、剑杖、内藏刀刃的雨伞、鱼叉、矛或箭。

(4) 含有使人伤残物质的物品，包括催泪气体、梅斯催泪毒气及各类亚磷酸。

(5) 高度易燃物质：(例如汽油、打火机燃料等)

(6) 容量超过 500 毫升的气体容器及喷雾器。

(7) 指节铜套、球棒、短棍及打谷用的连枷。

以下是可携带的危险品和其规限：一只打火机或安全火柴（须随身携带）。

药用或梳妆物品每一单件净重少于 0.5 公升，总净重少于 2 公升，非放射性，可有喷雾罐，如香水、喷发胶。

产生热量的物品（如高热电灯，其能源装置须拆下作随身行李携带）

电池（终端须绝缘以防止短路生火）电动轮椅、干冰、体育运动用弹药须特别处理及获航空公司准许。

可携带之物品例子：6 厘米长度以下指甲夹（不包括锉）圆头剪刀及刀锋不超过 5 厘米圆头指甲锉等等。

2. 行李限制

(1) 手提行李尺寸：手提行李的尺寸为 22 寸×14 寸×9 寸或 56 厘米×36 厘米×23 厘米。

(2) 乘客可免费携带的过磅行李现行以下两个制度：

① 以件数计算的制度。此制度适用于往返美国或加拿大的乘客。一般来说，乘客免费携带两件过磅行李，但每件行李的重量不可超过 32 公斤及大小不可超过规定体积（此规定体积视乎乘客有权乘坐的客位等级而定）。

② 以重量计算的制度。此制度适用于往返其他地方（即美国及加拿大以外的地方）的乘客。一般来说，乘坐头等、商务及经济客位的乘客可免费携带的过磅行李的重量限制分别为 40、30 及 20 公斤。

有关个别航空公司对可免费携带行李的规定及超量行李收费的详细情形，请直接与有关航空公司联络。

3. 办理乘机手续

（1）首先注意：100座以下飞机开始办理乘机手续的时间不迟于起飞前60分钟、100座以上飞机不迟于90分钟。为保证航班正点起飞，机场方面必须严格执行提前30分钟停止办理乘机手续的规定。

（2）购票：中国旅客购票，须出示本人《居民身份证》或其他有效身份证件，并填写《旅客定座单》；外国旅客、华侨、港、澳、台胞购票，须出示有效护照、回乡证、台胞证、居留证、旅行证或公安机关出具的其他有效身份证件，并填写《旅客订座单》。

（3）登机应在起飞时间前一个半小时到达机场，凭机票办理登记手续。机场在起飞前30分钟停办乘机手续。若误机客票作废。您到达机场后，应先在行李检查处将您需托运的行李通过检查并贴上封条（家电、产品资料等不得按行李托运），然后在办理登机手续处凭机票交付托运行李，领取登机牌及交运行李凭证。办完手续后，您便可通过安全检查，进候机厅休息，等候登机。

（4）退票：您若因故需退票，在飞机起飞前24小时办理，得交付您持机票票款10％的退票费，起前24小时之内至起飞前2小时之前办理，则要交付票款的20％的退票费；若在起飞前2小时以内则收取票款50％的退票费。飞机起飞，客票作废，不得退票。

4. 飞行途中安全要求

（1）根据美国飞行安全专家整理出来的“10大飞行安全守则”，乘客们在安排行班机时，第一点要注意的就是“选择直飞班机”。统计数据指出，大部分空难都发生在起飞、下降、爬升或在跑道上滑行的时候，减少转机也就能避免碰到飞行意外。

（2）在选择飞机机型方面，应该选择至少30个座位以上的飞机。专家指出，飞机机体越大，受到实际安全检测标准也越多、越严，而在发生空难意外时，大型飞机上乘客的生存概率也相对较小飞机来得高。

（3）熟记起飞前的安全指示。飞行安全专家表示，各种不同机型的逃生门位置都有出入，乘客上了飞机之后，应该花几分钟仔细听清楚空服人员介绍的安全指示，如果碰到紧急情况，才不会手足无措。

（4）近来越来越多乘客为了节省等领行李的时间，喜欢把大件行李随身带上飞机，这却是不符合飞行安全的行为。飞行安全专家说，如果飞机遭遇乱流或在紧急事故发生时，座位上方的置物柜通常承受不住过重物件，许多乘客都是被掉落下来的行李砸伤头部甚至死亡。

（5）随时系紧安全带。在飞机翻覆或遭遇乱流时，系紧安全带能提供乘客更多一层的保护，不至于在机舱内四处碰撞。

(6) 意外发生时，一定要听从空服人员的指示，毕竟空服员在飞机上的首要任务，便是为了维护安全。

(7) 不要携带危险物品上飞机，飞行安全专家说，乘客只要“动动大脑”，就知道像汽油罐这些东西，都不应该带上飞机。

(8) 咖啡、热茶这些高温的饮料，都应该让受过专业训练的空乘为乘客服务，乘客自己拿这些高温液体的话，经常会发生烫伤意外。

(9) 不要在飞机上喝太多的酒，由于机舱内的舱压与平地不同，过多酒精将使得乘客在紧急时刻应变能力减缓，丧失逃生的宝贵机会。最后一点则是随时保持警觉，飞行安全专家指出，意外发生时机上乘客应该保持冷静，在空服人员的指示下尽快离开。降落后安全要求：降落后如果是到境外还要经过严格的安检、审查。

5. 迫降安全须知

乘客登机后，应该数一数自己的座位与出口之间隔着几排。这样，如果飞机失事，机舱内烟雾弥漫，也可以摸着椅背找到出口。

(1) 阅读前排椅背上的安全须知。就算已经倒背如流，多看一遍也没坏处。

(2) 飞机紧急迫降时，不要靠在位置上，应双手交叉放在前排座位上，头部则放在手上，在飞机着陆前，一直保持这个姿势。

(3) 飞机停下后，尽快地走向安全出口，因为大火和有毒气体可能很快充满整个机舱。

(4) 尽快离开出事地点，因为那里的环境对乘客的健康不利。

6. 飞机旅行防病须知

(1) 防晕机。晕机呕吐是平衡器官紊乱，身体适应较差的缘故，一般只要保持镇静，排除杂念，服些防晕车船药就会平安无事。如果知道自己可能会晕机，最好在登机15分钟服药。

(2) 防旧病突发：飞机起飞、降落、上升、下降、转弯、颠簸等飞行姿态的变化，以及飞机在穿越云层时光线明暗的快速变化，会刺激一些疾病发作。由血栓或出血引起的脑病患者，绝对不要乘飞机；重度脑震荡病人应有专科医生随行并采取有效防范措施；轻度脑震荡病人应随身带些止痛药；有血管硬化症的老年人在登机前可服少量镇静剂，感冒流涕和鼻塞不通的病人最好不乘坐飞机，因为咽鼓管阻塞有鼓膜穿孔的危险。

(3) 防航空性中耳炎预防的有效措施是张嘴和吞咽。张着嘴或一个劲地吞口水，当然也能起预防作用，但毕竟欠雅观。所以航班上一般都忘不了给每位旅客送一小包包装精美的糖果，这道理就在其中。嚼几粒糖果，或嚼几块口香糖使咽鼓管常开。嚼吃是预防航空性中耳炎的最有效方法，也是最令人轻松愉快的措施。若感觉症状仍未消除，可用拇指和食指捏住鼻子，闭紧嘴巴，用力呼气，让气流冲开咽鼓管进入中耳空气腔而消除耳闷、耳重、耳痛等症状。

附三　乘火车注意事项

1. 变更座别、铺别

旅客要求变更座别、铺别时，由票价高的变更为票价低的不办理。由票价低的变更为票价高的，应换发代用票，补收变更区间的票价差额，核收手续费。不足起码里程时，按起码里程计算。持用软座票要求改用硬卧时，换发代用票，列车长应补收变更区间的票价差额（产生退款时不退还），核收手续费。因铁路责任，使旅客变更座别、铺别时，所发生的票价差额，应补收的不补收；应退款时，由列车长编制客运记录，到站退还变更区间票价差额，已乘区间不足起码里程时，退还全部票价差额。未乘区间不足起码里程时，按起码里程算。均不收退票费。

2. 变更径路

旅客在中途站或列车内，可要求变更一次路径，但变径时应在分歧站以前提出声明，并在客票有效期间内，能到达到站时方可办理。办理时收回原票，换发代用票，补收或退还从分歧站起算的新旧径路里程差额的票价。不足起码里程时，只补收不退还，并核收手续费。退还票价时注明“由到站退款”。持加快票的旅客，变径后新径路没有加快或乘坐低等级列车时，不退还加快票价差额。变径后的客票有效期间，从办理站起按新里程、重新计算。

3. 越站乘车

旅客在原票到站前要求越站乘车时，在本列车有能力的条件下给予办理。核收越站区间的票价和手续费，但最远不能超过本列车的终到站。

4. 旅客列车为什么会晚点

旅客列车，除保证旅客途中安全外，还应当保证正点运行，这也是铁路部门和旅客的一致愿望。旅客列车是按照编制好的运行图运行的，一般情况下，旅客列车保持着较高的正点率。但以下的原因会导致列车晚点：

气候不良。如暴风雨、大雾、风雪等天气，视线不良，司机看不清信号，会造成晚点。铁路线路施工，列车慢行，造成晚点。客车机车操纵欠佳，未严格按规定的运转时分运行，造成列车晚点。列车严重超员，旅客上下人多，原规定的到站停车时间不够，列车不能正点开出，造成列车晚点。车站能力不足、临时停电或设备故障等造成列车晚点。列车晚点会给旅客带来许多不便，也有损铁路声誉，有关部门正在采取各种措施尽力减少这种现象。

5. 客车车厢的顺序号是怎样排列的

旅客进站上车时，大多都随身携带一些物品行李，甚或扶老携幼，因此都希望尽快找到自己的车厢，少走冤枉路。为此，了解旅客列车车辆顺序号的规律是十分必要的。旅客列车车厢的顺序号有两种排列形式。

第一种，由北京和上海站始发的各次特快、直快列车，车厢的顺序号为小号在前，大号在后。返回北京和上海时，车厢的顺序号为大号在前，小号在后。北京和上海之间的旅客列车，以北京站规定的顺序为准。比如，您买的是由北京至广州的小号车票，那么您所在的车厢一定在列车的前部，返回北京时，小号车厢在列车后部。但要注意，有的列车在中途站停车时，要变换方向，这时大小号车厢的顺序要有变化。例如，上海至广州的列车在株洲站转向，所以在上海和广州的始发列车车厢顺序号都是小号在前。

第二种，非上海和北京站始发的旅客列车车厢顺序，是以担当乘务铁路局的始发站方向为准，小号在前，大号在后。例如，郑州至乌鲁木齐的171/172次列车，都是由郑州铁路局担当乘务。所以在郑州发车时，列车前部为小号，后部为大号，由乌鲁木齐返回时，则大号在前，小号在后。

6. 硬座车厢哪些座位靠窗

靠车窗的座位有许多优点，比方说，便于观赏沿途风光，以慰旅行的寂寞；面前的小桌既可放器具食品，又便于伏案小憩。所以多数旅客喜欢靠车窗的座位。那么，那些号数的座位是靠车窗的呢？我国目前较为普遍使用的是22型和23型客车，他们分别在车门附近印有YZ22和YZ23的字样。这两种型号的车厢内靠车窗的座位号是不同的。22型车厢靠车窗的座位号的尾数逢4、5、9、0，23型车厢靠车窗的座位号的尾数逢2、3、7、8。此外，设有办公席的这两种车厢内的排号不遵从上述规律。

7. 火车乘坐注意事项

火车是我国旅游的主要交通工具。它的特点是载客量大，车次准确，费用低廉，中途可以换乘、停留（在车票有效期内），具有一定的灵活性。此外，火车发行时刻是固定的，不受天气影响，便于我们掌握时间合理安排日程。乘火车应注意下列问题：

（1）购票：车票分三种：客票、加快票、卧铺票。旅客买加快票或卧铺票必须有软座或硬座客票。如果没有买到车票又急于上车时，可采取先上车后补票的方法加以补救。补票时，要核收补票费。如果买了票，未经检票就上了车，在查票时应罚交补检费。

（2）车票有效期：车票的有效期是按乘车里程计算的。300公里以内为两日，301公里以上，每增加500公里加一日，不足500公里的也按一日计算。改签后的客票、加快票提前乘车时，有效期从实际乘车日起计算；改换乘车时按原票指定乘车日起计算。旅客因病，在客票、加快票有效期内出示医疗证明或经车站证实时，可按实际医疗日数延长，但最多不能超过10天。恢复旅行时，仍按原票剩余有效时间计算。卧铺票不能延长，但可办退票手续。

（3）车票签证：旅客如不能按票面指定的日期和车次乘车时，在不延长客票、加快票有效期并在列车有能力的条件下，可办理一次提前或改晚乘车手续，但最迟不超过开车前2小时。卧铺票不办理改签。旅客在中转站换车和中途下车恢复旅行时，不论乘坐何种列车都应办理签证手续。

(4) 行李旅客携带品免费重量，大人20公斤、小孩10公斤。携带品的长度和体积要适于放在行李架上或座位下边。易爆易燃危险品、妨碍公共卫生及污染车辆的物品都不能带入车内。

(5) 乘坐火车防盗忠告：在车上，不论是白天还是晚上，尤其是在夜间，要切记不可与不相识的人轮流睡觉、看包，不然，犯罪分子会顺手牵羊，盗走你放在行李架上的行李。在列车靠站时，往往出现三多，即上下乘客多，找座位的人多，找行李架空地的多。此时要特别注意防范犯罪分子浑水摸鱼，留神看好自己的行李物品。不要佩戴金银首饰，很容易成为抢夺的对象。在车上掏钱购物、买饭时，尤其是处在人挤人的情况下，不宜将自己的大把钞票露出来，如果钞票露出来被一些人看见，很容易被抢或被盗。离座位上厕所、就餐、去会朋友，或去排队打开水，或是在停车时下车买东西吃，千万不可产生麻痹大意的思想，要密切防止行李被盗。切不可随便接过他人递过的饮料，尤其是已经打开封口的饮料。近来利用麻醉饮料犯罪的行动相当猖獗。

(6) 乘火车遇到问题投诉方法：人们外出旅游购票乘火车，一旦发生问题后，旅客应该向哪些部门投诉呢？投诉有关车站，要问清该站属于哪个铁路分局，铁路分局内有路风办公室、客运分处，可以向他们写信、打电话投诉，也可向该站所属市、县的消协、工商局物价部门投诉。投诉列车要首先弄明白它隶属于哪个铁路分局、哪个客运段，然后再寄信或打电话给该铁路分、市政府有关部门。在无法得知该站车属何铁路分局、路局时，也可向铁道部进行投诉，它会将投诉内容转发给有关部门的。

(7) 火车票遗失处理方法：在乘车前丢失火车票，应该积极寻找，如果记得所购车票的票号，最好到车站退票窗口挂失，万一有人拾到后来此退票，工作人员可以替你将车票扣下，交公安部门审理后发还给你。如果丢失车票者已无力再购买车票，可到当地民政部门说明情况，请求帮助。在列车上发现丢失车票，要从丢失站起另被前程车票；如果不能判明丢失站，从最近后方营业站起补票；如果不能判明是丢失车票时，按无票旅客处理，从列车始发站补起。丢失车票重补车票后又找到自己原来的车票，要立即向列车长声明。在确信无疑后，由列车长开具证明交给旅客，到旅客下车站连同原票交车站售票窗口，办理补车票票价手续，收取退票费。为了防止丢失车票，乘车人一定要妥善保管车票，和钱款分放，以免票钱双双丢失。

（二）订房间

(1) 根据上司的喜好和习惯来预订房间。

(2) 要掌握订房的基本程序。

(3) 可通过查找旅行手册、电话咨询和上网检索等方式获取宾馆的预订信息。

(4) 订房时应提供住宿者必需的信息：姓名、身份证号、抵达及离开时间，需预订的房间类型等。

如果选择本公司连锁酒店，也要提前电话联系确认。没有的话，就请当地旅游或交通部门介绍，最好不要去找自己的客方或代理商。

附一　2016年旅行者全球最佳酒店和中国最佳酒店

全球最大旅游平台TripAdvisor（猫途鹰）公布了今年首个重量级榜单：2016年旅行者之选——全球最佳酒店。该榜单的产生是基于过去一年间TripAdvisor全球千万旅行者分享的海量点评和建议，代表了全球游客对于获奖酒店服务、硬件设施和性价比的高度认可。“2016年旅行者之选——全球最佳25大酒店”榜单共囊括：8家欧洲酒店、8家美洲酒店、6家亚洲酒店、1家非洲酒店、1家中东酒店以及1家南太平洋酒店（如表6－13所示），较去年新增3家亚洲酒店，且其排名均在前10名以内，这反映了亚洲酒店入住体验的进一步提高。与此同时，大理喜林苑酒店和香港奕居酒店还双双上榜“2016年旅行者之选——亚洲最佳25大酒店”，为国内酒店业树立了行业新标杆。作为TripAdvisor（猫途鹰）“旅行者之选”酒店奖项的第14个年头，今年全球共有近100个国家和地区超过7000家酒店获此殊荣，奖项包括：最佳酒店（Top Hotels）、最具性价比酒店（Bargain）、奢华酒店（Luxury）、小型酒店（Small Hotels）、最佳服务酒店（Service）以及民宿（B&Bs/Inns）。

表6－13　2016年旅行者之首——全球最佳25大酒店

排名	全球25大最佳酒店	中国25大最佳酒店
1	乌麦德巴哈湾皇宫酒店（印度）	奕居酒店（香港）
2	吴可皇家湾度假酒店（柬埔寨）	喜林苑（大理）
3	贝尔维塞林纳酒店（意大利）	香港丽思卡尔顿酒店（香港）
4	河内喜耶思塔酒店（越南）	唯港荟酒店（香港）
5	阿奇提斯精品酒店（希腊）	回酒店（深圳）
6	贝尔蒙德四季农庄酒店（英国）	香港四季酒店（香港）
7	蜜莉喜岛度假村（马尔代夫）	红墙花园酒店（北京）
8	布科提塔拉海滨度假村（加勒比）	置地文华东方酒店（香港）
9	Calabash Luxury Boutique Hotel&Spa（加勒比）	西子湖四季酒店（杭州）
10	里塔霍普纳酒店（巴西）	奥华酒店——中环（香港）

（续表）

排名	全球25大最佳酒店	中国25大最佳酒店
11	兰坎福希绮丽度假村（马尔代夫）	托尼洛兰博基尼书苑（苏州）
12	卡纳维伊亚酒店（希腊）	北京瑰丽酒店（北京）
13	Orange County Resorts Kabini（印度）	北京怡亨酒店（北京）
14	圣修博尔特斯酒店（巴西）	半岛酒店（香港）
15	里程碑饭店（英国）	西安索菲特传奇酒店（西安）
16	托阔里奇岛度假村（斐济）	香港W酒店（香港）
17	Casa Gangotena（厄瓜多尔）	广州方圆奥克伍德豪景（广州）
18	辛格勒巴塔哥尼亚酒店（智利）	武汉光谷凯悦酒店（武汉）
19	奥莫尼亚酒店（瑞士）	上海浦东文化东方酒店（上海）
20	罗马J. K. 广场酒店（意大利）	上海外滩华尔道夫酒店（上海）
21	Hotel Abadia Retuerta Le Domaine（西班牙）	天津丽思卡尔顿酒店（天津）
22	雪梨—荷兰酒店（纽约）	香港文华东方酒店（香港）
23	Nayara Hotel，Spa&Gardens（哥斯达黎加）	上海新天地朗廷酒店（上海）
24	阿玛哈水疗度假村（阿联酋）	T酒店（香港）
25	Baraza Resort&Spa（坦桑尼亚）	北京四季酒店（北京）

四、制订约会计划

制订约会计划应包括和强调的内容如下：

（1）目的地（省、市名）。

（2）时间（日期、时间）。

（3）对象（××公司、约会者姓名、联系方式等）。

（4）其他（备注、需要特别提醒的事，如需要带××材料）。

五、准备有关材料和旅行用品

必备的文件资料及上司随身携带的用品，秘书可按公与私分别列出清单。

例如身份证、信用卡、名片、公司产品资料、客户资料、手机、笔记本、活动日程表、地图、交通图、照相机及一些私人物品，如备用眼镜、替换衣服、袜子、洗漱用品、药品等，有的还可能要带笔记本电脑。随身携带的只能是必需的。

（1）准备各类相关文件（如：讨论的问题有关的信件、备忘录等）。

（2）贮备旅行地点风土人情及各种礼节方面的资料。

六、协助准备行李

行李分为托运行李、自理行李和随身携带物品。

秘书人员帮助了解飞机可以免费携带行李的重量和大小（可通过航空公司的旅行手册，或者通过旅行社代办人员）。

托运行李的重量每件不能超过 50 公斤，体积不能超过 40 厘米×60 厘米×100 厘米，自理行李的重量不能超过 10 公斤，体积每件不超过 20 厘米×40 厘米×55 厘米。

随身携带物品的重量，每位旅客以 5 公斤为限。

七、出国差旅的准备工作

（一）出国差旅流程（如图 6－1，表 6－14 所示）

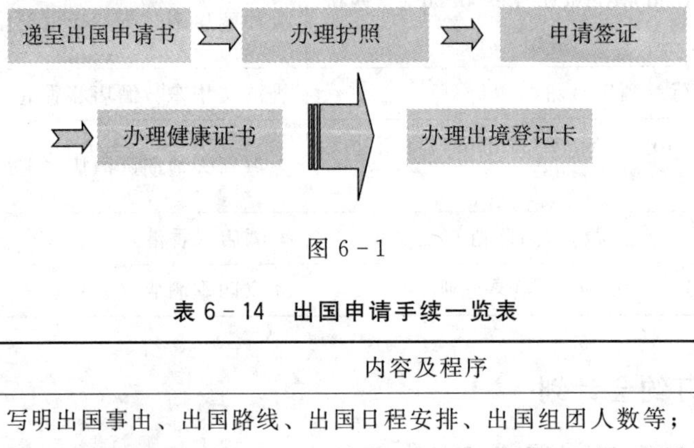

图 6－1

表 6－14　出国申请手续一览表

办理项目	内容及程序
办理出国申请	写明出国事由、出国路线、出国日程安排、出国组团人数等；申请书后要附出国人员名单（写清出国人员姓名、年龄、性别、职务、职称）以及外国公司所发的邀请函（副单）
办理护照	在国内，外交、公务和因公普通护照由外交部及其授权单位（各省、市、自治区的外事办公室）办理。在国外，由我国驻外使、领馆等外交机构负责办理。办理程序：（1）携带有关证件、主管部门的出国任务批件、出国人员政审批件、所去国有关公司的邀请书等文件；（2）填写有关卡片和申请表；（3）检查核对护照上出国人员姓名、籍贯、出生年月和地点等
申请签证	办好护照后，可通过下面的途径申请签证：（1）由本人亲自持护照和有关申请签证的材料到旅行国驻我国大使馆或领事馆办理；（2）可委托权威可靠的签证代办机构代办；（3）可委托前往国家洽商的组织到前往有关国家的使（领）馆办理。取得签证后，要注意检查签证内容，发现有误，应立即提出并要求改正

（续表）

办理项目	内容及程序
办理健康证书	办理了有效护照和签证后，应持单位介绍信到所在地的卫生检疫部门进行卫生检疫和预防接种，领取“黄皮书”（即国际预防接种证书）。拿到“黄皮书”后，应进行认真查验
办理出境登记卡	在办妥了上述各种手续后，再携带出国人员的护照、户口簿、居民身份证办理临时出境登记手续。凡出国超过六个月的（含六个月）人员，秘书则要携带上述证件到其常住户口所在地的公安派出所办理注销户口手续，然后凭护照、签证或入境许可证、临时出境登记单、注销户口的证明到护照颁发单位，把办理护照时领到的第一张“出境登记卡”换为第二张“出境登记卡”之后，可以购买机、车、船票离境出国

（二）出国差旅准备

（1）编制几种旅程方案，供上司选择。

（2）为防意外事故，如医疗及行李丢失等，可通过代理人与保险公司办理保险。

（3）了解外汇信息，办理外币兑换。

（4）准备随身携带的物品，如服装、洗漱用品等。

（5）为上司准备必须携带的各种文件，如谈判合同，协议书等。

（6）检查相关证件：护照、签证、“黄皮书”、国际机票、外语名片、外币及其他必需的出国文件、证件等。

（7）收集所到国的背景资料。

如果上司经常出差，秘书应该做个“有心人”，在平时就要留意收集一些旅行资料，如交通图、时差表和飞机、火车时刻表以及一些旅馆介绍的小册子等；要了解旅行社的资质，与资质好的旅行社保持联系，或建立长期合作关系，建立自己的旅行（旅馆）信息资料库，并不断加以充实。

（三）国内航班购票须知

1. 定座

乘客只有在订妥座位以后，才能凭订妥座位的客票乘机。乘客可根据航空公司的有关规定向航空售票处或航空代理人售票处预订座位。已订妥座位的旅客，应在航空公司规定的购票时限内购票。如未在购票时限内购票，所定座位即被自动取消。

2. 购票

中国旅客购票须出示本人居民身份证或其他有效身份证明，并填写《旅客订座单》；外国旅客、华侨、港澳台胞购票，须出示有效护照、回乡证、台胞证、居留证、旅行证或公安机关出具的其他有效身份证，并填写《旅客订座单》。

3. 座位再证实

旅客持有订妥座位的联程或来回程客票，如在该联程或回程地点停留 72 小时以上，须在该联程或回程航班离站前两天中午 12 点以前，办理座位再证实手续。否则，原定座位不予保留。

4. 客票

客票只限客票上所列姓名的旅客本人使用，不得转让和涂改。否则，客票无效，票款不退。

5. 客票有效期

正常标价的客票有效期为一年。定期客票自旅行开始之日起计算，一年内运输有效，不定期客票自填开之次日零时起计算。

6. 客票价

客票价指旅客由出发地机场至目的地机场的航空运输价格，不包括机场与市区之间的地面运输费用。

7. 变更

购票后，如果要求改变航班、日期、舱位等级，请尽早通知航空公司，使其根据实际情况积极办理。

（四）出国旅行的常识

1. 护照

护照是一个国家的公民出入本国国境和在国外旅行或居留时，由本国发给的一种证明该公民国籍和身份的合法证件。凡是出国人员均应持有本国政府颁发的合法的护照。如果持照人在国外旅行、逗留期间发生意外，所在国必须依照其所持护照，判明身份和国籍，然后决定如何处理。同样，护照颁发国的驻外机构也要根据护照决定如何提供帮助或外交保护等。我国的护照分为外交护照、公务护照、普通护照三种。普通护照又分为因公普通护照和因私普通护照。

2. 签证

签证是一个主权国家在本国或外国公民所持有护照或其他旅行证件上的签注、盖印，是表示允许其出入本国国境或者经过本国国境的证明。如果说护照是身份证的话，签证则可看成是出入证。签证一般可放在护照上，也可在其他证件上。如前往未建交国家，一般用单独的签证，与护照同时使用。我国的签证一般在护照上。

3. “黄皮书”

“黄皮书”即《国际预防接种证书》，因其封面通常为黄色而得名。“黄皮书”英文名称为 INTERNAIONAL CERTIFICATE OF VACCINATION。它是世界卫生组织为了保障出入国境人员的人身健康，防止某些疾病传染流行所要求的证明。“黄皮书”规定，入境者在进入接纳国的国境前，要接种牛痘、霍乱、黄热病疫苗，以防止某些疾病的国际性流行。如果出入境和过境者没有“黄皮书”，国境卫生检疫人员有权拒绝其出入境，甚至采取强制检疫措施。我国的“黄皮书”由卫计委统一印制，各省市卫生检疫站负责签发和注射疫苗。初次出国者，应持单位介绍信前往办理。已有“黄皮书”但需复种者，保凭“黄皮书”复种。

4. 时差

国际上规定，以英国格林尼治时间（GMT）为标准时间，地球分为东区和西区，东区时间比 GMT 早，西区时间比 GMT 晚。调整时差对于乘坐国际航班的旅行者都是必不可少的。通俗的时差计算是以经线划分，格林尼治以东每 15 度加一小时，格林尼治以西每 15 度减一小时。

5. 出入境手续

（1）边防检查：出入国境人员要持照填写出入境登记卡，交护照，检查签证。边防人员确认无误后，在护照内页盖上注明出入境口岸和日期的验讫章。有的国家入境时就要求填好一式两份的出入境卡，入境时收走一份，另一份夹在护照内等办理出境手续时再收走。

（2）海关检查：填写海关申报单，包括姓名、性别、职业、国籍、护照号、发照日期、入境口岸、入境日期、逗留地址、行李件数以及所带物品的数量，大多数申报单还要求填写外币旅行支票、信用卡的数量等。然后携所带行李连同申报单一起到海关处结关。海关人员根据申报单进行检查。

（3）安全检查：主要禁止携带武器、凶器、爆炸物和剧毒物等。所以在准备行李、礼品时应避免携带违规违禁物品，以减少不必要的麻烦。

（4）健康检疫：即交验“黄皮书”，对未接种的旅客会采取隔离、强制接种等措施。

第七章　秘书的办会能力——会议实务

教学目标：

在了解酒店文秘的基本性质、特点和酒店办公实务的基本内容及其在酒店运行管理中的地位、作用的基础上，结合现代酒店办公设备，熟练掌握会议实务，为提高管理质量和管理水平打下基础。

知识点：

了解酒店办公室会议的类型、作用。

能力点：

掌握在酒店具体办公环境下的会议实务工作方法；

能准确领会本级和上级组织领导的工作意图；

了解相关办事渠道，具备会务能力。

素质点：

培养忠于职守、乐于奉献的职业道德素养；

培养并逐步具备管理者应有的宏观视野和全局意识；

养成严谨、规范的办公室工作习惯。

1. 学习目标

通过本章学习，学生了解会务工作的基本内容及工作程序，学会几种会议文书的拟写，把握常见的会议的组织工作基本要点。

2. 学习内容

会议组织工作、会议文书的撰写。

3. 学前知识准备

应用文的写作知识、秘书办事的原则。

4. 学习资料

课程主教材、电子教材、课件、有关文件规范。

第一节　会议概述

一、会议的含义

会议是各级机关、企事业单位经常采取的一种管理方法，有会议就有系列的会议工作。秘书“办会”工作，就是秘书办理会议事务的工作。这些事务工作包括会议的筹划准备、组织服务和善后服务。

会议是有组织、有目的地召集人们商议事情、沟通信息、表达意愿的行为过程。

会议是指3个或3个以上的人（其中的一个可以是主持人）按一定的组织原则聚集在一起，围绕某些共同的内容而进行的多向沟通。

会议有广义与狭义之分，广义的会议包括各种有组织的集会、聚会，如庆祝会、追悼会等。很明显，这类会议没有议事内容，只有会和含义。狭义的会议主要是指有议事内容的会议，如办公会、讨论会、协商会等。这类会议总是围绕一定事情和问题，进行讨论、研究，最后形成决议、决定。

二、会议的作用

会议之所以成为一种常见的工作方法，就在于会议具有重要的作用，《尚书·周官》中就有“议事以制，政乃不迷”的记载。会议的作用也是千差万别的，各种特定的会议都有其特定的作用，但就一般会议所共有的作用说，主要有以下几点：

1. 进行决策，安排工作

决策需要民主化和科学化，就是要集思广益，广开言路，通过会议集中正确意见，防止决策失误。目前，一般重大决策都通过会议的形势。除决策之外，传达党和国家的有关方针政策，传达上级的有关决定，以及安排工作，保证各项任务的顺利完成都离不开会议。

2. 交流意见，沟通情报

思想意见的交流、情况的沟通是各项工作以及有关活动中必不可少的，当然这种交流、沟通形式是多种多样的，但其中一个最重要的形式就是会议。通过交流思想、沟通情况，消除误会、信息共享。有些会议还可以通过协商、谈判，沟通情况、统一认识、确定目标、达成协议。

3. 收集信息，反馈调节

会议是信息的传递过程，通过会议可以收集信息、传递信息，乃至加工和输出信息，同时也可以对有关信息进行反馈调节，充分发挥信息的功能与作用。

4. 统一思想，协调行动

要完成各项重要任务以及众人的组织行动，都必须统一思想、协调行动。会议是求得思想统一、行动协调统一的形式之一。会议可沟通思想、达成共识、协调关系、解决矛盾、共赴事功。

5. 联络感情、塑造形象

每个单位，每个人员，都处在复杂的人际关系之中，这些关系能否处理好，往往决定着各项工作的成败。人是有感情的，人的感情在人际交流中具有重要的协调作用，通过召开各种联欢会、座谈会、议事会、庆祝会等，可以加强感情，增进了解。同时一个单位的形象也会在会议中得到相应的展示。会议对塑造形象具很重要的作用。特别是有关新闻发布会、联谊会等，更能使有关企业或单位以及有关人员与外界保持良好的联系，增强公众亲近感，吸引社会的兴趣和注意力，从而提高知名度和美誉度。

三、会议的种类

由于会议多种多样，因而，人们可以从不同的角度对会议进行分类。这里仅介绍常见的三种分类：

(一) 按会议规模分

1. 大型会议

大型会议是指有上千人，或多到几千人、上万人参加的会议。

2. 中型会议

中型会议是指有百人左右，或几百人参加的会议。

3. 小型会议

小型会议是指只有几个人（三人以上）或几十人参加的会议。

(二) 按会议的性质分

1. 法定性会议

法定性会议是指按法律法规召开的具有法律效力的会议，如党代会、人代会、团代会、职工代表大会等。

2. 决策性会议

决策性会议是指各级领导为发挥集体的作用，对集体讨论工作中的重要问题并做出决策会议，如各类党的委员会议，各级领导成员的办公会等。

3. 联席性会议

联席性会议是指为了开展某种较大规模的活动，或讨论研究涉及几个部门或单位的事情，需要几个单位或部门共同协商、协调而召开的会议。

4. 布置总结性会议

布置总结性会议是指为布置工作任务、总结工作而召开的会议。

(三) 按会议的内容分

1. 工作会议

工作会议一般是为研究工作而召开会议。

2. 综合性会议

综合性会议是指全面讨论研究某地区、某部门涉及诸多方面问题的会议。

3. 专业会议

专业会议是指为了研究商讨某项专门业务，而专门召开的有极明显专业特征的会议，例如科研成果鉴定会、钢材订货会等。

4. 纪念性会议

纪念性会议是指为了纪念某一重要事件或重要人物而举行的会议。

5. 激励性会议

激励性会议是指为了表彰先进集体、个人和模范人物而召开的会议。

6. 动员、誓师大会

动员、誓师大会是指为完成某项工作，或为开展某项重要活动而召开的组织、动员、扩大影响、制造声势的会议。

7. 竞技表演性会议

竞技表演性会议是指各类体育、文艺比赛和表演性的集合。

8. 追悼会

追悼会是指为悼念死者而举行的会议。

除上述分类外，按会议采用的媒介可分为：电话会议、电视会议、计算机会议；按会议地域可分为：如国际性会议、全国性会议、地方性会议等；按会议召开的阶段可分为：预备会议和正式会议等。

第二节　会议的组织

教学目的和要求：

通过本课时的学习，学生应了解会务工作的基本内容及工作程序，学会拟定会议议案，掌握会议组织工作的三个环节，掌握办公会组织的基本要点。

教学重点难点：

会议组织工作的六个环节、拟订会议议案。

教学方法：

启发式讲解、训练。

教学内容：

秘书办会工作所指的“会”是以“会”为代表的一系列相近事务。在程序上，包括：会前的筹划和准备；会中的组织和服务；会后的善后和落实三个环节。

一、会前准备工作

（一）会议整体方案的制定

大中型会议的召开是一项很复杂的组织工作，在会议召开之前，秘书必须制定细致、周密的会议工作方案，并报请领导审批后，才能进行筹备。

1. 会议筹备方案的基本内容

（1）确定会议的主题和议题。会议主题是指关于会议要研究的问题、达到的目的，议题是对主题的细化。

（2）确定会议名称，会议的名称应根据会议的议题或主题来确定。

（3）确定会议的议程，议程是会议议题的载体，所反映的是议题展开的方式和程序。

（4）确定会议时间、会期。确定会议的时间，要考虑主要领导是否能出席，确定会期的长短应与会议的内容紧密联系。

（5）确定会议所需设备和工具，要满足会议的需要。

（6）确定会议文件的范围，做好文件的印刷或复印工作。

（7）确定与会代表的组成，不要邀请与会议主题无关的人员参加会议。确定会议与会人员的范围，必须先明确会议的目的和议题。根据议题，综合考虑与会人员的层级、人数、分组的大小、食宿安排的人数等问题。

（8）确定会议经费预算。

（9）确定会议的餐饮安排。

（10）若是大型会议，还应确定筹备机构与人员分工。

2. 大中型会议的筹备机构

（1）会务组：负责会务组织、会场布置、会议接待签到等工作。

（2）秘书组：负责撰写会议方案，准备会议文件和资料，做好会议记录，编写会议纪要、会议简报等。

（3）接待组：负责生活服务、交通疏导、医疗服务等工作。

（4）宣传组：负责会议的录音录像、照相、娱乐活动和对外宣传报道。

（5）财务组：负责会议经费的统筹使用和收费、付账工作。

（6）保卫组：负责防火、防盗、人身安全和保密工作。

（二）会议议程和日程的拟定

1. 会议议程

会议议程是对会议所要通过的文件、所要解决的问题的概略安排，并冠以序号将其清晰地表达出来，会前发给与会者。

（1）编制会议议程表时，应注意议题所涉及各种事物的习惯顺序和本公司有无对会议议程程序的明确规定。

（2）议程表的第一项一般是宣布议程，其次是安排所要讨论的问题，同类性质的部分应集中排列在一起。

（3）保密性较强的议题一般放在后面。

2. 会议日程

会议日程是会议的各项活动在会期以内每一天中的具体安排。在会议日程中，会议的各项活动按上午、下午、晚上逐项列出，使会议所有活动与时间一一对应。会议日程是会议组织者对会议实施组织、与会人员参加会议活动和人们了解会议情况的重要依据。制作时使用文字形式，也可使用表格形式。

3. 拟定会议议程、日程应注意的问题

（1）会议议程的编制应在前，议程一旦确定，不宜轻易变动。会议日程在时间、地点、人员等问题上，如遇到一些变化，可做相应调整。

（2）会议议程与日程的安排必须吻合。

（3）会议议程、日程表制定后，必须经主管领导审核方可实施。

4. 发会议通知

会议方案获准后，秘书要向有关单位下发会议通知。通知的方式有发文、发电报、打电话等，应视情况选择。有的会议还要向来宾发请柬或邀请书。无论采取哪种方式，都要做到及时、准确、明晰、简要，防止重发、错发或漏发。会议通知的内容包括：会议名称、目的、议题、会期、参加人员范围、报到时间与地点、开会时间与地点、接站及行车路线、需携带的材料及其他要求、会议主办单位等。

5. 准备会议文件资料

会议材料可以大体上分两种：一类是直接反映和表现具体的会议议题的材料；另一类是反映会议程式特征的材料。后者对各类会议均普遍适用。会议文件资料的具体文稿类型要根据会议需要确定。常见的会议文件资料主要包括：开幕词、闭幕词、领导人讲话稿、主题报告、专题报告、会议简报、会议记录、会议纪要、新闻稿、会议通知、日程安排等。其中会议简报、记录在会中形成，会议纪要在会后形成；新闻稿由记者或会议举办单位人员撰写。

6. 确定会议地点

选择恰当的会议地点，秘书人员应多维视角地综合考虑各种因素，可以从政治影响、政治暗示、政治平衡、政治关怀等政治视角审视会议选址。可以从经济视角选址，会议就是财富，有会就有财路，随着会议产业的迅猛发展，会议选址的经济视角将越来越受到重视。还可以从社会视角选址，一次会议就有可能改变、提升一座城市或一届政府的社会形象，从而激励市民的信心，产生巨大的社会效益。

日常的会议地点的选择，往往从以下几个方面考虑：

（1）远近适当：会场地点必须让上司和与会者方便前往。一般应选择在距上司和与会者的工作地点均较近的地方，同时应考虑交通便利。

（2）大小适当：会场的大小应与会议规模相符。一般来说，每人平均应有

2～3平方米的活动空间比较适宜。同时应考虑会议时间的长短，时间长的会议，场地不妨大些。

(3) 设备齐全：场地要有良好的设备配置。桌椅家具、通风设备、照明设备、空调设备、音像设备要尽量齐全。同时应该根据会议的需要检查有无需要租用的特殊设备，如演示板、电子白板、放映设备、音像设备、录音机、投影仪、计算机、麦克风等。

(4) 不受干扰：场地应不受外界干扰，应尽量避开闹市区。同时，“外界干扰”还包括室外的各种噪音，打进会场的电话以及来访和参观等。因此在场外应挂起“会议正在进行中，谢绝参观”的牌子，会场内部也应具有良好的隔音设备，以保证会议能在安静的环境中顺利进行。

(5) 租金合理：场地租借的费用必须合理。

(6) 停车有场所。

7. 会议所需用品和设备的准备

(1) 必备用品是指各类会议都需要的用品和设备，包括桌椅、茶具、扩音设备、照明设备、空调设备、投影和音像设备等。

(2) 特殊用品是指一些特殊类型的会议，例如谈判会议、庆典会议、展览会议等所需的特殊用品和设备。例如：张贴画、花卉、充气模型、巨型屏幕、展台展板、签字用具等。

8. 布置会场

会场是显示会议（与会者）政治态度、价值观念、感情取向的手段。精心布置会场，其目的是为实现会议的目标烘托气氛，创造心理条件。座位安排包括会场内的基本格局、主席台的座次、场内人员座次及区域划分。会场布置包括主席台设置、座位排列、会场内花卉陈设等，基本要求是庄重、美观、舒适，体现出会议的主题和气氛，同时还要考虑会议的性质、规格、规模等因素。

(1) 会场的整体格局。布置会场需要遵循几条原则：一是与会议目的相和谐的原则，会场是会议目的的“代言人”，因目的不同，会场应该在整体上呈现各自不同的风格色彩；二是满足会议的需要，即首先是根据会议规模选择会场，再进一步考虑会场的功能，以满足会议的需要。此外，无论选择了哪种类型的会场，布置的时候都应该注意以下事项：①尽量聚拢一点：一方面有利于表现和谐的气氛；另一方面也适宜于讨论问题。②要尽量避免普通与会人员和领导人的向背现象。③会议室里不要摆出多余的椅子，椅子过多，与会人总是争着坐在后排，会场会因此而显得分散，不利于聚集会场气氛，也有碍于会议交流。

中大型会议要保证一个绝对的中心，因此多采用半圆形，大小方形的形式，以突出主持人和发言人；中大型会场要注意进、退场的方便；中小型会场可采用方拱形、半月形、椭圆形、回字形、T字形和圆形等形式。

（2）主席台座次的安排，一般应当符合惯例。会议主席台就座者都是主办方的负责人、贵宾或主席团成员，安排座位时应注意以下惯例：

依职务的高低和选举的结果为序，职务最高者居中，然后按先左后右、由前至后的顺序依次排列。正式代表在前居中，列席代表在后居侧；以姓氏笔画为序；以汉语拼音字母的顺序排列；在主席台的桌子，于每个座位的左侧放置姓名台签。

9. 会前检查

会议正式召开之前，会议机构负责人应对各项准备工作进行全面、认真、细致的检查，以保证会议的顺利召开。会前检查的重点是会议文件、会场布置、食宿安排、安全保密等方面。如发现问题，应及时纠正；如未准备好，应督促抓紧准备。

10. 对与会者的热情迎接

会议的性质与规模不同，接待的要求、程序和规范也不同。大中型会议参加人数较多，应及时做好接站、报到工作，做到热情接待，细致服务。

二、会议中的秘书工作

（一）签到和座位引导工作

1. 签到

（1）签到形式的选择：人数较少的小型会议，可由秘书按照事先确定的到会人员名单逐一进行签到，以便迅速掌握到会者的状况。

大型会议可配合使用签到卡和电子签到机，与会者只需将自己的电子卡送入签到机插口，有关数据即传入会议组织中心。为方便签到，应准备好签到的登记簿、签字笔等用品。必要时，事先准备好嘉宾的留言簿。

（2）签到簿基本式样：会议签到的目的是及时准确地统计到会人数及缺席情况。签到登记簿样式如下（见表 7 - 1 所列）：

表 7 - 1　签到登记薄

来宾编号	姓名	职务	单位	电话	地址	邮编

（3）注意事项：负责接待签到的人员应热情礼貌，照顾周到。负责签到的人员要提前到岗，使到会较早的人员不致产生无人过问的尴尬感觉。

2. 座位引导

热情主动迎接与会者，并按礼仪规范将其引导入场。内部会议，与会者一般都有自己的习惯座位。大中型会议，一般事先制作好各种座次标识用品（如：主席台或会议桌上的名签卡片、座次图表、指示牌）等，采取对号入座的方式，或是将会场划分为若干区域，以部门或地区为单位集中就座。

（二）会议记录

会议期间做好记录是秘书的主要职责。正式会议的记录是会议进行情况的原始。

（三）信息沟通

（1）做好会议期间信息的收集、传递、反馈工作：会议的信息，外面的报道等。

（2）做好会议期间的对外宣传工作：在传递的方式和内容选择上应综合考虑对象、效果、费用等。

三、会后的工作

（一）合理安排与会人员返程

会议结束并不意味着会务秘书工作的完成，秘书还有许多工作要做，还有许多事项需要落实。

秘书应根据会期长短、外地与会人数多少等实际情况，及早安排好外地与会人员的回程事宜，提前预订好飞机票、火车票、汽车票、轮船票等。

秘书应编制与会者离开的时间表，安排好车辆送行。

（二）提醒与会者及时做好各种物品的清退

秘书在与会者离会前还要做好以下工作：提醒与会者及时归还向主办方或会议驻地单位借用的各种物品；提醒与会者及时与会务组织结清各种账目，开好发票收据；帮助与会者检查、清退房间，避免遗忘各种物品。

（三）清理会场和文件

清扫散会后的会场，也是不容忽视的一项工作。不论是会务秘书还是会务工作人员，都要坚守岗位，善始善终，保证会议结束后会场环境的清洁整齐。

点清文件剩余份数，做到物表相符；对于内部文件、机密文件以及应收回的文件要及时清退收回。

（四）整理会议材料，立卷归档

会议结束后，要及时做好会议文件的立卷归档工作。

小型会议的文件，大部分会前已经收集好，会后只需将会议记录或会议纪要归入卷内，并按会议讨论议题顺序进行整理即可。

大型会议完整的会议案卷，应包括以下一些内容：会议正式文件，如决定、决议、计划、报告等；会议参阅文件；会议安排的发言稿；会议上的讲话记录；其他有关材料。

（五）会议的总结

会议工作总结要根据岗位责任制和工作任务书的内容，逐条对照检查。总结的目的是：检查会议目标的实现情况；检查各小组的分工执行情况；将员工自我总结和集体总结相结合；实现总结经验、激励下属。

四、几种常见会议的组织流程

【案例一】

“时装秀”方案

某服装集团为了开拓夏季服装市场，拟在某酒店召开一个服装展示会，推出一批夏季新款时装。秘书小李配合服装公司，拟了一个方案，内容如下：

1. 会议名称：“2017 年××服装集团夏季时装秀”。

2. 参加会议人员：上级主管部门领导 2 人；行业协会代表 3 人；全国大中型商场总经理或业务经理以及其他客户约 150 人；主办方领导及工作人员 20 名，另请模特公司服装表演队若干人。

3. 会议主持人：××集团公司负责销售工作的副总经理。

4. 会议时间：2017 年 5 月 18 日上午 9 点 30 至 11 点。

5. 会议程序：来宾签到，发调查表；展示会开幕、上级领导讲话；时装表演；展示活动闭幕、收调查表；发纪念品。

6. 会议文件：会议通知、邀请函、请柬；签到表、产品意见调查表；服装集团产品介绍资料；订货意向书、购销合同。

7. 会址：酒店会议大厅。

8. 会场布置：蓝色背景帷幕，中心挂服装品牌标识，上方挂展示会标题横幅；搭设 T 型服装表演台，安排来宾围绕就座；会场外悬挂大型彩色气球及广告条幅。

9. 会议用品：纸、笔等文具、饮料、照明灯、音响设备、背景音乐资料、足够的椅子、纪念品（每人发××服装集团生产的 T 恤衫 1 件）。

10. 会务工作：安排提前来的外地来宾在市中心花园大酒店报到、住宿；安排交通车接送来宾，展示会后安排工作午餐。

思考题：小李的会议方案有无改进的地方？

参考答案：

（1）会议名称不能用口语，应该用正规的书面语；“时装秀”应该改为时装展示会。

（2）展示会的目的是打响品牌、开拓市场，应该请新闻媒体记者到会报道，以扩大影响。

（3）会议用品中没有提及应该准备的用语展示的新款时装样品。

第三节　会议文书

学习目标：

通过本章学习，了解会议文书工作的特点内容与拟写会议文书的要求，掌握几种常用会议文书的写作要领。

学习内容：

会议文书的撰写。

学前知识准备：

应用文的写作知识；

秘书办事的原则。

学习资料：

课程主教材、电子教材、课件、有关文件规范。

一、会议通知的要素

会议通知必须简明扼要。那种用“为了”起句，然后摆出一大堆依据，把会议时间、地点放在最后的写法，不能使人开门见山地得到会议信息，应尽量避免。

会议通知必须具备七要素（也有称之为“七个清楚”）：会名、会期、开始时间（月、日、星期，上、下午或晚上几时）、地点、参加会议人员范围、入场凭证、筹办会议的联系单位等。

会议通知的一般体例是：

兹定于×月×日（星期×）×午×时在××地点召开××会议，会期×天，参加人员为××，凭××入场，有关会议的具体事宜，请与××联系（电话号码××××××）

“要素”，是指物体不可缺少的内容。会议通过不可缺少的内容如下：

1. 会议议题

议题是会议通知的实质性内容，在正常情况下，凡召开会议都需要事先通报议题。

2. 会议时间

会议时间，例如会议报到的时间、会议开始的时间、会议结束的时间以及会议有关程序和活动进行的时间等。

3. 开会地点

要写明具体的会场。有外地人员参加的会议一定要写明会议报到的具体地点，同时写明与会人员下榻的宾馆、招待所的名称，并交代到达这些地点的城市交通路线。

4. 与会对象

会议通知要写清楚与会对象。

5. 对与会人员的要求

会议通知提醒与会者参加会议需要做哪些准备，尤其是需要准备哪些会议材料；是否要求该与会者做大会发言；其他需要准备的事项。

会议通知的式样如下：

会议通知

×××同志：

兹定于11月26日（星期五）下午2：30，在集团公司二楼会议室召开部门经理会议，讨论明年公司发展计划，请按时出席。

总经理办公室

2017年11月19日

【案例一】

关于举办全省旅游人才队伍建设专题研讨班的通知

各市旅游局（委）、广德、宿松县旅游局，各有关旅游院校，有关导游协会、旅游企业：

根据年初工作安排，省旅游发展委员会拟于近期举办全省旅游人才队伍建设专题研讨班，分析研究我省旅游人才队伍建设状况，提出加强旅游人才队伍建设的政策、措施和对策。现将有关事项通知如下：

一、参加人员

各市旅游局（委）分管负责人、各旅游院校（院、系）负责人、有关导游协会和旅游企业负责人（见附件）。

二、时间与地点

时间：11月21—22日，11月21日上午报到；

地点：合肥辰茂和平酒店（地址：合肥市徽州大道239号；联系人：胡叶宁；电话：18226623705）。

三、研讨内容

研究我省旅游人才政策、制度体系建设，分析我省旅游行业人才现状及存在问题；对安徽省旅游英才培养计划的实效性评测等。

四、有关要求

1. 请各市旅游局（委）分管负责人、各旅游院校（院、系）负责人、有关导游协会和旅游企业负责人参加研讨班，各单位不超过1人。

2. 请参与研讨班人员按照研讨提纲内容准备书面发言材料。

3. 请参与研讨班人员严格执行中央八项规定精神，集中管理，不得请假。

4. 研讨班统一安排食宿，往返交通费用自理。

5. 请各市旅游局（委）按要求将本辖区参与研讨班人员名单于11月17日前统一汇总报省旅游发展委员会人事教育处。

联系人：祖丹丹

联系电话：0551－62999142；传真：0551－62999599

电子邮箱：903514261@qq.com

附件：1. 研讨提纲

2. 部分导游协会、旅游企业名单

3. 报名表

2017年11月8日

附件1

研讨提纲

1. 旅游行业人才供需现状、人才发展存在问题。
2. 旅游企业人力资源管理现状、瓶颈及问题。
3. 旅游行业政校企合作平台、协同育人机制建设。
4. 安徽省旅游人才培养基地建设模式与发展规划。
5. 安徽省旅游行业人才再培养的机制模式与路径。
6. 安徽省旅游英才培养计划的实效性评测。
7. 安徽省旅游行业立体培训体系与层次的建设。
8. 安徽省旅游人才政策、制度体系建设。

附件2

部分导游协会、旅游企业名单

安徽旅游集团、黄山旅游股份有限公司、九华山旅游股份公司、芜湖华强文化产业有限公司、安徽中青旅旅行社、安徽万达环球国际旅行社、黄山中海国际旅行社、合肥弘瑞金陵大酒店、安徽辰茂和平酒店、省旅游协会导游分会、黄山市导游协会。

附件 3（见表 7－2 所列）

表 7－2　报名表

序号	姓名	工作单位	职务	性别	联系方式

二、会议祝词

政界要人和比较有名望的人士经常要出席一些隆重的会议，他们在这些会议开始时或结束前发表的对会议表示祝贺的讲话，都可以称作会议祝词。它又分为会议开幕式祝词和会议闭幕式祝词。

1. 开幕式祝词

开幕式祝词的内容通常是表示认同会议召开的背景和意义，对会议涉及的有关事项予以祝愿或庆贺。开幕式祝词篇幅简短、色彩热烈，富有礼仪性和感染力。

2. 闭幕式祝词

与会议开幕式祝词相比，会议闭幕式祝词含有总结会议和祝愿未来的内容，语气通常比会议开幕式祝词更轻松，更具有休闲的色彩。

三、领导讲话

领导人在会议上的讲话有两种性质：一种是三言两语，即兴而作的讲话；另一种是专门准备的、代表组织的指示性和总结性的讲话。

四、会议发言稿

会议代表在大会上的讲话习惯称为“发言”，他们事先准备好的讲话稿被称作发言稿。发言稿可以是汇报情况、交流看法，也可以是对某一事项提出批评、建议，内容不拘一格。

第八章　常见商务活动

第一节　庆典活动

一、关于庆典活动

庆典是社会组织为了引起公众的关注，扩大自身的知名度，最终获得更大的经济效益和社会效益，围绕重要节日或自身重大值得纪念的事件而举行的庆祝活动。

庆典活动主要分为节庆活动、纪念活动和典礼活动。

酒店庆典活动是酒店企业利用自身或社会环境中的有关重大事件、纪念日、节日等所举办的各种仪式、庆祝会和纪念活动的总称，包括节庆活动、纪念活动、典礼仪式和其他活动。庆典活动，可以渲染气氛，强化酒店企业的影响力；也可以广交朋友，广结良缘；成功的庆典活动还可能具有较高的新闻价值，从而进一步提高酒店的知名度和美誉度。

（一）作用

庆典活动的作用：可引起三大效应（引力效应、实力效应和合力效应）。

（1）引力效应：指酒店通过庆典活动吸引公众的注意力。

（2）实力效应：指通过举办大型庆典，显示酒店强大的实力，以增加公众对组织的信任感。

（3）合力效应：开展大型庆典，能增强酒店组织内部职工、股东的向心力和凝聚力，提高公众对组织的信任感。

（二）主要类型

1. 节庆活动

节庆是利用盛大节日或共同的喜事而举行的表示快乐或纪念的庆祝活动，不同国家甚至同一国家不同地区，都有自己独特的节日。常见的节日有元旦、妇女节、消费者权益保护日、国际劳动节、儿童节、国庆节、圣诞节、感恩节、复活节等，中国传统节日有春节、元宵节、清明节、端午节、中秋节等。还有些地方根据自身文化传统、风俗习惯、土特产等，组织举办一些具有地方特色的节庆活动，如北京地坛庙会、湖南的龙舟节、山东潍坊风筝节等。

节庆日是酒店、宾馆等接待服务单位开展公共关系活动的绝好时机。所以，每年6月1日前后，大小商店都会在小孩商品上绞尽脑汁；中秋节前，则会爆发一轮又一轮的月饼大战；每逢长假前夕，旅游胜地和饭店就会大张旗鼓地宣传和推介其优质的特色服务。

2. 纪念活动

纪念活动是利用社会上或本行业、本组织的具有纪念意义的日期而开展的公关活动。可供组织举办纪念活动的日期和时间有很多，如历史上的重要事件发生纪念日、本行业重大事件纪念日、社会名流和著名人士的诞辰或逝世纪念日；作为酒店企业，周年纪念日、逢五逢十的纪念日及重大成就的纪念日，更是举办纪念活动的极好时机。举办这样的活动，可以传播酒店的经营理念、经营哲学和价值观念，使社会公众了解、熟悉进而支持酒店的生存和发展。

3. 典礼仪式

典礼仪式包括各种典礼和仪式活动，如开幕典礼、开业典礼、项目竣工典礼、毕业典礼、颁奖典礼、就职仪式、授勋仪式、签字仪式、捐赠仪式等。在实际工作中，典礼仪式的形式多样，并无统一模式。有的仪式非常简单，如某个企业办公楼的开工典礼，放一挂鞭炮，企业老总喊一声“开工”，仪式便宣告结束；有的仪式非常隆重、庄严，如英国女王登基、国外皇室婚礼及葬礼等，甚至还有一套严格的程序。酒店的典礼仪式也会根据自身情况和涉及事件的重要性有繁有简。

二、酒店庆典活动的组织和策划

（一）组织程序

1. 庆典策划

确定来宾及发放请柬。来宾组成：政府官员、地方实力人物、知名人士、新闻记者、社区公众代表、客户代表或特殊人物等。总之，来宾要具有一定的代表性。

发放请柬要求：请柬提前7～10天发放。重要来宾请柬发放后，组织者当天应电话致意。庆典头晚再电话联系。

2. 设计庆典活动程序

一般程序：主持人宣布开典；介绍来宾；由组织的重要领导或来宾代表讲话；安排参观活动；安排座谈或宴会；邀请重要来宾留言或题字。

3. 落实致辞人和剪彩

致辞人和剪彩人分己方和客方。己方为组织最高负责人，客方为德高望重、社会地位较高的知名人士；选择致辞人和剪彩人应征得本人同意。

4. 编写宣传材料和新闻通讯材料

列出庆典主题、背景、活动内容等相关材料，将材料装在特制的包装袋内发给来宾。对记者，还应在其材料中添加较详细的资料，以方便记者写作新闻稿件。

5. 庆典活动的接待工作

设置接待室，对所有来宾，都应热情接待，耐心服务；对重要来宾，要由组织领导亲自接待；他们的签到、留言、食、宿均应由专人负责。

（二）注意事项

庆典活动既是社会组织面向社会和公众展现自身的机会，也是对自身的领导和组织能力、社交水平以及文化素养的检验。因此，举办庆典活动时，公共关系人员应做到准备充分、接待热情、头脑冷静、指挥有序。一般说来，庆典活动应注意以下事项：

（1）确定庆典活动主题，精心策划安排，并进行适当的宣传。

（2）拟定出席庆典仪式的宾客名单，一般包括政府要员、社区负责人代表、同行代表、员工代表、公众代表、知名人士、社团。

（3）拟定庆典程序一般为：签到、宣布庆典开始，宣布来宾名单、致贺词、致答词、剪彩等。

（4）事先确定致贺词、答词的人名单，并拟好贺词、答词，贺词、答词都应言简意赅。

（5）确定关键仪式人员，如剪彩、揭牌、托牌等；除本单位领导外，还应邀请德高望重的知名人士。

（6）安排各项接待事宜，事先确定签到、接待、剪彩、摄影、录像、扩音等有关服务礼仪人员。

（7）可在庆典活动中安排节目，如舞龙等；还可邀请来宾题词，以作为纪念。

（8）庆典结束后，可组织来宾参观本组织的设施、陈列等，增加宣传的机会。

（9）通过座谈、留言形式，广泛征求意见，并综合整理、总结经验。

【案例一】

全聚德 150 周年店庆大型活动公关案例

主办单位：中国北京全聚德集团有限责任公司

咨询单位：中国北京全聚德集团有限责任公司

项目背景：全聚德菜品经过不断创新发展，形成了以独具特色的全聚德烤鸭为龙头，集“全鸭席”和 400 多道特色菜品于一体的全聚德菜系，备受各国元首、政府官员、社会各界人士及国内外游客喜爱，被誉为“中华第一吃”。周恩来总理曾多次把全聚德“全鸭席”选为国宴。

1993年5月，中国北京全聚德集团成立。

1994年6月，由全聚德集团等6家企业发起设立了北京全聚德烤鸭股份有限公司。

2004年4月，首都旅游集团、全聚德集团、新燕莎集团实施战略重组。首都旅游集团成为北京全聚德烤鸭股份有限公司的第一大股东。

2005年1月，北京全聚德烤鸭股份有限公司更名为中国全聚德（集团）股份有限公司。随即，中国全聚德（集团）股份有限公司进一步收购了聚德华天控股有限公司30.91%的股权，与北京华天饮食集团并列成为聚德华天控股有限公司的第一大股东。

2007年4月，北京著名老字号餐饮企业仿膳饭庄、丰泽园饭店、四川饭店也进入全聚德股份公司，至此中国全聚德（集团）股份有限公司已发展成为涵盖烧、烤、涮，川、鲁、宫廷、京味等多口味，汇聚京城多个餐饮老字号品牌的餐饮联合舰队。

全聚德股份公司成立以来，秉承周恩来总理对全聚德“全而无缺，聚而不散，仁德至上”的精辟诠释，发扬“想事干事干成事，创业创新创一流”的企业精神，扎扎实实地开展了体制、机制、营销、管理、科技、企业文化、精神文明建设七大创新活动，确立了充分发挥全聚德的品牌优势，走规模化、现代化和连锁化经营道路的发展战略。十几年来，以独具特色的饮食文化塑造品牌形象，积极开拓海内外市场，加快连锁经营的拓展步伐。已经形成拥有70余家全聚德品牌成员企业，年销售烤鸭500余万只，接待宾客500多万人次，品牌价值近110亿元的餐饮集团。

在取得良好经济效益的同时，全聚德股份公司其他各项工作也取得了优异的成绩。先后被中央文明办、全国总工会、国家质检总局、中国商业联合会等单位授予“全国文明行业示范点”“全国五一劳动奖状”“全国质量管理先进企业”“国际餐饮名店”“国际质量金星奖、白金奖和钻石奖”“国际美食质量金奖”“全国商业质量管理奖”“中国十大文化品牌”“中国餐饮十佳企业”“中国最具竞争力的大企业集团”和“北京十大影响力企业”等荣誉和奖励。

经评估，“全聚德”无形资产价值1994年1月1日是2.69亿元人民币；2004年6月28日在世界品牌实验室和世界经济论坛主办召开的世界品牌大会上，全聚德品牌评估价值上升到84.58亿元人民币；2005年8月6日，世界品牌实验室宣布全聚德品牌评估价值为106.34亿元人民币。2007年9月，在第二届亚洲品牌盛典中，“全聚德”品牌荣获第320强，是亚洲餐饮行业唯一进入亚洲500强品牌的企业。

21世纪即将到来，全聚德老字号正演绎着它发展历史上的第二个百年。全聚德品牌战略的成败，是决定企业在新世纪能否保持旺盛生命力的关键。

项目调查：面对21世纪，全聚德品牌的发展同中国的餐饮业乃至中国商业、服务业一样，面临着良好的机遇和严峻的挑战。面临的机遇：

(1) 随着市场经济的发展和人们消费水平的提高，名牌效应日益明显，使用名牌、享受名牌逐步成为一种社会时尚，久负盛名的全聚德将进一步得到社会与消费者的推崇与青睐。

(2) 全聚德国有企业改革的推进，现代企业制度的确立，企业经营机制的完善，为全聚德企业形象的提升奠定了良好的制度保证。

(3) 全聚德全体员工对全聚德具有深厚的感情，对弘扬品牌、发展品牌具有崇高的历史责任感和社会责任感，成为全聚德企业形象公关的思想基础。

(4) 此外，全聚德品牌形象在社会公众心目中占有较高的地位。1998年3月北京电视台《北京特快》栏目组与中国人民大学舆论研究所就“哪些产品最能代表北京的品牌形象”这一话题采用问卷方式调查。调查问卷要求被访者具体写出4种最能代表北京经济形象的产品，结果被提名的北京产品有四五十种之多，其中，全聚德烤鸭名列榜首，被一致认为是最能代表北京经济形象的标志性产品。北京果脯、北京吉普、牡丹彩电、二锅头酒、北京小吃、燕京啤酒、大宝化妆品、王致和腐乳、联想电脑、同仁堂中药分列第2～11位。

遇到的挑战：

(1) 从买方（消费者）的角度看：随着人民生活水平的提高和生活方式的改变，广大消费者对全聚德餐饮的品位提出了更高要求。

(2) 从卖方（生产者、经营者）的自身看：全聚德集团特许经营管理体系的运作，要求统一企业形象。

(3) 从现在国内餐饮竞争者来看：国内餐饮业持续发展，单就北京市目前以北京烤鸭命名的烤鸭餐馆就有400多家，兼营北京烤鸭这道菜的饭店、餐厅更是数以千计，竞争更加激烈。

(4) 从未来潜在竞争者、替代者方面分析：全球经济一体化进程加快，我国加入国际贸易组织后，洋餐饮将更加无障碍地长驱直入，对国内包括全聚德在内的餐饮业的生存与发展将会构成威胁。

为了抓住机遇，迎接挑战，积极参与市场竞争，创造具有中国文化底蕴、实力雄厚、品质超凡、市场表现卓越、享誉全球的餐饮业世界级名牌，集团公司决定以2014年全聚德建店150周年为契机，全年推出多层次、一系列的企业形象公关活动项目策划。

一、公关目标

发扬全而无缺，聚而不散，仁德至上的企业精神，（对外）弘扬全聚德民族品牌，树立全聚德老字号的崭新形象，以店庆造市场，以文化兴市场，（对内）强化全聚德烤鸭美食精品意识，丰富全聚德企业文化内涵，激励全聚德集团的全体员工以百倍的信心迎接新世纪的挑战。

二、公关策略

为了达到这一目标，准备举办全聚德杯有奖征文、在国内各省会城市举办全聚德烤鸭美食文化节、全聚德品牌发展战略研讨会三项大的活动。这些公关活动的媒体选择上主要以互联网为主，兼有电视台、电台、报纸，并辅以本公司宣传刊物。

具体计划：

全年系列公关活动分为三个阶段，从序曲到高潮。

第一阶段：面向全社会（包括集团员工）开展《我与全聚德》征文，征集店史文物活动；着手整理资料，编辑、出版《忆！在全聚德》一书。

第二阶段：在农历六月廿二，即全聚德创建日的7月18日举办全聚德建店150周年店庆暨首届全聚德烤鸭美食文化节开幕式。

第三阶段：在农历六月廿六，在天安门广场举办全聚德烤鸭拼盘比赛。

项目实施：年初，集团公司在工作会上针对全年公关系列活动进行动员。针对每一活动分别成立了由总经理或副总经理牵头的、由不同业务部室有关人员组成的专门工作组负责具体实施。

（一）序曲：全聚德杯新春有奖征文活动（2013年12月15日—2014年3月15日）

下面是此次活动期间《北京晚报》五色土栏目的媒体宣传报道：2013年12月1日刊登本报副刊中心、全聚德集团、北京楹联研究会联合举办全聚德杯有奖征文活动通知。

【引起注意】

2014年3月10日　全聚德杯有奖征文评委会名单

【突出权威性，以引起读者重视并参与】

2014年3月17日　全聚德杯有奖征文作品选登之一

【6天后，首次活动提示】

2014年3月23日　全聚德杯有奖征文作品选登之二

【6天后，再次提示活动正在进行中】

2014年3月29日　全聚德杯有奖征文作品选登之三

【4天后，第三次提示活动截稿日期将至】

2014年4月2日公布　全聚德杯有奖征文活动获奖作品及名单　2014年4月8日　全聚德杯有奖征文活动获奖作者名单

【宣布活动圆满结束】

2014年4月16日　北京人民广播电台《企业文化》栏目播放全聚德杯有奖

征文颁奖会记者现场采访录音。

第一阶段征联活动结束后，为更好地开展第二阶段店庆活动，集团公司及时进行总结，并于2014年4月25日以书面形式正式下发《关于庆祝全聚德建店150周年系列活动的安排》的通知，将每项活动进一步分解落实。

编辑《忆！在全聚德》一书，并在全聚德150周年店庆日当天举行首发仪式。

请具有权威的资产评估机构对全聚德无形资产价值进行集团成立以来的第二次评估。以2014年1月1日为基准日的全聚德无形资产价值为7.0858亿元人民币，是2010年第一次评估的2.63倍（不仅使全聚德国有有形资产保值增值，而且使无形资产也增值）。这一消息放在全聚德150周年店庆日当天通过新闻媒体向社会公布。

（二）主旋：全聚德建店150周年店庆暨在各省会城市举办全聚德烤鸭美食文化节开幕式

2014年7月18日上午9：30—11：30在前门全聚德烤鸭店一楼大厅举办了隆重的开幕仪式。来自国家内贸局、北京市委、市政府有关委办局、所辖区委、区政府的领导和负责同志、新闻单位的记者及全聚德成员企业代表200余人出席了本次活动。具体安排：

1. 唱《集团歌》

2. 集团董事长致辞

3. 北京市商业联合会致贺词

4. 向集团总厨师长、副总厨师长、各企业厨师长授聘书、绶带

【展示全聚德雄厚的技术力量】

5. 新编《忆！在全聚德》一书首发式

【传播全聚德历史文化】

6. 第135号全聚德冰酒珍藏仪式

【展示全聚德品牌延伸产品】

7. 请有关方面的领导讲话

8. 打开老墙，重现老铺——全聚德老墙揭幕仪式

【向现场来宾再现历史，追溯往昔，给人留下深刻印象】

（三）提升：全聚德品牌发展战略研讨会（1999年10月16日）

9：00—12：00在和平门全聚德烤鸭店500会议室邀请中国商业经济学会、中国商业文化研究会、中国社会科学院、中国人民大学、首都经贸大学、北京工商大学、北京工业大学、北京财贸职业技术学院的专家、教授、副教授与集团全体领导及有关部室负责人就全聚德品牌战略进行研讨。

【案例二】

侯佩岑主持天猫双11晚会念错名字道歉　张艺兴回应：没事的姐姐

2016年11月11日报道　11月10日晚，侯佩岑主持双11晚会，在报幕环节，错把要出场表演的张艺兴喊成了“宋艺兴”。

11月11日，侯佩岑发微博道歉：“真的不应该出现这样的错误，再一次郑重地向@努力努力再努力道歉，谢谢你不但没有介意，还反过来安慰我，由衷珍惜你的温暖。张艺兴，你好棒!”

随后，张艺兴转发侯佩岑微博，大度回应：“没事的姐姐，你也不要太在意，有机会去台湾带我吃卤肉饭。”

第二节　社会赞助活动

一、关于社会赞助活动

社会赞助是指组织或团体通过提供资金、产品、设备、设施和免费服务的形式资助社会事业的活动。

（一）基本类型

1. 赞助体育活动

赞助内容：以体育设施和大型体育比赛为主。

效果：因关注者多，影响最大，效果最明显。

2. 赞助文化活动

内容：电影、电视节目、文艺表演、知识竞赛、艺术节等。

效果：因有利于提高民族科学文化的素质，所以能维系与公众的感情，提升组织在公众中的知名度。

3. 赞助教育事业

内容：学校、图书馆、博物馆的软硬件建设。

效果：因教育在国民心目中具有崇高的地位，所以赞助者可获得良好的声誉，能快速提升自己的知名度和美誉度。

4. 赞助社会福利事业

内容：为贫困地区、残疾人、孤寡老人、荣誉军人等提供帮助。

效果：因体现了组织高尚的品德和主动承担社会责任的精神，所以社会效果最好，能迅速提升组织知名度和美誉度。

（二）赞助活动的作用和意义

社会赞助是一种既可以赢得社会好感，又可以提高自己知名度的公共关系活动。赞助活动在现代社会中十分普遍，可以说，离开了商业赞助，当今许多大型的公益活动几乎很难进行。在我国，随着组织公共关系意识的提高，社会组织的赞助数量越来越多，金额也越来越大。有的组织为“希望工程”捐款，一掷千金；有的企业赞助体育事业，不遗余力。社会赞助的作用主要表现在以下方面：

(1) 通过赞助既可达到宣传的目的，又可增强说服力和影响。

(2) 制造新闻效果，扩大社会组织认知度，提高组织在公众中的美誉度。

(3) 通过赞助表明社会组织勇于承担社会责任，可以树立关心社会公益事业的良好形象。

(4) 通过赞助建立与公众的关系，增强社会组织与外界交流的和谐度。

（三）社会赞助的原则

(1) 社会影响力原则。

(2) 经济效益原则。

(3) 社会关注原则。

(4) 合法原则。

二、赞助活动要注意的事项

酒店在社会组织赞助活动中应注意以下问题：

1. 明确目的

组织开展赞助活动必须是有目的的，从原则上讲，组织赞助的目的与其公共关系总目的是紧密相连的，就是提高组织的声誉，增进公众的理解，塑造良好的组织形象。

2. 调查研究

为了取得良好的赞助效果，社会组织应事先组织调查研究工作。在明确赞助的情况下，从本组织的经营管理目标、政策、公共关系政策入手，调查外部需要赞助的公益事业情况，考察活动本身是否对公众有益，是否对组织有益，从而确定本组织的赞助方向和政策，以指导赞助活动。

3. 制订计划

在调查基础上，根据组织的赞助方向和政策制订出年度赞助计划，该计划一般包括赞助对象的范围、费用预算、赞助形式和宗旨等。

4. 审核评定

实施赞助前，应对某一个具体赞助项目进行详细的分析研究，结合年度赞助计划逐次审核评定，确定其可行性和赞助的具体方式、款项、时机等，从而最终确定赞助活动的具体实施方案。

5. 具体实施

组织应派专人负责各项具体赞助方案的落实。在实施过程中，应充分运用各种有效的公共关系技巧，使社会组织能尽量帮助该活动扩大其社会影响；应该建立经常性的检查制度，使计划能保质、保量地完成，同时亦可避免费用超出预算。

6. 效果测定

赞助活动完成后，应对赞助效果进行调查测定，对照计划检查完成了哪些预定的目标，分析完成目标或未完成的原因，将效果测定成文入档，以备以后参考。

【案例一】

万达酒店及度假村成为2017中国杯官方赞助商

“2017中国杯国际足球锦标赛”于2017年1月10日在南宁市广西体育中心正式启动，为全国球迷呈献4场令人热血沸腾的足球盛宴。万达酒店及度假村作为此次国际赛事的官方赞助商，南宁万达文华酒店作为官方指定酒店，将在赛事期间接待来自中国足协、国际足联、以及中国、克罗地亚、智利、冰岛4支国家足球队共计300多名嘉宾，向海内外客人展现了源自中国的且具有国际水准的专业服务。

万达文华酒店品牌是万达酒店及度假村旗下最具东方韵致的豪华酒店品牌，旨在为宾客提供融合东方时尚与当地风情的精致服务，并营造优雅的旅居感受。作为2017年中国杯国际足球锦标赛的官方指定酒店，南宁万达文华酒店通过茶之旅、文华天使迎送之礼等品牌特有的服务，将东方文化深刻的传递给每一位嘉宾。除此之外，酒店还根据赛事的特殊性质，从餐饮、入住、会务、安全等方面制定了一系列的特别服务，例如定制将广西民族特色饮食文化与球队不同国家饮食习惯相结合的菜单，根据球队比赛时间由早至晚设置不同的就餐时段，针对VIP嘉宾及球员配备专属管家服务，为不同球队划分独立的会议、按摩、休息、餐饮区域等。万达酒店及度假村总裁钱进先生表示：“作为‘2017中国杯国际足球锦标赛’的官方赞助商，万达酒店及度假村在承办国际体育赛事方面拥有丰富经验，如之前的世界女子网球职业巡回赛（WTA），IRONMAN 70.3铁人三项赛等。要承接好如此大规模且国际化的赛事无疑是一个巨大的挑战，尤其是在赛事接待方面，不仅是对品牌的考验，也对先进完善的酒店设施以及卓越的宾客体验提出了严格要求，我们有信心能够用优质的服务保证赛事的顺利举行，为广大足球爱好者献上一场精彩的足球盛宴。”

【案例二】

7天酒店赞助法国尼斯俱乐部　将推一系列跨界IP产品

近日，欧洲五大足球联赛中的法甲成为全球关注的焦点，先是巴黎以史上第一天价转会费引入巴西金童内马尔，随后刚击败荷甲豪门阿贾克斯的尼斯签下荷兰顶级中场斯内德，各种重磅转会传闻还在频频爆出。

北京时间12日（周六）凌晨1点，尼斯将迎来法甲新赛季首个主场，这场本来平常的联赛赛事，又因赛前有媒体爆出铂涛集团旗下的7天酒店将冠名赞助尼斯俱乐部，而受到公众和业界的关注，使得法甲再度成为热门话题。

据7天酒店品牌负责人透露，7天酒店近日已与尼斯俱乐部达成合作意向，双方的合作是基于相同的理念和目标，而品牌赞助只是一个开始，未来双方将在全球市场范围内进行一系列跨界合作。

有媒体分析称，7天酒店不但成为首个赞助尼斯足球俱乐部本赛季法甲赛事的中国酒店品牌，更是首个赞助欧洲五大足球联赛的中国酒店品牌。分析还认为，中国出境游仍在稳步发展，中国酒店品牌“出海”亦是大势所趋，7天酒店在酒店业素以不墨守成规和创新著称，这次突破性的全新尝试，有望在国际大旅游市场的竞争中抢占先机。

合作基于相似基因和共同目标。7天酒店品牌负责人对媒体表示：“此次7天与尼斯的合作，是因为双方有着相似的基因，包括深厚的文化和传统，强大的品牌力和创新的活力，而且双方都拥有开阔的视野和开放的心态，希望将自身品牌不断推向国际市场，获得更多在海外进行品牌宣传和提升发展的机会。”

7天酒店创立于2005年，是中国经济型酒店的引领者和佼佼者，拥有相当深厚的文化积淀和国民基础，会员超过1亿人，是具有强大IP实力的国民品牌。同时，7天酒店不断进行着以品牌为驱动的产品与服务的提升，从早期的10秒速热淋浴系统、毛巾封包技术，到后来的Wi－Fi全域覆盖，再到全新7天的落地，时尚年轻化的VI系统与富于创意的跨界产品让人眼前一亮，强大的品牌力让7天始终站在中国经济型品牌的最前沿。

而尼斯作为一支拥有100多年历史的球队，曾在20世纪50年代拥有法国史上最伟大球星之一的方丹，创下十年4夺法甲冠军，并两度在欧冠与皇马一争高下的记录，随后几经沉浮，自2012年让·皮埃尔·里维尔（Jean－Pierre Rivère）出任球队主席后锐意改革，包括启用新球场和新的培训体系，球队重新充满年轻活力，成绩和影响力节节攀升。

今年8月2日，年轻的尼斯淘汰荷甲豪门阿贾克斯，跻身欧冠附加赛，震惊足坛。2015年，尼斯还被瑞士著名体育研究机构CIES评为欧洲最年轻的足球俱乐部。如今尼斯主力阵容11人中，除了巴西明星后卫丹特和新近加盟的斯内德，其余均为90后，其中由尼斯青训培养出来的中后卫萨尔（Malang Sarr）年仅18岁。这支拥有多位实力巨星和超级新星的年轻队伍，前途不可限量。

令人期待的“神秘尼斯之旅”。尼斯是法国南部著名的旅游目的地，仅次于巴黎的法国第二大旅游城市，也是欧洲乃至全世界最具魅力的海滨度假胜地之一，拥有浪漫迷人的地中海风情和众多历史文化古迹，每年到访尼斯的旅客数量超过400万人，相当于该地区人口数量的近10倍。7天酒店品牌负责人认为，尼斯，包括整个法国的旅游市场，对于中国游客来说仍大有潜力可挖。

国家旅游局近日发布的旅游统计数据则显示，2017年上半年，中国公民出境旅游人数达6203万人次，比去年同期的5903万人次增长5%。而7—8月份正值暑期旺季，国民出境游数量还会有较大幅度的增长。

此外，出境游也呈现出明显的消费升级态势。中国游客从参团观光和“买买买”模式，向自由行、定制化和“慢慢慢”（一程一站）的方向转变，深度体验目的地生活方式，享受海外优质生活环境和服务。

“中国的人均GDP已经超过8000美元，对体育运动、文化旅游等方面的消费需求越来越大，足球作为世界第一大运动，无疑备受关注，而中国在这方面的供给又远远满足不了球迷和市场的需求。7天对这样的市场痛点进行了深入研究，并开始积极布局。”7天酒店品牌负责人如是说。

该负责人还透露，未来7天酒店将与尼斯俱乐部合作推出一系列合作项目，如“神秘尼斯之旅”，让7天和尼斯的忠实粉丝获得去尼斯主场看球，畅游尼斯的机会；相信双方的合作“将形成很不一样的品牌效应，不是足球和酒店的简单叠加，而将是多个产业的覆盖渗透，打造出个性化的IP产品，形成几何级的效应，期待大家的持续关注”。

【案例三】

包头香格里拉大酒店赞助活动策划方案

一、活动背景

自20世纪末国家实行高校学费改制之后，国家不再实行大学公费制。教育成本于是由以前的国家财政独立承担变为现在由国家、社会、家庭、个人分担。因此，便有了现在日益严重的“贫困生”问题。

当寒窗苦读十几载的莘莘学子终于走进他们的梦想中时，应该是一种欢乐，但总有那么一部分人反而陷入一种痛苦。来自大学校园的调查时时撞击着我们的心灵：贫困生都是勤奋而富有才华的，但因为贫困，他们在发奋学习的同时必须忍受生计的煎熬。勤工俭学、助学贷款包括奖学金、助学金，还有不固定的一些捐助和赞助，对于困难大学生的确如甘霖、如雨露，但对大多数特困生无疑杯水车薪。据介绍，目前包头有相当一部分困难学生因欠学校的费用毕业了还有可能拿不到毕业证。大学生，本该待在他们美丽的校园里安心地学习、生活，本该拥有属于他们自己幸福激情的大学生活。可是贫困生，作为大学生部落里的一个弱势群体，对于贫困生，其实，贫困并不是他们的错。如果真要说是他们的错的话，我想，错就错在他们人穷志没穷，错就错在他们不该用十几年的寒窗苦读去换取那一纸大学录取通知书，错就错在他们不该凭着自己的自强不息闯进大学。

他们怀着将来摆脱贫困的雄心和责任，却受着今日无法摆脱贫困的折磨与惩罚！

二、活动主题

“播种爱的希望，奏响华美乐章”

三、活动目的

（1）树立企业的公益形象，进行企业社会公关，提高知名度

（2）解决部分贫困大学生生活费用问题

四、活动意义

大学生是我们祖国未来的中坚力量，是建设社会主义事业源源不断的生力军和骨干，振兴中华，实现现代化的重任将落在他们的肩膀上。我们的赞助一方面是希望大学生保持积极向上的良好状态，刻苦学习；另一方面我们的资助是对社会的回报，对国家未来充满信心的奉献。

送人玫瑰，手有余香。关注民生、扶贫帮困是中华民族的传统美德，也是我和我们包头香格里拉酒店全体员工的共同心愿。虽然我们的力量有限，但我们的爱心是永无止境的。所以我有信心将这种感恩奉献的精神继续传承下去，有信心同我们公司的全体员工将这种回报社会的精神传承下去，并积极主动地为以后的此类活动贡献我们的力量。

五、活动时间

2012年6月29日上午8：30—11：30

六、活动地点

包头职业技术学院102教学楼C318

七、活动对象

包头职业技术学院部分贫困大学生

八、活动组织

主办：包头市青山区教育局团委

承办：包头市政府

赞助商：包头香格里拉大酒店

九、支持媒体

包头电视台、包头日报

十、活动安排

（1）开场致辞

（2）活动开始——相关领导齐聚舞台，给贫困大学生代表发放助学金

（3）主办单位——包头市青山区教育局团委副书记致辞

（4）承办单位——包头市市长致辞

（5）赞助商——包头香格里拉大酒店总经理致辞

（6）大学生代表致辞

（7）活动结束

（8）媒体提问

十一、经费预算

红纸（长条）：5 元白纸（大的）：5 元

第三节 商务谈判活动

一、关于商务谈判活动

商务谈判是买卖双方为了促成交易而进行的活动，或是为了解决买卖双方的争端，并取得各自的经济利益的一种方法和手段。商务谈判是在商品经济条件下产生和发展起来的，它已经成为现代社会经济生活必不可少的组成部分。可以说，没有商务谈判，经济活动便无法进行，小到生活中的讨价还价，大到企业法人之间的合作、国家与国家之间的经济技术交流，都离不开商务谈判。

二、商务谈判的作用和重要性

（一）作用

1. 商务谈判是企业实现经济目标的手段。

2. 商务谈判是企业获取市场信息的重要途径。

3. 商务谈判是企业开拓市场的重要力量。

（二）重要性

商务谈判能帮助企业增加利润。对于一个企业来说，增加利润一般有三种方法：增加营业额；降低成本；谈判。

第一种方法：增加营业额，它最直接，但也最难。因为在市场竞争日趋激烈的今天，争夺市场份额本身就是一件很难的事情；而且增加营业额往往也会增加费用，比如员工工资、广告费、业务员提成等。所以可能企业的营业额增加很多，但扣除费用以后发现，利润却没怎么增加。

第二种方法：降低成本。一般来说，企业降低成本的空间是有限的，降到一定程度就再也没法降了，而且降低成本还有可能降低产品的品质，反而损害了公司的长远利益。

第三种方法：谈判。通过谈判，尽量以低价买进，高价卖出，一买一卖之间，利润就出来了。它是增加利润最有效也是最快的办法，因为谈判争取到的每一分钱都是净利润！比如企业的某项产品通常售价是一万元，如果业务员谈判水平提高了，售价提高到一万一千元，则提高的一千元完全是净利润；同样，企业在采购时所节省的每一分钱也都是净利润！

美国通用汽车是世界上最大的汽车公司之一，早期通用汽车曾经启用了一个叫罗培兹的采购部经理，他上任半年，就帮助通用汽车增加了净利润20亿美金。他是如何做到的呢？汽车是由许许多多的零部件组成，其大多是外购件，罗培兹上任的半年时间里只做一件事，就是把所有的供应配件的厂商请来谈判，他说，我们公司信用这样好，用量这样大，所以我们认为，要重新评估价格，如果你们不能给出更好的价格的话，我们打算更换供应的厂商。这样的一轮谈判下来之后，罗培兹在半年的时间里就为通用省下了20亿美金！

难怪美国前总统克林顿的首席谈判顾问罗杰·道森说："全世界赚钱最快的办法就是谈判！"

三、商务谈判的特征

（一）以获得经济利益为目的

不同的谈判者参加谈判的目的是不同的，外交谈判涉及的是国家利益；政治谈判关心的是政党、团体的根本利益；军事谈判主要是关系敌对双方的安全利益，虽然这些谈判都不可避免地涉及经济利益，但是常常是围绕着某一种基本利益进行的，其重点不一定是经济利益。而商务谈判则十分明确，谈判者以获取经济利益为基本目的，在满足经济利益的前提下才涉及其他非经济利益。虽然，在商务谈判过程中，谈判者可以调动和运用各种因素，而各种非经济利益的因素，也会影响谈判的结果，但其最终目标仍是经济利益。与其他谈判相比，商务谈判更加重视谈判的经济效益。在商务谈判中，谈判者都比较注意谈判所涉及技术的成本、效率和效益。所以，人们通常以获取经济效益的好坏来评价一项商务谈判的成功与否，不讲求经济效益的商务谈判就失去了价值和意义。

（二）以价值谈判为核心

商务谈判涉及的因素很多，谈判者的需求和利益表现在诸多方面，但价值则几乎是所有商务谈判的核心内容。这是因为在商务谈判中价值的表现形式——价格，最直接地反映了谈判双方的利益。谈判双方在其他利益上的得与失，在很多情况下或多或少都可以折算为一定的价格，并通过价格升降而得到体现。需要指出的是，在商务谈判中，我们一方面要以价格为中心，坚持自己的利益，另一方面又不能仅仅局限于价格，应该拓宽思路，设法从其他利益因素上争取应得的利益。因为，与其在价格上与对手争执不休，还不如在其他利益因素上使对方在不知不觉中让步。这是从事商务谈判的人需要注意的。

（三）注重合同的严密性与准确性

商务谈判的结果是由双方协商一致的协议或合同来体现的。合同条款实质上反映了各方的权利和义务，合同条款的严密性与准确性是保障谈判获得各种利益的重要前提。有些谈判者在商务谈判中花了很大气力，好不容易为自己获得了较有利的结果，对方为了得到合同，也迫不得已做了许多让步，这时进判者似乎已经获得了这场谈判的胜利，但如果在拟订合同条款时，掉以轻心，不注意合同条款的完整、严密、准确、合理、合法，谈判对手会在条款措辞或表述技巧上引你掉进陷阱，这样的话不仅到手的利益会丧失殆尽，甚至还要为此付出惨重的代价，这种例子在商务谈判中屡见不鲜。因此，在商务谈判中，谈判者不仅要重视口头上的承诺，更要重视合同条款的准确和严密。

四、谈判的准备和注意事项

（一）调整当前的心态

（1）谈判成功的基石：尊重与信任。

（2）了解谈判的本质。

（3）认识主要的目的。

（4）学习失去的感觉。

（5）善于当个好听众。

（6）积极地肯定对手。

（二）自我优化的素养

（1）了解对方的文化。

（2）友善地入乡随俗。

（3）培养分析的能力

（4）科学地抽丝剥茧。

（5）理性地追根究底。

（6）遏制问题的扩大。

（7）拥有自我认知的能力。

（8）培养超人的耐心。

（9）诚信走得万里路。

（三）找到正确的方法

（1）合适的地点时间。

（2）虚张声势的阵法。

（3）充分地披露信息。

（4）巧妙地否定对手。

（5）内外兼美的包装。

（6）行云流水的沟通。

(7) 灵活的迂回战术。

(四) 营造谈判环境

商务谈判的环境布置很重要。选择谈判环境，一般看自己是否感到有压力，如果有，说明环境是不利的。不利的谈判场合包括：嘈杂的环境，极不舒适的座位，谈判房间的温度过高或过低，不时地有外人搅扰，环境陌生而引起的心力交瘁感，以及没有与同事私下交谈的机会等。这些环境因素会影响谈判者的注意力，从而导致谈判的失误。

心理学家 N. L. 明茨早在 20 世纪 50 年代就做过这样一个实验：他把实验对象分别安排到两个房间里，一间窗明几净，典雅庄重，而另一间粗俗龌龊、凌乱不堪。他要求每人必须对 10 张相片上的人做出判断，说出他（或她）是“精力旺盛的”还是“疲乏无力的”，是“满足的”还是“不满足的”。结果在洁净典雅房间里的实验对象倾向于把相片上的人看成“精力旺盛的”和“满足的”；在龌龊凌乱房间里的实验对象则倾向于把相片上的人看成“疲乏无力的”和“不满足的”。这个实验表明环境是会影响人的感知的。

从礼仪要求讲，一般合作式谈判应安排布置好谈判环境，使之有利于双方谈判的顺利进行。

1. 光线

可利用自然光源，也可使用人造光源。利用自然光源即阳光时，应备有窗纱，以防强光刺目；而用人造光源时，要合理配置灯具，使光线尽量柔和一点。

2. 声响

室内保持宁静，谈判方能顺利进行。房间不应临街或临马路，不应在施工场地附近，门窗应能隔音，周围没有电话铃声、脚步声、人声等噪音干扰。

3. 温度

室内最好能使用空调机和加湿器，以使空气的温度与湿度保持在适宜的水平上。温度在 20℃，相对湿度在 40％～60％是最合适的。一般情况下，也至少要保证空气的清新和流通。

4. 色彩

室内的家具、门窗、墙壁的色彩要力求和谐一致，陈设安装应实用美观，留有较大的空间，以利于人的活动。

5. 装饰

用于谈判活动的场所应力显洁净、典雅、庄重、大方。最好有宽大整洁的桌子、简单舒适的座椅（沙发），墙上可挂几幅风格协调的书画，室内也可装饰适当工艺品、花卉、标志物，但不宜过多过杂，以求简洁实用。

(五) 重视律师的参与

商务谈判律师指参与公司、企业的商务谈判，为商务谈判提供法律支持以及谈判战略战术配合的律师。商务谈判律师不仅对商务谈判策略提供帮助，而且可以对商务谈判的结果进行法律上的审查，防范法律风险，从而有利于商务谈判中所达成的协议的顺利履行，并维护公司、企业的合法权益。可以说，商务谈判律师是公司、企业在商场上的亲密战友和保驾护航者，其主要的优势与作用如下文所述。

1. 律师有较丰富的谈判实战经验

由于职业特点，律师经常要做的工作就是谈判，如在法庭调解阶段需要谈判，庭外和解阶段需要谈判，帮助他人调解解决纠纷需要谈判，律师还经常要帮助客户进行商务谈判，等等。所以，律师一般都有比较丰富的谈判实战经验。

谈判桌上很重要的是心理素质和临场反应能力的较量，而法庭是特别锻炼人的心理素质和临场反应能力的地方，律师经常接受这种锻炼，所以比较适合参加谈判。同时，谈判时口头表达能力很重要，这点通常也是律师的强项。

2. 律师相对超脱的地位可实现“旁观者清”

律师参与商务谈判，可以避免当事人将情绪带入谈判场合而过分陷入其中不能自拔，即所谓“当事者迷，旁观者清”。而且，律师经历各种复杂、棘手的事情比较多，看问题相对比较理性和透彻，有利于在谈判中看清局势，冷静地进行分析和判断。谈判过程中，人们往往习惯于关注自己这一方的弱势以及所承受的压力，常常看不到对方的弱势和压力点，看不到自己的谈判筹码，从而可能在谈判过程中变得被动，而有“旁观者”律师的帮忙分析和提醒，委托人就能更准确地把握整个谈判的局势。

3. 律师和委托人相互配合，可以尽量争取最大利益

谈判学中有一种非常著名的策略叫“黑白脸”策略。例如，假设卖方声称底价是 100 万元，买方觉得价格很不错，想试图再讨价还价，但又怕一不小心失去了这桩买卖，怎么办？如果买方聘请了一位代理律师，这位代理律师就可以表示愿意支付这个数额但同时又表示缺乏授权，从而获得与委托人一起更为全面地考虑所处情况的宝贵时间和机会。反之，在某些谈判场合，代理律师也可以用一种强硬的、甚至令人反感的方式给对方施加压力，最终由委托人出面打圆场，并以与代理律师相比更令人愉快的方式达成协议。这种策略既可以有效地向对方施压，又不会导致激烈冲突。

美国著名的房地产投资人唐纳·川普就把这个策略运用得非常纯熟。他一般先让律师出面和对方慢慢磨，磨得对方快要疯了，他才出面。他一来就假意把律师训一通：“跟你说过多少次了，×××先生是我们的重要客户，有些利益跟别人可以争，跟他不能争。”然后对客户说：“不好意思啊，这个律师不懂事。”然后谈判及合作就会变得愉快、顺利。

实践中代理律师可以与委托人配合实施各种各样的策略，帮助委托人清楚地

表达各种利益，协调当事方的不同需求，提供和取舍备选方案，最大限度地实现委托人的利益。

4. 律师的身份和专业知识对谈判很有帮助

在谈判中，身份和头衔本身就具有影响对方的力量。律师的身份及专业知识可以在这方面发挥作用。此外，商务谈判的主要目的是合作，在谈判成功之后签协议时如果有律师把关，企业也能规避很多风险。

五、谈判的原则和技巧

（一）商务谈判原则

商务谈判活动应遵循以下原则：

（1）双赢原则。

（2）平等原则。

（3）合法原则。

（4）时效性原则。

（5）最低目标原则。

（二）商务谈判技巧

1. 确定谈判态度

在商业活动中面对的谈判对象多种多样，我们不能拿同样的态度对待所有谈判。我们需要根据谈判对象与谈判结果的重要程度来决定谈判时所要采取的态度。

如果谈判对象对企业很重要，比如是长期合作的大客户，而此次谈判的内容与结果对公司并非很重要，那么就可以抱有让步的心态进行谈判，即在企业没有太大损失与影响的情况下满足对方，这样对于以后的合作会更加有利。

如果谈判对象对企业很重要，而谈判的结果对企业同样重要，那么就保持一种友好合作的心态，尽可能达到双赢，将双方的矛盾转向第三方，比如市场区域的划分出现矛盾，那么可以建议双方一起或协助对方去开发新的市场，扩大区域面积，将谈判的对立竞争转化为携手竞合。

如果谈判对象对企业不重要，谈判结果对企业也是无足轻重，可有可无，那么就可以轻松上阵，不要把太多精力消耗在这样的谈判上，甚至可以取消这样的谈判。

如果谈判对象对企业不重要，但谈判结果对企业非常重要，那么就以积极竞争的态度参与谈判，完全以最佳谈判结果为导向。

2. 充分了解谈判对手

正所谓，知己知彼，百战不殆。在商务谈判中这一点尤为重要，对对手的了解越多，越能把握谈判的主动权，就好像我们预先知道了招标的底价一样，自然成本最低，成功的概率最高。

了解对手时不仅要了解对方的谈判目的、心理底线等，还要了解对方公司经营情况、行业情况、谈判人员的性格、对方公司的文化、谈判对手的习惯与禁忌等，这样便可以避免很多因文化、生活习惯等方面的矛盾。还有一个非常重要的因素需要了解并掌握，那就是其他竞争对手的情况。比如，一场采购谈判，我们作为供货商，要了解其他可能和我们谈判的采购商进行合作的供货商的情况，还有其他可能和自己合作的其他采购商的情况，这样就可以适时给出相较其他供货商略微优惠一点的合作方式，那么将很容易达成协议。如果对手提出更加苛刻的要求，我们也就可以把其他采购商的信息拿出来，让对手知道，我们是知道底细的，同时暗示，我们有很多合作的选择。反之，我们作为采购商，也可以采用同样的反向策略。

3. 准备多套谈判方案

谈判双方最初各自拿出的方案都是对自己非常有利的，而双方又都希望通过谈判获得更多的利益，因此，谈判结果肯定不会是双方最初拿出的那套方案，而是经过双方协商、妥协、变通后的结果。

在双方你推我拉的过程中，常常容易迷失了最初的意愿，或被对方带入误区，此时最好的办法就是多准备几套谈判方案，先拿出最有利的方案，没达成就拿出其次的方案，还没有达成就拿出再次一等的方案，即使我们不主动拿出这些方案，但是可以做到心中有数，知道向对方的妥协是否偏移最初自己设定的框架，这样就不会出现谈判结束后仔细思考才发现，自己的让步已经超过了预计承受的范围。

4. 建立融洽的谈判气氛

在谈判之初，最好先找到一些双方观点一致的地方并表述出来，给对方留下一种彼此更像合作伙伴的潜意识。这样接下来的谈判就容易朝着一个达成共识的方向进展，而不是剑拔弩张的对抗。当遇到僵持时也可以拿出双方的共识来增强彼此的信心，化解分歧。

也可以向对方提供一些其感兴趣的商业信息，或对一些不是很重要的问题进行简单的探讨，达成共识后双方的心理就会发生奇妙的改变。

5. 设定好谈判的禁区

谈判是一种很敏感的交流，所以，语言要简练，避免出现不该说的话，但是在艰难的长时间谈判过程中也难免出错，最好的方法就是提前设定好哪些是谈判中的禁语，哪些话题是危险的，哪些行为是不能做的，谈判的心理底线等。这样就可以最大限度地避免在谈判中落入对方设下的陷阱或误区中。

6. 语言表述简练

在商务谈判中忌讳使用松散或像拉家常一样的语言，尽可能让自己的语言变得简练，否则，你的关键词语很可能会被湮没在拖拉繁长，毫无意义的语言中。一颗珍珠放在地上，我们可以轻松地发现它，但是如果倒一袋碎石子在上面，再找起珍珠就会很费劲。同样的道理，我们人类接收外来声音或视觉信息的特点是：一开始专注，但注意力随着接收信息的增加，会越来越分散，如果是一些无关痛痒的信息，则更容易被忽略。

因此，谈判时语言要做到简练，针对性强，争取在对方大脑处在最佳接收信息状态时表述清楚自己的信息，如果要表达的是内容很多的信息，比如合同书、计划书等，那么适合在讲述或者诵读时语气进行高、低、轻、重的变化，比如，重要的地方提高声音，放慢速度，也可以穿插一些问句，引起对方主动思考，增加注意力。在重要的谈判前应该进行一下模拟演练，训练语言的表述、突发问题的应对等。在谈判中切忌模糊，啰嗦的语言，这样不仅无法有效表达自己的意图，更可能使对方产生疑惑、反感情绪。在这里要明确一点，区分清楚沉稳与拖沓的区别，前者是语言表述虽然缓慢，但字字经过推敲，没有废话，而这样的语速也有利于对方理解与消化信息内容。在谈判中想靠伶牙俐齿，咄咄逼人的气势压住对方，往往事与愿违，多数结果不会很理想。

7. 做一颗柔软的钉子

商务谈判虽然不比政治与军事谈判，但是谈判的本质就是一种博弈，一种对抗，充满了火药味。这个时候双方都很敏感，如果语言过于直率或强势，很容易引起对方的本能对抗意识或招致反感，因此，商务谈判时要在双方遇到分歧时面带笑容，语言委婉地与对手针锋相对，这样对方就不会启动头脑中本能的敌意，接下来的谈判也不容易陷入僵局。

商务谈判中并非张牙舞爪、气势夺人就会占据主动，反倒是喜怒不形于色，情绪不被对方所引导，心思不被对方所洞悉的方式更能克制对手。致柔者长存，致刚者易损，想成为商务谈判的高手，就要做一颗柔软的钉子。

8. 曲线进攻

孙子曰："以迂为直。"克劳塞维斯将军也说过："到达目标的捷径就是那条最曲折的路。"由此可以看出，想达到目的就要迂回前行，直接奔向目标，只会引起对方的警觉与对抗。应该通过引导对方的思想，把对方的思维引导到自己的包围圈中，比如，通过提问的方式，让对方主动替你说出你想听到的答案。反之，越是急切想达到目的，越是可能暴露了自己的意图，被对方所利用。

9. 谈判是用耳朵取胜，而不是嘴巴

在谈判中我们往往容易陷入一个误区，那就是一种主动进攻的思维意识，总是在不停地说，总想把对方的话压下去，总想多灌输给对方一些自己的思想，以为这样可以占据谈判主动，其实不然，在这种竞争性环境中，你说的话越多，对方会越排斥，能入耳的很少，能入心的更少，而且，你的话多了就挤占了总的谈话时间，对方也有一肚子话想说，被压抑的结果则是很难妥协或达成协议。反之，让对方把想说的都说出来，当其把压抑心底的话都说出来后，就会像一个泄了气的皮球一样，锐气会减退，接下来你再反击，对手已经没有后招了。更为关键的是，善于倾听可以从对方的话语中发现对方的真正意图，甚至是破绽。

10．控制谈判局势

谈判活动表面看来没有主持人，实则有一个隐形的主持人存在着，不是你就是你的对手。因此，要主动争取把握谈判节奏、方向，甚至是趋势。主持人所应该具备的特质是语言虽不多，但是招招中的，直击要害，气势虽不凌人，但运筹帷幄，从容不迫，不是用语言把对手逼到悬崖边，而是用语言把对手引领到崖边。并且，想做谈判桌上的主持人就要体现出你的公平，即客观地面对问题，尤其在谈判开始时尤为重要，对手会被你慢慢地、潜移默化地引导，局势将向对你有利的一边倾斜。

春秋时期，宋国有一个饲养猴子的高手，他养了一大群猴子，他能理解猴子所表达的思想，猴子也懂得他的心意。这个人家境越来越贫困，已经买不起那么多的食物给猴子吃，于是，打算减少猴子每餐橡子的数量，但又怕猴子不顺从自己，就先欺骗猴子说："给你们早上三个橡子晚上四个橡子，够吃了吗?"猴子一听，大声地叫嚷，以示反对。过了一会儿，他又说："唉，没办法，早上给你们四个橡子，晚上三个橡子，这该够吃了吧?"猴子们一听，个个手舞足蹈，非常高兴。

这个小故事大家应该非常熟悉，就是成语"朝三暮四"中的典故。这个故事看似荒唐可笑，其实，在谈判中却真实地存在着"朝三暮四"的现象。通常体现在双方在某个重要问题上僵持不下的时候，一方退后一步，抛出其他小利，作为补偿，把僵局打破，并用小利换来大利，或把整个方案调换一下顺序，以蒙蔽对手的思维。乍听起来觉得不可思议，但在实际谈判中经常会出现这样的情况，所以，首先要能跳出像脑筋急转弯一样的思维陷阱，而后要善于施小利，博大利，学会以退为进。在谈判中一个最大的学问就是学会适时地让步，只有这样才可能使谈判顺利进行，毕竟谈判的结果是以双赢为最终目的。

11．让步式进攻

在谈判中可以适时提出一两个很高的要求，对方必然无法同意，我们在经历一番讨价还价后可以进行让步，把要求降低或改为其他要求。这些高要求我们本来就没打算会达成协议，即使让步也没损失，但是可以让对方有一种成就感，觉得自己占得了便宜。这时我们其他的，相较起这种高要求较低的要求就很容易被对方接受，但切忌提出太离谱、过分的要求，否则对方可能觉得我们没有诚意，甚至激怒对方。先抛出高要求也可以有效降低对手对于谈判利益的预期，挫伤对手的锐气。

其实，谈判的关键就是如何达成谈判双方的心理平衡，达成协议的时候就是双方心理都达到平衡点的时候。也就是说，自己在谈判中取得了满意或基本满意的结果，这种满意包括预期的达到、自己获得的利益、谈判对手的让步、自己获得了主动权、谈判时融洽的气氛等，有时谈判中的这种平衡和利益关系并不大，所以，我主张，在谈判中可以输掉谈判，但要赢得利益，也就是表面上做出让步，失掉一些利益，给对手一种攻城略地的快感，实则是洒了遍地的芝麻让对手乐颠颠地去捡，自己偷偷抱走对手的西瓜。

六、商务谈判三部曲和“八字真言”

(一) 商务谈判三部曲

“商务谈判三部曲”的概念，即谈判的步骤应该为申明价值（Claiming value），创造价值（Creating value）和克服障碍（Overcoming barriers to agreement）三个进程。

1. 申明价值

此阶段为谈判的初级阶段，谈判双方彼此应充分沟通各自的利益需要，申明能够满足对方需要的方法与优势所在。此阶段的关键步骤是弄清对方的真正需求，因此其主要的技巧就是多向对方提出问题，探询对方的实际需要；与此同时也要根据情况申明我方的利益所在。因为你越了解对方的真实需求，越能够知道如何才能满足对方的需求；同时，对方知道了你的利益所在，才能满足你的需求。

2. 创造价值

此阶段为谈判的中级阶段，双方彼此沟通，往往申明了各自的利益所在，了解了对方的实际需要。但是，以此达成的协议并不一定对双方都是利益最大化。也就是说，利益在此往往不能有效地达到平衡，即使达到了平衡，此协议也可能并不是最佳方案。因此，谈判中双方需要想方设法去寻求更佳的方案，为谈判双方找到最大的利益，这一步骤就是创造价值。创造价值的阶段，往往是商务谈判最容易忽略的阶段。

3. 克服障碍

此阶段往往是谈判的攻坚阶段。谈判的障碍一般来自两个方面：一个是谈判双方彼此利益存在冲突；另一个是谈判者自身在决策程序上存在的障碍。前一种障碍是需要双方按照公平合理的客观原则来协调利益；后者就需要谈判无障碍的一方主动去帮助另一方顺利决策。

(二) 商务谈判的八字真言

谈判能力在每种谈判中都起到重要作用，无论是商务谈判、外交谈判，还是劳务谈判，在买卖谈判中，双方谈判能力的强弱差异决定了谈判结果的差别。对于谈判中的每一方来说，谈判能力都来自八个方面，就是 NO TRICKS 每个字母所代表的单词——need，options，time，relationships，investment，credibility，knowledge，skills。

N 代表需求（need）。对于买卖双方来说，谁的需求更强烈一些？如果买方的需要较多，卖方就拥有相对较强的谈判力。相反，若卖方越希望卖出产品，则买方就拥有越强的谈判力。

O 代表选择（options）。如果谈判不能最后达成协议，那么双方会有什么选择？如果你可选择的机会越多，对方认为你的产品或服务是唯一的或者没有太多选择余地，你就拥有较强的谈判资本。

T 代表时间（time），是指谈判中可能出现的有时间限制的紧急事件，如果买方受时间的压力，自然会增强卖方的谈判力。

R 代表关系（relationship）。如果与顾客之间建立强有力的关系，在同潜在顾客谈判时就会拥有关系力。但是，也许有的顾客觉得卖方只是为了推销，因而不愿建立深入的关系，这样，在谈判过程中将会比较吃力。

I 代表投资（investment）。即在谈判过程中投入多少时间和精力。为此投入越多、对达成协议承诺越多的一方往往拥有较少的谈判力。

C 代表可信性（credibility）。潜在顾客对产品可信性也是谈判力的一种。如果推销人员知道你曾经使用过某种产品，而他的产品具有价格和质量等方面的优势时，无疑会增强卖方的可信性，但这一点并不能决定最后是否能成交。

K 代表知识（knowledge）。知识就是力量。如果你充分了解顾客的问题和需求，并预测到自己的产品能满足顾客的需求，你的知识无疑增强了自身对顾客的谈判力。反之，如果顾客对产品拥有更多的知识和经验，顾客就有较强的谈判力。

S 代表的是技能（skill）。这可能是增强谈判力最重要的内容了，不过，谈判技巧是综合的学问，需要广博的知识、雄辩的口才、灵敏的思维……

总之，在商业谈判中，应该善于利用“NO TRICKS”中的每种能力，再加上 NO TRICKS。

第四节 新闻发布活动

一、关于新闻发布活动

当今社会，新闻越来越贴近人们的生活。这就不得不提新闻营销的好处了，首先其阅读率高、可信度高，这是新闻营销的特点；再者，新闻具有长存性，对品牌价值提升的贡献大，而且有利于二次传播。新闻营销的步骤可分四步，一是开始新闻策划，二是新闻撰稿，三是媒体发布，最后是发布跟踪。而名人攻略、体育攻略、实事攻略、活动攻略、娱乐攻略、概念攻略、价格攻略、挑战攻略则是新闻营销的 7 大营销策略。同时可以利用企业自身资源找到新闻源、借助外部力量、“制造”新闻等手段进行新闻营销。

新闻发布会是社会组织在发生重大的或具有积极影响的事情时，向新闻界公布信息，借助新闻提升该组织或者与该组织密切相关东西的形象的会议。新闻发布会需选择恰当的时机与合适的主题，主题应集中、单一，不能同时发布几个不相关的信息。

(一) 组织新闻发布会有如下优点

(1) 正规隆重：形式正规，档次较高，地点精心安排，邀请记者、新闻界（媒体）负责人、行业部门主管、各协作单位代表及政府官员。

(2) 沟通活跃：双向互动，先发布新闻，后请记者提问回答。

(3) 方式优越：新闻传播面广（报刊、电视、广播、网站），集中发布（时间集中，人员集中，媒体集中），可迅速扩散到公众。

新闻发布会、媒体报道、新闻稿发布等向来是企业产品推广、市场公关必备手段，不同发布渠道各有特点（见表 8－1 所列）：

表 8－1　不同发布渠道的优缺点

新闻稿发布渠道	花费	媒体范围	操作难度	适用范围及要求
新闻发布会	大	广	大	大型企业、重大事件
代发	小	广	小	产品推广、日常公关、重大事件
自建媒体关系	很小	小	中	需要文案专员、媒介专员、费用小
免费投稿	无	小	大	稿件创意及质量要求高，难以嵌入广告信息
传媒代发	小	广	小	大中小企业、产品推广、速度快、费用低

(二) 新闻发布会和记者招待会的区别

新闻发布会，也有人把它叫作记者招待会，其实这两者是有区别的。

新闻发布会侧重于发布新闻，如企业做出了某项重要的决策、研制生产出了某种新产品或推出了某项对社会有重要影响的革新项目。企业若想通过大众媒介把这些信息广泛地传播出去，就可以举办新闻发布会。

记者招待会则有所不同，它不一定是有新闻要发布，它的主要目的是和新闻媒介公众进行沟通。任何企业在与社会各界公众的交往中，都会遇到很多错综复杂的问题，如本单位与外单位发生了法律纠纷，企业受到了顾客的批评、受到了社会舆论的谴责、受到了新闻媒介的公开指责、受到了某一其他社会组织的诬告等。当这些问题发生之后，企业为了挽回影响并争取舆论界的支持，就有必要召开记者执行会。

二、新闻发布活动的准备

（一）标题

新闻发布会一般对企业意义重大，媒体感兴趣的事件举办。每个新闻发布会都会有一个名字，这个名字会出现在关于新闻发布会的一切表现形式上，包括请柬、会议资料、会场布置、纪念品等。在选择新闻发布会的标题时，一般需要注意以下几点。

避免使用新闻发布会的字样。我国对新闻发布会是有严格申报、审批程序的，对企业而言，并没有必要如此烦琐，所以直接把发布会的名字定义为“××信息发布会”或“××媒体沟通会”即可。

最好在发布会的标题中说明发布会的主旨内容，如：“××企业 2005 新品发布信息发布会”。

通常情况下，需要标明会议举办的时间、地点和主办单位。这个可以在发布会主标题下以稍小字体的方式出现。

有时，可以为发布会选择一个具有象征意义的标题。这时，一般可以采取主题加副题的方式。副题说明发布会的内容，主题表现企业想要表达的主要含义。如：海阔天空五星电器收购青岛雅泰信息发布会。

（二）时间

新闻发布的时间通常也是决定新闻何时播出或刊出的时间。

因为多数平面媒体刊出新闻的时间是在获得信息的第二天，因此要把发布会的时间尽可能安排在周一、二、三的下午为宜，会议时间保证在 1 小时左右，这样可以相对保证发布会的现场效果和会后见报效果。

发布会尽量不要选择在上午较早或晚上。部分主办者出于礼貌的考虑，有的希望可以与记者在发布会后共进午餐或晚餐，但这并不可取。如果不是历时较长的邀请记者进行体验式的新闻发布会，一般不需要做类似的安排。

有一些以晚宴酒会形式举行的重大事件发布，也会邀请记者出席。但应把新闻发布的内容安排在最初的阶段，至少保证记者的采访工作可以比较早的结束，确保媒体次日发稿。

在时间选择上还要避开重要的政治事件和社会事件，媒体对这些事件的大篇幅报道任务，会冲淡企业新闻发布会的传播效果。

（三）地点

场地可以选择在户外（事件发生的现场，便于摄影记者拍照），也可以选择在室内。根据发布会规模的大小，室内发布会可以直接安排在企业的办公场所或者选择酒店。酒店有不同的星级，从企业形象的角度来说，重要的发布会宜选择五星级或四星级酒店。为了体现权威性，可在人民大会堂等权威场所举行（由于审核程序烦琐，企业可委托专业策划公司全程策划筹办）。

酒店有不同的风格，不同的定位，选择酒店的风格要注意与发布会的内容相统一。还要考虑地点的交通便利与易于寻找，包括离主要媒体、重要人物的远近，交通是否便利，停车是否方便等。

发布方在寻找新闻发布会的场所时，还必须考虑以下的问题：

会议厅容纳人数、主席台的大小、投影设备、电源、布景、胸部麦克风、远程麦克风、相关服务如何，住宿、酒品、食物、饮料地提供，价钱是否合理，有没有空间的浪费等。

背景布置。主题背景板，内容含主题、会议日期，有的会写上召开城市，颜色、字体注意美观大方，颜色可以企业 VI 为基准。

酒店外围布置，如酒店外横幅、竖幅、飘空汽球、拱形门等，要注意考虑酒店是否允许布置、当地市容主管部门是否有规定限制等。

（四）席位

摆放方式：发布会一般是主席台加下面的课桌式摆放。注意确定主席台人员。需摆放席卡，以方便记者记录发言人姓名。摆放原则是“职位高者靠前靠中，自己人靠边靠后”。

很多会议采用主席台只有主持人位和发言席，贵宾坐于下面的第一排的方式。一些非正式、讨论性质的会议是圆桌摆放式。

摆放回字形会议桌的发布会也出现得较多，发言人坐在中间，两侧及对面摆放新闻记者座席，这样便于沟通。同时也有利于摄影记者拍照。

注意席位的预留，一般在后面会准备一些无桌子的座席。

（五）道具

最主要的道具是麦克风和音响设备。一些需要做电脑展示的内容还应包括投影仪、笔记本电脑、连线、上网连接设备、投影幕布等，相关设备在发布会前要反复调试，保证不出故障。

新闻发布会现场的背景布置和外围布置需要提前安排。一般在大堂、电梯口、转弯处有导引指示欢迎牌，一般酒店有这项服务。事先可请好礼仪小姐迎宾。如果是在企业内部安排发布会，也要酌情安排人员做记者引导工作。

新闻发布会背景板主要衬托出会议主题，所以在设计及选材上一定要慎重考虑，新闻发布会主要采用高清晰写真布，因为这种材料具有无异味，不反光和高清晰的特点，所以对新闻发布会的现场气氛营造和媒体摄像都大有好处。

（六）资料

提供给媒体的资料，一般以广告手提袋或文件袋的形式，整理妥当，按顺序摆放，再在新闻发布会前发放给新闻媒体，顺序依次应为：

（1）会议议程。

（2）新闻通稿。

（3）演讲发言稿。

（4）发言人的背景资料介绍（应包括头衔、主要经历、取得成就等）。

（5）公司宣传册。

（6）产品说明资料（如果是关于新产品的新闻发布的话）。

（7）有关图片。

（8）纪念品（或纪念品领用券）。

（9）企业新闻负责人名片（新闻发布后进一步采访、新闻发表后寄达联络）。

（10）空白信笺、笔（方便记者记录）。

（七）发言人

新闻发布会也是公司要员同媒介打交道的一次很好的机会，值得珍惜。代表公司形象的新闻发言人对公众认知会产生重大影响。如其表现不佳，公司形象无疑也会令人不悦。

新闻发言人的条件一般应有以下的几方面：

（1）公司的头面人物之一——新闻发言人应该在公司身居要职，有权代表公司讲话。

（2）良好的外形和表达能力。发言人的知识面要丰富，要有清晰明确的语言表达能力、倾听的能力及反应力，外表包括身体语言整洁、大方得体。

（3）执行原定计划并加以灵活调整的能力。

（4）有现场调控能力，可以充分控制和调动发布会现场的气氛。

（八）提问

在新闻发布会上，通常在发言人进行发言以后，有一个回答记者问的环节。可以充分通过双方的沟通，增强记者对整个新闻事件的理解以及对背景资料的掌握。有准备、亲和力强的领导人接受媒体专访，可使发布会所发布的新闻素材得到进一步的升华。

在答记者问时，一般由一位主答人负责回答，必要时，如涉及专业性强的问题，可由他人辅助。

发布会前主办方要准备记者答问备忘提纲，并在事先取得一致意见，尤其是主答和辅助答问者要取得共识。

在发布会的过程中，对于记者的提问应该认真作答，对于无关或过长的提问则可以委婉礼貌地制止，对于涉及企业秘密的问题，有的可以直接、礼貌地告诉它是企业机密。一般来说，记者也可以理解，有的则可以委婉作答。不宜采取“无可奉告”的方式。对于复杂而需要大量的解释的问题，可以先简单答出要点，邀请其在会后探讨。

有些企业喜欢事先安排好媒体提问的问题，以防止媒体问到尖锐、敏感的问题，不宜采取。

（九）媒体邀请

媒体邀请的技巧很重要，既要吸引记者参加，又不能过多透露将要发布的新闻。在媒体邀请的密度上，既不能过多，也不能过少。一般企业应该邀请与自己联系比较紧密的商业领域记者参加，必要时如事件现场气氛热烈，应关照平面媒体记者与摄影记者一起前往。

邀请的时间一般以提前 3 到 5 天为宜，发布会前一天可做适当的提醒。联系比较多的媒体记者可以采取直接电话邀请的方式。相对不是很熟悉的媒体或发布内容比较严肃、庄重时可以采取书面邀请函的方式。

适当地制造悬念可以吸引记者对发布会新闻的兴趣，一种可选的方式是开会前不透露新闻，给记者一个惊喜。“我要在第一时间把这消息报道出来”的想法促使很多媒体都在赶写新闻。如果事先就透露出去，用记者的话说就是“新闻资源已被破坏”，看到别的报纸已经报道出来了，写新闻的热情会大大减弱，甚至不想再发布。无论一个企业与某些报社的记者多么熟悉，在新闻发布会之前，重大的新闻内容都不可以透漏出去。

在记者邀请的过程中必须注意，一定需要邀请新闻记者，而不能邀请媒体的广告业务部门人员。有时，媒体广告人员希望借助发布会的时机进行业务联系，并做出也可帮助发稿的承诺，此时也必须进行回绝。

影响媒体记者参加新闻发布会的几个主要因素：

1. 是否对口

综合性报纸和财经类报纸不是泾渭分明，有跨行业交叉报道的可能，但是对于大多数都市报的记者而言，这种对口性是第一要务。

2. 是否有贴近性

都市类媒体更愿意参加具有“本地性”新闻活动等。

3. 是否有新闻性

快笔头公关认为，中央媒体、全国性媒体和地方都市类媒体在新闻性的判断上是有区别的，在具备一切新闻要素的前提下，中央级综合性媒体更注重从大背景、大主题、大角度切入，而都市类媒体更多地从易于被普通百度熟知和接受的小角度切入。因此，公关公司在准备新闻稿的时候，最少要有 3～5 个版本，并且新闻素材要更丰富。

4. 是否有新闻采访权

很多新闻发布会上出现最多的是平面媒体记者的身影，这是因为新浪、搜狐等门户网站没有新闻采写权，只有几个主流新闻网络媒体像人民网、新华网、千龙网、东方网等有采访权，而新浪、搜狐等商业网站所提供的内容服务基本上都是“信息集锦”——只能转载，不能独创。所以，为了让新闻发布会的内容第一时间出现在网络上，邀请网媒记者出席时应区分清楚哪些能出席，哪些可以原发，哪些只能转载。

5. 主办单位的身份

如果是政府部门举办的新闻发布会，那么跑口记者责无旁贷。但是由于政府部门的车马费一般较低，记者更愿意出席有实力、有知名度的大企业召开的新闻发布会。可想而知，如果既没知名度，又没新闻点，那么没有什么可以吸引媒体了。

三、新闻发布会的一般流程

新闻发布会的一般流程包括如下几个方面：迎宾签到；分发资料；会议过程；会后活动；效果评估；注意事项。

新闻发布会的流程（具体）

新闻发布会也是媒体所期待的。在全国性的媒体调查中发现，媒体获得新闻最重要的一个途径就是新闻发布会，几乎100%的媒体将其列为最常参加的媒体活动。由于新闻发布会上人物、事件都比较集中，时效性又很强，且参加发布会免去了预约采访对象、采访时间的一些困扰，另外，新闻发布会一般也会为记者提供一定的馈赠品，所以通常情况下记者都不会放过这些机会。

1. 策划环节

（1）活动开展的背景。

（2）活动开展应遵循活动原则，明确活动目的。

（3）发布会开展的简要框架说明：

举办时间：待定。

地点及方式：待定。

参与人员：发言代表、新闻记者等。

举办宗旨：发布一个新的信息。

2. 发布会的规划

（1）前期的活动：开展的模式；需要注意的事项。

（2）现场活动：效果预期、媒体邀请、现场部署及安排。

（3）硬件设备、资料准备。

（4）现场人员安排。

（5）通稿（图片）准备。

3. 效果预测

四、注意事项

（一）策划

在做新闻发布会策划之前，公关公司要对新闻媒体议程（媒体的采前会、编前会）、新闻传播途径、新闻话题设置、公众舆论走向、媒体运作机制有深刻理解，同时对新闻发布会主办方所在行业背景、产业动向、竞争对手传播策略有着透彻的分析和把握，具备这些专业知识，才能策划出好的新闻事件，达到好的传播效果。但是，要吸引公众关注首先在形式和内容上要引起媒体兴趣。

（1）借势当前公众关注的新闻事件，迎合新闻热度，释放相关性话题。

（2）借明星、大腕助阵。

（3）结合宏观背景、产业背景、行业背景，为新闻发布会造势，为媒体提供更多新闻由头和报道角度。

（二）误区

误区之一：没有新闻的新闻发布会。有些企业似乎有开发布会的嗜好，很多时候，企业并没有重大的新闻，但为了保持一定的影响力，证明自己的存在，也要时不时地开个发布会。造成的后果是，企业虽然花了不小的精力，但几乎没有收成。新闻性的缺乏使得组织者往往在发布会的形式上挖空心思、绞尽脑汁，热闹倒是热闹了，效果却未见得理想，如果过于喧宾夺主，参会者记住了热闹的形式，却忘记了组织者想要表达的内容。

误区之二：新闻发布的主题不清。从企业的立场出发，主办者恨不得把它的光荣史一股脑端上去，告诉人家什么时候得了金奖，什么时候得到了认证，什么时候得了第一，什么时候捐资助学，但是偏离了主题的东西在媒介眼中，形同废纸。

误区之三：又有的企业在传播过程中，生怕暴露商业机密，凡涉及具体数据时总是含含糊糊，一谈到敏感话题就“环顾左右而言他”，不是“无可奉告”就是“正在调查”。这样一来，媒体想知道的，企业没办法提供；媒体不想搭理的，企业又喋喋不休。

【案例一】

彰泰峰誉金林至尊酒店新闻发布会隆重举办

2017 年 10 月 21 日中午 12：00，彰泰峰誉金林至尊酒店新闻发布会在桂湖饭店迎宾楼多功能厅拉开了帷幕。来自金林酒店管理有限公司的众位领导、桂林各大主流媒体及与会嘉宾齐聚一堂，共襄盛举。

本次发布会由金林酒店管理有限公司华南区域总裁刘总的致辞开篇，刘总与来宾分享了金林的定位与使命，他表示：“金林酒店管理有限公司全力为广大客户提供专业的酒店策划、酒店顾问、酒店设计、酒店管理等系列一站式服务。”

金林在不断的实践创新中，建立起一整套科学的现代酒店管理体系，力争为客户提供优质服务。

此外，桂林金林酒店管理有限公司总经理冉小波先生也向大家介绍了金林公司的发展历程及未来部署。冉总在讲话中，介绍了金林的核心优势，以及金林酒店模式和价值。从项目整体规划到精装特色、酒店托管等多个维度进行了阐述，让金林至尊酒店的产品形象深入人心，让在场来宾对金林至尊酒店这一项目充满了足够的信心。

随后，桂林金林酒店管理有限公司执行总裁刘一衡先生对金林至尊酒店项目做了详细介绍。作为准四星级产权酒店式公寓的金林至尊酒店，由酒店管理公司统一经营管理，不论是至尊 90 秒贴心服务与全程一站式服务，还是金林准四新标服务以及私人订制服务，都旨在让每一位客户在拥有尊贵生活享受的同时，获得超值的收益。最后，刘总还对当下酒店行业的发展趋势进行了的解读，赢得了在场来宾的阵阵掌声。

据悉，金林至尊酒店位于桂林北中心城区，处于八里四路与川东五路交会处，桂林北综合客运枢纽中心、高铁北站、汽车客运北站等 2 公里范围内，便利的地理位置是商务人士入住酒店的首选；项目紧邻丽江滨江风光带，美丽的江景、优雅的环境是休闲度假人士入住酒店的首选。金林至尊酒店公寓这些最具发展和升值潜力的可靠保障得到来宾们的认可，不少人现场拍板签约。

金林至尊酒店公寓为准四星级产前酒店式公寓（70 年产权），位于彰泰峰誉 5 栋的 3 层—19 层，总共 240 套客房，每层 15 户，共有 4 部电梯，层高 2.8 米，户型面积有 $40m^2$ 的单间配套和 $65m^2$ 的一房一厅、$69m^2$1＋1 户型，带精装修（是以艺术、青春、浪漫为主题的装修风格），配全屋家具家电，购买后将统一交由金林至尊酒店进行 10 年的托管经营。

金林至尊酒店公寓具有小户型、低投入、大收益，投资总价少的特点，吸引了不少投资者选购。此外，投资者每年还可享受 15 天免费入住权，业主也可将免费入住权转让给酒店管理公司，以此收取 15 天的经营收益。10 年后，投资者还可继续委托酒店经营管理公司经营，坐分经营带来的投资回报。

此次活动除了金林至尊酒店的介绍环节，还为到场嘉宾准备了丰盛餐点以及精彩的歌舞表演，令大家乘兴而来，尽兴而归。据了解，金林至尊酒店公寓 3.8 万起，包租 10 年，年均收益 6.8%。

【案例二】

深圳市智慧酒店产业园启动仪式新闻发布会成功召开

8 月 4 日，由深圳市饭店业协会倾力打造的智慧酒店产业园的启动仪式新闻发布会在深圳市市民中心成功召开，同时还举行了深圳市聚慧饭店业发展研究院揭牌仪式。

深圳市文体旅游局、社会组织管理局等有关部门领导出席会议，深圳市饭店业协会会员代表、其他行业协会代表、媒体代表及嘉宾等近60余人参与了发布会。

发布会由深圳市饭店业协会执行会长王文辉主持。

智慧酒店产业园是全国首个智慧酒店文化产业园区，以“集聚全球酒店智慧，创造中国酒店价值”为主题，通过集中、系统、研究、创新的运营模式，为酒店相关行业机构提供共创平台，以创新先进的理念和技术，从酒店企业的规划到运营提供解决方案，共同为深圳酒店行业乃至全国酒店行业创造与时俱进的发展环境，为社会创造价值。

深圳市饭店业协会张振山会长、深圳市社会组织总会联合党委副书记张武波、深圳市文体旅游局张道新处长、深圳市饭店业协会常务副会长兼秘书长周玲分别致辞。

浩华管理顾问公司董事长 Nigel Summers 先生就智慧酒店产业园项目发表了演讲，并表达了诚挚的合作意向。

据悉，智慧酒店产业园区将会于9月中旬在战略、交通位置优越的福田保税区289数字半岛正式开园，届时深圳市饭店业协会、饭店业培训中心、聚慧饭店业发展研究院将入驻。

产业园为入驻合作伙伴提供了各种优越待遇。据了解，入驻产业园的优秀企业、机构可以成为深圳市饭店业协会的战略合作伙伴；可作为协会研究院的成员，共同参与研究；符合条件的企业享受深圳市区两级政府优惠政策扶持；也可作为深圳市饭店业协会的合作众包商；共享289数字半岛公共服务平台和空间；免费成为协会发起成立的联盟成员，成为深圳市饭店业协会举办高端活动的特约会员；还可以享受国家及广东省、深圳市、福田区及福田保税区文化产业、科技创新项目和特色产业园区申报及税收、资金等扶持，重点客户招商引资政策，先行先试政策。

短短两小时的发布会在各位领导、嘉宾的热烈祝贺声中结束。在此，深圳微访谈向深圳市智慧酒店产业园成功启动表示祝贺，相信深圳市饭店业协会必将发挥出更大的能效，助力酒店业的创新与发展。

【案例三】

高贵时代铸就典范——南京向阳渔港“文鼎壹号”开业新闻发布会策划

一、策略篇

文鼎时代是辉煌饮食文化时代！

向阳渔港企业三段论：炫耀期（向阳渔港）—普及期（全国连锁）—细分期（文鼎壹号）（目标：打造高贵典雅的饮食文化）。

（一）文鼎壹号优势

1. 战略理论优势：三段论

2. 品牌优势：高贵餐饮业王者

3. 资源优势：向阳渔港的高档客户源

（二）文鼎壹号与障碍

1. 不少竞争对手已经意识到餐饮业细分时代的来临，试图抢占市场

2. 文鼎在南京前期传播相对被动

（三）问鼎一号——餐饮业细分的时代王者

1. 战略领先：时代前瞻、策略先行、品质肯定

2. 服务第一：口碑最好、形象最佳、态度最诚

3. 品牌第一：顶级豪华、诚信度第一、信誉第一

4. 规模第一：最全食品线、最博学饮食文化

（四）公关传播阶段性策略

消费占领——舆论占领——市场占领

战略新闻发布：天橙易盛所关注的核心

舆论占领：透过不同层次的传播实现舆论认同

第一层次：事件传播——通过新闻发布会的途径，获得新闻舆论界以及业内的认同

第二层次：产品传播——强化文鼎壹号“精品餐饮业巨人”形象，成为该领域标杆

第三层次：品牌传播——传播文鼎高贵餐饮时代战略，奠定战略领先地位

二、现场活动创意

创意基调：高贵——享受人生的时代——让来宾感受高贵典雅的情调，享受文鼎带来的美好生活——古典音乐演奏、优雅舞蹈、红酒品鉴；挑战——誓为王者我最强——让来宾感受文鼎壹号的王者气魄与勇气——王者韬略、王者登场、王者加冕。

一、活动概况

1. 活动概况

时间：2013 年 6 月 21 日

地点：河西文鼎壹号店

VIP（15 人）即主礼嘉宾

文鼎壹号　VIP；向阳渔港　VIP；行政要人　VIP；相关名人　VIP；媒体（20 人）；大众/行业媒体；餐饮业/专业媒体。

2. 活动内容

（1）暖场定调：涂鸦签名（签到）墙

(2) 精品礼仪亮相
(3) 交响乐、交谊舞表演
(4) 香港文鼎壹号开业视频播放展示
(5) PART1 策略发布
(6) 文鼎壹号 VIP 讲演
(7) 向阳渔港 VIP 助言
(8) PART2 品牌亮相
(9)“文鼎壹号”王者亮相
(10)(店内精品间图文展示)
(11) 南京文鼎美食代言人
(12)(乐嘉签约仪式)
(13) PART3 互动体验
(14) 经典宁波菜、粤系美食品鉴
(15) 颁奖加冕/互动抽奖

二、场地设计

现场效果(如图 8-1 所示)

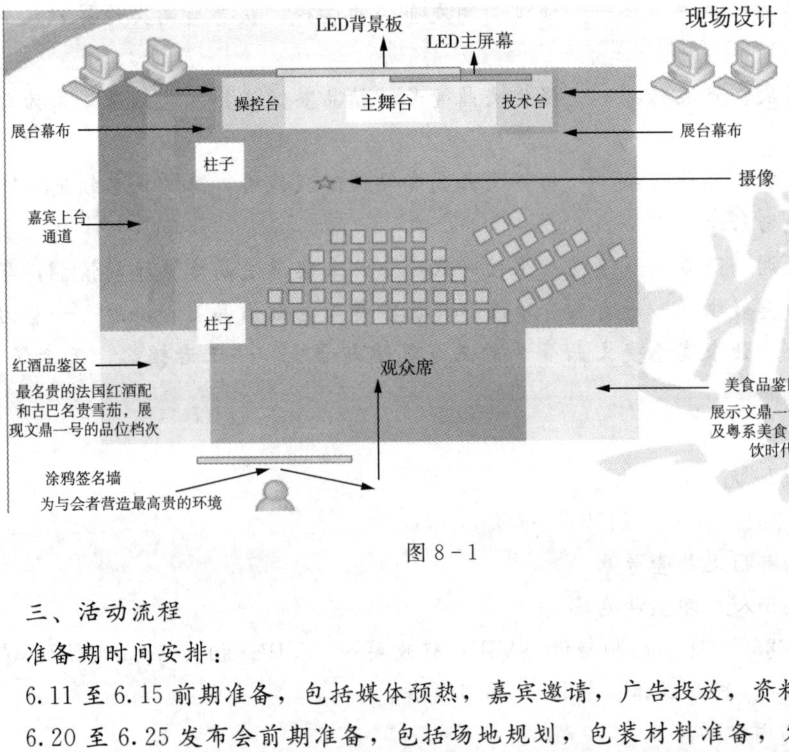

图 8-1

三、活动流程

准备期时间安排：

6.11 至 6.15 前期准备，包括媒体预热，嘉宾邀请，广告投放，资料收集等。

6.20 至 6.25 发布会前期准备，包括场地规划，包装材料准备，发布会整体方案的准备。

1. 南京天橙易盛企业策划有限公司主要负责

（1）活动会场的现场布置（舞台搭建、音箱、灯光等现场布置物品的准备）；

（2）仪式现场工作人员的确定（会场布置人员、组织人员、协调人员）；

（3）主持人、部分演出人员、礼仪等的确定；

（4）活动流程设计和控制。

2. 文鼎壹号主要负责

（1）参会人员名单的确定和邀请函的发送；

（2）会场场地落实和协助布置；

（3）会议现场所需必需品的协调落实；

（4）协助做好会场秩序的维持、礼仪接待及服务人员的准备；

（5）会后各媒体新闻发布的监督；

（6）宣传物品的制作和准备。

（7）活动的监控及活动内容的统筹安排。

5.1～5.9　具体安排

嘉宾接待流程及注意细节：

（1）公司各部门统计邀请函发放数量，会前再次电话跟踪嘉宾，落实参加发布会；

（2）会议室门口专设嘉宾签到涂鸦墙；

（3）嘉宾签到后，发放全套资料 1 份（宣传单页 1 份、发布会手册 1 份、礼品一份，手提袋 1 个）；

（4）由精品礼仪引到嘉宾席位；

（5）各部门负责的邀请人注意对邀请嘉宾的欢迎和照应。

记者接待流程及注意细节：

（1）针对各新闻媒体发出邀请函；

（2）统计记者到位情况，会前再次电话跟踪，落实参加发布会时间和地点；

（3）会议室门口专设记者签到涂鸦墙；

（4）记者签到后，发放全套资料 1 份（宣传单页 1 份、发布会手册 1 份，手提袋 1 个）；

（5）由引座员引到记者席位；

（6）负责的邀请人注意对记者的欢迎和照应；

（7）发布会开始后，发放新闻稿 1 份（新闻稿 1 份、资料光盘 1 份、针对不同的情况发放记者稿费）。

活动流程：现场活动全长 120 分钟，其中主体活动部分 20 分钟，活动结束后组织媒体进行专访。

8：30～9：45　嘉宾签到

9：45～10：08　暖场节目（图文展示、乐嘉签约）

10：08～10：10　主持人致开场词（领导宣布开场）

10：10～10：16　向阳渔港领导及文鼎壹号领导发言

10：16～10：20　冰雕注酒仪式开启

10：20～10：25　嘉宾上台合影留念

10：25～11：30　美食品鉴、抽奖互动、授权仪式

四、活动执行

1. 涂鸦签名墙

涂鸦：新颖时尚

签名墙：个性展现，备受瞩目

留影：事后给来宾的心意礼物

2. 彩绘 Logo 贴

贴于来宾手臂等外露部位（各式 Logo）

渲染现场气氛

营造氛围，提高来宾参与度

3. 精品礼仪

礼仪：颠覆传统旗袍穿着，由美女模特担纲，以靓丽高贵的造型出现，渲染发布会气氛。

4. 开业仪式

采用冰雕注酒的方式，庆祝文鼎壹号正式开业。现场设置冷焰火和旋转礼炮，配合开业气氛渲染。

5. 高贵乐队串场

古典乐队串场，营造浪漫典雅气氛：各表演环节串场，VIP 上下场音乐，亮相环节和声伴奏。

6. VIP 王者韬略发言

向阳渔港 VIP 演讲：高贵餐饮时代的王者战略

向阳渔港推动了餐饮业历史跨越，南京向阳渔港将持续领跑，南京文鼎壹号的王者战略。

文鼎壹号 VIP 演讲：文鼎开创精品餐饮时代

文鼎壹号开创餐饮精品时代，文鼎壹号的独特优势，与媒体的高度合作，提供精品美食体验。

7. 王者加冕颁奖

活动设计

“王者地位，无人可及”，颁发皇冠、权杖，表现文鼎壹号的“王者”地位；作为精品餐饮业的“领头巨人”，现场体验文鼎精品美食后发表感言，再次有力

地证明了文鼎壹号的品牌优势与特点。

精品礼仪和古典乐队，全程制造高贵优雅气氛。

主持人将《标点美食》品鉴师邀请到美食品鉴区，成功认定后为文鼎颁奖；颁发皇冠、斗篷及权杖，体现王者风范，VIP、嘉宾、出席观众合影留念，留下珍贵一刻；主持人现场采访，美食体验者对“文鼎壹号”的感受。

8. 经典宁波菜、粤系美食品鉴

每一道现场展示品鉴的菜肴，除了味道鲜美之外，更是从视觉上给人艺术的享受。

现场标语：让餐饮文化从细节中体现。标语可使用 KT 板设计布置于会场美食品鉴区，现场 KT 板的内容除了主标语之外，搭配一段段美文。通过设计排版，让其更加能够烘托现场的意境。

五、新闻传播方案

（一）新闻规划

行业新闻稿：行业信息——文鼎壹号开启高贵餐饮时代

整合核心信息：品牌信息——高贵时代，铸就典范精品餐饮业的王者

活动新闻稿：活动信息——南京香港文鼎同时开业，标点美食见证餐饮业王者加冕

（二）发布会新闻标题

行业新闻稿（新闻稿一，附件二）

《餐饮业告别单纯品牌崇拜，迎战细化分众竞争——文鼎壹号“王者战略”意欲领跑餐饮消费变革》

核心附件 1：文鼎王者标杆——最高贵、豪华的餐饮享受

其他附件 2：向阳渔港历史回眸

活动新闻稿（新闻稿一，附件一）

《餐饮航母巨舰，宁、港同步降临——文鼎壹号南京店开业发布》

附件：香港文鼎壹号开业视频信息

（一）主礼嘉宾名单：

南京著名主持人	乐嘉
中国营养学专家、仁人高钙创始人	戴立
南京闽商会	王景阳
江苏电视台公共频道主任	姚××
南京电视台影视频道总监	陶宏
南京交通台 102.4 主任	张笑
南京十八频道《标点美食》	女主播：李钰 男主播：张桐

中石化南京公司党委书记、中国摄影家学会理事 吕红旗
南京报业集团总监 李宁生
《东方卫报》主任 王文霞
东南亚养生协会副主席 聂海风
南京律师所国际事务中心主任 孙海峰
句容电视台主任 周宜飞
雅梦集团总裁 张萍
青奥会奥组委委员 计华

（二）观礼嘉宾：

各大媒体条口专项记者

（三）天橙易盛把握的媒体资源

1. 平面媒体资源：

《扬子晚报》《金陵晚报》《南京晨报》《现代快报》《东方卫报》。

2. 杂志

《南京美食》《清风苑》《南音》《天下美食 ZEST》《贝太厨房》《e 美食》

3. 电视媒体：

南京十八频道《标点美食》 女主播：李钰
男主播：张桐

南京生活频道《健康驿站》；南京娱乐频道《美食大王牌》《人气美食》；江苏电视台《万家灯火》。

除了上述专业媒体之外，我们和南京电视台及江苏电视台的各个频道有着长期合作，并保持密切的关系。可以在媒体资源方面给予“文鼎壹号”大力的支持。

提案已经结束 沟通仍在继续……

南京天橙易盛策划传播机构

TEL：86－25－86999667/13770778724
FAX：86－25－86999627
E－mail：tiashe@yahoo. cn
Web：www. tiashe. cn